集人文社科之思 刊专业学术之声

集刊名：非洲研究
主办单位：浙江师范大学非洲研究院
主　　编：刘鸿武　李鹏涛

AFRICAN STUDIES

编辑部

地　　址：浙江师范大学非洲研究院
邮　　编：321004
电　　话：0579-82287076
传　　真：0579-82286091
E-mail: fzyjbjb2016@126.com

2021年第1卷（总第17卷）

集刊序列号：PIJ-2018-294
中国集刊网：www.jikan.com.cn
集刊投约稿平台：www.iedol.cn

2021年第1卷
（总第17卷）

中文社会科学引文索引（CSSCI）来源集刊
《中国学术期刊影响因子年报》统计源期刊

非洲研究

AFRICAN STUDIES

浙江师范大学非洲研究院 ｜ 主 办

刘鸿武 李鹏涛 ｜ 主 编

社会科学文献出版社
SOCIAL SCIENCES ACADEMIC PRESS (CHINA)

目　录

政治与国际关系

经济与发展

社会文化与教育

中非合作

Contents / 295

政治与国际关系

非 洲 研 究 2021 年第 1 卷（总第 17 卷）
第 3 – 19 页
SSAP ©, 2021

冷战后非洲社会主义的演变与发展[*]

赵雅婷

【内容提要】 非洲社会主义是一种民族主义思潮，也是非洲民族独立国家选择的一种发展道路和社会制度。冷战结束后非洲社会主义运动陷入低潮。30 年来，宣称奉行社会主义的非洲国家数量逐步减少，至今仅剩坦桑尼亚，但非洲的社会主义运动有些许新变化，非洲的左翼社会党有长足的发展，民主社会主义仍有广阔的市场，南非共产党作为参政党在理论与实践方面进行了积极的探索等。非洲社会主义遭遇冲击并在低潮期长期徘徊的主要原因有社会主义在非洲被标签化、非洲国家出于实用主义考虑选择而放弃社会主义制度、国家领导人对社会主义实践影响巨大、非洲自身特征使其易受外部环境影响等。虽然非洲社会主义仍处低潮期，但当前国际变局中西方资本主义制度及其倡导的新自由主义思潮遭遇冲击，而中国特色社会主义制度的优越性愈发凸显。以上变化或将为非洲社会主义的未来发展提供新视野与新机遇。

【关键词】 非洲社会主义；民主化运动；国际变局

【作者简介】 赵雅婷，中国社会科学院西亚非洲研究所（中国非洲研究院）助理研究员，博士，研究方向为非洲国际关系与非洲发展问题（北京，100000）。

非洲社会主义起初是一种思潮，随着非洲民族解放运动的蓬勃发展，

---

* 本文系中国社会科学院 2018 年马工程项目"理论与实践：非洲社会主义新探索"的阶段性研究成果，感谢匿名审稿专家的宝贵建议，文中疏漏由笔者自负。

社会主义与非洲国家的独立解放运动结合起来，提出反抗压迫、追寻自主发展道路的政治主张，进而形成规模效应，掀起轰轰烈烈的社会主义运动，成为非洲国家在 20 世纪后半叶政治发展最显著的特征。20 世纪 80年代中后期，伴随国际大环境的改变以及非洲国家普遍遭遇发展困境问题，非洲社会主义运动开始出现疲软与衰退的迹象，到 20 世纪 90 年代，奉行非洲社会主义的国家纷纷改旗易帜，民主化浪潮席卷非洲。自此，非洲社会主义进入低潮阶段，并持续多年。尽管如此，非洲社会主义运动依然有些许变化与进展。本文将通过文献回顾，对非洲社会主义的概念与特征进行界定，而后对冷战后非洲社会主义运动的历程进行梳理，勾勒出非洲社会主义的发展图景，并对其进行分析、评论与展望。

一　非洲社会主义：文献回顾与概念论析

国内外学界对于非洲社会主义的研究著述大多集中于 20 世纪 60 年代至 90 年代。这些研究随着非洲社会主义运动的蓬勃发展而迅速增多，后随着社会主义运动陷入低潮而明显减少。在这一时期，国内外文献大致分为以下几类：一是对非洲社会主义进行系统性研究的著述；二是对非洲不同流派与代表国家的社会主义进行细致介绍和分析的文章；三是探讨非洲社会主义与相关思潮的联系与相互借鉴的研究。

冷战结束后，国内外学界对非洲社会主义的研究发生转向，更多探讨以下问题。一是分析非洲社会主义兴起与失败的原因。这些研究[①]主要以对非洲社会主义的反思和评析为主，并普遍认为，非洲社会主义之所以遭遇挫折是因为对社会主义的认知不够深入、现实客观因素制约、没有充分考虑本国实际、没有充分发展生产力以及盲目照搬他国的模式等。

[①]　参见〔美〕托马斯·卡拉格海《"非洲社会主义"在贯彻执行中的困难》，陈绂译，《西亚非洲》1981 年第 5 期；杨显生：《关于非洲社会主义的历史透视与反思》，《当代世界与社会主义》2006 年第 5 期；李爱华、卢少军：《非洲的社会主义为什么不成功》，《当代世界与社会主义》2003 年第 1 期；李宝源、刘静：《如何评价非洲"社会主义"》，《当代世界社会主义问题》1988 年第 1 期；房广顺：《邓小平论非洲社会主义若干问题的启示》，《大连海事大学学报》（社会科学版），2002 年第 1—2 期；Coulibaly Yacouba and Belko Wologueme, "From the Failure of African Socialism, How to Set a New Trend for a New Generation?", *Open Journal of Social Sciences*, Vol. 6, 2018, pp. 27 – 36。

二是对非洲社会主义相关流派及其政党后续发展的研究。冷战结束后，非洲社会主义运动虽陷入低潮，但民主社会主义及相关政党在非洲仍有发展。① 阿拉伯社会主义也遭受西方自由主义的普遍影响，逐渐背离实行社会主义的初衷。② 非洲的共产党在内外压力下依然实现了突破和进展。③ 此外还涌现了一些综述类文章，对国内的非洲社会主义研究进行归纳和总结。④ 三是从马克思主义视角分析非洲社会主义的研究明显增多⑤，其中较有学术分量的著作如《马克思主义与西亚非洲国家发展道路问题研究》⑥ 一书，该书第二章分析了社会主义运动在西亚非洲的发展变化，是国内学术界对非洲社会主义进行综合研究的最新成果。

由此可见，国内外学术界对非洲社会主义的研究材料丰富翔实，全面地呈现了非洲社会主义的历史全貌，并史论结合地分析了非洲社会主义的历史变革，但缺乏对冷战后非洲社会主义运动的整体性跟踪研究。因此，本文试图完善该议题的研究。

此外，从文献回顾中可以发现，国内学术界通常认为：“非洲社会主

---

① 参见蒲国良《冷战后时代非洲的民主社会主义》，《学术探索》2005 年第 6 期；晏荣：《近年来社会党国际在非洲的发展》，中国国际共运史学会 2014 年年会暨学术研讨会论文集，2014 年 9 月 26 日；许苏江：《非洲民主社会主义政党的理念与实践探索》，《当代世界》2019 年第 6 期；Aslı Berktay，"Negritude and African Socialism: Rhetorical Devices for Overcoming Social Divides"，*Third Text*，Vol. 24，No. 2，2010，pp. 205 – 214。

② 参见 Ali Kadri，*The Unmaking of Arab Socialism*，London: Anthem Press，2016；王新刚：《阿拉伯复兴社会党及其理论与实践》，《西北大学学报》（哲学社会科学版）2002 年第 3 期；严庭国、廖静：《阿拉伯国家共产党的发展历程及影响》，《当代世界社会主义问题》2010 年第 4 期。

③ 刘艳卉：《当代非洲共产主义政党和组织：现状、特征与困境》，硕士学位论文，河北师范大学国际政治系，2016；程光德：《种族主义制度废除后南非共产党对社会主义的新探索》，博士学位论文，华中师范大学国外马克思主义研究系，2012；康来保：《南非共产党的社会主义理论与实践》，硕士学位论文，华侨大学科学社会主义与国际共产主义运动系，2012。

④ 参见沈阳《我国非洲社会主义研究的回顾与展望》，《马克思主义研究》2014 年第 12 期；潘西华：《改革开放以来国内关于非洲社会主义问题研究述评》，《当代世界与社会主义》2017 年第 6 期。

⑤ 参见〔南非〕达里尔·格拉泽《非洲的马克思主义运动》，郑祥福、陈超超译，《马克思主义与现实》2014 年第 4 期；林子赛、赖晓彪：《马克思主义在非洲的发展历程、经验与教训》，《学习与探索》2019 年第 6 期；郑祥福、舒文豪：《非洲社会主义运动历程中的马克思主义》，《浙江社会科学》2020 年第 11 期。

⑥ 杨光、王正、张宏明主编《马克思主义与西亚非洲国家发展道路问题研究》，中国社会科学出版社，2017。

义是当代非洲十分流行的一种民族主义思潮。也是非洲民族独立国家选
择的一种发展道路和社会制度。"① 这一观点与国外学术界的认识基本相
同。罗马尼亚学者埃列娜·伏伊库列斯库和马林·伏伊库列斯库撰文指
出："首先应当把非洲社会主义理解为一种意识形态，这个概念正处于不
断澄清的复杂发展过程之中。其次，应当把非洲社会主义当作一种社会
模式和政治选择。再次，应当看到非洲的社会主义经验及民族革命有着
十分丰富和多样的内容。"② 由此可见，非洲社会主义包含思潮、政治主
张与具体的社会主义实践。

虽然非洲社会主义各流派之间的理论渊源与实践差异巨大，但其本
质上均是通过将非洲内部与外部世界思想相结合，探索非洲发展道路的
尝试。其具有以下特征。一是在理论层面，马克思主义指导下的社会主
义是科学，非洲的社会主义更具空想成分。非洲社会主义运动过程中，
由于所处的历史阶段及其现状决定了领导阶级无法看清事物的本质。二
是在实践层面，科学社会主义不断更新与完善，非洲社会主义则多是模
仿与照搬。科学社会主义在马克思主义的指导下，经过苏联、中国等社
会主义国家的反复实践，不断革新，成功地实现本土化，二者相互促进，
使得理论的科学性得以证明。而非洲社会主义则从初始就缺乏科学理论
的指导，在实践中也没有践行成功的本土化过程。上述的区别与差异是
导致非洲社会主义难以获得长久的实践与发展的重要因素。因此我们看到
非洲社会主义与马克思主义指导下的社会主义仍然有很大的区别，有不少
非洲社会主义国家在政治上实行多党制，在经济上推进私有化。对此，本
文以非洲国家宪法对国体的论述来界定该国是否仍是社会主义国家。

二 低潮期非洲社会主义的运动历程

到20世纪80年代中期，非洲社会主义运动发展达到顶峰时，宣称奉
行社会主义的国家有津巴布韦、佛得角、马达加斯加、塞舌尔、几内亚
比绍、圣多美和普林西比、贝宁、埃塞俄比亚、莫桑比克、安哥拉、利

---

① 唐大盾等：《非洲社会主义：历史·理论·实践》，中国社会科学出版社，2007，第1页。
② 〔罗〕埃列娜·伏伊库列斯库、马林·伏伊库列斯库：《非洲社会主义》，狄山译，《国
外社会科学》1980年第7期，第22—23页。

比亚、阿尔及利亚、苏丹、索马里、加纳、马里、坦桑尼亚、肯尼亚、突尼斯、赞比亚、塞内加尔、毛里求斯、刚果（布）、埃及和几内亚。此时，国际形势与非洲内部正悄然发生变化。第一，科技革命兴起，新自由主义经济思潮获得认可，资本主义进入国际垄断资本主义阶段，西方国家获得新的增长点，进入新一轮的高增长期。第二，里根总统上台执政后的一系列举措，使美国在冷战中重获优势。在其执政过程中诞生了里根主义，该主义总体而言是美国与苏联在第三世界对抗，支持反共主义的起义并击退共产主义，在第三世界建立起美国式的民主。① 里根主义的盛行影响了整个西方世界对第三世界的政策，美国等西方国家试图推动非洲进行私有化和民主化改革。第三，苏联模式弊端显现，加上戈尔巴乔夫推行新思维政策，苏联解体、东欧剧变，冷战结束。该变故引发了整个社会主义阵营的剧烈动荡，使得原本遭遇发展问题的非洲社会主义国家丧失了后援，进一步加速了非洲社会主义运动的衰落。第四，第三波民主化浪潮愈演愈烈，席卷了除非洲外的各个大洲。到 20 世纪 80 年代后期，非洲人普遍感觉到，只有废除威权、腐败和无效的一党制政体，经济复苏才有希望；同样感觉到，多党制政府能够遏制非洲经济的螺旋下降。② 第五，非洲国家遭遇自然灾害，经济停滞，发展问题愈发突出，整个 80年代成为"失去的十年"，民众对政府与制度的信心遭受巨大打击。民心思变使得政权的稳定性与合法性受到冲击，社会主义制度岌岌可危。

由于上述变化，毛里求斯、几内亚等五个国家在 80 年代脱离了社会主义阵营。苏联解体、东欧剧变后，民主化浪潮席卷非洲大陆，社会主义国家纷纷改弦易辙，转而进行市场化，奉行西方代议民主制。到 2000年，仅有埃及、突尼斯、利比亚、坦桑尼亚、塞内加尔五国依然宣称奉行社会主义。2011 年的中东变局，除叙利亚外，西亚北非地区奉行阿拉伯社会主义理论的国家全部改旗易帜③，北非地区的社会主义运动自此偃旗息鼓。至今，在非洲仅剩坦桑尼亚一国宣称奉行社会主义。按照时间顺序，低潮期非洲社会主义运动的历程具体如下。

---

① 方连庆、王炳元、刘金质主编《国际关系史（战后卷）下册》，北京大学出版社，2006，第 567 页。

② 〔英〕威廉·托多夫：《非洲政府与政治（第四版）》，肖宏宇译，北京大学出版社，2007，第 13 页。

③ 杨光、王正、张宏明主编《马克思主义与西亚非洲国家发展道路问题研究》，中国社会科学出版社，2017，第 41 页。

其一，20 世纪 80 年代，毛里求斯、几内亚、苏丹、莫桑比克和阿尔及利亚五国宣布放弃社会主义道路，揭开非洲社会主义快速衰退的大幕。毛里求斯自独立后一直实行多党制，其中西沃萨古尔·拉姆古兰（Seewoosagur Ramgoolam）领导的工党于 1968 年至 1982 年长期执政，奉行"福利社会主义"，属于非洲民主社会主义这一流派。1982 年大选中，工党落败，民主社会主义道路被逐渐放弃。几内亚则在塞古·杜尔（Ahmed Sékou Touré）领导下奉行村社会主义，他认为几内亚在村社传统的基础上可以发挥非洲集体主义的优势直接步入社会主义。① 1984 年 3 月 26 日，塞古·杜尔突然病逝，4 月继任者兰萨纳·孔戴（Lansana Condé）领导的军政府否定了塞古·杜尔的国内政策，实行经济自由化和政治民主化政策，几内亚的社会主义道路走到尽头。1969 年 5 月，尼迈里（Gaafar Mohamed Nimeri）发动军事政变，改国名为苏丹民主共和国，加入阿拉伯社会主义阵营。1985 年，达哈卜（Abdel Rahman Swar al-Dahab）通过军事政变上台，废止宪法，改国名为苏丹共和国，苏丹放弃了社会主义道路。萨莫拉（Samora Moisés Machel）领导的莫桑比克解放阵线党（简称莫解阵）于 1977 年宣布莫桑比克实行真正社会主义，加入科学社会主义阵营。到 1989 年莫解阵在面临内忧外患的情况下宣布放弃一党制与科学社会主义，宣告了科学社会主义在莫桑比克的终结。阿尔及利亚由本·贝拉（Ahmed Ben Bella）领导实行自管社会主义，亦属于阿拉伯社会主义。1989 年，阿尔及利亚全民公决通过新宪法，这部宪法在以下几个方面表明与过去截然不同：取消阿尔及利亚的社会主义国家属性；实行多党制，引进西方民主机制；引进西方人权观念，保障个人的基本权利和自由；取消军队保卫社会主义和参与国家建设的任务，只保留保卫国家主权和领土完整的职责等。

其二，20 世纪 90 年代民主化浪潮席卷非洲大陆，导致大批撒哈拉以南非洲国家放弃社会主义道路，有贝宁、刚果（布）、安哥拉、埃塞俄比亚、津巴布韦、佛得角、马达加斯加、塞舌尔、几内亚比绍、圣多美和普林西比、索马里、加纳、马里、肯尼亚、赞比亚十五个国家。这些国家受到内外环境的影响，开启民主化进程，纷纷改制。大致分为以下四种模式。第一种是召开全国会议，各个派别均有参加，达成一致实行多党制，颁布新宪法。这种情况多发生在西非的法语区国家，包括贝宁、

---

① 吴治清等：《亚非拉各种社会主义》，求实出版社，1983，第 99—114 页。

马里、马达加斯加、刚果（布）等。第二种模式是反对党力量强大，渐进式地实行民主改革。其中有代表性的如肯尼亚。第三种模式是执政党力量强大，政府主动转变，平稳实现民主转型。其中主要有加纳、几内亚比绍、塞舌尔以及民主化初始阶段的津巴布韦。第四种模式则是国内要求民主呼声大增，执政党选择宽容的态度，通过多党民主大选实现民主转型，如佛得角、圣多美和普林西比等非洲国家。总体而言，非洲的这波民主化呈现出以下特点：（1）非洲国家冷战后经历了迅速和普遍的民主转型，涉及国家广泛，势头迅猛；（2）外部环境对冷战后非洲的民主化影响深刻；（3）虽然非洲国家内部问题严重，民众积极参与到民主化进程中来，但民主化仍然是自上而下发生的。在大规模的民主化浪潮后，非洲国家的和平与稳定遭到重大威胁，内战与边境战争延绵不绝。放弃社会主义转向西方民主制度并没有给非洲国家带来稳定与发展。非洲在贫困线以下的人口由 1985 年的 1.05 亿人增至 1992 年的 2.2 亿人。[①]全球 48 个最不发达国家中非洲就占 33 个。据世界银行的相关数据，二战后撒哈拉以南非洲的 GDP 曾在 1981 年迎来峰值，此后便一蹶不振，直到 2000 年才再次恢复至 1981 年的水平。[②]此外，20 世纪 90 年代，非洲的人类发展指数也不升反降。由于发展问题突出，非洲被英国前首相布莱尔称为"世界良心的伤疤"。[③]

其三，21 世纪前十年，西方民主制在非洲的影响进一步扩大，作为撒哈拉以南非洲仅存的两个社会主义国家之一的塞内加尔和北非的埃及正式放弃社会主义实践。1980 年阿卜杜·迪乌夫（Abdou Diouf）接替桑戈尔（Léopold Sédar Senghor）执政后，表示将坚持民主社会主义道路。但在 90 年代非洲大规模的经济结构调整中，塞内加尔接受了国际货币基金组织的相关条款，全面开启私营化改革，国内的诸多发展政策也向社会党国际的主张靠拢，逐步放弃了对社会主义的追求。塞内加尔政治和经济上的一系列行为使得瓦德（Abdoulaye Wade）领导的民主党壮大起

---

① 李爱华、卢少军：《非洲的社会主义为什么不成功》，《当代世界与社会主义》2003 年第 1 期，第 96 页。

② 1981 年撒哈拉以南非洲的 GDP 为 3794.28 亿美元，2000 年为 3968.11 亿美元，见 https://data.worldbank.org/indicator/NY.GDP.MKTP.CD? end = 2000&locations = ZG&start = 1981。

③ Rita Abrahamsen, "Blair's Africa: The Politics of Securitization and Fear", *Alternatives: Global, Local, Political*, Vol. 30, No. 1, 2005, pp. 55 – 80.

来，联合诸多反对党成立联盟，于 2000 年大选中获胜，政治上实行三权分立和多党制，经济上推行自由主义，社会党失去执政权，民主社会主义在塞内加尔陷入低潮。纳赛尔（Gamal Abdel Nasser）去世后，萨达特（Mohamed Anwar al-Sadat）接替掌权后便对埃及的社会主义道路进行了大幅度调整。在官方意识形态上，其以"民主社会主义"取代纳赛尔的"阿拉伯社会主义"。1981 年萨达特遇刺身亡，开启了埃及的穆巴拉克（Muhammed Hosni Mubarak）时代。2007 年，埃及颁布新的宪法修正案，将"阿拉伯埃及共和国是一个以人民力量联盟为基础的民主的社会主义国家"修订为"阿拉伯埃及共和国是一个建立在公民权基础上的民主国家"，① 这一改变标志着埃及以国家根本大法的形式表明其对社会主义的放弃，至此埃及官方从形式上到实质上都已放弃对社会主义道路的追求。②

其四，"阿拉伯之春"爆发后，突尼斯的本·阿里（Zine El Abidine Ben Ali）政权和利比亚的卡扎菲（Minyar al-Gaddafi）政权被推翻，至今仅剩坦桑尼亚一国在宪法中宣称奉行社会主义。1987 年，布尔吉巴（Habib Bourguiba）引退，本·阿里继任突尼斯总统，其上任后不遗余力地开展民主化改革，突尼斯成为以宪政民主联盟为主导的多党制国家。2010 年 12 月 17 日突尼斯小贩穆罕默德·布瓦吉吉（Mohamed Bouazizi）自焚，该事件激起了民众的同情，突尼斯积压多年的矛盾爆发，引发国内骚乱，本·阿里政权被推翻。这一事件标志着宪政社会主义实践的失败，但是左翼政党并没有失去其政治地位，其利用政党重组抓住新的发展契机，迎来新的发展阶段，在突尼斯政坛上继续发挥作用。利比亚的伊斯兰社会主义极具代表性。1969 年卡扎菲上台后，先后进行了民众革命、石油国有化和与欧美对抗等极具民族主义的革命行动。他在利比亚的统治有极强的个人特征，国家权力高度集中，并将伊斯兰教义融入政策中，从而在社会文化方面增强民众对于政府的认同。进入 21 世纪后，利比亚政府全面实行经济改革，在 2000—2005 年的国民经济发展计划中，利比亚投入 350 亿美元改善基础设施，为投资创造良好的社会环境和发展空间。③ 自 2003 年 9 月国际社会解除对利比亚制裁到卡扎菲政权倒台，因

---

① 贺鉴：《北非阿拉伯国家宪法变迁与政治发展研究》，社会科学文献出版社，2018，第 120 页。

② 刘林智：《埃及阿拉伯社会主义的实践与当代左翼政党的发展》，《世界社会主义研究》2020 年第 8 期，第 43 页。

③ Neil Ford, "Libya: Diversifying Success", *The Middle East*, May 2003, p. 50.

恰逢高油价形势，利比亚石油收入大幅增加，带动了经济的发展。① 这些进一步巩固了卡扎菲政权，使得阿拉伯社会主义依然在北非保持坚挺。受突尼斯茉莉花革命的影响，2010 年 2 月 16 日，利比亚也爆发了反政府抗议行动，卡扎菲政权对此采取坚决的打压，利比亚战争爆发。很快，以美国为首的北约军事介入利比亚事务，持续半年之久。最终，卡扎菲及其接班人穆塔希姆被枪杀，利比亚反对派接管国家政权。至此，北非国家的社会主义运动宣告终结。

三　非洲社会主义的发展现状

非洲社会主义运动虽然陷入低潮，但 30 年来非洲的社会主义实践并没有彻底消失。具体表现在：一方面，坦桑尼亚政府依然宣称奉行社会主义，并开展社会主义实践；另一方面，非洲的社会主义政党有长足的发展，有些依然活跃，在国家政坛扮演着重要的角色。

（一）非洲的社会主义国家——坦桑尼亚

当前，整个非洲大陆仍然宣称坚持社会主义道路的国家仅剩坦桑尼亚。坦桑尼亚在尼雷尔（Julius K. Nyerere）的推动下，在 20 世纪 60—70 年代实行了大规模的乌贾马运动。乌贾马的原意是指非洲社会中集体劳动、共同生活的家族关系。尼雷尔指出："家族主义是我们非洲人所需要的社会主义，社会将照顾到每一个人，只要他乐意工作，就不必为明天发愁，也不必去积累钱财，这是过去的非洲社会主义，也是今天的社会主义。"② 虽然获得了一定的成就，但偏激的社会主义实践也给坦桑尼亚带来了诸多问题。1985 年尼雷尔引退，姆维尼（Ali Hassan Mwinyi）同年 10 月 27 日当选联合共和国第四届总统，1990 年连任。受到非洲大陆民主化运动以及苏联解体、东欧剧变的影响和冲击，1991 年坦桑尼亚开启了民主化进程。1992 年第 8 次宪法修正案明确提出，坦桑尼亚是多党民主

---

① 韩志斌、李铁：《"阿拉伯社会主义"国家治理模式探究》，《西亚非洲》2015 年第 4 期，第 33 页。

② Julius K. Nyerere，"Ujamma-The Basis of African Socialism"，*The Journal of Pan African Studies*，Vol. 1，No. 1，1987，pp. 3 - 4.

国家，奉行社会主义和自力更生政策。2000 年第 13 次宪法修正案重新界定了坦桑尼亚的政治体制，确认原宪法中的"社会主义"和"自力更生"等原则代表民主、自立、人权、自由、平等、友爱、团结。① 由其宪法可见，坦桑尼亚依然宣称奉行社会主义，但含义已与尼雷尔执政时期有很大区别。

坦桑尼亚能够长期坚持社会主义的原因有以下几点。其一，坦桑尼亚革命党的长期执政是核心因素。该党有党员 800 多万人，主张坚持社会主义和自力更生原则，强调发展经济，在公正、平等和人道的基础上建立一个平等、正义的社会。2000 年坦桑尼亚宪法修正案对"社会主义"的含义进行了重新界定，但革命党并未修改党章。从 1995 年首次多党选举后，革命党一直维持着国家执政党的地位，使得其奉行的社会主义理论和政策可以得到长期的实施。其二，坦桑尼亚革命党积极反思存在的问题，通过调整党纲深化对社会主义的理解。1987 年 10 月坦桑尼亚革命党召开三大，通过了《2000 年革命党的纲要》，这是继《阿鲁沙宣言》之后，坦桑尼亚革命党的又一重大政治纲领。为之后 15 年国家政治、经济发展和党的建设等制定了目标。其三，坦桑尼亚政府顺应了国际局势，主动调整政策。其在 1991 年主动开启了民主化进程，得到西方国家的认可。后来又根据需要对社会主义政策进行重新解读，以便更好地适应形势的发展。其四，坦桑尼亚政府在经济和社会发展领域也不断进行改革和政策调整，在一定程度上稳定了民心，维护了政权的稳定，从而使社会主义得到保留和发展。在坦桑尼亚革命党的指导下，坦桑尼亚政府分别实施了 1985 年结构调整计划、1989 年经济恢复计划和 1992 年经济复兴计划，使国民经济逐步走出低谷，工农业呈现增长趋势。

（二）非洲的社会主义政党

非洲国家纷纷放弃社会主义制度后，许多以社会主义或共产主义为宗旨和目标的左翼政党依然存在，并且对党的目标和宗旨进行了相应调整。目前，这些政党的活动很大程度上代表了非洲社会主义的发展现状。

首先，民主社会主义政党作为世界社会主义政党的重要分支在非洲

---

① 《坦桑尼亚国家概况》，中华人民共和国外交部网站，最新更新时间：2020 年 10 月，ht-tps://www.fmprc.gov.cn/web/gjhdq_676201/gj_676203/fz_677316/1206_678574/1206x0_678576/，最后访问日期：2021 年 3 月 12 日。

有长足的发展。在遭遇苏联解体、东欧剧变和民主化浪潮后，非洲一些社会主义政党积极调整指导思想与政策，转而奉行民主社会主义，在多年的发展中依然执政，并拥有较高的民众支持率。如南非非国大自 1994 年新南非成立以来，连续 6 次赢得全国大选，安人运、纳米比亚人组党自安哥拉、纳米比亚 1975 年、1990 年独立以来执政至今，坦桑尼亚革命党自 1977 年以来始终屹立坦政坛不倒，打破西方多党民主制下朝野更替频繁、领导人普遍短视、政策朝令夕改的"魔咒"，形成一党长期执政的政党政治格局，国家政局普遍稳定、部族关系和谐、人民生活水平改善、发展前景看好，党的理论创新力、政策吸引力、群众组织力、社会号召力提升，成为非洲乃至世界政党舞台上一种独特现象。①

其次，在欧洲社会党国际的影响下，非洲出现了一大批左翼政党，为非洲社会主义运动的持续发展提供了更加广阔的政治基础。冷战后，社会党国际加强了在非洲的活动，专门成立非洲委员会，每年定期召开会议，关注非洲的现实问题。比如 1997 年达喀尔会议的主要议题是非洲的民主与人权问题、选举问题与可持续发展问题；② 21 世纪前十年的会议较为关注非洲地区冲突、减贫与民主治理，并探讨新自由主义给非洲造成的弊端等；③ 2010 年后则更加关注非传统安全问题与经济的持续增长。这些活动强化了社会党国际与非洲左翼政党的联系。社会党国际的相关渗透行动也使得非洲出现了一大批社会党，据统计大约有 45 个。有一部分信奉科学社会主义的政党转向民主社会主义。这些政党有安哥拉人民解放运动、几内亚与佛得角非洲独立党、莫桑比克解放阵线党和坦桑尼亚革命党等。当前，绝大多数的非洲社会党都已追随西欧社会党，它们大多以社会民主主义为指导思想，转而认同资本主义。整个亚非拉地区，宣称以民主社会主义为指导思想的政党仅剩 18 个。④ 确切而言，社会民主主义与民主社会主义的目的有根本性的区别。前者主张通过福利国家

---

① 许苏江：《非洲民主社会主义政党的理念与实践探索》，《当代世界》2019 年第 6 期，第 73 页。

② 郭春生：《社会主义革新：从地区到全球的拓展（1978—2016）》，北京师范大学出版社，2018，第 409 页。

③ Socialist International, "Niamey Declaration: Socialist Priorities in Africa at the SI Meeting in Niger", April 24, 2006, https://www.socialistinternational.org/committees/africa/socialist-priorities-in-africa-at-the-si-meeting-in-niger/niamey-declaration/, Accessed 2020 - 12 - 10.

④ 向文华：《亚非拉地区社会党发展现状及其原因》，《当代世界社会主义问题》2016 年第 1 期，第 101 页。

和失业保险使资本主义变得更加人道；后者追求在民主体制内促进社会主义理想，以社会主义替代资本主义。① 但需要指出的是，社会民主主义重新受到推崇是冷战后大量社会民主党在社会主义问题上重大立场变化的结果。此二者都对社会主义有天然的亲近感。进一步追根溯源，19 世纪第一和第二国际时期建立的工人阶级政党通称为社会民主党。其奉行的社会民主主义与科学社会主义在当时是并行不悖的。社会民主党中一直存在左右两派，左派坚持革命路线，右派则倾向于改良。因此，为实现非洲社会主义的复归，当前大量的左翼政党依然是可以联合的进步力量。

再次，非洲国家政坛依然有影响力强大的共产主义政党，南非共产党的发展和壮大颇具代表性。根据王军、刘艳卉的统计，目前非洲的共产主义政党和组织有 39 个。② 总体而言，当前非洲以共产主义或者科学社会主义为指导思想的政党大多数都是在野党。但仍然有较有代表性的南非共产党作为参政党活跃在南非政坛，影响着国家政策的制定与实施。南非共产党受到十月革命的影响，于 1921 年 7 月成立，其长期坚持非暴力合法斗争，在南非解放组织内部对社会主义理论思想进行积极宣传和不断探索，并同非国大一起领导南非人民反抗白人种族主义隔离制度。1991 年，南非共产党八大提出了"革命性改良"理论，主要内容是：以和平方式改革南非政治、经济、文化及社会结构，使南非逐步迈向社会主义社会，但同时根据革命需要，适时发动群众，进行民主运动或者游

---

① 〔德〕托马斯·迈尔：《社会民主主义的转型：走向 21 世纪的社会民主党》，殷叙彝译，北京大学出版社，2001，第 11—12 页。

② 39 个政党分别是：南非共产党、南非阿扎尼亚人民组织、埃及共产党、埃及社会主义力量联盟、马达加斯加独立国大党、阿尔及利亚社会主义工人党、阿尔及利亚民主与社会主义政党、突尼斯民主爱国运动、突尼斯工人党、摩洛哥进步与社会主义党、摩洛哥民主之路、塞内加尔独立劳动党、塞内加尔非洲独立党、塞内加尔非洲工人联盟、苏丹共产党、安哥拉卡宾达共产党人委员会、安哥拉共产主义社区党、留尼汪共产党、贝宁共产党、贝宁马列主义共产党、贝宁民族工人党、毛里求斯社会主义工人党、毛里求斯社会主义劳工运动、莱索托共产党、布基纳法索沃尔特革命党、博茨瓦纳马恩列斯运动、埃塞俄比亚阿哈姆拉民族民主运动、布隆迪共产党、乍得争取团结与社会主义行动党、科摩罗马约特革新共产党、多哥共产党、刚果争取革新与进步爱国阵线、科特迪瓦象牙共产党、科特迪瓦象牙海岸革命共产党、喀麦隆人民联盟、喀麦隆共产党、喀麦隆非洲争取新独立和民主运动、斯威士兰共产党、马里共产党。参见王军建立的"世界共产党综合比较"数据库。

行、罢工。①1994 年南非举行了首次不分种族的全民大选。新南非独立后，南非共产党加入非国大，以"党中有党"的方式形成竞选联盟，与非国大一起成为南非执政党。在上述形势变化下，南非共产党顶住压力，坚持共产党的特性、指导思想、组织原则和奋斗目标不动摇，同时审时度势地调整政策，一是实行民族民主革命与社会主义革命相结合的策略；二是实行革命和改良相结合的策略，即实施革命性改良；三是尽力维护"三方联盟"的团结，努力保持自身的独立性。② 在多年的执政过程中，南非共产党坚定地以建设社会主义为奋斗目标，具有较强的灵活性和适应性，党员队伍不断扩大，保持了作为社会主义政党的先进性。其社会主义理论和实践取得积极成果，在国内为国家各项政策的制定建言献策，在国际上则对科学社会主义和国际共运的理论创新有所贡献。

最后，非洲社会主义政党的意识形态非常多元，受西方思想影响较大，这些政党在非洲的政治作用依然有限。非洲的社会主义政党奉行的意识形态非常多元，左翼社会党除了奉行民主社会主义外，还受到民族主义、民众主义思想的影响。而共产主义政党除了奉行马列主义、共产主义、社会主义等理念外，还有以斯大林主义、毛泽东思想、霍查主义、黑人意识等思想作为指导的，甚至有以两个或两个以上思想作为党的指导思想的。除了意识形态的多元外，这些政党受西方思想影响深刻，大都为此进行了相关理念和组织的调整，在其中加入民主和人道主义思想。当前非洲的社会主义政党作为执政党全部都是左翼社会党，大致有安哥拉人民解放运动、南非非洲人国民大会党、佛得角非洲独立党、加纳全国大会党、几内亚人民联盟、马里联盟党、莫桑比克解放阵线党、纳米比亚西南非人民组织、尼日尔争取民主和社会主义党、坦桑尼亚革命党、博茨瓦纳民主党、几内亚与佛得角非洲独立党、赞比亚爱国阵线、西撒哈拉人民阵线、突尼斯呼声党等。这些政党中绝大多数都以社会民主主义为指导思想，早已偏离了社会主义道路。需要指出的是，社会主义随着共产国际的分化变为民主社会主义和科学社会主义，左翼社会党属于民主社会主义政党，在冷战后奉行社会民主主义，不再追求建立社会主义制度，但保有改良思想，对社会主义有天然亲近感。而依然以共产主

---

① 程光德：《和平为主：1994 年后南非共产党社会主义革命方式》，《中国社会科学报》2011 年 7 月 28 日，第 15 版。

② 康来保：《南非共产党的社会主义理论与实践》，硕士学位论文，华侨大学科学社会主义与国际共产主义运动系，2012，第 24—27 页。

义和马列主义等为指导思想的共产主义政党大多都是在野党，作为参政党的并不多。因此，非洲社会主义政党的政治作用非常有限，进一步说明非洲社会主义仍将在低潮期徘徊。

四 非洲社会主义陷入低潮的分析与思考

苏联解体、东欧剧变致使世界社会主义运动遭遇重大挫折，与之相对应的是，西方规范与制度在世界的广泛传播使绝大多数非洲社会主义国家纷纷改旗易帜，放弃社会主义实践，非洲社会主义运动自此陷入低潮，并徘徊多年。针对该阶段非洲社会主义运动的发展情况，本文有如下思考。

第一，社会主义在非洲被标签化，脱离了社会主义的本质，遭遇冲击陷入低潮是不可避免的结局。非洲社会主义发展到顶峰期时已成为一种标签化的运动，成为政府的执政口号，但凡提及一党制、国有化、经济计划化、平等与人道主义等概念就是奉行社会主义。马克思主义的基本原则是发展社会生产力，为了实现共产主义，首要任务就是发展生产力，逐步提高人民的物质文化生活水平。社会主义的本质就是解放生产力、发展生产力、消灭剥削、消除两极分化，最终达到共同富裕。邓小平认为非洲不应急于搞社会主义，他曾对津巴布韦前总统穆加贝说："我们总结了几十年搞社会主义的经验。社会主义是什么，马克思主义是什么，过去我们并没有完全搞清楚……社会主义的任务很多，但根本一条就是发展生产力，在发展生产力的基础上体现出优于资本主义，为实现共产主义创造物质基础。"[1]然而从非洲社会主义的实践来看，几乎所有奉行社会主义的国家都没有深入思考过社会主义的本质与核心问题，在发展过程中一味地照搬苏联模式或者按照领导人的思路开展激进的实践，给刚独立不久的非洲国家带来了巨大的打击。在国际形势剧变的冲击下，加之非洲社会主义国家不断出现问题，遭遇挫折成为必然，这也是非洲社会主义陷入低潮的核心原因。

第二，非洲国家对社会主义制度的选择与放弃更多出于实用主义考量，导致政治制度凌驾于国家的发展之上，在面临困境时社会主义制度便轻易被放弃。在获得独立后，非洲国家普遍存在经济二元化结构明显、传统部族社会势力强大的特征，亟须尽快发展，改变积贫积弱的面貌。

① 《邓小平文选》（第三卷），人民出版社，1993，第137页。

社会主义思想中对平等、发展与共同富裕的描绘对非洲国家产生了极大的吸引力，加之苏联模式带来的示范效应，使非洲国家迅速选择进行社会主义实践，其制度选择越过了国家发展的优先性和重要性，没有充分考虑自身的基本国情。邓小平同志于 1988 年会见莫桑比克总统希萨诺时就曾讲道："要紧紧抓住合乎自己的实际情况这一条。所有别人的东西都可以参考，但也只是参考。世界上的问题不可能都用一个模式解决。中国有中国自己的模式，莫桑比克也应该有莫桑比克自己的模式。"① 选择了社会主义制度后，非洲国家将其所理解的政策照搬和套用在国家发展中，于是便出现了许多问题。诸如，计划经济体制本身就需要国家和政府的高度集权，否则经济计划就无法在复杂而又庞大的社会中顺利推行，因此中央集权管理体制的出现成为必然。② 但是面对缺乏国家认同观念的非洲社会，中央政府很难实现高度的集权，加上苏联式的计划经济从根源上是违背市场规律的，使得政府制定的计划指令与现实需求日益脱节，对社会主义产生了巨大的破坏作用。尼雷尔推动的乌贾马运动致使坦桑尼亚原本可以自给自足的农业在 1976 年出现问题，遭遇全国性饥荒，经济发展陷入停滞。在第三波民主化与苏联解体、东欧剧变的影响下，非洲国家为获得西方的援助与支持，修正既有问题，又纷纷转向西方代议民主制，推进经济私有化改革，再次导致 20 世纪 90 年代成为动荡的十年。由此可见，非洲国家在进行政治制度选择时，从实用主义出发，并没有认清自身发展的实际问题，大多数国家或受外部影响或跟风选择了社会主义制度，并没有思考实行该制度是否适配国家的发展需求。

第三，非洲国家独立运动领导人在本国社会主义运动中影响力巨大，在社会主义实践中起到了决定性的作用，使非洲国家的社会主义实践过程极具个人色彩。这种影响主要表现在两个方面。一是领导人的个性与人生经历直接影响到该国的社会主义理论与实践。其中典型代表有卡扎菲在利比亚推行的世界第三理论。卡扎菲本人是虔诚的穆斯林，世界第三理论的核心要是建立"以伊斯兰和阿拉伯传统为基础的标准社会主义"。他还认为社会主义是与伊斯兰教教义相联系的，并提出："社会主义对我国人民并不是外来的东西，真正的伊斯兰教……是社会主义教。"③

---

① 《邓小平文选》（第三卷），人民出版社，1993，第 261 页。

② 赵春丽：《计划经济体制的反思——试论社会主义国家改革的必要性》，《沙洋师范高等专科学校学报》2004 年第 6 期，第 15 页。

③ 贺文萍：《卡扎菲的"世界第三理论"》，《国际政治研究》1990 年第 4 期，第 75 页。

此外，卡扎菲本人的个性非常张扬与激进，他在利比亚进行的社会主义实践也是别具一格和标新立异的。二是许多国家奉行的社会主义制度在领导人在位时快速发展，领导人下台后，相关政策与措施则无以为继。这种情况在奉行社会主义的非洲国家中十分常见，较有代表性的是塞古·杜尔领导的几内亚。最早杜尔的社会主义思想更倾向于村社社会主义，他说："非洲在本质上是村社制的……集体生活，社会团结为非洲人提供了许多人所羡慕的人道主义基础。由于这种人类品质使非洲人很难想象他们的生活能脱离家庭、村社和部落。"[①] 随后到了 20 世纪 60 年代中期后，几内亚形势发生了变化，杜尔开始承认存在阶级和阶级斗争，进而宣布承认"科学社会主义"。几内亚的社会主义理念与实践的变化主要受到杜尔思想的影响。1984 年 3 月 26 日，塞古·杜尔突然病故。同年 4 月，几内亚就发生了军事政变，新政府彻底抛弃了杜尔的社会主义，几内亚的社会主义运动宣告失败。

第四，由于非洲大陆与国家的相关问题，国际形势的变化对非洲社会主义的影响巨大且深远。近代历史中，非洲大陆遭到长达近 600 年的奴隶贸易与殖民统治，直到 20 世纪 60 年代才开始轰轰烈烈的民族解放运动，获得民族独立建立新的国家。这些非洲国家都有以下特点。在经济上，非洲国家属于依附于资本主义世界体系的单一外向型经济，经济体系不完善，脆弱性高。按照萨米尔·阿明的依附论，非洲国家处于边缘地区，资本积累速度慢，程度低。在同发达国家开展贸易过程中不免受到剪刀差的剥削。而欧洲宗主国更是一直控制原材料价格，在自身遭遇危机时向非洲转嫁危机。这导致在 20 世纪后半叶的两次经济危机中，非洲成为最大的受害者。在政治上，非洲国家普遍存在国家能力弱小的问题。这里的国家能力是指统治阶级通过国家机关行使国家权力、履行国家职能，有效统治国家、治理社会，实现统治阶级意志利益及社会公共目标的能量和力量。[②] 非洲国家本身缺乏上述能量和力量，加之在经济上依附于资本主义中心国家的前提下，国家的自主性也大打折扣，进一步弱化了国家能力。在社会文化上，许多非洲国家是被外力拉入现代社会的，传统的部族社会势力依然强大，阻碍了非洲现代国家的形成。部族

---

① Carl G. Rosberg and Thomas Callaghy, *Socialism in Sub-Saharan Africa: A New Assessment*, Berkeley: University of California Press, 1979, p. 63.

② 黄宝玖：《国家能力：涵义、特征与结构分析》，《政治学研究》2004 年第 4 期，第 70 页。

社会的问题众多，生产力落后，现代化国家的中央政府难以管理，易出现国家内部的冲突。非洲大陆和国家的这些特点和问题使其非常容易受到外部环境的影响。一方面，非洲的政治与经济由于历史和现实的原因受制于大国，冷战结束后，美国成为唯一的超级大国，西方民主制与自由主义经济受到推崇，非洲国家被迫快速改变。另一方面，非洲的部族文化更是给国家内部增加了不稳定因素，容易被外部势力逐一击破。多年来，非洲的多项事务总是易受外部环境影响，非洲社会主义运动在该阶段的快速衰退也并不例外。

结　语

　　非洲社会主义运动是世界社会主义运动的重要组成部分，20 世纪 80 年代随着世界社会主义运动陷入低潮，非洲社会主义运动也不可避免地受到影响。30 年来，非洲奉行社会主义的国家逐年减少，社会主义政党也遭遇打击，大多数沦为在野党，对非洲国家的政治发展作用影响有限。尽管如此，非洲的社会主义政党仍有所发展，左翼社会党在非洲多个国家执政，虽然其绝大多数抛弃了社会主义道路，但是对社会主义仍有天然的亲近感。此外，南非共产党作为以马列主义为指导思想的社会主义政党已发展成为南非政坛的重要力量。

　　与此同时，当前国际力量对比东升西降，国际体系与秩序深度调整，世界正处于百年未有之大变局。其中最具代表性的事件是西方资本主义制度的固有缺陷持续暴露，2008 年经济危机以及新冠肺炎疫情对发达国家均造成严重的负面影响。而成功实现马克思主义本土化的中国则在全球经济危机与新冠肺炎疫情大流行的危机中逆势进取，获得了积极成效，为广大发展中国家尤其是非洲国家展现了全新的发展视野与治理范式。中国的成功经验充分说明马克思主义指导下的科学社会主义有强大的生命力，以及符合规律的本土化实践是社会主义制度优越性得以持续发挥的重要保障。虽然西方新自由主义当前是非洲的主流思想，但马克思主义及中国特色社会主义均为非洲分析与解决发展问题提供了重要的理论支撑，也为马克思主义指导下的社会主义在非洲的复归提供了可能。

【责任编辑】李鹏涛

非洲研究　2021 年第 1 卷（总第 17 卷）
第 20 - 39 页
SSAP ©，2021

联合国与非洲联盟的维和合作：
历程、经验和问题*

胡二杰

【内容提要】　在后冷战时代，联合国维和行动的作用和影响不断提升，其中非洲地区的维和需求尤其旺盛。21 世纪以来，联合国与非洲联盟日益重视彼此的维和合作，不断发展维和伙伴关系，并在实践中形成多样化的合作模式和制度举措。双方在既有的维和合作中积累下若干成功经验，如最高层级的紧密协作、优势互补的维和分工、提升非盟自主维和能力等。联合国与非盟的维和合作尽管成就巨大，但也呈现出不少问题，主要表现为任务主导权之争、经费筹措争议和非洲区域安排的内部角力等。放眼未来，联合国将继续深化与非盟的维和合作，非盟的自主维和能力建设面临的机遇和挑战并存。中国作为双方合作最重要的见证者、参与者和推动者之一，未来有望在非洲和平事业中发挥更为显著的作用。

【关键词】　联合国；非洲联盟；维和合作

【作者简介】　胡二杰，国防科技大学国际关系学院讲师，法学博士，曾在联合国马里维和特派团、伊加特驻南苏丹停火监督机制任职（南京，210039）。

---

* 本文为国防科技大学校级立项课题"非洲区域组织与联合国的维和合作研究"（项目编号：JS18 - 03 - 15）的阶段性成果。感谢《非洲研究》编辑部及匿名评审专家提出的宝贵修改意见。文中疏漏与不足之处概由笔者负责。

非洲联盟（African Union，AU，简称非盟）是非洲最大的区域组织，也是联合国在非洲最主要的维和伙伴。21 世纪以来，在非洲地区的一系列和平行动中，联合国和非盟逐渐发展出多样化的合作模式，在战略协调、制度建设和具体业务等各方面均取得丰硕的合作成果，积累了若干宝贵经验。总的来说，联合国与非盟的维和合作虽曾屡遭挫折，甚至目前仍饱受诸多问题的困扰，但具有巨大的潜力和广阔的发展前景。

一 联合国与非盟维和合作的发展历程

联合国和非盟关于和平与安全的合作历史悠久，最早可追溯至 1965 年非洲统一组织（Organization of African Unity，OAU，简称非统）与联合国签署的合作协议。在后冷战时期，联合国与非盟维和合作的基础是相互承认国际和平与安全领域的若干重要事实。进入 21 世纪以来，双方日益重视彼此的维和合作，在非洲维和实践中不断探索充实合作内容，发展完善合作机制，维和伙伴关系的内涵日益丰富。

（一）联合国与非盟维和合作的深厚基础

首先，在后冷战时期，联合国安理会的大部分议程都被非洲的和平与安全议题所占据。进入 21 世纪后，联合国维和行动急剧增加，尤其是在非洲部署了多个维和特派团。截至 2021 年 11 月，联合国尚在全球开展 12 项维和行动，其中 6 项在非洲。① 此外，非盟驻索马里特派团（African Union Mission in Somalia，AMISOM，简称非索特派团）的后勤工作也由

---

① 这 6 项联合国在非洲的维和行动是由联合国西撒哈拉全民投票特派团（United Nations Mission for the Referendum in Western Sahara，MINURSO，简称西撒特派团）、联合国中非共和国多层面综合稳定团（United Nations Multidimensional Integrated Stabilization Mission in the Central African Republic，MINUSCA，简称联中稳定团）、联合国马里多层面综合稳定特派团（United Nations Multidimensional Integrated Stabilization Mission in Mali，MINUSMA，简称马里稳定团）、联合国刚果民主共和国稳定特派团（United Nations Organization Stabilization Mission in the Democratic Republic of the Congo，MONUSCO，简称联刚稳定团）、联合国阿卜耶伊临时安全部队（United Nations Organization Interim Security Force for Abyei，UNISFA，简称联阿安全部队）和联合国南苏丹特派团（United Nations Mission in the Republic of South Sudan，UNMISS，简称南苏丹特派团）执行的。参见 UNPK，"Current Operations"，November，2021，https://peacekeeping.un.org/en/where-we-operate。

联合国负责。在 2019 年，约 75% 的联合国维和军警人员部署在非洲；联合国 2019—2020 年度维和预算总计 65.1 亿美元，其中 48.2 亿美元（约 74%）用于在非洲的维和行动。①

其次，虽然联合国安理会对维护国际和平与安全负有主要责任，但是区域组织在后冷战时期的作用日益显著。冷战时期美苏两极对抗的国际环境妨碍了联合国与区域组织的合作。"冷战妨碍《联合国宪章》第八章的适当利用"；"过去，区域安排的建立往往是因为没有一个全球性集体安全制度，因此区域安排的活动有时候会同建立有效世界组织所需的团结意识背道而驰"。② 而在后冷战时期，摆脱两极束缚的区域组织呈现出极大活力，这在非洲地区表现得尤为明显。冷战后，非洲领导的和平行动在数量和规模上均在迅速上升。非洲领导的和平行动大体分为三种类型：非盟直接领导的和平行动、非洲次区域安排部署的和平行动以及特设联盟实施的行动。后两种行动虽非由非盟直接领导，但通常也需获得非盟的授权。2003—2015 年，非盟直接领导的和平行动主要包括在布隆迪（2003—2004 年）、苏丹（2004—2007 年）、索马里（2007 年）、马里（2013 年）和中非（2013 年）的和平支助特派团以及在科摩罗的选举支助特派团（2006 年、2007—2008 年）。在同一时期，非盟还授权了打击中东部非洲"上帝抵抗军"和西非"博科圣地"的次区域和平行动以及若干特别行动。这些由非洲领导的和平行动每年平均投入 3 万—4 万名维和军警人员。③

最后，联合国或非盟单凭自身力量无法应对非洲的多种和平与安全挑战。迄今为止，双方在布隆迪、苏丹达尔富尔、索马里和马里等地取得的维和经验帮助联合国和非盟达成共识，即两者均无力独自承担非洲

---

① U. S. Congressional Research Service，"U. N. Peacekeeping Operations in Africa"，R45930，September 23，2019，https://fas. org/sgp/crs/row/R45930. pdf.

② 联合国大会第四十七届会议秘书长关于联合国工作的报告：《和平纲领：预防性外交、建立和平与维持和平》，A/47/277，1992 年 6 月 17 日，https://www. un. org/ga/search/view_doc. asp? symbol = A/47/277&Lang = C。

③ Paul D. Williams，and Arthur Boutellis，"Partnership Peacekeeping：Challenges and Opportunities in the United Nations-African Union Relationship"，*African Affairs*，Vol. 113，Issue 451，April 2014，pp. 257 - 258；Emma Birikorang，Thomas Jaye，and Frank Okyere，"Annual Review of Peace Support Operations in Africa（2016）"，2016，https://www. kaiptc. org/wp-content/uploads/2017/05/irikorang-E. - Jaye-T. - Okyere-F. - eds. - 2016. Annual-Review-of-Peace-Support-Operations-in-Africa – 2016 – 2. pdf.

的维和重任。2017 年，联合国秘书长潘基文指出："区域维持和平及和平支助行动的增多证明，今天非洲的需求不是联合国、非盟或其他任何区域或次区域组织单凭自身所能够满足的。"① 一方面，"联合国目前处于预防、管理冲突和维持和平的国际、区域和国家能力松散网络的中心。对于每次危机，都会进行仓促和临时的应对。在一个动荡的未来中，联合国安理会应能够依靠一个更具弹性的框架，以根据《联合国宪章》迅速有效地采取国际对策。这将需要远见、长期承诺和资源，以将联合国的能力、区域组织的能力和国家应对能力结合在一起"。② 另一方面，虽然非盟是非洲冲突管理的重要政治权威，但非盟本身缺乏持续开展和平行动的必要物力和财力，这在非盟迄今领导的若干和平行动中均有明显体现。由于联合国和非盟彼此的明显优长和劣势，深化合作、取长补短成为双方应对非洲和平与安全挑战的最佳路径。

（二）联合国与非盟维和合作的发展现状

迄今为止，联合国和非盟已在布隆迪、苏丹达尔富尔、索马里、马里和中非等五项非洲维和行动中合作开展行动。在这些具体维和行动中，两者的合作方式多种多样。譬如，在索马里，最初设立了联合国索马里维和行动机构，后来由于遭受重挫，联合国遂将其交由非盟主导，建立了非索特派团；在苏丹达尔富尔，经过国际社会的努力，建立了联非达团，双方采取了混合部署、共同主导的方式；在马里和中非，最初拟议由非盟主导这两项和平行动，也进行了初步的力量部署，后来却由于形势发展需要，改为建立由联合国主导的马里稳定团和联中稳定团。伴随联合国与非盟维和合作的逐步强化，非洲国家为联合国维和行动贡献的维和人员数量也持续攀升。在 2002 年非盟成立时，非洲国家仅向联合国维和行动贡献了约一万名军警人员。目前，非洲国家贡献了联合国约十万名维和人员中的半数，这意味着非洲现已成为联合国和平行动的最大

---

① 联合国安理会：《秘书长关于加强联合国与非洲联盟在非洲和平与安全问题上的伙伴关系包括加强联合国驻非洲联盟办事处工作的报告》，S/2017/744，2017 年 8 月 17 日，https://undocs. org/pdf？ symbol = zh/S/2017/744。

② HIPPO（High-Level Independent Panel on United Nations Peace Operations），"Uniting Our Strengths for Peace：Politics，Partnership and People"，S/2015/446，June 17，2015，https://undocs. org/pdf？ symbol = zh/A/70/95。

区域贡献者。①

在长期的维和合作中，联合国和非盟逐渐建立起多层面的不同合作进程和制度安排，致力于促进安全合作、情报共享和决策咨询。始于 2004 年的"非洲和平与安全框架"（African Peace and Security Architecture, APSA）是由非盟创立的集体安全机制，致力于"以非洲方式解决非洲问题"。联合国积极支持"非洲和平与安全框架"在非洲大陆的贯彻落实，并与该框架下的多项制度安排建立合作关系，尤其是与非盟和平与安全理事会（以下简称和安会）的沟通协调已经日趋成熟。联合国 – 非盟的务实合作和逐案合作形式已经演进为该框架的组成部分。联合国还制订了为期十年的能力建设计划，以协助这一努力。

自 2010 年以来，联合国和非盟通过三项重要机制加强了工作层级的伙伴关系。2010 年联合国非盟办事处在非盟总部所在地亚的斯亚贝巴成立，整合了此前负责支持非盟和平行动的若干联合国实体，促进两者建立更为紧密的伙伴关系。2010 年 9 月，联合国 – 非盟和平与安全联合工作组举行了首次会议。该工作组此后多次举行联合实地考察，旨在协同应对非洲的和平与安全挑战。两者的维和合作机制还包括专门负责和平与安全事务的联合国 – 非盟联合任务部队和旨在防控冲突的当面咨询会议。自 2007 年以来，联合国安理会与非盟和安会成员国之间的年度会议多次讨论维和相关议题。2017 年 4 月，联合国秘书长和非盟委员会主席主持召开首次联合国 – 非盟年度会议，并签署《联合国 – 非盟加强和平与安全伙伴关系联合框架》。② 2018 年 12 月，联合国和非盟签署联合宣言，概述双方在应对非洲冲突与危机局势方面的合作指导原则，包括与非盟和平行动的协作。

在维和行动的业务层面，联合国和非盟在行动协作/接续部署、维和筹资/后勤支助、能力建设/人员培训、共同支持非洲次区域机制行动等方面均开展广泛合作，取得丰硕成果。③ 双方的紧密合作对于非索特派团、联非达团、马里稳定团和联中稳定团的顺利运转发挥了至关重要的

① Cedric de Coning and Mateja Peter, eds., *United Nations Peace Operations in a Changing Global Order*, London: Palgrave Macmillan, 2019, p. 213.

② Daniel Forti and Priyal Singh, *Toward a More Effective UN-AU Partnership on Conflict Prevention and Crisis Management*, October 2019, International Peace Institute, pp. 35 – 36.

③ 联合国秘书长报告：《共建和平：打造维持和平伙伴关系》，S/2015/229，2015 年 4 月 1 日，https://www.un.org/zh/documents/view_doc.asp? symbol = S/2015/229。

作用，甚至在没有接续或混合部署的其他联合国非洲维和行动中，两者也有合作关系。2013 年，联刚稳定团增派首支进攻性战斗部队"武力干预旅"，该部队的行动框架由非盟协助制定，代表了双方行动协作的又一创新模式；2018 年，非盟限制自身在西撒哈拉争议领土内的行动以支持联合国西撒特派团主导的和平进程。

二　联合国与非盟维和合作的若干经验

联合国与非盟在非洲多地的维和合作均具有特定的背景，其合作内容也多种多样，但仍能从中总结出若干具有普遍意义的成功经验。联合国安理会第 2033 号决议（2012 年）指出："注意到需要综合分析联合国与非盟实际开展合作的经验教训，特别是非盟 – 联合国达尔富尔混合行动以及非盟驻索马里特派团的经验教训，确认需要借鉴利用联合国与非盟实际开展合作的经验教训。"① 2015 年 1 月，联合国秘书长潘基文致信安理会，要求总结在马里和中非两国的经验，提出关于未来加强联合国和非盟维和合作的若干意见。

（一）最高层级的紧密协作

最高层级的紧密协作是联合国 – 非盟开展维和合作的总牵引。联合国与非盟在非洲多地的维和合作实践表明，要开展联合国与非盟的具体维和事务合作，首先需要双方在最高层级的战略一致和政策协调。在这方面，最重要的是联合国安理会与非盟和安会以及联合国秘书处与非盟委员会之间的合作。

根据《联合国宪章》第八章，安理会经各会员国授权担负维持国际和平及安全之主要责任。而在非盟框架内，和安会是负责预防、管理和解决冲突的常设决策机构。两者作为两个机构主管和平与安全事务的最高层级，在设定联合国 – 非盟合作的战略方向上发挥着最重要作用。联合国安理会在为非洲维和行动提供授权前，要预先与非盟和安会经过最大限度的紧密磋商，并将两者的共识呈现于书面文件，以便在维和行动进程中进行战略规划和事务协调。

---

① UNSC, "Resolution 2033 (2012)", January 2012, https://undocs. org/S/RES/2033 (2012).

非盟和安会自 2002 年成立以来，与联合国安理会就和平与安全问题持续开展合作。2002 年的《非盟和安会成立议定书》要求："非盟和安会及委员会主席应与联合国安理会、其非洲成员国以及秘书长保持密切和持续的互动，包括就和平与安全问题举行定期会议和定期磋商。"① 2012 年的联合国安理会第 2033 号决议强调，安理会进一步同非盟和安会加强合作和建立有效伙伴关系以应对非洲的共同集体安全挑战。2015 年的联合国和平行动问题高级别独立小组 (High-Level Independent Panel on Peace Operations, HIPPO) 的报告指出："双方关系应通过加强定期和有意义的互动与协商而进一步加强，以形成对冲突的共同理解并制定应对的共同战略。"② 联合国安理会与非盟和安会目前已建立了不少旨在加强合作的高层互访、会晤磋商、考察交流机制，其中联合国安理会三个非洲理事国发挥了重要的桥梁作用。③

联合国秘书处和非盟委员会的紧密协作也非常重要。秘书处是联合国的主要行政机构，负责拟定联合国各项合议与决策执行机构的议程以及实际执行决策。非盟委员会是非盟的权力执行机构，负责处理非盟日常行政事务。在《联合国 – 非盟加强和平与安全伙伴关系联合框架》于 2017 年 4 月签署后，联合国秘书处设立了加强与非盟和平与安全伙伴关系内部工作组，非盟委员会设立了执行框架任务小组，双方定期举行会晤，共同致力于在整个非洲冲突周期加强战略协调、行动合作和伙伴关系。

在马里和中非的维和行动彰显了联合国与非盟双方的最高层级从一开始就进行联合评估和规划的重要性。授权建立非盟马里支助团的安理会第 2085 号决议 (2012 年) 明确要求，联合国秘书处应与非盟及西非国家经济共同体一起，对非盟马里支助团的行动要求进行联合评估；在中非共和国，联合国早在 2013 年 4 月就参加了非盟主导的评估团，并和非盟共同规划了从非盟中非支助团向联中稳定团的过渡。当维和行动需要由非盟主导向联合国主导转变时，提前进行的联合规划使得过渡比较平

---

① African Union, "Protocol Relating to the Establishment of the Peace and Security Council of the African Union", 2002, http://www. peaceau. org/uploads/psc-protocol-en. pdf.

② HIPPO, "Uniting Our Strengths for Peace: Politics, Partnership and People", S/2015/446, June 17, 2015, https://undocs. org/pdf? symbol = zh/A/70/95.

③ Gustavo De Carvalho and Daniel Forti, "Africa Can Become More Influential in the UN Security Council", March 12, 2020, https://issafrica. org/iss-today/africa-can-become-more-influential-in-the-un-security-council.

稳顺利，提升了维和行动的整体效率。潘基文基于双方在马里和中非的经验提出，联合国和非盟应围绕维和行动的部署和未来可能的过渡进程，建立一个兼具创造性和灵活性的"工具箱"，其中应该包括联合评估和规划、协作机制、部队组建、指挥控制、民事能力移交、支持机制等事项的指导原则和行动标准。①

（二）优势互补的维和分工

优势互补的维和分工是联合国－非盟拓展维和合作的着眼点。如前所述，联合国和非盟在最高层级的紧密协作非常重要。不过，即便双方在最高层级已经实现战略一致，但在具体行动中的分工合作同样重要。这主要是因为两者在维和职能领域各具优长，工作标准和程序方法也存有差异。较之于联合国，非洲区域组织在参与非洲维和事务时拥有独特优势，譬如熟悉情况、易于沟通、适应环境、长期存在等。2008 年通过的联合国安理会第 1809 号决议指出："区域组织很了解本区域的情况，因此具备良好条件，可以理解武装冲突的根源，这有助于它们开展努力，对这些冲突的预防或解决施加影响。……联合国与区域组织尤其是非盟在和平与安全事务中开展的共同协调努力应以彼此能力互补为着眼点，充分利用各自的经验。"②

从更深入的层面考察，议程相对单一的联合国维和行动难以满足后冷战时期非洲冲突和安全威胁类型的多元化发展，从而对联合国和非盟的维和分工提出了迫切要求。联合国维持和平的具体做法伴随时间推移而不断变化，但其传统上遵循当事国同意、中立、非自卫或履行授权不使用武力三项基本原则（"哈马舍尔德维和三原则"）。在联合国看来，当下列条件不具备时，维和行动不大可能成功：（1）有和平可维持，签署停火或和平协议是各方真正寻求和平的重要（但非唯一）指标；（2）积极的区域参与；（3）联合国安理会的全力支持；（4）具有明确且可实现的授权以及相匹配的资源。③"哈马舍尔德维和三原则"的严格遵循有时

---

① Ban Ki-moon, "Signed SG Letter to the Security Council on AU-UN Transition, Mali and CAR", January 2, 2015, https://www.un.org/sg/en/content/ban-ki-moons-statements.

② 《联合国安理会第 1809 号决议》，2008 年 4 月 16 日，https://www.un.org/chinese/aboutun/prinorgs/sc/sres/08/s1809.htm。

③ United Nations, *United Nations Peacekeeping Operations: Principles and Guidelines*, DPKO/DFS, New York, 2008, pp. 31 – 51.

限制了联合国在非洲维和行动的效力。在后冷战时期，非洲的冲突和安全威胁已经从传统的国内冲突和国家安全，扩展到地区安全、恐怖主义、海盗、人道主义威胁等新兴议题；然而，在反恐、反叛乱以及应对海盗威胁等方面，受制于其维和理念，联合国维和行动缺乏相关合法性。^① 近年来，萨赫勒地区宗教极端主义不断扩张、刚果（金）东部反叛武装持续肆虐，联合国却难以对此做出有效回应。现任联合国秘书长安东尼奥·古特雷斯（António Guterres）承认："随着冲突性质的变化，联合国维和行动面临新的挑战：对维和人员自身安全的威胁不断增加；在某些情况下与一些东道国政府的关系困难……装备精良的非国家武装团体跨境活动，没有明确政治目标，使得谈判结束冲突变得更加困难。"^② 相比之下，非盟根据后冷战时期非洲地区和平与安全挑战的变化情势，发展出与联合国不同的维和理念：非盟不是等待维持和平，而是视和平行动为在维持和平之前建立和平的机会。为此，非盟愿意执行高风险的稳定型任务，这些任务是在达成持久停火或和平协议之前旨在挽救生命并稳定国家安全局势的行动。它们恰是联合国避免承担的"无和平可维"型任务。^③ 为了挖掘双方理念差异带来的合作潜力，联合国和非盟开始探索更为灵活的合作框架，各种联合计划和协商决策模型也随之产生，例如联合国和平行动问题高级别独立小组的报告（2015 年）和"联合国－非盟加强和平与安全伙伴关系联合框架"（2017 年）。这些讨论的共同点是互补性的概念，即区域组织将在快速应对危机、反恐和反叛乱等领域发挥其比较优势的想法，而联合国将专注于以更长期的方式支持初始部署任务。^④

在布隆迪、苏丹达尔富尔和索马里的维和实践彰显在非洲背景下非盟之于联合国的相对优势。首先，非盟可以更快速便捷地就近部署部队，

① 周玉渊：《非洲维和伙伴关系：联合国维和改革与中国的角色》，《外交评论》2018 年第 2 期，第 68 页。

② UN, "Growth of Non-State Armed Groups Has Made Negotiating End to Conflict More Difficult, Secretary-General Says in Remarks on Action for Peacekeeping", February 17, 2020, https://www.un.org/press/en/2020/sgsm19975.doc.htm.

③ AU PSC, PSC/PR/2.(CCCVII), January 9, 2012, http://www.peaceau.org/uploads/report-au-un-jan2012-eng.pdf; Cedric de Coning, "The Emerging UN/AU Peacekeeping Partnership", *Conflict Trends*, Issue 1, 2010, p.4.

④ Walter Lotze, "Challenging the Primacy of the UN Security Council", In Katharina P. Coleman and Thomas Kwasi Tieku eds., *African Actors in International Security: Shaping Contemporary Norms*, Boulder: Lynne Rienner, 2018, p.226.

而联合国往往会部署规模更大、成本更高的多维行动。即便在联合国主导的非洲维和行动中，非洲国家的维和部队也往往成为作战部队主力，他们比较适应非洲任务区的环境，在条件恶劣的维和前线表现不俗。其次，由非盟授权的部队在特定环境下执行强制和平任务，譬如在缺乏全面停火协议或政治解决时联合国无法部署维和行动，以及在联合国不愿派兵的地方。最后，非盟和非洲国家部队有时可以在和平行动中增加政治合法性和影响力，尤其是在非洲东道国和/或次区域不欢迎联合国存在时。① 譬如，苏丹政府曾坚决拒绝在达尔富尔部署纯粹的联合国维和部队，直至安理会决定采取非盟和联合国部队混合部署的方式。②

不过，非盟国家的能力短板在这些维和行动中也有比较明显的暴露，其后勤保障能力、侦察情报工作和平民保护意识等都亟待强化和提升。联合国在这些方面拥有明显优势。联合国接管在中非和马里的非盟和平行动后，对任务分工进行了大幅调整优化。基本保留非盟国家的作战部队但进行换盔培训，将后勤财务工作交由联合国专门团队管理，将侦察情报、医疗救护、工程建设等战场保障任务交给专业素养较高的欧亚国家部队。联合国和非盟通过调整部署和优化分工，能够扬长避短，形成维和合力。总体而言，在联合国和非盟政治议程重合的维和任务中，双方务实的分工合作得到发展，取得较好的实践效果。

（三）提升非盟自主维和能力

提升非盟自主维和能力是联合国 – 非盟深化维和合作的落脚点。联合国在非洲地区成败参半的维和行动昭示，非洲事务最终需要非洲人自己解决，提升非盟自主维和能力是最好的选择。根据其成立的初衷，非盟本来就担负维护非洲和平的重任，《非洲联盟组织法》明文规定了该组织在解决地区冲突中应具有的特殊责任和义务。有鉴于非统组织在维护地区和平方面的挫败经历，非盟明确承认可基于人道主义和人权原因在其成员国实施干预行为，并建立了较具权威性和有效性的决策机制；非

---

① Paul D. Williams and Arthur Boutellis, "Partnership Peacekeeping: Challenges and Opportunities in the United Nations-African Union Relationship", *African Affairs*, Vol. 113, Issue 451, April 2014, pp. 269 – 270.

② Michael Fleshman, "Darfur: An Experiment in African Peacekeeping", December 2010, https://www.un.org/africarenewal/magazine/december – 2010/darfur-experiment-african-peacekeeping.

洲国家则将维和责任委托给非盟，在充分遵守非盟宪章的前提下，倡导
"国家保护责任"的指导原则。虽然非盟成员国不可单方面干预其他国家
的内政，但当存在种族灭绝、战争罪、种族清洗和危害人类罪等严重危
害时，非盟可以授权在其成员国领土上采取集体行动。①

　　当然，面对非洲地区旺盛的维和需求，目前非盟的自主维和能力还
亟待强化，存在各国参与积极性不同、后勤财务保障困难以及部队素质
参差不齐等问题。② 所以，联合国在与非盟深化维和合作时，坚持把提升
非盟自主维和能力作为重要目标，这为两者的长期合作提供持续动力。
联合国安理会第 1809 号决议指出，"必须加强与非盟的合作，以帮助其
建设能力，应对非洲共同集体安全方面的挑战"；"欢迎并进一步鼓励非
盟和各次区域组织不断开展努力，加强自身维持和平能力"。③ 联合国秘
书长古特雷斯也明确指出："在应对国际和平与安全集体挑战和非洲大陆
的自力更生方面，提高非洲的能力至关重要。"④

　　以马里维和行动为例。在联合国马里稳定团成立前，非盟已向马里
部署了 6103 名维和军人、20 名独立维和警察与 3 个维和警察分队。如何
安置已经部署的非盟马里支助团部队，成为联合国接手马里维和行动前
必须解决的问题。从提升非盟国家自主维和能力出发，经过与非盟及西
非国家经济共同体的协商，联合国决定尽可能将非盟马里支助团军警人
员充实到联合国马里稳定团中。在 2013 年 3 月派员进行实地评估后，联
合国花费相当精力来提升非盟马里支助团部队的行动能力、装备水平和
自我保障能力，使之符合联合国的行动标准，并增强其对联合国维和授
权的意识。对非盟部队的安置举措在 2014 年通过的安理会第 2149 号决议
中得以延续。联合国的这些举措极大地提升了非盟及西非国家经济共同
体成员持续参与马里维和行动的积极性。

---

① Stephanie Hanson, "The African Union", September 1, 2009, http://www.cfr.org/africa-sub-
　saharan/african-union/p11616.
② 王洪一：《非洲战乱和非盟自主维和行动》，齐建华主编《发展中国与非洲新型全面合
　作关系》，世界知识出版社，2014，第 243—244 页。
③ 《联合国安理会第 1809 号决议》，2008 年 4 月 16 日，https://www.un.org/chinese/abou-
　tun/prinorgs/sc/sres/08/s1809.htm。
④ 《7 月轮值主席国中国推动安理会进一步加强非洲和平与安全能力建设》，联合国新闻，
　2017 年 7 月 19 日，https://news.un.org/zh/audio/2017/07/309722。

三　联合国与非盟维和合作的主要问题

联合国与非盟的维和合作尽管取得了巨大成就，但也呈现出不少问题，主要表现为任务主导权之争、经费筹措争议和非洲区域安排的内部角力等。双方关系还经受了不同组织文化和机构运行能力的考验。这造成了两者相对不平等的伙伴关系，其中非盟处于弱势地位，其和平行动仍然极大地依赖于联合国和其他国际伙伴的支持。

（一）任务主导权之争

非洲的和平与安全事务曾长期由西方国家主导。在后冷战时期，西方国家在联合国框架内仍对非洲事务施加极大的影响力，在地区维和事务中也有明显表现，这与非盟对地区事务自主的诉求构成矛盾。非洲国家对区域以外事务的影响力固然有限，但在非洲和平与安全领域发挥主导作用是非盟的创始理念之一。非盟的相关举措以泛非团结和集体责任的理念为基础，其理念通过"以非洲方式解决非洲问题"的口号进行表达。非盟主张自身有资格成为非洲维和事务的领导者，呼吁联合国安理会考虑非盟的立场和优先事项，要求安理会事先授权非盟和平行动，并提供更多物力财力支持。[①]

大约从 2009 年起，非盟开始质疑与联合国的维和伙伴关系，认为其无助于增强其在该地区的安全影响。2009 年，联合国和非盟代表曾在亚的斯亚贝巴联席会议上就此激烈交锋，此后关于首要地位的争执长期存在。[②] 2011 年通过的一份联合国安理会报告指出："迄今为止，在和平与安全领域，联合国与非盟的关系并非总是融洽有效。人们已经认识到两者伙伴关系的潜力，但在解决非洲冲突方面，潜力和实际影响之间仍然

---

① AU PSC, "Communiqué of the 286th Meeting of the Peace and Security Council", PSC/PR/COMM（CCLXXXVI），July 19, 2011, http://www.peaceau.org/uploads/communique-286th-psc-darfur-en.pdf.

② International Crisis Group, "A Tale of Two Councils: Strengthening AU-UN Cooperation", June 24, 2019, https://www.crisisgroup.org/africa/279-tale-two-councils-strengthening-au-un-cooperation.

存在差距。"① 2015 年非盟亚的斯亚贝巴峰会通过了《2063 年议程》，再次强调泛非话语作为非盟的合法性来源。在维和领域，非盟方面感到争取更多自主权和联合国支持的努力收效有限。于是非盟和安会更加强调其区域维和工作的重大意义，甚至有非盟人士辩称非盟在这方面比联合国更具合法性："这是区域和次区域组织展示其比较实力的地方。它们的作用通常不像其他外部参与者那样富有争议，主要是因为其行为基于其成员国所认同的原则和规范。本质上，区域组织享有高度合法性。"②

面对非盟的主导权诉求，联合国屡次重申自身的最高权威性。几乎所有有关加强联合国与区域组织合作的安理会决议都会申明，"联合国安理会负有维护国际和平与安全的首要责任"。一些西方大国质疑区域组织在区域冲突中是否具有有效维持和平的公正性和必要能力。美国常驻联合国代表苏珊·赖斯（Susan Rice）表示："非盟成员国并不总是就关键问题提供统一或一致看法，而且非盟有时对紧急事务采取行动迟缓。……（联合国－区域）合作不能基于区域组织独立决定政策以及联合国成员国简单地为其授权并出资。"③ 2015 年和 2016 年，联合国安理会没有完全认同非盟和安会制止布隆迪暴力冲突升级的努力，对非盟部署人权观察员和军事专家仅表示泛泛支持，对非盟提议的部署干预部队也只表示冷淡欢迎。2019 年，安理会曾拒绝明确支持非盟和安会关于苏丹问题的决定，理由是不能干涉苏丹内政。

联合国和非盟围绕任务主导权的争夺在索马里、苏丹达尔富尔等维和行动中均有一定表现。在非盟主导的非索特派团，联合国主要负责提供后勤支持和政策建议。非盟方面曾提出，联合国试图争夺对该特派团的控制，并阻止非盟参与其政治工作。而联合国内部对于非盟不受约束的倾向颇有微词。美英等国认为，对从事反恐行动或执行和平行动的部队保持一定监督是明显底线。联合国安理会成员国关注财务规范、控

---

① UNSC Report, "Working Together for Peace and Security in Africa", May 10, 2011, https://www.securitycouncilreport.org/research-reports/lookup-c-glKWLeMTIsG－b－6769467.php

② Kilian Spandler, "UNAMID and the Legitimation of Global-Regional Peacekeeping Cooperation: Partnership and Friction in UN-AU Relations", *Journal of Interventionand Statebuilding*, Vol. 14, Issue 2, 2020, pp. 195 – 196.

③ UNSC, "6702nd Meeting File", S/PV. 6702, January 12, 2012, https://undocs.org/en/S/PV. 6702.

制成本和影响非盟决定，不愿放弃对非盟的监督。[1] 在联非达团，混合部署带来了一些负面效应：双重指挥和原则差异增加了协调支出；坚持"非洲特性"限制了特派团的招募方案；苏丹政府得以就授权活动进行谈判，使联合国和非盟相互掣肘。事实上，非盟不满足于联合国赋予其在苏丹达尔富尔的有限作用，更偏爱强调区域主导和攸关方参与的路径。[2]

（二）经费筹措争议

自 2002 年成立以来，非盟开展反恐、反叛乱和维和行动的重要性日益凸显，尤其是考虑到许多此类行动不在联合国传统的维和行动范围之内。然而，非盟难以持续开展这些行动，因为它没有建立稳定的筹资机制，也未发展完善的特派团支助能力。相比之下，联合国拥有可靠的筹资安排，即主要基于联合国各成员国经济状况的强制性摊款制度。联合国还发展出维持大型维和特派团的独特能力，各维和特派团的正常运转均有赖于此。[3]

由于非盟不具备支持多项长期任务的经费来源和行政后勤体系，它通常需要向联合国以外的捐助者临时寻求经费，或者迅速将非盟特派团的使命全盘移交给联合国，联合国分摊会费被财政能力薄弱的非盟视为最可靠的维和筹资安排。2007 年以来，非盟持续推动一项提案，要求联合国使用分摊会费资助非盟和平行动。非盟认为其获联合国授权的和平行动是对全球问题的区域反应，理应获得联合国资助。经过非盟坚持不懈地推动，非盟提案最终在 2015 年正式进入安理会议程。该提案要求，获安理会授权的非盟和平行动将自筹 25% 的经费，其余费用由联合国通过分摊会费支付。但是谈判此后在三个主要问题上陷入僵局。首先，双方未能就在实践中如何落实 25∶75 的分担比例达成明确谅解。其次，安

① International Crisis Group, "The Price of Peace: Securing UN Financing for AU Peace Operations", January 31, 2020, https://www.crisisgroup.org/africa/286 - price-peace-securing-un-financing-au-peace-operations.

② Kilian Spandler, "UNAMID and the Legitimation of Global-Regional Peacekeeping Cooperation: Partnership and Friction in UN-AU Relations", *Journal of Interventionand Statebuilding*, Vol. 14, Issue 2, 2020, p. 197.

③ Cedric de Coning, "The Emerging UN/AU Peacekeeping Partnership", *Conflict Trends*, Issue 1, 2010, pp. 41 - 42.

理会成员国质疑非盟和平行动会否遵守国际人权规范以及联合国财务标准。最后，双方对部队指挥权问题存在争议。尽管两者在经费筹措问题上分歧很大，但联合国安理会在苏丹、马里、中非和索马里等地，已根据具体情况授权使用联合国分摊会费，以不同形式支助非盟和平行动。2017 年，联合国秘书长发布专门报告，讨论联合国为非盟和平行动提供支助的拟议筹资模式。目前双方最有争议的问题在于联合国安理会是否应在原则上承诺为非盟和平行动提供经费。①

2018 年底，安理会非常任理事国埃塞俄比亚试图推动一项决议，旨在将联合国分摊会费用于获安理会授权的非盟和平行动，却以损害双方关系的激烈辩论而结束。非盟已努力采取措施满足人权合规、财务治理和自筹资金等方面的先决条件，但美国仍以非盟在这些关键问题上没有达到安理会条件为由，威胁否决该决议。法国提出的折中方案使非盟内部出现分裂，遭大多数非洲国家拒绝，决议草案最后没有付诸表决。南非试图在 2019 年 7 月恢复讨论的努力也成效寥寥。该提案有望继续保留在联合国安理会的议程上，但形成共同立场尚需时日，这既源于一些西方国家的阻碍，也因为非盟成员国的内部分歧。联合国本身也比较抗拒这种观念，即授权和平行动意味着联合国自动承担相应的财政责任。②

（三）非洲区域安排的内部角力

虽然非盟是联合国在非洲最主要的维和合作对象，但联合国与非洲次区域安排的合作同样重要。非洲区域安排不仅架构复杂，而且内部关系微妙，这也影响了联合国与非盟的维和合作。非盟确定东、西、南、北、中五个次区域，据此建立五支次区域待命部队，均为旅级规模。③ 非洲次区域组织被视为非盟的重要支柱，负责在各次区域实施非盟的计划。

---

① Cedric de Coning and Mateja Peter, eds., *United Nations Peace Operations in a Changing Global Order*, London: Palgrave Macmillan, 2019, pp. 223 – 226.

② International Crisis Group, "The Price of Peace: Securing UN Financing for AU Peace Operations", January 31, 2020, https://www.crisisgroup.org/africa/286 – price-peace-securing-un-financing-au-peace-operations.

③ Billy Batware, "The African Standby Forces-A Solution to African Conflicts?", December 19, 2011, https://acuns.org/wp-content/uploads/2012/06/AfricanStandbyForce.pdf.

有8个非洲次区域组织①获非盟接纳，其次区域成员既有差异，也有重叠。这些次区域组织尝试依靠本地区集体力量自主解决地区内部冲突，推动地区安全防务合作，在管理冲突与维护和平方面发挥重要作用。譬如，东非政府间发展组织在解决南苏丹和索马里冲突的问题上以及西非国家经济共同体在利比里亚、马里和科特迪瓦等问题上均有显著作用。

非盟和非洲次区域安排的关系迄今尚未获得清晰界定。这在某种程度上源于《联合国宪章》第八章的含糊性质，它没有区分区域和次区域安排，而非盟和非洲次区域安排都属于广义的区域安排，不存在明确的等级关系。这是《联合国宪章》有意为之，"宪章故意不明确确定区域安排和区域结构的定义，从而使一组国家能够灵活而有力地采取行动处理宜以区域行动应付的事件，这样也有助于维持国际和平与安全"。② 在实践中，非盟试图"坚持辅助性、互补性和比较优势的原则"，"调和与协调"其与非洲次区域安排的关系。2008年6月，非盟与上述8个非洲次区域组织以及东非和北非的待命部队协调机制签署谅解备忘录。谅解备忘录既强调"承认并尊重"非盟的主体责任，也呼吁非盟协调相关各方与联合国交往的努力以调和观点，注重发挥次区域安排的作用。③

在维和合作中，联合国安理会不仅需要协调其与非盟的立场，也需要与相关非洲次区域安排进行协调。这造成了一些潜在的挑战。最大的挑战在于，当非盟和相关非洲次区域安排在特定情况下的对策不同时，联合国安理会应与哪个区域安排进行协调？在2009年的马达加斯加危机中，联合国、非盟和南部非洲发展共同体进行协调。在2010—2011年科

---

① 这8个非洲次区域组织是阿拉伯马格里布联盟（Arab Maghreb Union，AMU）、萨赫勒-撒哈拉国家共同体（Community of Sahel-Saharan States，CEN-SAD）、东部和南部非洲共同市场（Common Market for Eastern and Southern Africa，COMESA）、东非共同体（East African Community，EAC）、中部非洲国家经济共同体（Economic Community of Central African States，ECCAS）、西非国家经济共同体（Economic Community of West African States，ECOWAS）、政府间发展组织（Intergovernmental Authority on Development，IGAD）、南部非洲发展共同体（Southern African Development Community，SADC）。
② 联合国大会第四十七届会议秘书长关于联合国工作的报告：《和平纲领：预防性外交、建立和平与维持和平》，1992年6月17日，https://www.un.org/ga/search/view_doc.asp?symbol=A/47/277&Lang=C。
③ AU，"Memorandum of Understanding on Cooperation in the Area of Peace and Security between the African Union, the Regional Economic Communities and the Coordinating Mechanisms of the Regional Standby Brigades of Eastern Africa and Northern Africa"，June，2008，http://www.peaceau.org/en/resource/documents? idtype=30.

特迪瓦动荡以及 2012 年马里危机期间，联合国、非盟和西非国家经济共同体进行协调。虽然非盟在维持和促进非洲和平方面担负重任，但一些非洲次区域安排希望在所在地区发挥主导作用，不会完全俯首听命于非盟的遥控指挥。当非洲次区域安排和非盟政策存在差异时，联合国安理会与非盟的合作变得相当复杂。譬如，在南苏丹问题上，联合国注重与东非政府间发展组织的政策协调与实地合作，有时让非盟感到遭受忽视；在中非和平行动中，联合国和非盟在处理与次区域安排的关系上也曾经历棘手挑战，两者关系有时甚至呈现出竞争性。①

四　联合国与非盟维和合作的发展前景及中国作用

回顾联合国和非盟近二十年的维和合作历程，两者的合作在挫折中成长，在困境中壮大，并在一系列维和实践中发展出丰富多样的合作模式和制度举措。放眼未来，联合国将继续深化与非盟的维和合作，不断优化扩展合作内容和方式，努力推动非盟的自主维和能力建设。对于联合国与非盟的维和合作，中国是最重要的见证者、参与者和推动者之一，未来有望在非洲地区的和平事业中发挥更为显著的作用。

（一）发展前景

进入 21 世纪以来，联合国同非盟在非洲和平与安全事务中的合作日益紧密。在可预见的未来，为更有效地维护非洲地区和平与安全，联合国在坚持自身首要责任的同时，将不断提升与非洲区域组织之间的合作水平，推动团结协作来应对非洲大陆频发的冲突。

首先，进一步强化维和伙伴关系，建立健全合作机制。伴随后冷战时期非洲地区安全态势的新兴变化，非洲区域组织在地区和平行动中的独特优势、重要作用和话语权无疑会进一步凸显。"在未来更大的全球 - 区域伙伴关系中，联合国应发挥双重作用，既在政治和行动上与其他伙

---

① Tatiana Carayannis and Mignonne Fowlis，"Lessons from African Union-United Nations Cooperation in Peace Operations in the Central African Republic"，*African Security Review*，Vol. 26，Issue 2，2017，pp. 220 - 236.

伴一道做出反应，也推动和促成其他伙伴发挥日益重要的作用。"① 联合国和非盟会进一步密切沟通协调，改进完善现有合作机制，尤其是增进联合国安理会与非盟和安会的紧密协作，这种合作将逐渐贯穿于冲突应对与缔造和平的全过程。同时双方会加强在冲突预防和冲突后重建等领域的合作，联合开展危机预警、战略评估、任务授权和部署等工作，探索建立更为有效的合作机制与模式，为联合国－非盟和平与安全伙伴关系框架不断注入新的内容。

其次，进一步优化彼此任务分工，强化优势互补效应。联合国将借助"非洲和平与安全框架"，对非盟及其次区域伙伴的任务分工进行更为清晰的界定，将联合国同非盟之间的战略协调和务实合作落实到各阶段、各层面的具体行动，不断提高合作效率。诚如国际危机组织的研究报告所说："非盟和联合国都已达到了其现有的促进非洲和平与安全的工具的极限，但是它们勠力合作就有很大机会克服这些障碍。"② 只有非盟与联合国实现高水平的维和合作，并让非洲区域组织发挥更为重要的作用，非洲大陆的持久和平才有望实现，联合国的维和行动才可能获得最终成功。

最后，伴随联合国维和改革的推进和新冠肺炎疫情的影响，非盟自主维和能力建设机遇和挑战并存，联合国－非盟的维和合作也会增添新的变数。一方面，联合国维和改革正在加速进行，联合国维和未来更注重推动政治解决进程而非以直接军事方式参与非洲的和平建设；伴随联合国维和军事部署的可能缩减，非盟自主维和能力将面临更广阔的空间，建设中的非洲常备军在今后有望承担更大的地区和平与安全责任。另一方面，全球经济在新冠肺炎疫情中遭受重创，国际社会和非洲国家疫后重建尚需时日，联合国维和行动所需的庞大资源投入将受到影响。非盟和联合国在维和经费筹措等问题上的矛盾可能会更为突出，迫切需要国际社会的长期支持和持续投入。

---

① HIPPO (High-Level Independent Panel on United Nations Peace Operations), "Uniting Our Strenghts for Peace: Politics, Partnership and People", United Nations A/70/95 – S/2015/446, June 17, 2015, p. 14.

② International Crisis Group, "The Price of Peace: Securing UN Financing for AU Peace Operations", January 31, 2020, https://www.crisisgroup.org/africa/286 – price-peace-securing-un-financing-au-peace-operations.

（二）中国作用

中国长期致力于非洲大陆的和平事业，积极践行人类命运共同体理念，为推动联合国和非盟的维和合作做出了积极贡献。中国多次主持和推动安理会讨论非洲安全形势并加大对非洲的安全投入，努力为联合国 – 非盟伙伴关系的发展提供实质性支持。中方于 2015 年设立中国 – 联合国和平与发展基金，帮助联合国在非洲开展和平与发展项目是其重点工作领域。2020 年是中国参与联合国维和行动三十周年，中国已成为联合国安理会"五常"中派出维和人员最多的国家，也是联合国维和行动的主要出资国之一，不仅积极参加联合国在非洲的维和行动，还长期支持非盟自主维和能力建设。① 展望未来，面对联合国与非盟旺盛的维和合作需求，中国有望在非洲地区的维和事业中发挥更为显著的作用。

首先，在全球层面，中国应努力推动联合国与非盟深化维和合作，在国际安全治理中提升领导力、影响力和话语权。国际维和是中国参与非洲乃至全球安全事务的重要方式，是中国承担国际安全责任的重要载体，是践行人类命运共同体理念的重要平台。中国可利用当前联合国 – 非盟发展维和伙伴关系的契机，将参与联合国维和改革与参与国际安全治理有机结合，在其中争取更多的话语权。中国关于国际安全治理的主张与联合国维和改革的方向具有较多共通之处，双方都主张政治解决和从根源上解决冲突，都提倡通过发展来实现可持续和平。为此，中国可利用当前联合国维和转型的契机，引领联合国新维和方案的构建，增强中国在国际安全治理中的影响力和话语权。

其次，在区域/次区域层面，中国应以维和合作为抓手，积极引导非洲安全范式由西方主导向非洲自主的转变。在后冷战时代，非洲地区安全力量的作用在不断上升，日益成为非洲地区安全的主体力量，诸多实践也证明非洲国家拥有处理好非洲问题的能力和智慧。相比之下，长期由西方主导的非洲安全范式正在经历严峻考验，联合国在刚果（金）、马里和南苏丹等地的维和行动耗资巨大却成效有限，非洲自主和平行动的意义不断彰显。中国一直是非洲自主范式的重要支持者，主张充分尊重并发挥非洲自主解决非洲问题的主导权。中国可在积极传播自身主张的

---

① 《深化非盟与联合国合作，促进非洲和平稳定》，人民网，2017 年 6 月 16 日，http://world. people. com. cn/n1/2017/0616/c1002 – 29344131. html。

同时，借助既有的联合国－非盟和平与安全伙伴关系框架，引领安理会切实尊重非洲方案和思路，同非洲区域组织加强协调，向非洲自主范式赋权。同时，推动联合国制定和完善更为明确具体并易于操作的全面对非支持战略，在更多领域支持非洲自主范式的合理实践。

最后，在国别/具体行动层面，中国应发挥自身优势，推动弥合非洲国家现实需求与联合国维和愿景之间的鸿沟。中国与非洲国家具有深厚的传统友谊，是非洲当前最重要的经济、政治和发展伙伴之一，中国以发展为导向的中非合作模式在非洲国家广受好评，在通过发展合作促进非洲和平方面积累了较多经验。目前，中国参与了6项联合国非洲维和行动中的5项，部署约2000余名维和军警人员。中国也积极支持非洲区域组织的和平行动，派员参与了东非伊加特组织领导的南苏丹停火监督机制。所有这些使中国在推动联合国－非盟深化维和合作、加强伙伴关系等方面具有优势。面对当前联合国－非盟维和合作中的诸多问题，中国可立足自身优势，引领两者管控和消弭分歧矛盾，丰富创新合作内容，巩固扩大实际成效。中国尤其可以通过自身卓著的维和贡献提升非洲人民对联合国维和机制的良性认知，推动弥合非洲国家现实要求与联合国维和愿景之间的鸿沟。

【责任编辑】宁彧

非洲研究　2021 年第 1 卷（总第 17 卷）
第 40 – 51 页
SSAP © , 2021

国际刑事法院巴希尔逮捕令的执行困局及变数

姜恒昆　　纪华溪

【内容提要】2009 年 3 月 4 日和 2010 年 7 月 12 日，国际刑事法院以在任苏丹总统巴希尔在达尔富尔地区犯下两项战争罪、五项反人类罪和三项种族灭绝罪为由，先后对其发出两份逮捕令。这是国际刑事法院自 2002 年成立以来，首次向在任国家元首签发逮捕令。然而，由于国际刑事法院本身不具执行力，巴希尔又是苏丹的在任总统，加之一些成员国的"放水"或抵触等，该逮捕令一直未能得到执行。2019 年 4 月，巴希尔政权在民众持续的抗议浪潮中倒台，这使巴希尔逮捕令的执行出现了转机。目前，苏丹各方势力已无意或无力阻止国际刑事法院追究巴希尔的"罪行"。出于迎合民众诉求、推进国内和平进程及缓解外部压力等需要，苏丹过渡政府很可能会将已成众矢之的的巴希尔移交国际刑事法院受审。

【关键词】国际刑事法院；巴希尔逮捕令；苏丹；达尔富尔

【作者简介】姜恒昆，浙江师范大学非洲研究院副研究员；纪华溪，浙江师范大学非洲研究院硕士研究生（金华，321004）。

引　言

2009 年国际刑事法院（International Criminal Court，ICC）对时任苏丹共和国总统奥马尔·哈桑·艾哈迈德·巴希尔（Omar Hasan Ahmad Al-Bashir）发出逮捕令至今已逾十年，但由于巴希尔政府的强力抵制和国际社会尤其是非洲大多数国家的漠视或消极对待，该逮捕令一直未能得到执行。然而，2019年巴希尔政权的崩溃使苏丹民众，特别是冲突地区的民众获得了彻底释放其在巴希尔执政三十年间所积攒不满的机会。他们将矛头直指巴希尔本人，而国际刑事法院的逮捕令便是利器之一。对苏丹过渡政府来讲，清算前政权的罪行也是其执政后的首要任务。这使长期陷于困局的逮捕令执行问题出现了转机。

一　巴希尔逮捕令的由来

2003年2月，苏丹达尔富尔地区（Darfur）爆发地方族群武装反叛运动。时任苏丹总统及军方领导人巴希尔与部落武装组织"坚杰维德"（Janjaweed）一道对达尔富尔地区的武装反叛运动展开严厉镇压。冲突导致上百万人流离失所沦为难民、数十万无辜平民死亡，引发了国际社会各方的强烈关切。2005年3月，联合国安理会将发生在达尔富尔的情势移交国际刑事法院。经过两年多的调查，国际刑事法院以时任苏丹总统巴希尔在达尔富尔地区犯下五项反人类罪、两项战争罪以及三项种族灭绝罪为由，先后于2009年3月4日和2010年7月12日对其发出两份逮捕令。[①]

（一）达尔富尔危机

达尔富尔地区位于苏丹西部，是西、南、北达尔富尔州的统称。"Dar"在阿拉伯语意为"领地、家园"，"Darfur"意为"富尔人的家园"。然而，达尔富尔地区的实际族群结构却十分复杂，共有80多个族体，人口约777万，约占全国总人口的1/5，其中约有60%是农民。[②] 富尔人作为该

[①] 五项反人类罪分别是谋杀罪、灭绝罪、强迫人口迁移罪、酷刑罪和强奸罪；两项战争罪为故意下令袭击平民罪和抢劫罪；三项种族灭绝罪包括种族屠杀罪、致使种族遭受严重身体或精神伤害罪和蓄意恶化生存环境以灭绝种族罪。详见 ICC, "Warrant of Arrest for Omar Hassan Ahmad Al Bashir（ICC – 02/05 – 01/09 – 1）", March 4, 2009, https://www. icc-cpi. int/Pages/record. aspx? docNo = ICC – 02/05 – 01/09 – 1. Accessed 2020 – 02 – 15; ICC, "Second Warrant of Arrest for Omar Hassan Ahmad Al Bashir（ICC – 02/05 – 01/09 – 95）", July 12, 2010, https://www. icc-cpi. int/Pages/record. aspx? docNo = ICC – 02/05 – 01/09 – 95, Accessed 2020 – 02 – 15。

[②] 姜恒昆、刘鸿武：《种族认同，还是资源争夺——苏丹达尔富尔地区冲突根源探析》，《西亚非洲》2005年第5期，第9页。

地区最主要的族群，大多是以种地为生的定居农民。此外，该地区还有大量逐水而居的游牧民和半游牧民。

达尔富尔问题由来已久且极为复杂，其中包含族群矛盾、宗教矛盾、央地矛盾等，同时更与该地区生态环境恶化所导致的对自然资源争夺的加剧有关。[①] 20 世纪六七十年代，达尔富尔地区的人口数量开始激增，加之长期以来的过度放牧，达尔富尔北部地区的荒漠化程度日益加剧。北部阿拉伯游牧民被迫南迁，开始与中部地区的定居农民及南部地区的游牧民争夺水、草资源。20 世纪八九十年代，阿拉伯游牧民与定居非阿拉伯农民之间的矛盾不断加深，冲突不断升级。进入 21 世纪，随着达尔富尔地区探明的矿产及石油资源不断增加，各方对资源和利益的争夺日趋白热化。富尔人（Fur）、马萨利特人（Masalit）、扎哈瓦人（Zaghawa）等非阿拉伯族群为反抗中央政府对达尔富尔地区经济和政治的边缘化政策，相继组成"达尔富尔解放阵线"（Darfur Liberation Front，DLF）[②] 和"正义与平等运动"（Justice and Equality Movement，JEM）两支反政府武装。它们宣称政府未能切实保障当地土著民的利益，要求实行地方自治，取消推行伊斯兰法，与中央政府分享权力及资源。自 2003 年 2 月开始，当地不断发生反政府武装活动，攻击苏丹政府的正规军和部落武装，达尔富尔危机自此爆发。随后，巴希尔政府对达尔富尔地区的武装反叛运动推行严酷的"焦土"政策。一方面，政府支持部落武装组织"坚杰维德"参与袭击反叛武装甚至当地平民；另一方面，政府军直接同"苏丹解放运动/军"和"正义与平等运动"等反政府武装展开大规模军事冲突。

达尔富尔冲突给当地民众带来了毁灭性的灾难。仅在冲突最初的两年里，便已导致数万人死亡，150 多万人颠沛流离，近 200 万民众急需人道主义援助。联合国在 2004 年初将达尔富尔地区列为当时全球人道主义危机最为严重的地区之一。[③] 此外，冲突还间接造成了大量无辜平民死

---

① 姜恒昆：《达尔富尔问题的历史溯源——再论达尔富尔问题的原因、阶段及性质》，《西亚非洲》2008 年第 9 期，第 22—23 页。

② 该组织于 2003 年 3 月中旬更名为苏丹解放运动/军（the Sudanese Liberation Movement/Army，SLM/A），主要由富尔人、马萨利特人和扎哈瓦人组成。

③ Roméo Dallaire, "Looking at Darfur, Seeing Rwanda", *New York Times*, October 4, 2004, https://www.nytimes.com/2004/10/04/opinion/looking-at-darfur-seeing-rwanda.html, Accessed 2020 – 02 – 17.

亡,根据联合国 2005 年 3 月的统计数据,仅在冲突的前一年半时间内,达尔富尔地区就有 18 万人间接死于冲突;而在冲突的前三年,至少就有 20 万达尔富尔地区的平民死亡(绝大多数因为疾病或营养不良),200 多万人因冲突而沦为难民。① 时至今日,达尔富尔问题仍未得到彻底解决,武装冲突时有发生。

(二) 巴希尔逮捕令的出台

达尔富尔地区严重的人道主义危机引起了国际社会的高度关切。联合国安理会于 2004 年 9 月 18 日通过第 1564 号决议,决定成立达尔富尔问题国际调查委员会,理由是苏丹政府未承担此前决议规定的义务。该委员会的职责包括:调查达尔富尔地区是否存在违反国际人权法和人道主义法的行为以及种族灭绝的行为;若存在上述行为,应明确相关实施者的责任并予以追究。② 联合国达尔富尔问题国际调查委员会于 2005 年 1 月 25 日依据安理会第 1564 号决议向时任联合国秘书长安南提交了关于达尔富尔地区有关违反国际法事件的调查报告。调查委员会经过深入调查及全面分析后认定,苏丹政府和"坚杰维德"民兵组织应对达尔富尔地区发生的违反国际人权法和人道主义法的有关事件负责。③ 同时指控 51 名苏丹人在达尔富尔地区犯下"战争罪"和"反人类罪",其中既有政府官员,也包括亲政府民兵组织以及反政府武装组织的成员。调查委员会建议安理会立即将达尔富尔地区发生的违反国际人权法和人道主义法的事件移交国际刑事法院处理。

2005 年 3 月 31 日,安理会通过第 1593 号决议,决定将 2002 年 7 月 1 日以来发生在达尔富尔的情势移交国际刑事法院,由其负责调查并审判涉嫌在达尔富尔地区犯有"战争罪"和"反人类罪"的相关嫌疑人。④ 2005 年 6 月 6 日,国际刑事法院宣布受理该情势,并保证对相关责任人展开公

---

① International Crisis Group, "To Save Darfur", March 17, 2006, https://www.crisisgroup.org/africa/horn-africa/sudan/save-darfur, Accessed 2020 – 02 – 17.

② 详见联合国安理会第 1564 号决议, S/RES/1564 (2004), 2004 年 9 月 18 日通过。

③ United Nations, "Report of the International Commission of Inquiry on Darfur to the United Nations Secretary-General", January 25, 2005, https://www.un.org/ruleoflaw/files/com_inq_darfur.pdf, Accessed 2020 – 02 – 17.

④ 详见联合国安理会第 1593 号决议, S/RES/1593 (2005), 2005 年 3 月 31 日通过。

正和独立的调查，同时在收集证据方面要求相关国家给予充分积极的协助。① 这是联合国安理会根据《罗马规约》（Rome Statute of the International Criminal Count）向国际刑事法院移交的首例情势，也是国际刑事法院自 2002 年 7 月成立以来首次在未经所涉国家同意的情况下启动调查程序。

经过近两年的深入调查，国际刑事法院首席检察官路易斯·莫雷诺 - 奥坎波（Luis Moreno-Ocampo）于 2008 年 7 月 14 日向国际刑事法院预审庭提交了《国际刑事法院首席检察官根据罗马规约第 58 条提出逮捕证的申请》，申请中指出："苏丹总统巴希尔基于政治动机下令对祖居达尔富尔地区的黑人族群富尔人、马萨利特人和扎哈瓦人发动非法袭击，这是苏丹政府的一项政策，犯下了违反人道主义法和人权法等多项罪行，请求预审分庭向巴希尔发布逮捕令。"② 2009 年 3 月 4 日，国际刑事法院正式向在任苏丹总统巴希尔签发逮捕令，指控其涉嫌在达尔富尔地区犯下五项反人类罪和两项战争罪。③ 2010 年 7 月 12 日，国际刑事法院又根据相关证据以巴希尔涉嫌犯下三项种族灭绝罪为由，向其发出第二份逮捕令。④ 这是国际刑事法院自成立以来首次对一国在任元首签发逮捕令，在国际刑事司法史上具有重要意义，引起了国际社会的广泛关注与争议。

二 巴希尔在任期间的逮捕令执行困局

自 2009 年国际刑事法院对巴希尔签发首份逮捕令至今，逮捕令始终未能得到执行。由于国际刑事法院自身并无警察和军队，也没有完善和

---

① International Criminal Court, "The Prosecutor of the ICC Opens Investigation in Darfur", June 6, 2005, https://www.icc-cpi.int/Pages/item.aspx? name = the + prosecutor + of + the + icc + opens + investigation + in + darfur, Accessed 2020 – 02 – 17.

② International Criminal Court, "ICC Prosecutor Presents Case against Sudanese President, Hassan Ahmad AL BASHIR, for Genocide, Crimes against Humanity and War Crimes in Darfur", July 14, 2008, https://www.icc-cpi.int/Pages/item.aspx? name = a, Accessed 2020 – 02 – 17.

③ International Criminal Court, "Warrant of Arrest for Omar Hassan Ahmad Al Bashir (ICC – 02/05 – 01/09 – 1)", March 4, 2009, https://www.icc-cpi.int/Pages/record.aspx? docNo = ICC – 02/05 – 01/09 – 1, Accessed 2020 – 02 – 17.

④ International Criminal Court, "Second Warrant of Arrest for Omar Hassan Ahmad Al Bashir (ICC – 02/05 – 01/09 – 95)", July 12, 2010, https://www.icc-cpi.int/Pages/record.aspx? docNo = ICC – 02/05 – 01/09 – 95, Accessed 2020 – 02 – 17.

强制性的执行制度和机构，因此，其无法直接执行该逮捕令，只能依靠有关国家及国际组织的配合。然而，无论是联合国第1593号决议中要求包括国家和国际组织在内的所有有关各方积极配合逮捕令的执行，还是国际刑事法院直接发出请求逮捕和移交书，国际社会都没有给予积极回应，一些国家甚至采取躲避或无视的消极态度，致使逮捕令无法执行。

（一）巴希尔政府的强力抵制

由于担心国际刑事法院的举动可能影响2010年的全国大选，巴希尔政府从一开始就对逮捕令予以强烈抵制。巴希尔政府首先对国际刑事法院的管辖权提出了质疑，认为苏丹政府虽于2000年签署了《罗马规约》，但在国内并未批准通过，因此苏丹并非正式缔约国。而根据《罗马规约》之规定，规约必须经过签署国的批准方能对其生效。① 因此，巴希尔政府从《条约法》的角度认为苏丹并非《罗马规约》的缔约国，因而国际刑事法院对苏丹公民没有管辖权。在国际刑事法院即将正式对巴希尔发出逮捕令之际，苏丹政府再次重申不承认国际刑事法院对该国公民拥有管辖权，同时也不会执行该法院作出的任何决定。

巴希尔政府不仅拒绝接受国际刑事法院的管辖权，而且认为逮捕令侵犯了苏丹的主权，并指责国际刑事法院是新殖民主义者反对非洲和伊斯兰主权国家的阴谋组成部分。② 为阻止逮捕令的发出，巴希尔政府在国内实施反制措施，强力打压涉嫌支持国际刑事法院的团体及个人。2008年11月，苏丹警方以涉嫌与国际刑事法院接触为由拘留了一名人权活动家；③ 2009年1月，反对派领导人哈桑·图拉比（Hassan al-Turabi）因呼吁为避免内乱而应将巴希尔移交国际刑事法院而被苏丹政府监禁；④ 当

---

① ICC, "Rome Statute of the International Criminal Court", July 17, 1998, https://www.icc-cpi.int/NR/rdonlyres/EA9AEFF7 - 5752 - 4F84 - BE94 - 0A655EB30E16/0/Rome_Statute_English.pdf, Accessed 2020 - 02 - 25.

② Neil MacFarquhar and Marlise Simons, "Bashir Defies War Crime Arrest Order", *The New York Times*, March 6, 2009, https://www.nytimes.com/2009/03/06/world/africa/06sudan.html, Accessed 2020 - 02 - 25.

③ Human Right Watch, "Censorship and Harassment of Journalists and Human Rights Defenders in Sudan", February 18, 2009, https://www.hrw.org/node/255858/printable/print, Accessed 2020 - 02 - 25.

④ Mohamed Osman, "Opposition Leader Detained in Sudan", San Diego Union-Tribune, January 15, 2009, https://www.sandiegouniontribune.com/sdut-af-sudan-detained-dissident - 011509 - 2009jan15 - story.html, Accessed 2020 - 02 - 25.

月，一名苏丹人被以充当国际刑事法院的"间谍"为由判处十七年监禁。① 在逮捕令发出后，苏丹政府立即在国内颁布了《新闻与出版法》（*Press and Publications Act*），加强了对新闻的审查和舆情的控制。② 与此同时，苏丹政府还对西方在苏组织和机构采取了强硬手段，立刻驱逐了包括牛津饥荒救济委员会（Oxfam）以及无国界医生组织（Doctors without Borders）在内的 13 个被认为与国际刑事法院有关联的国际人道主义救援组织在苏人员。③ 巴希尔甚至直接威胁并驱逐西方国家驻苏丹大使，以示对后者推动国际刑事法院"干预"苏丹内政的强烈不满。④

由于拥有丰富的石油资源，苏丹经济在 21 世纪的头十年取得了飞速发展，这使巴希尔在国内拥有了前所未有的权威和号召力。在逮捕令发出后，军警系统一再公开表示效忠巴希尔总统，坚决反对西方势力干涉苏丹国内事务。数以千计的苏丹民众也走上喀土穆街头声援巴希尔，甚至连达尔富尔地区的部落代表也递交了《无罪证明书》。苏丹许多反对派也警告国际刑事法院，逮捕令将加剧苏丹的政局动荡，破坏苏丹恢复和平的希望。可以说在当时的苏丹国内，国际刑事法院对巴希尔发出的逮捕令只是一纸空文，非但无助于解决达尔富尔问题，而且招致苏丹国内多方的不满，其执行更是无从谈起。

（二）非洲国家的"不合作"

不少国家和国际组织长期对国际刑事法院的公正性持质疑态度，许多非洲国家更是对国际刑事法院发出的协助逮捕巴希尔的请求采取无视甚至抵制态度，这是逮捕令一直无法得到执行的另一个重要原因。总体

① BBC，"Sudanese 'War Crimes Spy' Jailed"，January 28，2009，http://news. bbc. co. uk/1/hi/world/africa/7856289. stm，Accessed 2020 – 02 – 25.

② Sudan Tribune，"Sudanese Cabinet Approves Press Law"，March 19，2009，https://www. sudantribune. com/spip. php? article30570，Accessed 2020 – 02 – 25.

③ Sudan Tribune，"Over 200 Sudanese Aid Groups Ready to Replace Ousted Organizations-NCP"，March 8，2009，https://www. sudantribune. com/spip. php? article30432，Accessed 2020 – 02 – 25；Sudan Tribune，"Sudanese President Warns Remaining Relief Organizations"，March 15，2009，https://www. sudantribune. com/spip. php? article30520，Accessed 2020 – 02 – 25.

④ Sudan Tribune，"Sudan's Bashir Warns Foreign Diplomats That They Face Expulsion"，March 16，2009，https://www. sudantribune. com/spip. php? article30573，Accessed 2020 – 02 – 25.

来看，非洲国家对国际刑事法院的态度经历了从成立之初的欢迎向近年来的批评甚至抵制的转变。在 1998 年于罗马举行的联合国外交全权代表会议上，与会的近 50 个非洲国家绝大多数投票赞成《罗马规约》，并主动支持和参与国际刑事法院的创建。然而，仅仅十余年之后，巴希尔逮捕令却成了非洲国家对国际刑事法院态度的分水岭。[①] 2009 年 3 月，非盟请求联合国安理会依据《罗马规约》第 16 款赋予之权力，要求国际刑事法院暂缓起诉和逮捕巴希尔。此外，非盟和平与安全理事会成立"非盟达尔富尔高级别小组"向联合国提交建议，表示恢复和平"不但要明确责任，与有罪不罚作斗争，更要进行和解和对话"。[②] 在上述请求和建议未果后，非盟成员国在同年 7 月召开的非盟峰会上决定在执行巴希尔逮捕令问题上不与国际刑事法院合作。[③] 在 2010 年 10 月国际刑事法院对在任苏丹总统巴希尔发出第二份逮捕令后，非盟主席让·平（Jean Ping）公开指责此举"不合时宜"，只会使苏丹局势复杂化，带来适得其反的效果，并加剧地区紧张局势。[④] 可以说，巴希尔逮捕令激化了非盟与国际刑事法院的紧张关系。此后，国际刑事法院与其非洲缔约国之间的矛盾不断激化，布隆迪、冈比亚、南非三个非洲国家更是在 2016 年 10 月相继宣布退出国际刑事法院。[⑤]

非洲国家对国际刑事法院态度急转直下的原因主要有三：其一，国际刑事法院启动调查的绝大多数案件均与非洲国家有关，这使后者认为前者已沦为西方国家不公正对待非洲国家的工具；其二，在国际刑事法院中起主导作用的是欧洲国家，其过于浓厚的欧洲因素成为非洲国家普遍质疑其合法性的主要原因；[⑥] 其三，国际刑事法院开创先例地向在任国

① 王磊：《非洲 VS 国际刑事法院》，《世界知识》2015 年第 14 期，第 42 页。
② Dapo Akande, etal., "Position Paper: An African Expert Study on the African Union Concerns about Article 16 of the Rome State of the ICC", *Institute for Security Studies*, 2010, pp. 17 - 33.
③ Reuters, "AU Will Not Cooperate with ICC on Bashir: Draft", July 2, 2009, https://www.reuters.com/article/ozatp-sudan-darfur-au-idAFJOE5610FV20090702, Accessed 2020 - 03 - 17.
④ The Sudan Tribune, "African Union Chief Criticizes Genocide Charges against Sudan President", July 17, 2010, https://www.sudantribune.com/spip.php?article35693, Accessed 2020 - 02 - 25.
⑤ 袁卿：《非洲三国缘何退出国际刑事法院》，新华社，2016 年 10 月 30 日，http://www.xinhuanet.com/world/2016 - 10/30/c_1119814663.htm，最后访问日期：2020 年 2 月 15 日。
⑥ 姜恒昆：《达尔富尔危机：原因、进程及影响》，浙江人民出版社，2014，第 209 页。

家元首签发逮捕令，这使其他非洲国家领导人担心自己未来也可能成为国际刑事法院针对的目标。如此一来，抵制国际刑事法院干预本国内政便成为许多非洲国家的默契，而这一默契自然为巴希尔提供了国际层面的"支持"。

三 巴希尔下台后的逮捕令执行变数

在国内经济持续恶化、人民生活水平每况愈下的背景下，巴希尔政权最终在大规模民众抗议的浪潮中于2019年4月11日垮台。然而，巴希尔的黯然下台并未平息民众特别是冲突地区民众的不满。他们要求由军方和文官联合组成的过渡政府清算前政权及巴希尔本人的种种"罪行"，这使沉寂多时的巴希尔逮捕令的执行问题被再次推向前台。面对民众的强烈呼声及尽快推动过渡进程的迫切压力，苏丹过渡政府似乎已无意阻止逮捕令的执行。与此同时，国际刑事法院抓住时机，力促苏丹过渡政府尽快向其移交巴希尔及其他身负逮捕令的苏丹前军政要员。由此看来，此前无人看好的巴希尔逮捕令执行问题已出现了显著变化，执行逮捕令的可能性正在与日俱增。

（一）军方立场开始松动

巴希尔政权垮台后，逮捕令执行面临的阻力主要来自掌握实权的苏丹军方。曾长期效忠巴希尔的一些军队领导参与过对达尔富尔地区叛乱的镇压，并遭到国际人权组织的指控，他们自然不愿在此问题上引火上身。简言之，为保全自身，避免在国内政治博弈中陷入被动，甚至步巴希尔的后尘，军方不愿将清算巴希尔罪行问题置于国际社会层面解决。他们一方面对国际刑事法院的移交要求不予理会；另一方面将所有"罪行"归咎于巴希尔，并决定将后者交由国内检察机关调查和起诉。[①]

然而，随着达尔富尔地区武装组织及民众的不断强烈要求，军方在巴希尔逮捕令执行问题上的立场不得不有所松动。苏丹主要反对派武装

---

① Deutsche Welle, "Sudan Military Council Says Won't Extradite Al-Bashir", April 12, 2019, https://www.dw.com/en/sudan-military-council-says-wont-extradite-al-bashir/a–48296372, Accessed 2020–05–25.

组织联盟苏丹革命阵线（Sudan Revolutionary Front，SRF）强调，将巴希尔移交国际刑事法院受审是一条"红线"，其绝不改变在此问题上的立场。① 一些武装组织更是明确指出，将巴希尔移交国际刑事法院是它们与过渡政府开展和谈，并最终实现全面和平的前提条件之一。此外，以自由与变革力量联盟（Forces of Freedom and Change，FFC）② 为主的政治力量，以及过渡政府总理阿卜杜拉·哈姆多克（Abdalla Hamdok）也坚决支持将巴希尔移交国际刑事法院受审。面对民众的强烈呼声以及推动国内过渡进程的强大压力，苏丹军方不得不于 2020 年 2 月 11 日同意将巴希尔移交国际刑事法院审理。③ 此后，尽管巴希尔通过其律师发表声明拒绝与国际刑事法院合作，但对苏丹各方没有利用价值的巴希尔似乎已很难决定自身命运。

（二）国际刑事法院的持续施压

巴希尔下台后，国际刑事法院抓住时机持续向苏丹过渡政权施压，以期尽快将包括巴希尔在内的五位嫌犯移交其审判。2019 年 6 月，国际刑事法院首席检察官法图·本苏达（Fatou Bensouda）出席联合国安理会召开的关于苏丹达尔富尔局势的情况介绍会，明确表示逮捕令的执行时机已到，呼吁包括苏丹过渡政府在内的各方共同努力，切实配合国际刑事法院完成审判程序。④ 同年 9 月，主要由文官组成的苏丹过渡政府成立，苏丹方面在该问题上的立场出现转变。苏丹过渡政府总理阿卜杜拉·哈姆多克（Abdalla Hamdok）11 月视察达尔富尔地区时明确表态支

① Sudan Tribune, "Al-Bashir Handover to ICC Is a Red Line for Sudan's SRF: Spokesman", November 26, 2019, http://www.sudantribune.com/spip.php? article68588, Accessed 2020 – 05 – 25.

② 自由与变革力量联盟是 2018 年底苏丹爆发大规模示威抗议活动后，各反对派组成的广泛政治联盟。巴希尔政权垮台后，作为文官势力的代表致力于推动苏丹由军政府向文官政府过渡。联盟于 2019 年 7 月同军方达成权力分享协议，双方共同领导为期 39 个月的政治过渡期。

③ BBC, "Omar al-Bashir: Sudan Agrees Ex-president Must Face ICC", February 11, 2020, https://www.bbc.com/news/world-africa – 51462613, Accessed 2020 – 05 – 25.

④ International Criminal Court, "Statement to the United Nations Security Council on the Situation in Darfur, Pursuant to UNSCR 1593 (2005)", June 19, 2019, https://www.icc-cpi.int/Pages/item.aspx? name = 190619 – stat-otp-UNSC-Darfur-Sudan, Accessed 2020 – 06 – 10.

持将巴希尔等嫌犯移交国际刑事法院审判其在该地区所犯罪行。① 自此，国际刑事法院的施压效果逐步显现。

毫无疑问，政权的更迭使国际刑事法院通缉的巴希尔等苏丹前领导人已无法像从前那样凭借国家机器逃避审判。为求自保，作为被通缉的五名嫌犯之一的前民兵组织"坚杰维德"领导人阿里·库沙伊卜（Ali Kushayb）于 2020 年 2 月出逃至中非共和国。② 但是，面对国际刑事法院的施压，库沙伊卜最终选择自首，出庭接受审判。③ 这是巴希尔下台后国际刑事法院逮捕的首名苏丹通缉犯，使逮捕令的执行问题有了重大突破。库沙伊卜被捕当日，国际刑事法院首席检察官本苏达在安理会会议上再次呼吁苏丹过渡政府，尽快将包括巴希尔在内的其余四位嫌犯移交国际刑事法院，并愿就该问题与苏丹过渡政府展开接触与对话。④ 目前看来，就国际刑事法院判定的罪行审判巴希尔已势在必行，剩下的只是何时何地由谁审判的问题。

结　语

由于巴希尔在任期间掌握着国家机器，加之大多数非洲国家因对国际刑事法院的公正性存疑而采取"不合作"态度，巴希尔逮捕令在很长一段时间都只是一纸空文。然而，在该逮捕令因无望执行而渐渐被人遗忘之时，巴希尔却在民众的抗议声中沦为阶下囚，使尘封已久的逮捕令重现"生机"。一方面，身陷囹圄的巴希尔彻底丧失了抵制逮捕令执行的

---

① Sudan Tribune, "Sudan's PM Says Al-Bashir to Be Handed Over to the ICC", November 5, 2019, http://www. sudantribune. com/spip. php? article68454, Accessed 2020 – 06 – 10.

② Sudan Tribune, "ICC Wanted Kushayb Fled to Central African Republic: Report", February 22, 2020, https://www. sudantribune. com/spip. php? article69023, Accessed 2020 – 06 – 10.

③ Deutsche Welle, "ICC Arrests Sudan Militia Leader for Darfur War Crimes", June 9, 2020, https://www. dw. com/en/icc-arrests-sudan-militia-leader-for-darfur-war-crimes/a – 53754311, Accessed 2020 – 06 – 10.

④ International Criminal Court, "Statement of the Prosecutor of the International Criminal Court, Fatou Bensouda, Following the Surrender and Transfer of Alleged Militia Leader, Ali Muham-mad Ali Abd-Al-Rahman, Also Known as Ali Kushayb, to the Court", June 9, 2020, ht-tps://www. icc-cpi. int/Pages/item. aspx? name = 200609 – otp-statement-ali-kushayb, Accessed 2020 – 06 – 10.

政治资本；另一方面，作为主要阻力的苏丹军方的立场已然松动。面对国内民众的强烈要求及国际刑事法院的施压，无暇他顾的苏丹过渡政府似乎已不愿纠缠于逮捕令的执行问题。尽管如此，鉴于苏丹国内政治的复杂性，断言巴希尔一定会被移交海牙受审还为时尚早。执行巴希尔逮捕令的目的是追究巴希尔在苏丹达尔富尔地区所犯的罪行，如果苏丹坚持，且其国内司法系统能够完成这一任务，巴希尔则有可能在国内受审。

【责任编辑】李雪冬

非洲研究　2021年第1卷（总第17卷）
第52－68页
SSAP ©，2021

国内族群政治背景下的埃塞俄比亚
与厄立特里亚关系探析

王益明

【内容提要】作为一个多民族国家，埃塞俄比亚的民族政策按照执政民族的不同可分为阿比西尼亚帝国时期的单一国族认同政策、门格斯图军政府时期的民族自治政策和从过渡政府时期开始奉行的民族联邦自治政策。随着民族政策的推进与演变，埃塞俄比亚的族群政治发展迅猛，形成民族认同高于国家认同的情况。埃厄两国关系由敌对到和解的转变反映了埃塞各届政府基于族群政治博弈下的政治重心由北向南的地域性转移。作为一个统一的多民族国家，埃塞俄比亚当前的国家安全重心逐渐由保证领土安全转向维护国内政治稳定。民族自治政策下埃塞俄比亚国内各民族激化的政治诉求在埃厄关系正常化过程中发挥了根本性的作用。

【关键词】族群政治；埃厄关系；民族政策

【作者简介】王益明，北京外国语大学国际关系学院2018级硕士研究生（北京，100089）。

地处非洲之角地区的埃塞俄比亚（以下简称"埃"或"埃塞"）与厄立特里亚（以下简称"厄"）之间的复杂关系一直影响着周边国家的安全局势。历史上，埃厄两国关系复杂，总体上经历了多次分合。

公元2世纪至9世纪，厄立特里亚是作为阿克苏姆帝国的政治、经济、文化中心而存在。随着阿克苏姆帝国的衰落和邻近的奥斯曼帝国的崛起，扼守红海咽喉的厄立特里亚沿海地区在16世纪遭奥斯曼帝国侵占。1869

年，随着意大利殖民者的到来，厄经济与工业建设取得了一定进展，并建立了一套相对现代化的行政体系，整合了原本较为分散的境内各族群。相比于当时仍属于封建农业国家的埃塞俄比亚，厄立特里亚具有更多现代国家认同。二战后，在英美等国的推动下，联合国为满足埃厄双方需求作出了将埃厄合并为一个联邦国家的决定，但海尔·塞拉西一世仍强行在 1962 年将厄划为埃塞的第 14 个省，并对厄立特里亚反抗活动采取武力镇压，此举激化了厄人民对建立独立主权国家的强烈诉求。此后，门格斯图军政府依然延续了对厄强硬政策，依然坚持对厄立特里亚的主权要求。于是，厄立特里亚人民解放阵线（Eritrean People's Liberation Front，简称"厄人阵"）借埃塞国内民族问题尖锐之际，以独立建国为条件与格雷人民解放阵线（Tigray People's Liberation Front，简称"提人阵"）等埃塞反政府武装合作成立联合战线，推翻了门格斯图军政府统治。1993 年厄立特里亚举行全民公决正式独立，但埃厄边界划分问题始终悬而不决，埃厄两国因边境牧地划分、出海港使用权等问题所引起的双边冲突频繁发生，双边关系长期低迷，直至 1998 年爆发埃厄战争。争论焦点在于：埃塞坚持以 1962 年塞拉西所划厄立特里亚省界作为厄立特里亚共和国国界；厄方坚持认定意大利殖民统治时期划分的厄立特里亚边界为合法国界，并收回阿萨布（Assab）等出海港的主权。

自 2000 年停战后，两国长达近 20 年的不战不和（no war no peace）状态是周边地区安全局势的一大变数。2018 年埃塞新总理阿比·艾哈迈德·阿里（Abiy Ahmed Ali，简称"阿比"）上任，埃厄两国关系正常化成为本届政府的重要议题，为此阿比政府不断向厄政府释放和平信号。2019 年，两国在边界问题上终于达成一致，结束了多年"不战不和"的紧张状态。这一和平成果不仅与埃塞新一任总理阿比为推动和平所作出的努力有关，而且与埃塞各届执政党的执政理念、执政表现有着紧密的联系。作为一个联邦议会制的国家，埃塞俄比亚的政党多以族群政党的形式进行政治活动。因此，本文认为，埃塞俄比亚最终放弃长期以来对厄敌对的姿态，主动向厄方抛出橄榄枝并实现和解并非偶然，是以阿比为代表的埃塞执政党埃塞俄比亚人民革命民主阵线中的奥罗莫族力量在进行了国内外各层利益权衡之后所做出的谨慎选择。

一 埃塞俄比亚民族政策演变与族群政治的发展

作为一个拥有 3000 年历史的文明古国、阿克苏姆（Aksum）王朝文化的发源地，埃塞俄比亚拥有较为复杂的民族结构。目前埃塞俄比亚官方认定其境内共有 80 余个民族，其中奥罗莫族（Oromo）为第一大民族，其次是阿姆哈拉族（Amhara）、提格雷族（Tigray），这三大民族由于人口占比较高，在埃塞俄比亚国内政治舞台上也扮演着重要的角色，除此之外，还拥有索马里族（Somali）、锡达莫族（Sidamo）等多个民族，其民族种类繁多且语言、文化差异较大。① 但是在门格斯图军政府执政之前，埃境内各民族多以和谐相处的形式共同生活，除奥罗莫人反抗埃政府"内殖民"的多次抗争外，② 民族间有组织的大规模冲突少有发生。近年来，随着埃塞俄比亚各民族认同的加强，各民族政治利益诉求不断增多，以民族为划分依据所组建的政党活动逐渐积极，自身民族利益成为埃执政党需要考虑的重要因素。

从历史的角度观之，埃塞俄比亚族群政治的发展与埃各届政府所奉行的民族政策有着极为密切的关系。根据政府性质的不同，可将埃塞俄比亚的民族政策划分为阿比西尼亚（Abyssinia）帝国时期的单一国族认同政策、门格斯图（Mengistu Haile Mariam）军政府时期的民族自治政策和从过渡政府时期开始奉行的民族联邦自治政策。

在阿比西尼亚王朝时期，埃塞俄比亚主要奉行单一国族政策，在此期间，以阿姆哈拉族为核心的领导阶层通过将阿姆哈拉语定为国语、禁止使用其他民族语言等在非阿姆哈拉地区强制实行阿姆哈拉化等方式，将阿姆哈拉民族认同上升为国家认同，淡化各民族文化的影响力，使非主流民族文化不可延续。这样一种"内殖民"式的"专制同化"民族政策在一定程度上对于阿比西尼亚统治集团维持其国家疆域范围有所帮助，并推动了西方意义上民族国家的产生。③ 但是，统治者的这一政策并未有效抑制各民族对身份的强烈认同，反而刺激了各民族尤其是南部奥罗莫

---

① 钟伟云编著《列国志：埃塞俄比亚》，社会科学文献出版社，2016，第 6—7 页。
② 钟伟云编著《列国志：埃塞俄比亚》，社会科学文献出版社，2016，第 62—64 页。
③ 施琳、牛忠光：《埃塞俄比亚民族关系与民族治理研究》，《西亚非洲》2013 年第 4 期，第 24—25 页。

族等民族对阿姆哈拉人的不满情绪，长期被阿姆哈拉人视为奴隶的奥罗莫人就此爆发了多次抗争。

1974 年门格斯图军政府执政后吸取帝制统治时期单一国族政策的教训，将维护民族国家的统一视为其政治统治的第一要务，同时，军政府积极借鉴了苏联的民族理论，在强调民族平等团结的基础上实行地方自治主义（Hebrettesebawinet）。① 具体而言，军政府建立了"埃塞俄比亚民族研究所"，基于"共同语言、共同文化和历史、共同区域和有限的经济自治"四方面的标准，在埃塞全国范围内开展"民族识别"运动，先后识别出 70 余个民族，根据民族自治的成果，军政府参考苏联、中国在处理多民族共存问题上的成功经验，实行民族区域自治，并在 1987 年宪法中明文规定埃塞民族的多样性、各民族平等的地位，鼓励各民族发展各自的文化、使用自己民族的语言。同时，军政府秉持社会主义共有的平等、公正、合作的理念，将更多非阿姆哈拉族人士招入政府部门进行工作。在军政府地方自治主义的助长下，埃塞国内各民族认同增强，由于军政府在土地改革等具体措施上对部分民族聚居地的强行国有化，埃塞国内以"厄人阵"、"提人阵"、奥罗莫人民民主组织（Oromo Peoples' Democratic Organizatio，以下简称"奥民组"）为代表的各大民族政治组织相继成立，各民族所领导的政治活动以民族认同为纽带逐渐从村社向民族地区扩散。② 最终在以厄人阵、提人阵为代表的民族武装联手合作下，门格斯图军政府独裁统治结束，但其推行的民族自治政策对其后埃塞俄比亚联邦民主政府下的各民族政党的发展所具有的积极意义不可忽视。

1991 年由提格雷族、阿姆哈拉族、奥罗莫族等 20 余个民族武装联合成立的埃塞俄比亚人民革命民主阵线（Ethiopian People's Revolutionary Democratic Front，以下简称"埃革阵"）成功从军政府手中夺取政权并成立了过渡政府。武装革命的成功不仅代表着门格斯图军政府的倒台，还代表着埃塞俄比亚统治阶层民族从阿姆哈拉族到其他民族的转变，一直以来被政治边缘化的提格雷族和奥罗莫族开始进入政治舞台。出身于提格雷族的领导者梅莱斯（Meles Zenawi）在其上任之初就面临着国内各民族高涨的民族意识与争取民族平等的诉求，鉴于之前各届政府统治时期所奉行的民族政策的失败，埃革阵政府一方面继续军政府时期的基于斯

---

① 肖玉华：《当代埃塞俄比亚政治进程研究》，浙江人民出版社，2014，第 70—72 页。
② 钟伟云编著《列国志：埃塞俄比亚》，社会科学文献出版社，2016，第 73 页。

大林对民族的定义的民族识别工作；另一方面积极探索按照民族聚居的实际情况对各民族地区进行联邦划分，以成文法的形式明确规定和保护各民族的平等地位与权利。

1994 年《埃塞俄比亚联邦民主共和国宪法》将奉行"在民族区域自治基础上的联邦制"纳入其中。根据宪法规定，埃塞根据各民族聚居的情况对行政区作了重新划分，将省改为行政区，随后于 1995 年埃塞俄比亚联邦民主共和国成立后，又对区划作了调整，按照当地多数民族的原则将全国划为 9 个州和 2 个特别市。在联邦框架下的各民族州享有包括分离权、立法权、行政权、确定各州工作语言在内的高度自治权。为照顾各民族利益，宪法规定在内阁、人民代表院、政府部门中以人口比例的原则进行职位分配，逐渐改变长期以来阿姆哈拉人独揽一切的状况。根据埃塞俄比亚 1993 年颁布的《政党登记法》，政党可按全国性政党、地区性政党两大门类进行登记，各民族政党建设也在联邦政府成立后实现较快发展。①

自过渡政府开始埃塞俄比亚所推行的民族联邦自治政策在实现政权稳定的同时平衡了各民族利益，以实行联邦制的方式满足了各民族政治利益的表达，以认可民族政党的方式促进了各民族的政治参与。一方面，民族联邦自治政策的推行使得埃塞国内各民族政治实体合法化，埃塞国内各民族对自身族群的认同加深，国族认同被削弱，南方民族对自身长期以来被"内殖民"、剥削的劣势地位而产生的不满中央政府的情绪加重，埃塞国内民族政治逐渐实体化、碎片化。另一方面，实行民族联邦制更加强调了埃塞俄比亚各民族认同的差异性，对于人口较少但处于领导阶层的提人阵维持其统治、防止各主体民族达成共识挑战现有政权提供了有效的空间。

然而，从整体格局看来，埃塞俄比亚国体的几次改变并没有带来地区势力之间的平衡，中央政府仍一直持续推行其以北方为重的发展战略。由于提格雷人和阿姆哈拉人在埃革阵中所具有的优势地位，埃塞政府多将政策重心置于北部提格雷州、阿姆哈拉州和 2 个特别市，并支持成立提格雷人生产修复捐赠基金会（Endowment Fund for the Rehabilitation of Tigray，EFFORT）来发展北部提格雷地区的基础设施与工业，而忽略了

---

① 施琳、牛忠光：《埃塞俄比亚民族关系与民族治理研究》，《西亚非洲》2013 年第 4 期，第 26—28 页。

在历史上多处于劣势地位的南部各民族的需求。① 例如在 1995 年划分民族州时埃塞政府无视南方奥罗莫族的传统分布情况，将部分奥罗莫族划分至其他民族州管辖范围内，这一现实情况也助长了奥罗莫解放阵线（以下简称"奥解阵"）等分离主义势力力量的增强。除此之外，赋予各民族州过多的权力也催生了埃塞狭隘民族主义的发展，比如散布在各民族州内的其他民族遭遇的"民族清洗"现象，过于强烈的民族认同感代表着埃塞各民族对国家认同感的下降，埃塞作为一个国家主体的立足之本正在受到各民族力量的挑战。

二 "以北为重"：梅莱斯执政前期的埃厄关系

梅莱斯作为"提人阵"的核心领导人物，在推翻门格斯图军政府的革命战争中与厄立特里亚以伊萨亚斯为首的"厄人阵"长久以来保持着良好密切的合作关系，在埃塞过渡政府成立之初就承诺将在厄立特里亚人民公决通过的情况下支持厄立特里亚独立。因此在 1993 年厄立特里亚独立前期，埃厄双方曾度过一段蜜月期，双方在阿萨布等港口主权归属上虽未达成一致，但承认埃塞俄比亚可拥有马萨瓦（Massawa）、阿萨布两处港口的使用权，避免埃塞陷入彻底沦为一个内陆农业国的窘境，而厄立特里亚人民所食用的传统农业作物大多生长在埃塞俄比亚，高度的相互依赖关系推动两国在厄独立后迅速签署了《友好合作协定》，高层往来频繁并结成货币联盟。②

然而，同为多民族国家，两国所奉行的民族政策却大相径庭。埃塞的民族联邦自治制度赋予各民族州包括分离权在内的一系列权力扩大了各民族之间的差异性，而厄立特里亚政府则采取较为宽松的民族政策，民族通婚、杂居等情况在厄境内普遍存在，人民多以厄立特里亚国民的身份进行认同。因此，相比于厄立特里亚人民，埃塞俄比亚人民的国家认同远低于族群认同，因此在梅莱斯临时政府成立后，以南部地区的奥

---

① "EFFORT Emptied Development Bank of Ethiopia", Abebe Gellaw, February 5, 2010, http://www.solidaritymovement.org/downloads/100205EffortEmptiedDevelopmentBank.pdf.

② G. J. Abbink, "Law against Reality? Contextualizing the Ethiopian-Eritrean Border Problem", *The* 1998 – 2000 *War between Eritrea and Ethiopia: An International Legal Perspective*, 2009, pp. 141 – 158.

解阵、欧加登民族解放运动（Ogaden National Liberation Front，以下简称
"欧解运"）为代表的各民族武装力量退出临时政府，在南方各州引发骚
乱、不承认梅莱斯当局，但这一系列活动都遭到了埃塞当局的武力镇
压。① 相比南部地区方兴未艾的分离主义暴动，以阿姆哈拉州和提格雷州
为首的北部地区的发展与国土安全问题直接影响以提人阵为首的埃塞联
邦政府执政初期的核心利益，埃厄政府在边境问题上的悬而不决限制了
以游牧业为主的提格雷族人的发展，尽管梅莱斯政府在 1993 年提出的
《新经济政策》大力推动了埃塞国内基础设施建设，但受制于作为一个内
陆国的实际情况，埃塞俄比亚的国民经济仍然发展缓慢，世界银行的数
据显示，自 1993 年埃厄分家以来，埃塞俄比亚的人均国民生产总值持续
走低，而厄立特里亚因为拥有良好的、继承自殖民时期的基础设施和红
海西岸狭长的海岸线、优良的港口，人均国民生产总值在独立以来持续
保持增长的态势。② 经济发展差距使得梅莱斯政府在国内受到了以提格雷
族为首北部势力的批评与指责，后者对梅莱斯政府就厄立特里亚独立问
题上所采取的态度表示失望。

　　在民族联邦自治政策推行伊始的背景下，埃塞国内各政治实体之间
的矛盾并未明显爆发，大体上各民族政党仍处于以人数较少的提人阵为
核心的埃革阵的伞状政治结构下，为了保证国内民族政治的相对稳定、
加强国力建设，梅莱斯政府通过发动对外战争的方式强化埃塞国族认
同。在这样的背景下，梅莱斯政府在执政初期主要采取了"以北为重"
的族群政治偏好。具体行为方面，梅莱斯政府于 1998 年联合边境委员
会会议召开之前强行将北部巴德梅等争议地区划入提格雷州地图内并引
爆埃厄战争是基于三点考虑。第一，提格雷族群内部诉求。巴德梅附近
的 400 多平方千米的土地可为提格雷人游牧提供广阔的空间与丰富的
自然资源。第二，国内经济发展的诉求。厄立特里亚在其独立后仍使用
埃塞货币比尔，因此厄巧妙地利用两国物价差异将进口的埃塞物资转手
卖给第三国以赚取外汇，造成埃塞市场物资短缺，梅莱斯政府试图通过
发动战争的形式增加税收并进行大规模工业和人力动员，加速埃塞国内
经济发展。第三，淡化民族矛盾，维持提人阵政权的稳定。如上文所

---

① 肖玉华：《当代埃塞俄比亚政治进程研究》，浙江人民出版社，2014，第 94—95 页。
② GDP Per Capita（Current US $）- Ethiopia & Eritrea, World Bank, 2020, https://data.wo-
rldbank. org/indicator/NY. GDP. PCAP. CD? locations = ET-ER.

述，此时的埃塞政府在国内民族地区发展问题上存在以北为重的政策倾向，南部奥罗米亚等地抗议冲突时有发生，但都在国家框架内进行，并受到当局的及时镇压，为强化国族认同，巩固在民族人数上并不占有优势的提人阵政权，与国土面积相比更小、军事力量相对较弱的厄立特里亚进行一场有把握的战争有助于埃塞国内各民族的凝聚、加强国族认同、强化提人阵对国家的组织与管理、淡化埃塞人民对提格雷人掌权的反感。①

在埃厄战争期间，梅莱斯政府通过教育、宣传的手段，将厄立特里亚的进攻比作意大利殖民主义侵略的延续，埃塞官方形容的为"维护国家领土完整"而进行的这场战争得到了国内各民族州在人力和财力上的积极支持，增进了国家的团结。② 2000 年在双方大量人员伤亡、经济损失的情况下，两国领导人于阿尔及尔签订和平协议，协议规定将由独立的边境委员会（Eritrea-Ethiopia Boundary Commission，EEBC）于 2003 年裁定两国边境，埃塞在战争中占有相对优势，因此在战争结束后仍保持着巴德梅周边地区的实际控制权。③ 战争胜利为梅莱斯领导的提人阵赢得了国内局势的暂时稳定和更广泛的民众支持，在 2000 年举行的埃塞俄比亚全国大选中，梅莱斯率领的埃革阵赢得人民代表院中的多数席位，继续执政。④

在厄立特里亚脱离埃塞俄比亚联邦独立建国至埃厄战争结束的这一时期，提人阵出于对其传统利益、国内执政安全、国家边境安全的考虑，对埃塞俄比亚的族群政治主要侧重于北方与厄立特里亚接壤最多的提格利尼亚地区。提人阵通过领导埃塞对厄发动战争的方式，淡化了民族自治政策对自身政治地位的不利影响，巩固了其在埃塞国内政坛的绝对优势地位，同时，敌对的两国关系加强了埃塞国民的国家认同，淡化了南部奥罗莫族等民族的分离主义暴动，保障了埃塞国内局势的安全。

---

① 〔美〕许田波：《战争与国家形成：春秋战国与近代早期欧洲之比较》，徐进译，上海人民出版社，2018，第 212—222 页。

② 肖玉华：《当代埃塞俄比亚政治进程研究》，浙江人民出版社，2014，第 105 页。

③ 肖玉华：《埃厄边境争端与非洲之角的地区安全》，《非洲研究》2010 年第 1 卷，第 160—161 页。

④ Merera Gudina, "Elections and Democratization in Ethiopia, 1991 – 2010", *Journal of Eastern African Studies* 5 (4), 2011, pp. 664 – 680.

三　"南北并重"：梅莱斯执政后期的埃厄关系

以埃厄战争结束作为节点，此后直至 2012 年海尔马里亚姆·德萨莱尼
（Hailemariam Desalegn）上台的时期可视为梅莱斯执政后期，因为在这段时
期梅莱斯政府对厄关系较为反复，虽时有小规模冲突产生，但大体上仍保
持着"不战不和"的状态。相比北部边界地区的长期僵持对立，埃塞南
部各民族反对派势力的扩张逐渐影响到埃革阵的执政安全，因此，在这
一时期，梅莱斯政府逐渐重视埃塞国内族群政治引发的一系列安全问题，
埃塞国内族群政治开始呈现"南北并重"的局面。

在梅莱斯政府赢得 2000 年埃塞大选、顺利实现连任之后，埃塞国内
的民族问题再次凸显，其围绕的主要问题是梅莱斯政府在 2000 年同厄方
签署的《阿尔及尔和平协议》（Algiers Agreement），双方在协议中商定阿
萨布港的主权归厄立特里亚所有，巴德梅周边争议地区的归属由边境委
员会裁定。① 对此，埃塞国内临近出海口的各州人民抱有强烈不满，其中
东部阿法尔族（Afar）、索马里族的不满情绪最为激烈。② 同时，埃革阵及
其核心成员组织提人阵内部均出现派系分化，2001 年，以提沃尔德为首的
"默克雷派"在提人阵中央委员会会议上批评梅莱斯对厄过度迁就、放弃出
海口、无视埃塞国内实际需求。战后厄立特里亚经济、人口受到严重破坏，
因此厄方伊萨亚斯政府在领土划分等与埃塞仍存争议的问题上坚持按照殖
民时期的领土划分、沿海港口主权归厄方所有的原则，但梅莱斯政府对此
无意采取主动出击的姿态，更侧重于国内经济的恢复、政权的稳定等国内
工作。同时，在民族联邦自治政策和厄立特里亚独立的影响下，埃塞各民
族政治实体化进程逐渐加快，阿姆哈拉族、奥罗莫族等民族开始利用选举、
舆论宣传等方式威胁提人阵的政治地位，甚至根据《埃塞俄比亚联邦民主
共和国宪法》中各州可通过全民公投的方式独立的规定提出从联邦分离的
要求，埃国内民族问题迅速激化。综上，梅莱斯政府此时面临的来自国内
各民族势力和自身民族内部的执政危机高于外在威胁。在 2001 年提人阵中

---

① "Agreement between the Government of the State of Eritrea and the Government of the Federal
Democratic Republic of Ethiopia", December 13, 2000, https://peacemaker. un. org/sites/pe-
acemaker. un. org/files/ER%20ET_001212_AgreementEritreaEthiopia. pdf.

② 肖玉华：《当代埃塞俄比亚政治进程研究》，浙江人民出版社，2014，第 105—106 页。

央委员会会议后，梅莱斯政府采取强硬措施平息提人阵内部民族矛盾，并在埃革阵内部发起"自我革新"运动，以反对狭隘民族主义、打击腐败的名义解职多名持异见的其他民族代表，但与其预期相反，埃塞各民族内部的反对党力量迅速壮大。同时，梅莱斯政府提出"发展型国家"理论，重点发展埃塞国内农工业、抑制通货膨胀，在 2005 年起提出三个"五年计划"，力求在任期内实现埃塞经济复兴，提升执政合法性。

2005 年举行的埃塞全国大选结束后，反对党对埃革阵又一次取得压倒性的选举胜利结果表示质疑①，对埃革阵操纵选票的行为公开表示反对，并在各民族州展开学生运动、街头游行等抗议活动，引起埃塞国内社会骚乱。在民族政党诉求不断扩张的情况下，当局对反对派采取更为强硬的措施，将很多异见分子关押入狱，造成奥解阵（奥罗莫族）、金伯特 7 日（阿姆哈拉族）的反对派民族政治组织利用海外资金与宣传迅速发展壮大。国内各民族反对势力的壮大和各民族势力内部就对厄关系走向上产生的分化，促使梅莱斯政府对 2007 年联合边境委员会裁定结果仅表示反对，虽在边境进行驻军，但并未采取进一步措施。同时，梅莱斯考虑到厄立特里亚在埃厄战争中国力受损严重，不足以再次发动战争，因此，长期维持"不战不和"的双边关系是梅莱斯政府继续维持其提格雷人领导地位，缓和各民族之间和民族内部矛盾的最佳方案。② 这一时期以提人阵为核心的埃塞执政党埃革阵受制于国内各族群反对派力量和国民的发展需求，逐渐将政治重心南移，但由于与厄立特里亚在港口使用和边界划分问题上仍存在原则性分歧并出于维护提格雷族利益、保持提人阵内部团结的考虑，埃塞当局无意与厄就结束战争达成妥协，埃塞国内族群政治呈现"南北并重"的局面。

四 "向南侧重"：海尔马里亚姆执政期间的埃厄关系

2012 年梅莱斯在比利时因病去世后，来自埃革阵下属南方阵线的少

① G. J. Abbink，"Discomfiture of Democracy? The 2015 Election Crisis in Ethiopia and Its After-math"，*African Affairs* 105 (419)，2006，pp. 173 - 199.

② "The Ethiopia Eritrea No War No Peace Situation Has to End"，Asmarino，March 15，2014，https：//www. asmarino. com/articles/2041 - the-ethiopia-eritrea-no-war-no-peace-situation-has-to-end.

数民族沃莱塔族（Wolayta）政客海尔马里亚姆的上任引起埃塞各界人士的关注，究其原因，作为族群政治中的少数派海尔马里亚姆的履职实则是埃革阵在 2010 年政府调整时基于稀释民族矛盾做出的决定。① 在 2010年埃塞全国大选期间，各反对派和西方政府纷纷指责提格雷人对国家权力的垄断，在这一背景下，埃革阵选择来自南方民族州并一直以来与提人阵保持亲密关系的海尔马里亚姆作为继承人既可以保证南部民族地区的相对稳定，同时也可继续保持埃革阵和提格雷人的政治地位。海尔马里亚姆政府在对厄政策上延续了梅莱斯政府提出的"不战不和"的总方针，但结合其具体政治主张与国内族群政治不断激化的形势，海尔马里亚姆政府也多次在埃厄边境作出挑战性举动，埃厄关系与梅莱斯政府后期相比变得更加不稳定。② 但从这一时期开始，埃塞国内族群政治斗争的核心已逐渐转到南方奥罗莫族等民族因为无法在国家快速发展过程中满足自身族群的发展需求、保障族群合法权益而爆发的大规模冲突等问题上，北部矛盾因为提格雷人政治实力的相对弱化和厄立特里亚在两国关系中逐渐变得被动而让位于南部激烈的族群斗争。

上任初期海尔马里亚姆政府对内政策较为温和、大力推行民主政治，在对与厄进行和平对话方面持开放态度③，这与海尔马里亚姆自身曾经在欧美国家留学期间产生的理想主义情怀有着密切的联系。但随后埃厄关系因厄方为在埃塞国内奥罗米亚州制造混乱、煽动分裂建国的奥解阵提供政治庇护一事急转直下，埃方于 2012 年多次指责厄支持埃塞反对派武装后向位于厄境内的多处"反动堡垒"进行空袭。海尔马里亚姆政府上任后对厄政策的逐步强硬有利于作为政治边缘力量的南方阵线获得以提人阵为核心的埃革阵的足够信任，巩固了海尔马里亚姆在执政党内的地位。④

2014 年海尔马里亚姆提出《亚的斯及环亚的斯总体发展规划》（Addis Abeba Integrated Regional Development Plan），该方案旨在解决人口不断

---

① 肖玉华：《"后梅莱斯"时代，埃塞将接受大考》，《社会观察》2012 年第 10 期，第 64 页。

② 简练：《埃塞俄比亚 2018 年剧变的来龙去脉、前景展望、对中国人群体的影响及对策》，2018 年 11 月 5 日，https://mp.weixin.qq.com/s/bm4H5ZBZa54xRaEKQgiFVg。

③ "Ethiopia PM Willing to Talk to Eritrea", Al Jazeera, December 6, 2012, https://www.aljazeera.com/news/2012/12/6/ethiopia-pm-willing-to-talk-to-eritrea。

④ 王磊：《"非洲的柏林墙"倒塌了——埃塞俄比亚与厄立特里亚关系转圜》，《世界知识》2018 年第 15 期，第 50—51 页。

膨胀的首都地区严峻的住房问题，以强制征收首都地区周边奥罗米亚州人民土地的形式扩张首都面积①，但引发首都周边奥罗米亚州人民强烈抗议，在政府的强行镇压和奥解阵的煽动下，奥罗莫人迅速将此事由民生问题升级到民族问题，奥罗米亚跳出国家框架而独立的分离主义思潮开始凸显。为平复奥罗莫人的民族主义情绪，海尔马里亚姆当局承诺为被征收土地的奥罗米亚公民提供政府住房，同时，海尔马里亚姆政府同意开放媒体、允许言论自由。针对愈演愈烈的奥罗米亚独立建国思潮，海尔马里亚姆政府尝试再次利用国内的反厄情绪强化国族认同，自 2012 年埃厄边境冲突以来，埃厄关系始终处于战争边缘的状态。海尔马里亚姆政府虽然在 2015 年大选中成功连任，但因国内经济利益分配不公平、各民族利益未兼顾等问题饱受指责。2016 年海尔马里亚姆政府在没有任何征兆的情况下，以维护领土主权的名义在索罗纳地区对厄发动的自埃厄战争结束以来最大规模的军事对抗实质上是其为缓解国内民族主义情绪的无奈之举。② 但由于厄立特里亚政府无力支持大规模战争和联合国等国际力量的限制，这次的军事对抗并未扩大为全面战争，海尔马里亚姆政府此举对于缓解国内民族分裂主义问题收效并不明显。由于海尔马里亚姆政府在民族问题上处理不力，各民族政党内部分化更加复杂，埃革阵面临严重的执政危机，这也造成了 2018 年海尔马里亚姆的主动请辞。③

在海尔马里亚姆执政后期至阿比政府上台之前，埃塞国内政治环境较为混乱，大量海外流亡人士陆续获准回国，政治异见人士得到释放④，在政府政策逐渐宽松和民族自治政策的影响下，以提人阵为核心的埃革阵内部各民族组织力量迅速膨胀，奥民组与阿民运纷纷改组为党，分别建立奥罗莫民主党（Oromo Democratic Party，以下简称"奥民党"）和阿姆哈拉民主党（Amhara Democratic Party，以下简称"阿民党"），开始在

---

① "Why Resist the Addis Abeba Master Plan? – A Constitutional Legal Exploration", Addis Standard, August 20, 2015, https://addisstandard.com/why-resist-the-addis-abeba-master-plan-a-constitutional-legal-exploration.

② "Heavy Fighting Reported along Ethiopia-Eritrea Border", VOA, June 13, 2016, https://www.voanews.com/africa/heavy-fighting-reported-along-ethiopia-eritrea-border.

③ "Ethiopia-s Prime Minister Resigns", The Economist, February 15, 2018, https://www.economist.com/middle-east-and-africa/2018/02/15/ethiopias-prime-minister-resigns.

④ "The Release of Political Prisoners in Ethiopia-too Good to Be True?", ECADF, January 12, 2018, https://ecadforum.com/2018/01/12/the-release-of-political-prisoners-in-ethiopia-too-good-to-be-true.

埃革阵中扮演与提人阵拥有同样权力的角色①，这为阿比政府上台以来在国内外事务上进行大刀阔斧的改革创造了极大的发挥空间。

这一时期埃塞国内各族群对执政党的威胁程度已明显高于埃厄冲突，族群政治重心开始出现南重北轻的倾向，埃当局已难以利用人民的反厄情绪强化国族认同，奥罗莫族、阿姆哈拉族等多个民族的反对政党已严重威胁提人阵的执政安全和传统优势，埃厄关系尽管仍有反复但还不至于威胁埃塞国家领土完整与以提人阵为首的埃革阵的执政安全。相比之下，跳出民族自治框架的南方奥罗米亚州等地的分裂主义运动不仅干扰了埃塞国家安全稳定，同时也阻碍了埃塞经济的快速发展，埃塞作为一个统一的多民族国家的本质受到严峻挑战。在此期间埃厄在边境上的几次冲突规模均不大，在一定程度上可理解为海尔马里亚姆政府为缓和国内民族矛盾、强化国族认同所采取的政治手段，埃厄关系虽有反复，但已不再是干扰埃塞政府执政安全的首要威胁。

五　"以南为重"：阿比上台以来的埃厄关系

2016 年奥罗米亚州选举产生地区领导人勒玛（Lemma Megersa），同时，南部奥罗莫族等民族逐渐走向政治实体化、合法化的道路，南部民族的政治实力逐渐强大与提格雷人政治地位的迅速下降，再加上奥罗莫族强大的人口基础，使埃塞国内政治重心南移。彼时，因为政治方针的不同，奥罗莫族内部开始呈现复杂的党派分化，南部族群政治由族群间矛盾转化为族群内部矛盾，在这一背景下，埃塞国内族群政治总体呈现"以南为重"的局面，长期僵持的埃厄关系在这一时期迎来和平解决的契机。

在勒玛等人的努力下，南部奥罗莫人的政治诉求不断得到实现，勒玛在与中央政府的博弈中不断强调各民族州的利益，提出禁止联邦警察插手各州事务、落实各州在宪法上规定的合法权利，加强各州对内部事务的监管职能。同时，在提人阵在埃革阵中的影响力逐渐式微的情形下，勒玛开始着手调整奥民组内部结构、更换大量官员，改变奥民组一直以

---

① 简练：《埃塞俄比亚 2018 年剧变的来龙去脉、前景展望、对中国人群体的影响及对策》，2018 年 11 月 5 日，https://mp. weixin. qq. com/s/bm4H5ZBZa54xRaEKQgiFVg。

来的附属地位，在不断加强奥民组实际政治地位的同时也获得了奥罗米亚州人民的支持，对传统民族势力奥解阵在奥罗米亚地区的影响力构成挑战。

出于个人身份原因，勒玛于 2018 年埃塞大选前将奥民组主席让位于阿比，并对外宣布全力支持阿比参加大选。自 2018 年阿比成功当选埃塞总理以来，他以极具个人魅力的政治作风赢得埃塞国内奥罗莫人和阿姆哈拉人的支持。阿比政府与之前各届政府相比更加注重民生与经济共同发展，并以推动民主化进程的名义颁布废除恐怖主义组织法、与各反对派进行会面、对埃塞政府内部进行改组，压缩提格雷人在内阁中的影响力，与埃塞国内另一大民族阿姆哈拉族保持密切来往、保持主流民族关系的稳定性，并将经济重心由北向南迁，在对外招商引资等方面采取南部优先的政策偏好，因此遭到提人阵中强硬派和一直以来鼓吹奥罗米亚独立的奥解阵的敌视。从 2018 年 6 月集会期间由提人阵与军方强硬派预谋发起针对阿比的刺杀活动中可看出，由于传统政治利益被颠覆，提格雷人对阿比政府的不满情绪已开始朝着极端化的方向发展。

在 2018 年 9 月奥民组改组为奥民党之后，奥罗莫族群内部分化加剧，以阿比为首的奥民党坚持国家先行、各主要民族利益兼顾的原则在首都地区开发等问题上采取的暧昧态度遭到奥罗莫族群体内以奥罗莫青年组织（Queeroo 或 Oromo Youth）为首的激进派的反对。自 2019 年起在首都周边奥罗米亚州引发的多起奥罗莫人反抗征地的骚乱中，脱离奥民党的新兴政治实体奥罗莫青年组织扮演着越来越重要的角色，阿比政府在其传统族群势力范围的威望正在受到来自其内部不断分化的各政治实体的挑战。同时，随着提格雷人政治地位的下降和各大民族利益集团的改制与分化，埃塞西部与南部多州内部民族矛盾激化，如古木兹（Gumuz）族等小型民族群体开始在其族群势力范围内对其他民族进行驱赶，借助民族联邦自治政策呼吁脱离原州管辖，成立新的民族州。[1] 除此之外，阿法尔州军阀势力扩张的事实以及提人阵强硬派主张的分离主义思潮的抬头，阿比政府深陷国内各大民族群体挑战国家框架、各自为营的难题。[2] 同

① "Tens of Thousands Flee Benishangul after Oromia Border Dispute Flares", Addis Ababa, October 4, 2018, https://www.ethiopia-insight.com/2018/10/04/tens-of-thousands-flee-benishangul-after-oromia-border-dispute-flares.

② "Abiy Ahmed's Reforms Have Unleashed Forces He Can No Longer Control", Addis Ababa, July 4, 2019, https://foreignpolicy.com/2019/07/04/abiy-ahmeds-reforms-have-unleashed-forces-hecan-no-longer-control-ethiopia-amhara-asaminew-adp-adfm.

时，自 2018 年以来，埃塞南部各民族发展落后、基本人权难以得到满足的现实开始获得大赦国际等国际组织的广泛关注，南方问题直接影响埃塞政府的国际声誉与执政基础，调和南部矛盾、实现南部稳定发展成为阿比政府执政期间面临的首要任务。[①]

相比国内严重的族群危机，长期处于"不战不和"状态下的埃厄关系对阿比政权的威胁相对较小。同时阿比政府更强调国民幸福感、国家经济等国家民生、发展问题。2019 年爆发的军人因待遇问题逼宫总统府一事让阿比意识到当前埃塞国内民生问题的严峻性，而创造一个和平的周边环境更有助于阿比政府缓解持续加剧的国内矛盾，避免出现内忧外患的局面。同时，厄立特里亚领导人伊萨亚斯自战争结束后就多次因控制国内言论自由、一党专政等问题饱受国际社会指责，战争给厄立特里亚带来的破坏使其"元气大伤"，一直以来都保持着被动防守的姿态，营造和平良好的双边关系逐渐成为两国当局的共同需求。[②] 所以阿比在 2018 年 4 月发表就职演说时对厄发出的和解信号迅速得到阿斯马拉政府的积极回应[③]，不同于往届政府，阿比政府在履行 2000 年签署的停战协议和 2002 年的联合国裁决结果上主动做出让步[④]，承认裁决结果并承诺主动从巴德梅等争议地区撤军。随后两国首脑迅速展开互访，并于 2019 年 7 月结束敌对状态、实现关系正常化。与厄关系正常化不仅将为埃塞赢得和平的外部环境，还可以根据国际判决结果，让埃塞重获位于厄境内的出海口，推动经济发展，因此，实现双方关系正常化有助于埃塞国家经济的长期稳定发展。

阿比政府放弃对巴德梅等地区的占领不可避免地触碰了提格雷人的传统利益，虽然提人阵在埃塞国内政治改组后的政治权力大不如前，但提格雷州的民族激进分子、分裂主义势力与提人阵强硬派在阿比上台后

---

① "Ethiopia: Police Unit Unlawfully Killing People Must Be Stopped", Addis Ababa, https://www. amnesty. org/en/latest/news/2018/05/ethiopia-police-unit-unlawfully-killing-people-must-be-stopped.

② 简练:《埃塞俄比亚 2018 年剧变的来龙去脉、前景展望、对中国人群体的影响及对策》，2018 年 11 月 5 日，https://mp. weixin. qq. com/s/bm4H5ZBZa54xRaEKQgiFVg。

③ "Isaias Afwerki Decides to Send Peace Delegation to Addis Ababa", Addis Ababa, June 20, 2018, https://mereja. com/index/222868.

④ "Ethiopia Has Taken an Unexpected Step towards Peace with Long-time Enemy Eritrea", Addis Ababa, June 6, 2018, https://www. kimpavitapress. no/ethiopia-has-taken-an-unexpected-step-towards-peace-with-long-time-enemy-eritrea-by-abdi-latif-dahir.

始终保持着较为密切的关系，阿比以牺牲提格雷人利益为代价换取和平发展空间的行为，激起了提格雷州多起抗议示威活动，直接引发 2019 年6 月针对阿比的刺杀。但是，与逐渐式微的提格雷民族势力相比，营造和平的周边环境、实现经济与民生共同快速发展更有助于稳定阿比政府当前面临的国内乱局。阿比在 2019 年 11 月底采取合并埃革阵及附属政党、成立繁荣党（The Prosperity Party）的举措，进一步改变了各族群势力在执政党中的结构，扩大了各民族政党的政治权力，巩固了多民族联邦制，并有助于以民族团结为基础将埃塞建设为统一的政治经济共同体。[①] 然而，繁荣党的成立进一步压缩了提人阵的权力与政治活动空间。事实证明，提人阵对自身政治地位的下降，以及埃厄关系的改善极其敏感。2020 年 11 月爆发的埃塞俄比亚提格雷州冲突，正反映出提人阵与繁荣党之间不可调和的矛盾。在埃厄关系逐渐改善的背景下，提人阵的宣战从侧面加强了埃塞联邦政府与厄立特里亚之间的和平关系，厄政府表示将为埃塞俄比亚国家安全与稳定提供帮助，亦在埃厄边境地区部署军队对抗提人阵武装力量。[②] 在一定程度上，此次提格雷州冲突促使了埃厄两国政府关系的迅速升温。

结　论

纵观埃塞俄比亚民族政策演进历程可知，伴随埃塞俄比亚国家转型与改革进程的发展，埃塞俄比亚各民族正在被赋予越来越多的政治自主权，根据民族政策划分的各民族州和各大民族政党在一定程度上限制了埃塞俄比亚人民的国家认同、增强了其自身族群认同。厄立特里亚的独立刺激了各民族分离主义者寻求更大政治自主性的诉求，在埃厄分家到双方交恶再到当前两国实现和解的过程中，各民族政治力量出于维护自身族群利益的考虑，在埃厄关系中发挥了重要作用。

[①] Morris Kiruga, "Abiy Ahmed Paddles Ethiopia's Prosperity Party towards Elections", *The Africa Report*, March 5, 2020, https://www.theafricareport.com/24227/abiy-ahmed-paddles-ethiopi-as-prosperity-party-towards-elections.

[②] "President Isaias Afwerki: 'It Is Our Duty to Provide Help to Ethiopia'", Asmarino, February 20, 2021, https://www.asmarino.com/news/5277 - president-isaias-afwerki-it-is-our-duty-to-provide-help-to-ethiopia.

从根本上而言，民族自治政策的推行促进了埃塞国内各民族自身认同的觉醒与成熟，伴随各民族政治实体化的进程，以人口数量不占优势的提人阵为核心的埃塞政府受到挑战。埃厄战争的爆发在最初一段时间内暂时保证了埃塞国内民族政治的稳定，维护了埃塞领土安全与国家发展。但伴随埃塞国内发展政策与奥罗莫族等民族之间矛盾的凸显，原先政治权益受到剥削的南部各民族逐渐利用《埃塞俄比亚联邦民主共和国宪法》规定的民族自治权影响埃塞国内政局、挑战提人阵的领导地位，甚至通过社交媒体等舆论渠道鼓励分离主义运动。相比之下，埃厄边境冲突冷淡化的现实预示着两国仍存在和平解决边境争端的空间，在两国政府大力发展经济的背景下，埃厄关系正常化已是两国共同需求，妥善处理南方奥罗莫人的利益诉求，维护埃塞国家经济在安全稳定的国内环境中稳健发展、抑制奥解阵等反对派组织试图通过强化族群认同、分裂埃塞国家的活动已成为埃塞政府在新时期内面临的更为严峻的考验，埃塞国内族群政治的地域侧重逐渐实现了由北向南的转移。

【责任编辑】宁彧

经济与发展

非洲研究　2021 年第 1 卷（总第 17 卷）

第 71－82 页

一战后英国在非洲殖民地的农业开发活动研究[*]

黄金宽

【内容提要】 第一次世界大战结束后，英国开始逐步重视非洲殖民地的经济价值。在带动就业、促进经济发展、巩固殖民帝国等需求的作用下，英国政府开始制定开发型的殖民政策。农业开发是英国殖民者开发非洲殖民地的重要内容之一。在英国政府和民间的推动下，商品农业在非洲殖民地迅速扩张、大量白人移民涌入非洲从事农业活动。然而在这一过程中，大量优质土地被白人移民占有、农业产品向单一的商品作物发展，土地问题和农业结构问题逐渐形成。殖民统治下的农业开发产生了诸多问题，而这些问题的根源与殖民主义本身性质密切相关。

【关键词】 殖民主义；农业开发；非洲殖民地

【作者简介】 黄金宽，浙江师范大学非洲研究院讲师，主要研究领域为非洲殖民史、东部非洲史（金华，321004）。

在 20 世纪 20 年代前的很长时间，非洲殖民地的经济价值并未受到英国的重视。帝国政府很少提供资金、技术来开发这片土地，农业发展也是遵循自给自足的原则。在殖民早期，非洲人经营的商品农业发展程度较低，并没有深度卷入世界商品经济中。从第一次世界大战后开始，殖民地农业开发思潮在英国国内逐渐兴起，英国人开始加强对殖民地农业

　＊　本文受浙江省 2011 计划非洲研究与中非合作协同创新中心项目（项目编号：16FZZX02YB）、浙江师范大学非洲研究院 2019 年赴非调研课题（项目编号：FF201902）资助。

开发的关注。人们意识到殖民地的开发不仅有助于帝国实力的增强，对英国经济发展也是有利的。在殖民地开发思潮的推动下，英国在殖民地展开了大规模的农业开发活动。殖民者的农业开发对非洲经济、社会发展产生极为深远的影响。为什么英国在这一特定时期开始推动非洲殖民地的商品农业发展？英国推动非洲农业开发的方式有哪些？这一时期殖民者的农业开发对非洲农业产生哪些影响？本文重点关注英国殖民者的意图和动机，通过研究英国开发非洲政策的形成、实施和影响，试图探讨殖民主义与非洲农业发展的关系。

一　殖民地农业开发思潮的形成

第一次世界大战期间，英国和殖民地的经济联系增强了。战争期间英国本土的经济危机凸显出英国对于海外食品和原材料的依存度，而英国和帝国内部之间脆弱的经济联系开始逐渐被英国政府所认识。在战争期间（1914—1918 年），英国殖民地出口的价值增加了一倍，而进口则增加了一倍多，殖民贸易的年均增长为 14%，远高于 1909—1913 年的10%。[①] 战时热带农业作物和粮食的输入有力地支持了英国。

随着英国与殖民地在农业方面联系的加强，农业开发思想在第一次世界大战时期得到帝国政治家和学者的拥护。事实上，早在约瑟夫·张伯伦担任殖民大臣时期（1895—1903 年），他就提出要加强英国与帝国殖民地的经济联系和控制，但当时并未得到广泛支持，也并未真正付诸实践。第一次世界大战的爆发引起了英国政治家对帝国联合的重视，战争时期，包括寇松、米纳尔、埃默里等一些重要的帝国政治家都呼吁加强帝国的经济联合。[②] 1917 年 2 月由贝尔福勋爵（Lord Balfour）主持召开 "商业和工业政策" 会议，会议通过了以下决议："凭着战时获得的经验，我们认为必须采取特殊的措施来刺激帝国内部的食品、原材料和制成品的生产。无论何时，为了整个帝国的安全和福利而扩大生产都是可

---

① Michael Havinden and David Meredith, *Colonialism and Development: Britain and Its Tropical Colonies, 1850–1960*, London: Routledge, 1993, p. 117.

② Paul Guinn, *British Strategy and Politics 1914 to 1918*, Oxford: Clarendon Press, 1965, pp. 192–193.

行的，在经济上也是必要的。"① 1917 年 4 月召开的"帝国战时会议"通过有关"帝国特惠制"和发展帝国资源的系列决议，会议认为："帝国安全和对帝国各个部分的必要开发需要被推动、引起关注、采取一致的行动。"②

早期宣传帝国开发的一个重要组织是成立于 1916 年的"帝国资源开发委员会"（Empire Resources Development Committee）。该委员会是由亨利·福克斯（Henry Fox）、阿尔佛雷德·比格兰德（Alfred Bigland）、莫顿·佛利文（Moreton Frewen）等创立的游说团体，与英属南非公司有着巨大联系，并得到米纳尔等帝国政治家的支持。③ 委员会主张通过国家力量来发展帝国内部，④ 强调国家的组织、投资和控制。在 1916—1920 年，委员会成员们通过小册子、杂志和报纸等宣传自己开发帝国内部的主张，得到了"英国工人全国联盟"（British Workers' National League）以及议会众多议员的支持，在英国国内产生巨大的反响。如同委员会宣言所说，开发帝国内部"会给国家充足的收益分享……发展帝国的共同利益的时机已经成熟"。"帝国资源开发委员会"强调英国的殖民财产可以被英国政府大规模地开发和利用，而且利润可以用来偿还英国的战争债务。⑤ "帝国资源开发委员会"在英国国内获得广泛支持。

在农业开发方面，"帝国资源开发委员会"建议由国家参与殖民帝国产品的贸易，特别是西非的棕榈生产。在未开发的地区，委员会认为应投资资本用于生产小麦和糖类，然后从土地升值中获益。比格兰德在 1917 年 2 月对"英国皇家艺术学会"成员的演说中热情地表达了对于开发殖民地农业的憧憬："设想一下这会是怎样一种情况，如果西非所有的产品，如矿产和蔬菜，都被控制并服务于帝国整体利益！想象一下潜在

①　"Copy of Resolutions Passed by the Committee on Commercial and Industrial Policy after the War on the Subject of Imperial Preference", *Great Britain*: *Parliamentary Papers 1917 – 18*, XXIII (Cd. 8582), p. 4.

②　"Extracts from Proceedings and Papers Laid before the Conference", *Great Britain*: *Parliamentary Papers 1917 – 18*, XXIII (Cd. 8566), pp. 111 – 114.

③　S. Constantine, *The Making of British Colonial Development Policy*, *1914 – 1940*, London: Frank Cass, 1984, pp. 30 – 31.

④　Alfred Bigland, *Call of Empire*, London: C. Palmer, 1926, p. 91.

⑤　Michael Havinden and David Meredith, *Colonialism and Development*: *Britain and Its Tropical Colonies*, *1850 – 1960*, London: Routledge, 1993, pp. 134 – 135.

的利润会有多大，这些盈利可以用于偿还帝国的债务。"①

尽管在一战中英国没有采取实际行动发展殖民地经济，但在战争结束不久的 1919 年 12 月，殖民部就在殖民大臣米纳尔的支持下设立了一个服务于殖民地开发的顾问委员会，作为对于殖民发展呼声的回应。米纳尔还在 1919 年 6 月要求设立一个"殖民地研究委员会"来促进殖民地科学研究。然而，尽管殖民地发展得到重视，但 20 世纪 20 年代初的殖民发展投入仍很缺乏，财政部只提供每年 2 万英镑，共 4 年的资金用于"殖民地研究委员会"的工作。②

整个 20 世纪 20 年代，英国对于殖民地的农业开发并没有系统地进行。英国的开发主要是通过"帝国特惠制度"加强贸易联系和援助性的贷款。如在战后重建"帝国机构"，建立"帝国棉花生产公司"和"帝国热带农业学院"，在 1922 年通过《帝国定居法案》（Empire Settlement Act），在 1923 年通过为期 10 年共计 200 万英镑的援助（利息补助或者直接援助），③ 在 1926 年议会通过《巴勒斯坦和东非借贷法案》（Palestine and East Africa Guaranteed Loan Act）并给予东非 1000 万英镑援助性贷款。④总体而言，这些开发资助都是零散的、没有规划的。

20 世纪 20 年代末，随着英国经济不景气和失业率下降，殖民地开发得到进一步重视。1929 年是英国大选年，反对派对执政的保守党处理失业不利进行抨击，宣称保守党允许的失业人数已从掌权时的 100 万人上升到 1928 年底时的 150 万人，⑤ 此时无论是工党还是保守党都急于给解决失业问题找出路。1928 年底，自由党出版了《英国工业未来》（Britain's Industrial Future）黄皮书，其中一章就是关于发展殖民地。书中警告帝国市场会受限于领域内的人口稀少以及印度和非洲人口的贫穷，因此需要

① Alfred Bigland, "The Empire's Assets and How to Use Them", *Journal of the Royal Society of Arts*, Vol. 3358, No. 65 (1917), p. 358.

② Michael Havinden and David Meredith, *Colonialism and Development: Britain and Its Tropical Colonies, 1850 – 1960*, London: Routledge, 1993, p. 139.

③ D. J. Morgan, *The Official History of Colonial Development: The Origins of British Aid Policy, 1924 – 1945*, London and Basingstoke: Macmillan Press Ltd., 1980, p. 35.

④ D. J. Morgan, *The Official History of Colonial Development: The Origins of British Aid Policy, 1924 – 1945*, London and Basingstoke: Macmillan Press Ltd., 1980, p. 37.

⑤ S. Constantine, *The Making of British Colonial Development Policy 1914 – 1940*, London: Frank Cass, 1984, p. 147.

投入资本和有组织地研究来开发殖民地，也需要有远见的土著事务政策。[1] "失业问题跨部门委员会" 的临时报告，则陈述了处理持久性劳动力过剩问题的紧迫性，需要长期的政策，包括殖民地发展和海外移民。[2] 此外，"英国劳工联合会议" 的代表也宣传殖民地发展可以给国内制造业带来的好处。

在朝野一致呼唤下，工党政府通过 1929 年《殖民地发展法案》（The Colonial Development Act，1929）。1929 年《殖民地发展法案》是第一部较为系统地开发殖民地的法案。法案第一次设立发展殖民地的定期基金。它设立最高每年 100 万英镑 "殖民地发展基金"，紧接着又设立 "殖民地开发顾问委员会"（Colonial Development Advisory Committee），用于管理基金。[3] 在《殖民地发展法案》的支撑下，英国开始着手全面发展殖民地经济，特别是工矿业、交通、农业等能直接带动国内相关产业发展，解决失业问题的领域。在英国政治家看来，殖民地农业开发不仅能够带动英国机械的出口、原材料的引进，促进国内产业的发展，大量英国移民去殖民地发展农业也能降低国内的失业人数，因此被大力提倡。

总而言之，从 20 世纪 20 年代开始，英国国内掀起了殖民地农业开发热潮，对热带殖民地，尤其是非洲殖民地的关注已经提升至前所未有的高度。人们把目光瞄准了尚未开发的殖民地，希望通过殖民地农业开发带动英国经济增长和就业。

二　英国推动殖民地农业开发的主要方式

英国推动非洲农业开发的方式主要包括加强非洲商品作物与英国的贸易联系、投资非洲商品农业、鼓励移民开发、发展非洲农业科学研究等。这些活动对非洲商品作物的种植和推广起到巨大作用，深刻影响了

---

① D. J. Morgan, *The Official History of Colonial Development: The Origins of British Aid Policy, 1924 – 1945*, London and Basingstoke: Macmillan Press Ltd., 1980, p. 38.

② D. J. Morgan, *The Official History of Colonial Development: The Origins of British Aid Policy, 1924 – 1945*, London and Basingstoke: Macmillan Press Ltd., 1980, p. 37.

③ Overseas Development Institute, *Colonial Development: A Factual Survey of the Origins and History of British Aid to Developing Countries*, London: The Overseas Development Institute Ltd., 1964, p. 16.

非洲的经济结构和社会发展。

首先，英国开始推动商品农业在非洲殖民地的扩张，强化殖民地与英国的贸易联系。在推动殖民地和英国的农业贸易方面，最为重要的机构是"帝国销售局"（Empire Marketing Board）。1926年，在"帝国经济委员会"的倡议下英国政府设立"帝国销售局"，其最初的活动是调查在英国销售殖民地产品的可能性、推动英国消费殖民地的食品和原材料。1931—1932年，销售局开始转向殖民地产品和市场的研究。[1] 销售局的活动包括研究调查、市场情报分析、经济调查和殖民地产品宣传等。[2] 在研究方面，销售局在其存在的7年时间里（1926—1932年）总计拨款165万英镑用于科学研究；[3] 在情报和调查方面，除每周出版关于帝国产品在英国的销售的"情报备注"外，还出版包括海外帝国、农业问题、地球物理测量、帝国市场对英国制造重要性等方面问题的研究；在宣传方面，销售局通过报纸广告、传单、广播、展览以及组织"帝国购物周"等方式推广殖民地的产品。[4] 通过"帝国销售局"的调查研究和宣传，英国民众加深了对于殖民地产品的了解，推动殖民地产品在英国销售，后期的研究和调查还对英国产品出口殖民地起到推动作用。

其次，在农业开发热潮的推动下，英国公司和资本大量涌入非洲殖民地的商品农业领域。在西非，20世纪20年代以后主要的变化是欧洲商人和公司控制了热带农业产品的销售。西非的主要经济作物是棕榈、可可和花生。相比东部和中部的种植园农业，这里的种植规模相对较小，加之大规模的农业开发的土地兼并和购买在西非受到限制，于是在西非的欧洲商人主要通过垄断农产品的交易来获利，英国的公司在其中占据主导地位。如在1927—1928年，仅仅14家公司就出口了将近95%的黄金海岸可可，到1932年，联合利华公司占据黄金海岸可可出口额的一半

[1] D. J. Morgan, *The Official History of Colonial Development: The Origins of British Aid Policy, 1924 – 1945*, London and Basingstoke: Macmillan Press Ltd., 1980, p.100.

[2] Michael Havinden and David Meredith, *Colonialism and Development: Britain and Its Tropical Colonies, 1850 – 1960*, London: Routledge, 1993, p.150.

[3] Helen Tilley, *Africa as a Living Laboratory: Empire, Development, and the Problem of Scientific Knowledge, 1870 – 1950*, Chicago: University of Chicago Press, 2011, p.95.

[4] Michael Havinden and David Meredith, *Colonialism and Development: Britain and Its Tropical Colonies, 1850 – 1960*, London: Routledge, 1993, p.151.

以上。① 英国的联合非洲公司（United Africa Company）则操纵超过一半的西非贸易。在自由贸易的旗帜下，英国政府和当地的殖民政府很少涉足这些组织的操作，而国家形式垄断殖民地农业生产的"销售局"在二战之后才出现。②

英国和殖民地政府还通过资金投入和借贷鼓励白人移民的农业生产。在南罗德西亚，白人土地定居计划在 1919 年就开始实施，当时主要用于组织退伍士兵来当地发展生产，数量不大，退伍士兵通过优惠措施获得土地。1922 年英国通过《1922 年帝国定居法案》（Empire Settlement Act of 1922）后，土地定居计划的一半花费由英国政府提供。1944 年出台的《1944 年土地定居法案》（Land Settlement Act of 1944）给予罗德西亚前公职人员特别的优惠条件。在 1950 年底，已有来自政府收入的236536 英镑和来自贷款基金的 1412936 英镑花费在前公职人员定居政策上。③ 南罗德西亚政府在 1924 年通过《土地银行法案》（Land Bank Act），设立土地银行来资助白人移民的农业活动。在北罗德西亚，1934 年设立的"农业贷款局"专门解决白人定居者的农业资金问题。截至 1952年，贷款局总共发放 476813 英镑贷款。

最后，英国积极推动非洲殖民地农业科学研究。英国殖民者持续的非洲投资和开发的重点在于能够直接获得收益的农业和矿业，而这些部门的发展则和基础性的科学研究息息相关。例如热带作物的种植需要土壤、水源和疾病防治等方面的相关研究，矿业的开采则关系到地质、化学和交通等的基础研究。由于热带环境和疾病等方面的限制，非洲殖民地是英国开发较晚的地区，英国对于这些基础性的研究极为落后，而深入的开发则使得这些研究亟待加强。这一紧迫性也反映在英国"殖民研究委员会"（Colonial Research Committee）通过的研究方案上。例如 1942年成立的"殖民研究委员会"通过的两个最大的研究项目，就是关于病虫害防治和经济作物种植研究（分别用于黄金海岸的可可疾病研究和在坦噶尼喀的剑麻研究站的继续研究），1943 年最大的两个研究项目也是关于农作物和畜牧业的研究（塞拉利昂的稻米土壤研究以及坦噶尼喀的牛

---

① Andrew D. Roberts, ed., *Cambridge History of Africa: Vol. 7, from 1905 to 1940*, Cambridge: Cambridge University Press, 1986, pp. 436 – 443.

② J. F. A. Ajayi and M. Crowder, eds., *History of West Africa*, Vol. 2, London: Longman, 1974, p. 529.

③ Hailey, *An African Survey*, London: Oxford University Press, 1957, p. 772.

瘟研究）。① 这些基础性研究的开展是和殖民者系统开发和研究非洲的起步相伴随的，但也恰恰反映了非洲研究的落后性。伴随着开发的进行，殖民地研究的重要性日益突出。

在殖民地开发热潮的推动下，殖民地研究得到英国政府和一些商业组织、慈善机构的支持。早在第一次世界大战刚结束的 1919 年，英国议会就通过为期 5 年每年 2 万英镑的殖民地研究拨款，并设立了一个"殖民研究委员会"用于指导研究的进行。但由于种种原因，这笔拨款被一降再降，起初 2 年是每年 1 万英镑的经费，之后被减少到每年 2000 英镑。② 1929 年的《殖民地发展法案》为殖民地发展提供每年最多 100 万英镑资金，其中就包含殖民地研究的资金，且范围不再仅限于商品和市场的研究。随着研究的深入和需求的扩大，1940 年的《殖民地发展和福利法案》在每年最多提供 500 万英镑发展资金的同时，单独提供每年最多 50 万英镑的研究经费，1945 年的《殖民地发展和福利法案》对于研究的资金提高为最多每年 100 万英镑，1949 年修改时又将这一上限提高为每年 250 万英镑。根据统计，"在 1941—1942 年度到 1960—1961 年度，1940 年、1945年、1950 年、1955 年和 1959 年的《殖民地发展和福利法案》总计分配给研究的经费为 24051062 英镑"，其中"一半以上用在农业、动物健康、林业和渔业研究；将近 1/6 用在医学，1/12 用在社会和经济研究；超过一半用在非洲，15％用于加勒比"。③ 除英国官方外，一些民间机构也为英国的非洲调查提供资金，重要的有罗德斯信托基金会（Rhodes Trust）、卡内基公司（Carnegie Corporation）和洛克菲勒基金会（Rockefeller Founda-tion）等，其中卡内基公司和洛克菲勒基金会虽然来自美国，但却给予英国的非洲研究活动大量的资金支持，例如卡内基公司支持黑利勋爵的非洲调查活动，洛克菲勒基金会则是英国伦敦经济学院、"国际非洲语言和文化机构"（International Institute of African Languages and Cultures）等机构从事非洲研究的重要支持者。随着殖民地发展受到重视，非洲研究活动的经费也不断增加，支撑着研究深度和广度的扩大。

---

① D. J. Morgan, *The Official History of Colonial Development: The Origins of British Aid Policy 1924 – 1945*, London and Basingstoke: Macmillan Press Ltd. , 1980, pp. 100 – 101.

② D. J. Morgan, *The Official History of Colonial Development: The Origins of British Aid Policy 1924 – 1945*, London and Basingstoke: Macmillan Press Ltd. , 1980, p. 99.

③ D. J. Morgan, *The Official History of Colonial Development: The Origins of British Aid Policy 1924 – 1945*, London and Basingstoke: Macmillan Press Ltd. , 1980, p. 104.

在英国政府、民间机构等的支持下，殖民地研究迅速发展。这其中，非洲的农业研究得到前所未有的重视。截至 1940 年，英属非洲殖民地的农业研究机构初步建立，这些机构的研究对象包含农产品生产、畜牧业、林业以及昆虫等。在农产品种植方面，有组织地研究开始于 1929 年。如殖民地政府支持运营的黄金海岸"可可研究站"，民间相关产业资助运营的肯尼亚"咖啡研究站"和毛里求斯"蔗糖试验站"。在畜牧业方面，主要是一些由殖民政府支持的动物健康研究中心，这些中心在尼日利亚、肯尼亚、坦噶尼喀和北罗德西亚都已建立。如中心设在卡波特（Kabete）的"肯尼亚兽医学部"（Veterinary Department of Kenya），主要从事兽医研究，以及生产血清和疫苗。在林业方面，则主要有在英国牛津的"帝国林业机构"（Imperial Forestry Institute）和利斯伯格王子城的"森林产品研究实验室"（Forestry Products Research Laboratory）。[1] 这一时期还出现跨殖民地联合研究的趋势。如 1939 年建立了一个跨殖民地的研究中心——坦噶尼喀阿玛尼的"东非研究站"（East Africa Research Station），还有设计为肯尼亚、乌干达和坦噶尼喀服务的"坦噶尼喀采采蝇研究部"（Tset-se Department of Tanganyika）。[2]

三　殖民地农业开发对非洲农业发展的主要影响

20 世纪 20 年代兴起的殖民地农业活动一定程度上对非洲农业发展起到积极作用，如通过农业开发活动，一些地区的交通设施得到了改善；殖民地农业研究为非洲农业的发展提供了一些保障等。但总体而言，由于英国完全是从利己的角度出发决定开发殖民地农业的，其行动对非洲农业发展产生诸多破坏性的影响，很多影响持续至今。

其一，大量白人移民涌入殖民地导致极为严重的土地问题。在英国政府的鼓励下，大量移民进入非洲殖民地。在英属东部和中部非洲，20 世纪二三十年代的白人移民农民涌入非洲发展种植园经济。在英国移民和开发政策的指引下，白人移民进入非洲并占有土地的情况在整个英

---

[1]　C. Jeffries, *A Review of Colonial Research 1940 - 1960*, London: H. M. S. O., 1964, p. 17.

[2]　E. B. Worthington, "Organization of Research in Africa", *The Scientific Monthly*, Vol. 74, No. 1 (Jan., 1952), p. 41.

属非洲都有发生，但由于土壤、温度、气候等原因，殖民地的发展状况各不相同。移民规模最大的是在肯尼亚和南罗德西亚。在肯尼亚，第一次世界大战后在总督爱德华·诺西的"士兵安置计划"（Soldier Settler Plan）的带动下，白人数量急剧上升，到1926年底时，欧洲人移民数量已经达到16663人。① 在1934年时，欧洲人占有肯尼亚1100万英亩的土地。在20世纪30年代中期，肯尼亚有99000平方英里的土地归属于英国王室。② 为吸引白人移民，1939年，英国殖民当局又颁布法令，将肯尼亚山下的总面积为16700平方英里的肥沃高原"租让"给白人移民。③ 在南罗德西亚，前来定居和开发的白人移民则更多。到1926年时，南罗德西亚的欧洲人就已经超过了3.5万人，这些人大多作为第一代移民进入当地。④ 这些移民占据广阔的适合农业种植的地区。在北部罗德西亚和尼亚萨兰，白人移民相对较少。1921年时在北罗德西亚大约有714名从事农业的欧洲人移民。到20世纪30年代，欧洲人在北罗德西亚占有的土地大约有875万英亩。⑤ 在乌干达和坦噶尼喀，由于土地的大量获取受到当地政府和传统统治政策的限制，白人移民的规模则较小。

在白人移民不断涌入非洲殖民地的同时，为保护欧洲人农业经济的发展，防止来自非洲人的竞争，殖民当局通过设立土著保留地等立法和法律形式逐渐确立欧洲人对土著土地占有和掠夺的合法性。例如1930年，南罗德西亚殖民当局通过《土地分配法案》，严格地将所有土地分三类，即土著人保留地（占22.4%）、欧洲人地区（50.8%）和未分配地（18.4%）。⑥ 到1931年时，白人定居者占有大约4800万英亩的土地，而非洲人只占有2800万英亩，并且白人多占有气温和降水适宜、交通便利的地区。⑦ 相较

① R D. Wolff, *The Economics of Colonialism: Britain and Kenya, 1870–1930*, New Haven: Yale University Press, 1974, p. 107.

② P. Gifford and W. R Louis, eds., *France and Britain in Africa: Imperial Rivalry and Colonial Rule*, London: Yale University Press, 1971, p. 617.

③ 郑家馨主编《殖民主义史·非洲卷》，北京大学出版社，2000，第445页。

④ 〔加纳〕博亨主编《非洲通史》第7卷，中国对外翻译出版有限公司译，中国对外翻译出版有限公司，2013，第346—348页。

⑤ P. Gifford and W. R. Louis, eds., *France and Britain in Africa: Imperial Rivalry and Colonial Rule*, London: Yale University Press, 1971, p. 625.

⑥ 〔加纳〕博亨主编《非洲通史》第7卷，中国对外翻译出版有限公司译，中国对外翻译出版有限公司，2013，第348页。

⑦ P. Gifford and W. R Louis, eds., *France and Britain in Africa: Imperial Rivalry and Colonial Rule*, London: Yale University Press, 1971, p. 617.

而言，非洲人的土地大多位于土地贫瘠、农业条件较差的地区。总之，从 20 世纪 20 年代开始，白人移民的规模不断扩大，拥有的土地也不断增多，严重侵害了非洲人的利益，不利于非洲人自身的农业发展。

其二，英国将非洲作为初级产品和原材料供应地，导致非洲产品单一。殖民者将非洲殖民地经济作为英国经济的补充，热带经济作物生产的主要作用也是用于出口，所以非洲每个殖民地大多按照其地理和气候等条件作为一种或几种农产品的产地。在英属西非，经济作物主要是可可、橡胶、棕榈油、花生等，在英属东非和中非，则主要是棉花、玉米、可可、烟草、剑麻等。除非洲农外，在殖民地开发热潮的推动下，大量欧洲殖民者在东部非洲和中部非洲进行种植园生产。由于他们所产的经济作物主要用于出口，因此往往种植单一品种，以便于集约种植、管理和出口。在殖民地开发过程中，英国政府和贸易公司也鼓励殖民地大量种植某种本国或者国际市场需求的作物，以此获取最大的收益。正如国内非洲史学者所言，殖民者在非洲推行单一出口经济作物制的结果"不仅使非洲农业生产严重依赖于国际市场，而且还排斥了粮食生产和畜牧业，导致不少非洲国家粮食自给能力不断下降，从粮食出口国变为粮食进口国，至今蔓延非洲的严重缺粮问题，其重要原因之一便是这种畸形经济结构带来的恶果"。①

表面上，从二战后开始，英国政府开始强调鼓励非洲殖民地多元化的农业生产。如殖民大臣格里菲斯（James Griffiths）就在 1950 年说："我将首先考虑殖民地区的经济发展。在经济方面，我们的目标是在每个殖民地建立稳定的农业、矿物或工业资源经济体系……而且，最重要的是，通过经济活动的多样化，发展不是偏向一边以及依赖于某些基本的产品。"② 但事实上，二战后初期英国还通过殖民地出口来缓解国内的赤字尤其是获取紧缺的美元。在 1945 年，英国欠外债已达 37 亿英镑，国债也达 214 亿英镑，财务状况堪忧。此外，由于英国在第二次世界大战后大量的工业产品、食品等都需要从美元区进口，于是获取美元成为当务之急。③ 在此情况下，英国自然将目光转向其以出口初级产品为主的非洲殖民地。于是二战后的非洲殖民地被鼓励大规模生产可可、橡胶、棕榈油

---

① 陆庭恩主编《非洲农业发展简史》，中国财政经济出版社，2010，第 113 页。

② Hansard（Commons）5th ser/. 477, 12 July 1950, Col. 1369.

③ 张顺洪等：《大英帝国的瓦解》，社会科学文献出版社，1997，第 56 页。

和热带水果等几种世界市场急需的产品，以此换取外汇。因此，所谓的鼓励非洲多种经济发展也就无从谈起了。

总之，英国在非洲殖民地的农业开发活动对非洲产生了结构性的破坏影响，这一影响至今仍困扰着一些非洲国家。从英国开发非洲殖民地的动因来看，第一次世界大战之后推动英国开发非洲农业的最重要因素是带动就业、促进贸易和经济发展、巩固殖民帝国。在殖民地农业开发过程中，英国政府和殖民地政府都将白人移民农民的利益放置于首位。这表现在殖民地农业开发的各项政策是以白人经济利益为核心制定的，白人移民大量占有和掠夺非洲土地。殖民地商品农业的发展造成非洲经济结构单一、严重依赖于国际市场。在殖民主义框架下的农业开发不利于非洲农业获得良性发展。

【责任编辑】 李鹏涛

非洲研究　2021 年第 1 卷（总第 17 卷）
第 83 – 100 页
SSAP©，2021

英国殖民时期尼日利亚锡矿开发的
经济社会影响研究

赵　贤

【内容提要】 大部分非洲国家矿产资源的商业化开发，均与西方殖民主义掠夺密不可分，尼日利亚锡矿开发也不例外。尼日利亚沦为英国殖民地后，英国公司开始了对尼日利亚乔斯高原锡矿的商业化开发。在殖民开发时期，尼日利亚锡矿开发使用的雇佣劳工是西非地区最多的。尼日利亚锡矿开发还吸引了大量的西方资本投入。在最高峰时期，尼日利亚出产的锡矿石占世界锡矿总产量的 1/5。本文拟对英国殖民时期尼日利亚锡矿开发产生的经济、社会、环境等影响进行分析探讨。

【关键词】 英国殖民统治；尼日利亚；锡矿开发

【作者简介】 赵贤，云南国土资源职业学院非洲资源与发展研究中心助理研究员，曾于 2009 年获中尼互换奖学金项目资助赴尼日利亚乔斯大学留学一年（昆明，652501）。

自 1904 年始，英国殖民统治者开始对尼日利亚[①]乔斯高原（Jos Plateau）地区的锡矿进行商业化开采。此后，尼日利亚锡矿产量逐年提高，第二次世界大战期间，因为日本占领主要产锡国马来西亚，尼日利亚成

[①] 1861 年，英国正式吞并拉各斯，此后先后建立北尼日利亚保护地和南尼日利亚保护地。1914 年 1 月，英国殖民当局将南、北殖民保护地合并，称尼日利亚保护国，至此尼日利亚才正式成为一个单一的地缘政治实体。

为英国主要的锡矿生产国，其锡矿产量大幅增加。1945 年，尼日利亚的锡矿开采量为 1.7 万吨，占世界开采量的 21%。[①] 尼日利亚锡矿的商业化开采，既有推进经济发展、增加就业机会、促进当地的基础设施建设和城市化进程等方面的积极影响，也有因锡矿开采导致当地水土流失、耕地破坏、尾矿辐射污染环境、因大量外来移民涌入引发的与当地土著民众争夺社会经济资源而爆发冲突等负面影响。

对英国殖民时期尼日利亚锡矿开发的社会经济影响进行研究，既能了解殖民统治时期，英国对尼日利亚进行矿产资源掠夺的基本情况，也可据此探析尼日利亚独立后，乔斯地区屡次爆发民族、宗教冲突的历史根源。尼日利亚的扎里亚（Zaria）、卡诺（Kano）、包奇（Bauchi）和高原省（Plateau Province）等地均有锡矿分布，但是尼日利亚 80% 的锡矿位于乔斯高原。乔斯高原位于尼日利亚中部，面积约 6500 平方公里，平均海拔 1000 米。与北部信仰伊斯兰教的豪萨富拉尼族不同，乔斯高原居住的土著居民信仰传统宗教，被英国殖民统治者称为"异教徒"。19 世纪初，奥斯曼·丹·福迪奥建立的富拉尼帝国未能征服乔斯高原。

本研究重点关注尼日利亚乔斯高原地区锡矿开发产生的经济、社会及环境影响，研究时限为 1904 年英国殖民统治者开始在乔斯高原开展锡矿开发至 1960 年尼日利亚独立。

目前，国内尚无针对英国殖民时期尼日利亚锡矿开发后续影响的专门研究。在相关尼日利亚的中文文献资料中，对尼日利亚锡矿开发情况，仅是偶尔提及，并无详细的介绍和深入的研究。[②] 国外对于尼日利亚锡矿开发的研究相对较多。既有介绍锡矿开发情况的文章，也有专门研究开发锡矿资本投资和使用强制劳工情况的著作，还有研究因锡矿开发而引

---

① 庆学先、罗春华：《西非三国 尼日利亚、冈比亚、塞拉利昂 对抗与和解的悖论》，四川人民出版社，2006，第 136 页

② 关于英国殖民时期尼日利亚的锡矿开发情况介绍散见于：董修正：《尼日利亚概况》，上海人民出版社，1959；马尔丁诺夫：《撒哈拉以南的非洲（战后刚果、尼日利亚、法属西非洲、法属赤道非洲的工业和塞拉勒窝内概况）》，方林、水茵译，世界知识出版社，1959；〔英〕艾伦·伯恩斯：《尼日利亚史》，上海师范大学《尼日利亚史》翻译组译，上海人民出版社，1974；〔尼日利亚〕留本·克·乌多：《尼日利亚地理区》，中国科学院地理研究所英文翻译组译，商务印书馆，1978；刘鸿武等：《从部族社会到民族国家 尼日利亚国家发展史纲》，云南大学出版社，2000；庆学先、罗春华：《西非三国尼日利亚、冈比亚、塞拉利昂 对抗与和解的悖论》，四川人民出版社，2006；〔美〕法洛拉：《尼日利亚史》，沐涛译，东方出版中心，2010。

起的劳工迁徙情况，以及研究锡矿开发所产生的环境影响等相关成果。[①]

一 英国殖民者入侵前尼日利亚的锡矿开发

锡是七种最早被使用的金属之一。锡具有熔点低、延展性好、可以与其他金属铸成合金等特性。在 2000 多年前，人类就已开始利用锡。18 世纪末 19 世纪初，锡在军事、仪表、电器以及轻工业、食物保存（锡制罐头）等领域的大量使用，使得锡需求量大增，促使西方殖民统治者在全球寻找锡矿资源。世界锡矿资源主要分布在中国、马来西亚、印度尼西亚、玻利维亚、巴西、俄罗斯、泰国等国。整个非洲的锡储量仅占世界锡储量的 8%。[②]

---

① J. D. Falconer, "Nigerian Tin: Its Occurrence and Origin", *Economic Geology*, Vol. 7, 1912, pp. 542 – 546; Godfrey Fell, "The Tin Mining Industry in Nigeria", *Journal of the Royal African Society*, Vol. 38, No. 151 (Apr., 1939), pp. 246 – 258; B. W. Hodder, "Tin Mining on the Jos Plateau of Nigeria," *Economic Geography*, Vol. 35, No. 2 (Apr., 1959), pp. 109 – 122; R. Olufemi Ekundare, *An Economic History of Nigeria, 1860 – 1960*, New York: Africana Publishing Co., 1973; J. H. Morrison, "Early Tin Production and Nigerian Labour on the Jos Plateau, 1906 – 1921", *Canadian Journal of African Studies*, Vol. 11, No. 2 (1977), pp. 205 – 216; John A. A. Ayoade, "The Political Economy of Wage Negotiation in the Tin Mining Industry in Nigeria", *Presence Aficaine*, *Nouvelle Serie*, No. 105/106 (1978), pp. 268 – 287; W. M. Freund, "Labour Migration to the Northern Nigerian Tin Mines, 1903 – 1945", *The Journal of African History*, Vol. 22, No. 1 (1981), pp. 73 – 84; Bill Freund, *Capital and Labour in the Nigerian Tin Mines*, Longman Group Limited, 1981; Elizabeth Isichei, *Studies in the History of Plateau State Nigeria*, London: The Macmillan Press LTD, 1982; A. E. Ekoko, "Conscript Labour and Tin Mining in Nigeria during the Second World War", *Journal of the Historical Society of Nigeria*, Vol. 11, No. 3/4 (Dec. 1982 – June 1983), pp. 66 – 85; William Freund, "Theft and Social Protest among the Tin Miners of Northern Nigeria", *Radical History Review*, Vol. 26 (1983), pp. 68 – 86; Abiodun Raufu, "Nigeria: Tin Mining Wrecking Beautiful Jos", *African Business*, No. 5 (1999), p. 40; Ibeanu IGGavin, "Tin Mining and Processing in Nigeria: Cause for Concern?", *Journal of Environmental Radioactivity*, Vol. 64, No. 1 (2003), pp. 59 – 66; Bridge and Tomas Fredriksen, " 'Order Out of Chaos': Resources, Hazards and the Production of a Tin – Mining Economy in Northern Nigeria in the Early Twentieth Century", *Environment and History*, Vol. 18, 2012, pp. 367 – 394; Jiya Solomon Ndace and Musa Haruna Danladi, "Impacts of Derived Tin Mining Activities on Landuse/Landcover in Bukuru, Plateau State, Nigeria", *Journal of Sustainable Development*, Vol. 5, No. 5 (2012).

② 陈吉琛等编著《国外锡矿床》，云南科学技术出版社，1991，第 3 页。

在英国殖民者入侵前，尼日利亚已存在锡矿开发使用情况。诺克文化（Nok Culture）发掘出的锡珠，就证明了 2000 多年前，在尼日利亚诺克地区周边就有锡矿开发情况。[①] 尼日利亚伊费文化、贝宁文化的青铜制品，使用的就是来自撒哈拉的铜和尼日利亚当地的锡。19 世纪 20 年代，克莱普顿（Clapperton）在卡诺（Kano）的市场上见到过粗糙的锡制品。[②]

尼日利亚的锡矿主要是冲积锡矿沙，早期发现的锡矿靠近泰登富拉尼（Tilden Fulani）附近的德里米河（Dilimi）和塔扎河（Tarza）。在英国殖民者入侵前，乔斯地区的锡矿冶炼，最初由居住在里鲁恩卡诺（Liruien Kano）和里鲁恩德尔马（Liruien Delma）的两地豪萨族所控制。里鲁恩德尔马的锡矿从业者经营着七个锡矿冶炼炉。来自尼日利亚各地的商人和来自黄金海岸的商人都来购买其冶炼的锡。

二　英国殖民统治时期尼日利亚的锡矿开发情况

1885 年，全国非洲公司（National African Company）派遣威廉姆·华莱士（William Wallace）在贝努埃河畔的洛科（Loko）设立贸易点。在设立贸易点初期，英国皇家尼日尔公司（Royal Niger Company）[③] 在洛科曾购入少量的粗制锡产品，但并未尝试寻找这些粗锡的来源，主要原因是豪萨族贸易商告诉皇家尼日尔公司，居住在乔斯高原的土著居民充满敌意，不愿意进行贸易。

1900 年后，英国政府设立北尼日利亚殖民保护地。为了鼓励投资，英国政府授予皇家尼日尔公司，在尼日尔河和贝努埃河以北的大片区域，拥有 99 年权益，占比 50% 的矿产开发权。[④] 1902—1903 年，皇家尼日尔

①　B. E. B. Fagg, "The Nok Culture in Prehistory", *Journal of the Historical Society of Nigeria*, Vol. 1, No. 4 (December 1959), p. 290.

②　J. J. Grace, "Tin Mining on the Plateau before 1902", in Elizabeth Isichei ed., *Studies in the History of Plateau State Nigeria*, London: The Macmillan Press LTD, 1982, p. 179.

③　皇家尼日尔公司是 19 世纪获得英国政府特许的商业机构，公司成立于 1879 年。该公司在尼日利亚殖民地（Colonial Nigeria）的建立过程中扮演了重要角色，因为它在 19 世纪 80 年代击败德国，为英帝国夺得了尼日尔河下游的控制权。1900 年，公司将自己控制的领土转交予英国政府。

④　J. J. Grace, "Tin Mining on the Plateau before 1902", in Elizabeth Isichei ed., *Studies in the History of Plateau State Nigeria*: London: The Macmillan Press LTD, 1982, p. 181.

公司先后派人寻找锡矿矿脉。第一支由乔治·尼古拉斯（George Nicolaus）带领的勘探队在迪里米河河畔发现了丰富的锡矿资源。另一支由罗斯（Laws）带领的勘探队，在布库鲁地区进行勘查，探险队在发现锡矿床的同时，还发现有当地人在附近已经从事锡矿冶炼很长时间。①

1904—1909 年，在北尼日利亚保护地，既有英国殖民政府组织的矿产勘查，也有由私营公司自行组织的矿产勘查。1903 年，英国尼日利亚总督卢加德（Lugard）签发的《矿物法案》（Mineral Acts）和 1910 年《土地宣言法案》（Land Proclamation Acts）规定所有土地均为殖民政府财产，矿业公司可以经殖民政府授权获得矿产勘探开发执照和租约，当地酋长和农民无权禁止开矿和要求分享采矿利益。这些法案给英国矿业公司在尼日利亚从事矿业开发提供了法律保障。

1904 年，英国殖民者在乔斯高原建立的第一个锡矿开采营地，位于包奇省的德里米河河岸旁（后称纳拉古塔）。② 1907 年，在乔斯和纳拉古塔两地，共计出产 129 吨锡矿石和 23 吨经过冶炼的锡。③ 1909 年，皇家尼日尔公司是唯一的在当地进行锡矿开发的公司，年产锡矿石 458 吨。④ 随后，大批英国公司涌入乔斯地区进行锡矿开发。1911 年，又有四家公司成立。1911 年，有超过 200 名的欧洲勘探者在尼日利亚从事勘探工作，他们同时为多家公司服务。在伦敦进行尼日利亚锡矿股票投资的资金高达 300 万英镑。到 1914 年，有超过 200 家公司投资尼日利亚锡矿股票，金额高达 1000 万英镑。而 1914 年当年，尼日利亚锡矿总产值仅为 6.72 万英镑。⑤ 伴随着大量投机资金的涌入和锡矿开发公司的增加，尼日利亚锡矿产量也逐年增长。自此，尼日利亚的锡矿开发被卷入资本主义经济体系。

第一次世界大战期间，受国际市场锡价上涨的刺激，尼日利亚锡矿

---

① Godfrey Fell, "The Tin Mining Industry in Nigeria", *Journal of the Royal African Society*, Vol. 38, No. 151 (Apr., 1939), p. 246.

② J. D. Falconer, "Nigerian Tin: Its Occurrence and Origin", *Economic Geology*, Vol. 7, 1912, p. 542.

③ J. J. Grace, "Tin Mining on the Plateau before 1902", in Elizabeth Isichei ed., *Studies in the History of Plateau State Nigeria*, London: The Macmillan Press LTD, 1982, p. 183.

④ Godfrey Fell, "The Tin Mining Industry in Nigeria", *Journal of the Royal African Society*, Vol. 38, No. 151 (Apr., 1939), p. 248.

⑤ Bill Freund, *Capital and Labour in the Nigerian Tin Mines*, Longman Group Limited, 1981, pp. 37 – 38.

工业发展迅速。尼日利亚的锡矿开采量由 1914 年的 6174 吨增加至 1917
年的 9996 吨。① 1919 年，有超过 80 家公司或辛迪加在从事锡矿开发，年
产锡矿石 8174 吨。② 1920—1930 年，尼日利亚锡矿开采量持续上升，锡
矿出口量也总体不断增长，锡矿出口为英国殖民统治者赚取了巨额利润
（详见表 1）。

表 1 1907—1945 年尼日利亚锡矿出口情况

年份	数量（吨）	价值（英镑）
1907	212	25265
1910	737	77001
1915	6535	723840
1918	8294	1770003
1920	7913	1785724
1925	9293	1737578
1930	12069	1373466
1935	8949	1456753
1940	14843	2726911
1945	15166	3129263

资料来源：R. Olufemi Ekundare, *An Economic History of Nigeria*, *1860 - 1960*, New York：Afri-
cana Publishing Co., 1973, p. 179。

　　然而，1929—1933 年的世界经济危机，对尼日利亚的锡矿工业产生了
巨大影响。许多公司倒闭，工人失业，锡矿石开采量也大幅降低。1929
年从事锡矿开采的公司有 122 家，到 1933 年仅剩余 75 家。③ 其后，受全
球经济恢复和世界主要大国争夺战略资源的影响，尼日利亚的锡矿产量
开始回升。
　　第二次世界大战期间，日本占领主要产锡国马来西亚，为满足英国
对战略金属物资的需要，尼日利亚的锡矿产量不断上升。1937 年，尼日

---

① Bill Freund, *Capital and Labour in the Nigerian Tin Mines*, Longman Group Limited, 1981,
pp. 37 - 38.
② B. W. Hodder, "Tin Mining on the Jos Plateau of Nigeria", *Economic Geography*, Vol. 35,
No. 2（Apr., 1959）, p. 110.
③ B. W. Hodder, "Tin Mining on the Jos Plateau of Nigeria", *Economic Geography*, Vol. 35,
No. 2（Apr., 1959）, p. 112.

利亚锡矿产量为 15035 吨，其价值超过 250 万英镑。[①] 1938 年，尼日利亚
锡矿产量为 12382 吨。1941 年 12 月，英国政府控制了尼日利亚锡矿的生
产和消费。1942 年，英国政府与尼日利亚各锡矿公司签订协议，要求所
有产出的锡矿石交由英国政府支配。1944 年，尼日利亚锡矿产量高达
17258 吨，占世界锡产量的 1/5。除此之外，尼日利亚出产的钶铁矿、钨
矿、钽铁矿等战略金属物资的生产也被英国政府所控制（见表 2）。

表 2　1938—1948 年尼日利亚主要矿产品产量

年份	锡矿（吨）	钶铁矿（吨）	钨矿（吨）	钽铁矿（吨）
1938	12382	535	44	—
1939	13003	431	240	—
1940	16568	396	98	—
1941	16638	402	23	—
1942	17107	865	90	—
1943	17463	802	68	—
1944	17258	2055	28	12.1
1945	15482	1571	5	13.3
1946	14252	1550	5	1.3
1947	12597	1286	3	3.7
1948	12740	1096	3	3.7

资料来源：A. E. Ekoko, "Conscript Labour and Tin Mining in Nigeria during the Second World War", *Journal of Historical Society of Nigeria*, Vol. 11, No. 3/4（Dec. 1982 – June 1983），p. 82。

　　第二次世界大战结束后，受过度开采、锡矿生产成本增加和进行深
部开采需要巨额投资等因素影响，尼日利亚锡矿产量逐步下滑（见表 3）。

表 3　1947—1960 年尼日利亚锡矿产量

年份	锡矿（吨）
1947	12597
1948	12740

---

① Godfrey Fell, "The Tin Mining Industry in Nigeria", *Journal of the Royal African Society*, Vol. 38, No. 151（Apr., 1939），p. 248.

续表

年份	锡矿（吨）
1949	12171
1950	11391
1951	11778
1952	11470
1953	11349
1954	10933
1955	11245
1956	12507
1957	13151
1958	8412
1959	7481
1960	10374

资料来源：R. Olufemi Ekundare，*An Economic History of Nigeria*，*1860 – 1960*，Africana Publishing Co.，1973，p. 309。

表 4　1946—1960 年尼日利亚锡矿出口情况及其价值

年份	锡矿（吨）	价值
1946	13929	2861
1947	14090	4091
1948	12169	4410
1949	12676	5514
1950	11417	6020
1951	11753	8974
1952	10575	7665
1953	12136	7076
1954	10308	5171
1955	11399	5868
1956	13364	7223
1957	13577	7629
1958	7627	3937

续表

年份	锡矿（吨）	价值
1959	7536	4215
1960	10657	6045

说明：价值计价单位：1000 英镑，在 1900 年以前，尼日利亚没有通用的货币。当时，尼日利亚既流通着各种各样的外国货币，如英国先令、美洲达布隆币、法国法郎，也流通着当地通用的货币，如贝币、马尼拉、金沙、杜松子酒等。1912 年，为了统一货币，英国殖民当局设立西非货币委员会，负责英属西非地区的纸币和硬币发行，货币单位为：磅、先令和便士。

资料来源：R. Olufemi Ekundare, *An Economic History of Nigeria, 1860 – 1960*, Africana Publishing Co. , 1973, pp. 332 – 333。

三　英国殖民时期尼日利亚锡矿开发产生的积极影响

英国殖民统治者主导的尼日利亚乔斯地区的锡矿开发产生的影响是全方位的。其中主要的积极影响包括：锡矿开发促进了当地的经济发展、锡矿开发创造的工作机会推动了尼日利亚的人员流动、促进了当地的基础设施建设、从国外引进了先进开采设备和技术、推进了乔斯市的城市化发展进程等。

第一，英国主导的尼日利亚锡矿商业化开发促进了当地的经济发展。在罗斯主导的锡矿开发初期，罗斯以食盐和谷物作为报酬支付给其雇用的当地劳工。1909—1910 年，锡矿公司增多，使用实物支付报酬的方式被淘汰，改为直接支付货币，锡矿开发也刺激了当地的贸易和现金流通。随着大量的外地矿工涌入乔斯，矿工需要食物、住宿。矿业公司需要定期向矿工支付现金工资，不仅加速了货币的流通，还促进了当地的零售业和饮食业的发展。

在未引入金属货币前，在尼日利亚地区流通着贝币（Cowries-Shell）、马尼拉①（Manilla）以及铁条、布匹、杜松子酒等实物货币。在英国殖民当局引入金属货币后，尼日利亚民众必须使用金属货币进行缴税和交易，从而促进了尼日利亚的货币流通。因为大量矿工的涌入，乔斯地区出现了专门出售采矿工具的商店，出现了专门向矿工售卖食物的店铺、专门种植粮食供应矿工的商业农民、专门为矿工提供肉食的商人等。随后，专门为

---

① 马尼拉是一种形同手镯的铜质钱币。

欧洲人和非洲人服务的医院、学校、宾馆、俱乐部等服务设施也建立起来。①

第二，尼日利亚锡矿开发创造了大量的工作机会，推动了人员的流动。在锡矿开发初期，乔斯当地民众很少参与锡矿开发，当地人主要从事农业生产。从事锡矿开采工作的，主要是来自卡诺、扎里亚、包奇甚至是来自于博尔诺和乍得盆地的豪萨人。1911 年，乔斯地区的科研公司雇用了 3.5 万名搬运工。② 第一次世界大战期间，1914 年，日结工资劳工的每月平均人数为 17883 人，1920 年为 22976 人，1928 年为 39959 人。第二次世界大战期间，1943 年最高峰时期为 74768 人。③

随着锡矿开发的逐步推进，欧洲人、黎巴嫩人、印度人、乍得人以及尼日利亚的豪萨富拉尼人、约鲁巴人、伊博人、努佩人涌入乔斯。1927 年，连接乔斯市与哈科特港的东线铁路修通后，大量的伊博人开始进入乔斯地区，从事各种与矿业开发有关的工作。

欧洲人多为矿业主、管理人员和机械设备操作人员。在乔斯从事锡矿开发的当地工人，有从事体力劳动的无技术工人和需要掌握一定技能的技术工人。无技术工人主要从事开挖、装卸、运送等不需要技术的工作，他们主要是豪萨富拉尼人和当地的土著如阿菲泽瑞族（Afuzare）、比隆人（Birom）、安纳古塔人（Anaguta）和如库巴人（Rukuba）。技术工人包括装配工、电工、书记员，多来自约鲁巴人、伊博人和其他尼日利亚人。此外还有来自喀麦隆、乍得、塞拉利昂等英国殖民地的劳工。

1920 年，乔斯市的有记录人口为 8000 人。1921—1930 年，乔斯市的人口增加至 1.1 万人。④ 1930 年后，印度人和黎巴嫩人也进入乔斯市。1933 年，高原省有 53.3 万名非洲人和 308 名欧洲人。大量外来人员的涌入，推进了乔斯市的城市化发展。1945 年，第二次世界大战结束后，乔斯市的人口继续增加。这些人主要是贸易商、运输商和中间商。1952 年，尼日利亚的人口统计显示，乔斯市 44% 的人口为外来人口。从表 5 中的

① C. K. Gonyok, "The City of Jos", in Garba Ashiwaju ed., *Cities of the Savannah* (*A History of Some Towns and Cities of the Nigerian Savannah*), Nigeria Magazine, 1980, p. 86.

② J. J. Grace, "Tin Mining on the Plateau before 1902", in Elizabeth Isichei ed., *Studies in the History of Plateau State Nigeria*, London: The Macmillan Press LTD, 1982, p. 187.

③ W. M. Freund, "Labour Migration to the Northern Nigerian Tin Mines, 1903 – 1945", *The Journal of African History*, Vol. 22, No. 1 (1981), p. 76.

④ C. K. Gonyok, "The City of Jos", in Garba Ashiwaju ed., *Cities of the Savannah* (*A History of Some Towns and Cities of the Nigerian Savannah*), Nigeria Magazine, 1980, p. 85.

人口统计数据看，伊博人成为乔斯地区人口最多的族群。而且有研究表明伊博人还掌控了乔斯市的公、私经济。

表5　1952年乔斯市人口统计

部族	人口数量（人）	所占比例（%）
伊博人（Igbo）	3794	53.8
约鲁巴人（Yoruba）	835	11.8
豪萨人（Hausa）	436	6.2
富拉尼人（Fulani）	164	2.3
伊比比奥人（Ibibio）	144	2.2
埃多人（Edo）	128	1.8
比隆人（Birom）	125	1.8
提夫人（Tiv）	44	0.6
努佩人（Nupe）	27	0.4
卡努里人（Kanuri）	23	0.3
其他尼日利亚人	1136	16
非尼日利亚人	214	3.0
合计	7010	100

资料来源：Mark Anikpo，"Ethnic Identity in Historical Perspective：The Case of Igbo Migrants in Jos，Nigeria"，*The Cambridge Journal of Anthropology*，Vol. 5，No. 2（1979），pp. 23 - 24。

大量的外来人口涌入还对当地的性别比例产生影响。乔斯地区的男女比例为1094 : 1000，而乔斯市的男女比例为1777 : 1000。[1] 1956年，尼日利亚有60600人从事采矿业，其中60200是非洲人。[2] 在1960年，尼日利亚独立前夕，居住在乔斯市的欧洲人数仅次于在拉各斯的人数。[3]

第三，尼日利亚的锡矿开发促进了当地的基础设施建设。首先，锡矿运输促进了交通设施的建设。在锡矿开发初期，由于地势陡峭无法使用牲畜运输矿石，需要使用人力将锡矿石从锡矿开采地，搬运至最近的可以使用船舶运输的地点——贝努埃河畔的洛科（Loko），两地距离约为

---

[1]　B. W. Hodder，"Tin Mining on the Jos Plateau of Nigeria"，*Economic Geography*，Vol. 35，No. 2（Apr.，1959），p. 120.

[2]　M. G. 罗津：《非洲矿产地理》，苏世荣、卢登仕译，商务印书馆，1959，第95页。

[3]　C. K. Gonyok，"The City of Jos"，in Garba Ashiwaju ed.，*Cities of the Savannah*（*A History of Some Towns and Cities of the Nigerian Savannah*），Nigeria Magazine，1980，p. 84.

240 公里，再用船运输至福卡多斯（Forcados），最终运输至利物浦（Liverpool）。锡矿搬运工平均每人负重约 30 公斤，每天仅能够行进 24 公里，运输成本高达每吨 29 英镑。[①] 伴随着锡矿开发，从乔斯市通往周边城市的公路先后修通。为了加强对尼日利亚北部地区的控制，寻求当地农产品、矿产品的出口商机，获取超额利润，英国殖民政府决定修建拉各斯至卡诺的铁路。1911 年，拉各斯至卡诺的西线铁路修通。1915 年，为了提高锡矿运输速度和降低运送成本，扎里亚（Zaria）至布库鲁的包奇轻型铁路支线修通。1927 年，卡凡产（Kafanchan）至乔斯的铁路修通，使得乔斯可以通过东线铁路直通哈科特港（Port Harcourt），铁路运输费用从 11 英镑每吨下降至 8 英镑每吨。[②] 铁路的修通，不仅大大降低了锡矿石运输成本，促进了锡矿石的出口，也为引进工程机械设备进行大规模开采提供了便利，使得锡矿的开采量也大大增加。此外，随着公路、铁路的修建，乔斯市成为连接尼日利亚南北城市的重要节点。其次，锡矿洗选需要大量用水，为了满足锡矿开发的用水需求，解决旱季用水问题，各个矿业公司还修建水坝蓄水，并修建水渠将水引到锡矿开采点。1919 年，纳拉古塔矿点为了解决旱季用水问题，修建了一条约 14 公里的水渠。[③] 最后，为了满足锡矿开发对电力的需要，英国矿业公司还利用乔斯高原的水力优势，修建了沃尔（Kwall）和库拉（Kurra）[④] 两个水电站。1950 年，因为旱季缺水无法发电，矿业公司曾经被迫关闭所有使用电力生产的机械设备很长时间。[⑤]

第四，为了提高锡矿产量和生产效率，各个公司从国外引进了先进的开采设备和技术。尼日利亚早期的锡矿开发手段极其原始，主要采用人工开挖矿石，通过在河水中进行手工洗选方式获得锡矿石，然后将锡

[①]　J. D. Falconer, "Nigerian Tin: Its Occurrence and Origin", *Economic Geology*, Vol. 7, 1912, p. 543; B. W. Hodder, "Tin Mining on the Jos Plateau of Nigeria", *Economic Geography*, Vol. 35, No. 2 (Apr., 1959), p. 110.

[②]　B. W. Hodder, "Tin Mining on the Jos Plateau of Nigeria", *Economic Geography*, Vol. 35, No. 2 (Apr., 1959), p. 110.

[③]　Bridge, Tomas Fredriksen, "'Order Out of Chaos': Resources, Hazards and the Production of a Tin-Mining Economy in Northern Nigeria in the Early Twentieth Century", *Environment and History*, Vol. 18, 2012, p. 383.

[④]　库拉水电站一直运转至今。2009 年，笔者在尼日利亚乔斯大学留学期间，曾参观过仍然在运转发电的库拉水电站。

[⑤]　B. W. Hodder, "Tin Mining on the Jos Plateau of Nigeria", *Economic Geography*, Vol. 35, No. 2 (Apr., 1959), p. 110.

矿石装袋后，使用人力搬运至洛科港。西方公司接管尼日利亚锡矿开发后，为了提高锡矿产量和生产效率，各个公司纷纷引进各种先进的铲式挖掘机、液压举升设备、牵引索斗铲、抽沙泵等设备，并且还引进了电力驱动设备。汽车也被引进至尼日利亚，用于在火车站和矿山之间运输锡矿石、设备和补给，以及作为矿山工程人员和管理人员交通工具。[①]

第五，锡矿开发推进了乔斯市的城市化发展进程。由于乔斯高原的气候凉爽，适宜居住，在矿业开发过程中，乔斯市人口数量伴随着锡矿开发不断增长，乔斯由一个普通的小乡村发展为尼日利亚中部地区的一个重要城市。乔斯位于最初的锡矿开发营地纳拉古塔（Naraguta）以南5公里处。在早期锡矿开发时期，乔斯是作为矿业工人的商业中心进行建设的。在 1904 年罗斯上校的记叙中，乔斯还仅仅是一个阿菲泽瑞人（Afuzare）居住的小村落，这个村被称为乔西（Gwosh）。后因为豪萨人进入该地区，由于豪萨语错误的发音，该地区才被称为乔斯（Jos）。[②]

为了向英国投资者、贸易商、矿工提供相关生活配套所需物资，皇家尼日尔公司将乔斯市的图登瓦达（Tudun Wada）设立为商业总部和金融总部。当时，在引入英国货币后，皇家尼日尔公司在乔斯的金融部门，还承担了该地区的银行货币流通功能。随后又在乔斯市开设提供各种矿工所需物品的商店。1917 年，英属西非银行（The Bank of British West Africa）和巴克莱银行（Barclays Bank）两家银行在乔斯市开业。

乔斯市由一个小村庄，转变为英国殖民者在乔斯高原的管理中心和矿业城市。[③] 随后，乔斯市成为尼日利亚北区殖民地高原省的首府，以及现今的高原州首府。

四 英国殖民时期尼日利亚锡矿开发产生的负面影响

尼日利亚锡矿的大规模开发所产生的负面影响也是极其巨大的，主

---

① Godfrey Fell, "The Tin Mining Industry in Nigeria", *Journal of the Royal African Society*, Vol. 38, No. 151 (Apr., 1939), pp. 252 – 257.

② C. K. Gonyok, "The City of Jos", in Garba Ashiwaju ed., *Cities of the Savannah (A History of Some Towns and Cities of the Nigerian Savannah)*, Nigeria Magazine, 1980, p. 84.

③ Jos, "Encyclopedia Britannica", https://www.britannica.com/place/Jos, 最后访问日期: 2017 年 11 月 1 日。

要负面影响包括：英国殖民统治者大量掠夺尼日利亚锡矿资源、英国公司全面接管锡矿开发是以完全摧毁当地锡矿工业为代价的、英国殖民者在锡矿开发过程中残酷压榨当地劳工和使用强制劳工、改变了尼日利亚传统社会结构、因锡矿开发导致各种环境污染问题等。

第一，英国殖民统治者通过对尼日利亚锡矿的大规模开发，进行经济掠夺。英国大力开发西非的矿产资源，这些资源不仅解决了英国的原料缺乏，还使英国垄断资本获取了高额利润。[①] 英国殖民政府通过向锡矿公司收取资源税、铁路运输费以及向矿工收取人头税获得巨额利益。为了获取锡矿资源，西方的巨额资本涌入尼日利亚。尼日利亚出产的锡矿石绝大部分出口至英国。拥有丰富锡矿资源的尼日利亚被迫出口锡矿石，再高价输入锡制品。

第二，随着英国矿业公司的涌入，尼日利亚本土锡矿工业被摧毁。为了攫取更大的利润，英国殖民政府完全忽视尼日利亚当地锡矿从业者的利益。大量英国公司涌入后，为了确保英国公司的利益，英国殖民政府首先通过各种手段压制当地人经营的锡矿冶炼工业。1908 年，英国殖民当局通知里鲁恩德尔马的锡矿从业者，他们不能继续在矿业公司拥有开发权的区域开采锡矿。1909 年，皇家尼日尔公司决定停止锡矿冶炼，仅运送锡矿石至英国。

1911 年，绝大部分里鲁恩德尔马的锡矿从业者沦为锡矿公司的分成劳工[②]，他们出售给锡矿公司的矿石价格通常低于市价价格。随后，英国殖民当局以每年支付 40 英镑的补偿标准，强制要求关闭能够每年产生 450 英镑的由当地人经营的锡矿冶炼炉。[③] 直至 1961 年，所有出口运送至英国的尼日利亚锡矿石均未经冶炼。[④]

第三，尼日利亚的锡矿开发是伴随着英国殖民统治者的残酷压榨进行的。

首先，是英国矿业开发公司使用武力确保锡矿开发顺利进行。皇家

---

① 庆学先、罗春花：《西非三国 尼日利亚、冈比亚、塞拉利昂 对抗与和解的悖论》，四川人民出版社，2006，第 136 页。

② 分成劳工，英文原文单词为 tributor，这些劳工受雇于锡矿公司，为锡矿公司开采锡矿，锡矿公司以少量锡矿矿石作为报酬。

③ J. J. Grace, "Tin Mining on the Plateau before 1902", in Elizabeth Isichei ed., *Studies in the History of Plateau State Nigeria*, London: The Macmillan Press LTD, 1982, p.185.

④ Bill Frend, *Capital and Labour in the Nigerian Tin Mines*, Longman Group Limited, 1981, p.39.

尼日尔公司为罗斯派遣了一支拥有 25 名士兵的约鲁巴队伍，以确保矿产勘探和锡矿开采的安全。在使用武力征服乔斯高原的过程中，罗斯扮演了一个极为重要的角色。① 罗斯经常对当地土著使用武力。在其本人的记叙中写道，"有机关枪和上百只来复枪的支持，可以让一切问题得到解决"。② 罗斯被他的欧洲同僚称为"乔斯高原的无冕之王"。为了确保锡矿运输路线的安全，英国殖民统治者采取了残酷的手段。1905 年，如库巴部落成员就因为袭击运输队而受到残酷惩罚。③ 居住在乔斯高原的民众对白人和他们所携带的武器极为恐惧。

其次，为了获取锡矿资源，英国矿业主对当地土著进行了残酷的压榨。英国矿业公司因为锡矿开发修路，毁坏当地民众种植的农作物的情况时有发生，但给予补偿却极少。1912 年，一位矿业公司的勘探队员在阿沃科（Awilco）的艾贡镇（Eggon Town）被杀后，殖民当局进行了残酷的报复，有 45 个当地人被处死，房屋被摧毁，牲畜被抢走，并掳走 1000 捆谷物作为罚金。④ 在矿业开发过程中，矿业公司支付给矿工的工资极低。1914 年，矿工的平均工资仅为每天 9 便士。⑤ 乔斯高原气候凉爽，许多来自热带地区的矿工因为穿着较少而罹患支气管疾病；锡矿开采营地恶劣的居住环境极其容易传播疾病。1922 年，杰玛锡矿公司（Jemaa Tin Mines）的矿工死亡率高达 285 人每千人，即便这些矿工都正值青壮年。⑥

最后，为满足战争对锡矿的需求和解决锡矿工人短缺的问题，第二次世界大战期间，英国殖民当局使用了数量庞大的强制劳工（见表 6、表

---

① J. J. Grace, "Tin Mining on the Plateau before 1902", in Elizabeth Isichei ed. , *Studies in the History of Plateau State Nigeria*, London: The Macmillan Press LTD, 1982, p. 184; J. H. Morrison, "Early Tin Production and Nigerian Labour on the Jos Plateau 1906 – 1921", *Canadian Journal of African Studies*, Vol. 11, No. 2 (1977), p. 210.

② Laws, "Nigerian Tin Mining Expedition", From Bridge and Tomas Fredriksen, " 'Order out of Chaos': Resources, Hazards and the Production of a Tin-Mining Economy in Northern Nigeria in the Early Twentieth Century", *Environment and History*, Vol. 18, 2012, pp. 367 – 394

③ B. W. Hodder, "Tin Mining on the Jos Plateau of Nigeria", *Economic Geography*, Vol. 35, No. 2 (Apr. , 1959), p. 109.

④ Elizabeth Isichei, "Colonialism Resisted", in Elizabeth Isichei ed. , *Studies in the History of Plateau State Nigeria*, London: The Macmillan Press LTD, 1982, p. 215.

⑤ J. J. Grace, "Tin Mining on the Plateau before 1902", in Elizabeth Isichei ed. , *Studies in the History of Plateau State Nigeria*, London: The Macmillan Press LTD, 1982, p. 187.

⑥ Elizabeth Isichei, "Changes and Continuities 1906 – 39", in Elizabeth Isichei ed. , *Studies in the History of Plateau State Nigeria*, London: The Macmillan Press LTD, 1982, p. 269.

7）。自 1942 年 2 月，英国殖民当局向各地方政府下达强征劳工配额，要求劳工强征服役至少 4 个月。为了完成任务，各个地方机构成立相应的机制以确保完成劳工征募任务，索科托的苏丹（Sudan）和其他埃米尔（Emir）专门派出劳工代表进驻乔斯，以便于定期报告征募情况和强制劳工的工作情况。据相关保守估计，在第二次世界大战期间，尼日利亚锡矿开发使用的强制劳工总人数高达 20 万人。①

表 6 1941—1943 年各月锡矿劳工数量

单位：人

	1941 年	1942 年	1943 年
一月	50753	53054	79539
二月	53405	56186	80358
三月	52453	57408	77709
四月	44690	53015	71302
五月	38471	44835	61528
六月	39295	45778	59453
七月	41357	46095	63125
八月	43403	55430	65015
九月	44406	55430	67617
十月	49054	62609	72685
十一月	49080	64942	65669
十二月	48206	70802	79038

资料来源：A. E. Ekoko, "Conscript Labour and Tin Mining in Nigeria during the Second World War," *Journal of the Historical Society of Nigeria*, Vol. 11, No. 3/4 (Dec. 1982 – June 1983), p. 73。

表 7 1942 年 9 月至 1943 年 12 月强制劳工数量

省份	强制劳工数量（人）
包奇（Bauchi）	13500
贝努埃（Benue）	16000
博尔诺（Bornu）	8000
卡诺（Kano）	2000
卡齐纳（Kassina）	8500

---

① A. E. Ekoko, "Conscript Labour and Tin Mining in Nigeria during the Second World War", *Journal of the Historical Society of Nigeria*, Vol. 11, No. 3/4 (Dec. 1982 – June 1983), p. 71.

续表

省份	强制劳工数量（人）
尼日尔（Niger）	4500
索科托（Sokoto）	13500
扎里亚（Zaria）	15000

资料来源：A. E. Ekoko, "Conscript Labour and Tin Mining in Nigeria during the Second World War," *Journal of the Historical Society of Nigeria*, Vol. 11, No. 3/4 (Dec. , 1982 – June 1983), p. 74。

第四，英国殖民统治者主导的锡矿开采摧毁了尼日利亚的传统社会结构，为后来乔斯地区屡次爆发的民族宗教冲突埋下伏笔。[1]

英国殖民入侵后，采取"间接统治"方式，尼日利亚各部族酋长的权力受制于殖民当局，尼传统社会结构受到破坏。为了解决劳动力短缺问题，英国殖民统治者引入的要求使用现金缴纳人头税的直接征税制安排，使得大批民众为了挣钱缴税，被迫到矿山出卖劳动力。传统的大家族分离为小家庭。伴随着锡矿开发，大量植被砍伐，野生动物数量减少，从事打猎的猎人沦为矿工。传统农民，或是被迫从事经济作物种植，或是沦为季节工人。

为了便于管理，矿业公司使用当地工头负责管理土著劳工。因为工作安排、管理问题，来自不同地区不同部族的劳工不时发生冲突。大批外来人员的涌入，不仅出现了信仰伊斯兰教的豪萨富拉尼人和信仰原始宗教的乔斯土著居民之间的冲突，在1945年，还出现了信仰伊斯兰教的豪萨富拉尼人与信仰基督教的伊博人为了争夺工作和贸易机会而爆发的冲突。[2]

此外，大量涌入的外来人员也经常因争夺水、耕地、住房、教育机会等资源而爆发冲突。

第五，英国殖民时期对尼日利亚锡矿的掠夺性开发，对当地的环境产生了巨大的影响，如耕地破坏、水土流失以及锡矿开采后产生的放射性污染等。

因为锡矿开发需要将表土剥离，导致大量可耕作土地被破坏。为了便于开采锡矿，大量的植被遭到砍伐，矿业公司在洗选锡矿石时，土壤

---

[1] 国内关于21世纪乔斯冲突的研究成果，可参阅史静、周海金《尼日利亚乔斯地区宗教与族群冲突探析》，《国际论坛》2014年第4期，第73—78页。

[2] Leonard Plotnicov, "An Early Nigerian Civil Disturbance：The 1945 Hausa-Ibo Riot in Jos", *The Journal of Modern African Studies*, Vol. 9, No. 2 (Aug. , 1971), pp. 297 – 305.

被冲走，引起水土流失。尼日利亚锡矿开采过程中被遗弃的尾矿具有放射性，当地民众利用这些尾矿材料建盖房屋，造成的放射性污染，至今仍然是一个重大的卫生安全隐患。[①]

五 结语

由英国殖民统治者主导的尼日利亚锡矿开发，所产生的社会、经济影响极其深远。对英国殖民时期尼日利亚的锡矿生产的社会、经济影响的进行考查，必须对其所处历史时代有清醒的认识。在第一次世界大战之前，为了攫取高额利润，满足英国原料缺口，英国垄断资本大量涌入尼日利亚。英国殖民统治者所获得的超额利润，是以掠夺尼日利亚的矿产资源、压制当地的传统锡矿工业、摧毁尼日利亚的传统社会结构、加剧尼日利亚民众间的矛盾和冲突、破坏当地的自然生态环境为代价的。同时，第二次世界大战期间，日本占领马来西亚，刺激了尼日利亚的锡矿石生产。所以，尼日利亚锡矿生产为了同盟国获取战略资源战胜轴心国作出了相应的贡献。第二次世界大战期间，尼日利亚的锡矿生产是依靠强迫劳动和对锡矿的过度开采得来的。第二次世界大战结束后，由于进行深部锡矿采矿成本高企，国际市场供大于求，西方资本大量退出，尼日利亚的锡矿生产逐渐萎缩。

不能否认的是，尼日利亚的锡矿开发，在一定程度上促进了当地的经济发展，锡矿开发创造的工作机会推进了当地人员和外来人口的增加，促进了当地的基础设施建设，此外锡矿开发还引进了先进的生产技术和设备，推动了乔斯市的城市化进程。

【责任编辑】王严

---

① Abiodun Raufu, "Nigeria: Tin Mining Wrecking Beautiful Jos", *African Business*, No. 5 (1999), p. 40; Ibeanu IGGavin, "Tin Mining and Processing in Nigeria: Cause for Concern?", *Journal of Environmental Radioactivity*, Vol. 64, No. 1 (2003), pp. 59 – 66; Jiya Solomon Ndace and Musa Haruna Danladi, "Impacts of Derived Tin Mining Activities on Landuse/Landcover in Bukuru, Plateau State, Nigeria", *Journal of Sustainable Development*, Vol. 5, No. 5 (2012), pp. 90 – 100.

非洲研究 2021 年第 1 卷（总第 17 卷）
第 101 – 114 页
SSAP ©, 2021

塞内加尔青年就业：现状、成因及应对

崔 璨

【内容提要】 青年就业率及就业质量是社会发展的重要衡量指标。塞内加尔在非洲国家中政局较为稳定、发展态势良好、年轻人口多，但仍面临着较为突出的就业问题。该国青年就业问题对非洲而言具有典型性、代表性意义。塞内加尔的青年就业问题主要体现在就业机会不均等（地域、年龄、性别）、供需结构不平衡、求职渠道单一及就业不足现象严重。为此，塞内加尔政府采取了增设政府就业机构、加大就业扶持政策力度、设立就业支持专项基金、加强就业国际合作及有针对性地支持妇女就业等多种举措。这些政策均取得了阶段性成果，但该国青年就业仍困难重重，面临着进一步提高政府公信力及工作效率、提高青年就业质量、拓展国际合作等挑战。

【关键词】 塞内加尔；青年就业；就业不足；非正规就业

【作者简介】 崔璨，国际关系学院外语学院讲师，博士，主要研究方向为跨文化适应和中非文化教育（北京，100000）。

1999—2019 年，全球年轻人的劳动就业率持续下降。尽管全球青年人口从 10 亿增加到 13 亿，从事劳动的年轻人总数（从业人员或失业者）却从 5.68 亿降至 4.97 亿，[①] 青年就业问题已成为人类面临的共同挑战。青年就业问题在非洲尤为严重。据非洲发展银行统计，非洲 15—35 岁近

---

① International Labor Organization, "Global Employment Trends for Youth 2020", *International Labor Organization*, 2020, https://www.ilo.org/wcmsp5/groups/public/—dgreports/—dco-mm/—publ/documents/publication/wcms_737648.pdf. Accessed 2021 – 10 – 28.

4.2 亿的青年人口中，30% 处于失业状态，30% 的青年劳动者面临着恶劣的工作环境，只有 1/6 的青年劳动力拥有一份带薪工作。[1]

　　青年是社会的希望与未来，青年的生存发展状况是衡量就业状况与经济发展质量、家庭生活水平的重要指标，与非洲社会发展紧密相连。年轻人工作不稳定，会导致家族贫困的代际循环。根据世界银行 2011 年的调研，在参与反政府活动的青年中，40% 的人认为失业是其做出决定的重要推动因素。[2] 可见，就业问题不仅事关青年个人的发展，也影响着家庭生活质量乃至社会的稳定和发展。

　　2018 年，塞内加尔国内生产总值同比增长近 7%，而就业岗位供给却并没有得到相应的增加。[3] 对具有典型性、代表性的塞内加尔青年就业现状及对策进行系统性和专门性的研究，具有重要的现实价值。2019 年，塞内加尔约 1.6 亿的人口中 15 岁及以下的人口约占 40%[4]，65 岁及以上的人群仅占国家人口的极小比例。[5] 每年约有 30 万青年进入劳动力市场。[6] 如此庞大的青年人口对塞内加尔教育系统和劳动力市场构成了巨大压力。了解并满足青年对就业的需求对塞内加尔的长远发展具有重要意义。

一　塞内加尔青年就业现状

　　根据世界银行的统计，2019 年塞内加尔青年失业率为 7.66%，而同

① African Development Bank Group, "Jobs for Youth in Africa", African Development Bank Group, 2016, https://afdb-org. kr/wp-content/uploads/2018/02/Bottom_3_English. pdfAccessed 2021 - 02 - 03. Accessed 2021 - 10 - 28.

② Kingsley Ighobor, "Jeunesse africaine: bombe à retardement ou opportunité à saisir?", Jeuneafrique, March, 2013, https://www. un. org/africarenewal/fr/magazine/mai - 2013/jeunesse-africaine-bombe - % C3% A0 - retardement-ou-opportunit% C3% A9 - % C3% A0 - saisir. Accessed 2021 - 10 - 28.

③ Joshua Meribole, "Fighting Youth Unemployment in Senegal", Borgenprojet, Mai 28, 2020, https://borgenproject. org/youth-unemployment-in-senegal/. Accessed 2021 - 10 - 29.

④ Joshua Meribole, "Fighting Youth Unemployment in Senegal", Borgenprojet, Mai 28, 2020, https://borgenproject. org/youth-unemployment-in-senegal/. Accessed 2021 - 10 - 29.

⑤ Centre de Recherche pour le Développement International, "Evaluation d'impact des programme de promotion de l'emploi des jeunes au sénégal: cas de la convention nationale état-employeurs", 2019, p. Vi.

⑥ Joshua Meribole, "Fighting Youth Unemployment in Senegal", Borgenprojet, Mai 28, 2020, https://borgenproject. org/youth-unemployment-in-senegal/. Accessed 2021 - 10 - 29.

期世界青年平均失业率为 15.285%。① 虽从数据上看，塞内加尔青年就业
状况在世界范围内处于较好水平，但是仍然存在诸多问题与挑战。2013
年第 19 届国际劳工统计大会对就业（employment）及失业（unemploy-
ment）的定义进行了修订。② 此次会议定义，失业须包含三个要素：没有
工作、拥有工作能力以及正在积极求职过程中，只有同时满足这三个标
准的人才会被列为失业人员。③ 根据国际劳工组织对失业的定义，如果一
个人没有工作需要的竞争力或并没有在积极地寻找工作机会，那么他则
无法被视为失业人员，也就不存在于失业率的统计之中。因此，塞内加
尔没有工作的实际人数超过其失业人数，其青年失业率相关数据也无法
反映出塞内加尔青年的真实就业情况。总体而言，塞内加尔青年就业现
状主要呈现如下四个特征。

首先，塞内加尔青年就业问题呈现出明显的不平衡现象。该现象首
先体现在地区分布上。城镇地区［如达喀尔（Dakar）、久尔贝勒（Diour-
bel）和圣路易（Saint-Louis）等大区］的青年失业率明显高于农村地区
［如科尔达（Kolda）、卡夫林（Kaffrine）和凯杜古（Kédougou）大区］，④
前者的平均失业概率是后者的两倍。⑤ 以失业的青年男性为例，75% 的失
业青年男性都生活在城镇地区，且超过半数都生活在达喀尔大区，只有
不到 1% 的青年失业男性生活在凯杜古、卡夫林等农村地区。⑥ 这些数据
反映出，塞内加尔政府在城市化进程中创造的就业机会相对不足。

不平衡现象还体现在年龄及性别上。塞内加尔总人口失业率中，低
年龄段青年（15—24 岁）失业率普遍高于高年龄段青年（25—34 岁），
15—24 岁年龄段失业率最高，这可能是由于低年龄段青年经验更为不足。

① World Bank, "Unemployment, Youth Total (% of total labor force ages 15 – 24) (modeled ILO estimate)", World Bank, June 15, 2021, https://data. worldbank. org/indicator/SL. UEM. 1524. ZS. Accessed 2021 – 10 – 29.
② World Bank, "Who Is Employed? Evidence from Sub-Saharan Africa on Redefining Employment", World Bank, 2020, https://openknowledge. worldbank. org/bitstream/handle/10986/34418/Who-Is-Employed-Evidence-from-Sub-Saharan-Africa-on-Redefining-Employment. pdf? sequence = 1&isAllowed = y. Accessed 2021 – 10 – 29.
③ International Labor Office, "19th International Conference of Labor Statisticians", 2013, p. 7.
④ République du Sénégal, "Diagnostic sur l'emploi des jeunes au sénégal", 2014, p. 70.
⑤ République du Sénégal, "Diagnostic sur l'emploi des jeunes au sénégal", 2014, p. 70.
⑥ République du Sénégal, "Diagnostic sur l'emploi des jeunes au sénégal", 2014, p. 66.

　　从性别上看，根据世界银行的数据统计（见图 1），塞内加尔男性失业率长期普遍低于女性。在经济发展水平较低的大区，女性失业现象更是明显严重于男性，长期失业人员中女性均占多数，如久尔贝勒（61.6%）、卢加（Louga，59.6%）、马塔姆（Matam，58.7%）、考拉克（Kaolack，57.6%）、卡夫林（56.0%）及捷斯（Thiès，54.6%）等大区。① 此外，男性失业的时间通常也短于女性。2011 年，男性的失业状态平均会持续 17 个月，而女性的失业时间则通常持续 20 个月及以上。② 性别不平等还体现在薪资上。2018 年，男性平均月薪为 96000 西非法郎，相当于 150 欧元每月。而同期女性月薪仅占男性工资的 40%。③

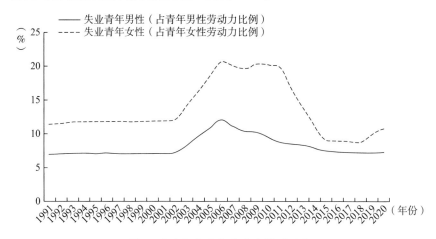

图 1　塞内加尔青年失业率性别对比

资料来源：根据世界银行数据库整理而得，见 https://data.worldbank.org/indicator/SL. UEM. 1524. FE. ZS？locations = SN。

　　其次，塞内加尔青年就业现状体现出的第二个特征是不正规就业现象明显。国际劳工组织将就业分为正规就业和非正规就业。非正规就业包含两种情况，如果一个人在一家没有注册过的公司上班，或者这个公司的员工数量小于 5 人，包括农业工作以及非农业自雇工作，这个人

① World Bank，"Unemployment, Female（% of total labor force）"，2020，https://data.worldbank.org/indicator/SL. UEM. 1524. FE. ZS？locations = SN，Accessed 2021 – 11 – 15.

② République du Sénégal，"Diagnostic sur l'emploi des jeunes au sénégal"，2014，p. 70.

③ Glen Kerneis，Samuel Monteiro and Anthony Robert，"Impact Assessment of Formal Employment in Senegal"，August 2018，p. 3，https://www.ietp.com/sites/default/files/Impact-Assessment-Formal-Employment-Senegal-Summary. pdf.

即被视为非正规就业人员。[1] 塞内加尔非正规就业主要来自私营部门。受制于经济发展的相对落后，塞内加尔就业岗位的供给较为有限，且大部分工作均来自私营企业。2017 年塞内加尔私营部门中 97.3% 的岗位属于非正规就业。[2] 虽然正规就业主要集中在公共部门，但也只占 33.2%，这意味着即使是公共部门也有近 67% 的工作属于非正规就业。[3] 部分在塞国际组织会提供一些正式岗位，但其数量有限，仅有极少数的年轻人有机会获得该类工作。

非正规就业虽然可以解决塞内加尔青年暂时性的工作问题，但是对该群体的职业发展具有严重的负面影响。从事非正规就业的劳动者和雇佣单位之间的雇佣关系在法律意义上或实际意义上并不受一国劳动法规、税收制度、社会保障体系及员工保障体系（如遣散费、带薪年假等）的制约。该类职位稳定性相对较差，远无法满足青年的需求。以达喀尔为例，该城市 41% 的非正规就业从业者的工资均低于当地最低工资标准，而正规就业市场中该比例仅为 2%。[4]

据调查，当青年劳动者进入非正规劳动力市场后，他们面临着诸多困难，包括就业需求无法被满足（30.5%）、缺少适合的办公场所（25.1%）、税收过高（16.3%）、金融借贷困难（15.1%）、原材料供给不足（14.6%）、硬件设施缺乏（10.9%）、交通成本过高（10.6%）、水电等使用成本过高（9.4%）、缺少政府支持（6.6%）以及劳动力成本过高、行政手续烦琐、腐败等一系列问题。[5] 其中与经济成本相关的因素占较大比重。调研结果显示非正规就业领域的企业在面临经济困难时通

---

[1] Louise Fox, Lemma W. Senbet and Witness Simbanegavi, "Youth Employment in Sub-Saharan Africa: Challenges, Constraints and Opportunities", *Journal of African Economies*, Vol. 25, AERC Supplement 1, 2016, p. 9.

[2] Agence Nationale de la Statistique et de la Démographie, "Enquête Régionale Intégrée sur l'Emploi et le Secteur Informel", 2017, p. 57.

[3] Agence Nationale de la Statistique et de la Démographie, "Enquête Régionale Intégrée sur l'Emploi et le Secteur Informel", 2017, p. 57.

[4] Glen Kerneis, Samuel Monteiro and Anthony Robert, "Impact Assessment of Formal Employment in Senegal", August 2018, p. 4, https://www.ietp.com/sites/default/files/Impact-Assessment-Formal-Employment-Senegal-Summary.pdf.

[5] International Labour Organization, "Diagnostic de l'economie informelle au Senegal", 2020, p. 17.

常会选择向家人与朋友求助，而小额借贷是他们的第二选择（24%），并且商业银行的作用较小（5.2%）。[①] 这主要是由于劳动者对金融信息的获取存在难度、手续较为烦琐、服务费用较高且对未来没有足够的信心。如果政府对该国的非正规就业情况缺乏掌握，那么该国则有可能低估国家的国民生产总值，也无法对劳动工作者提供全面的保护。

再次，失业并不是塞内加尔青年面临的唯一问题，该群体还面临着非常严重的就业不足问题。就业不足指劳动力群体与就业岗位需求之间的错位，即劳动力需求无法被满足。该现象主要包括三种情况：失业（unemployment）、工作时间不足（time-related underemployment）以及潜在劳动力（potential labor force）。[②] 工作时间不足的情况特指那些已经在工作岗位上的人对于目前的工作时长不满意，且有意愿和能力去承担更多的工作，但是受当地经济发展的限制，没有这样的机会。潜在劳动力群体分为两种情况：虽然有能力去工作但是并没有意愿去求职的（available non-seekers）以及那些虽然有意愿去工作但因受各类条件的限制而无法积极地去求职或就职的（unavailable job-seekers）。三种情况涉及的人群属于就业不足群体。

从工作时长上看，源自塞内加尔统计局的数据显示，2017年塞内加尔15岁及以上的4915351人中，有1397455人面临就业不足的情况，比例为28.4%。其中15—24岁和25—34岁年龄段的就业不足率分别为40.0%和31.5%，远高于其他年龄段。[③] 塞内加尔大量青年工人每周工作时长远少于他们的期望。如果可以的话，他们完全有条件工作更长时间。

从工作质量上看，35—64岁年龄段的成年人通常情况下更有可能成为中上层管理人员、雇主和自由职业者；而年轻人往往只能从事低技能的非正规工作或具有危险性的工作，如技工、裁缝、工匠、泥瓦匠、学徒等低端、低薪行业。和年长工人相比，塞内加尔青年工人的失业率更高、工作条件更辛苦、收入却要低得多。可以说，不论是在工作时间、薪酬水平还是职业发展空间上，塞内加尔青年就业质量目前仍然无法满

---

① International Labour Organization，"Diagnostic de l'economie informelle au Senegal"，2020，p. 17.

② International Labour Organization，"Diagnostic de l'economie informelle au Senegal"，2020，p. 20.

③ Agence Nationale de la Statistique et de la Démographie，"Enquête Régionale Intégrée sur l'Emploi et le Secteur Informel（ERI-ESI）Sénégal"，2019，p. 244.

足本国年轻群体的需求。

　　需要注意的是，非洲的失业统计数据不包括就业不足情况，如虽然年轻人可以找到工作，却找不到工资足够高或提供足够保障的工作。① 在塞内加尔，即使青年可以找到一份工作，这份工作是否具有职业发展空间、他们是否可以按时获得合理的报酬以及他们的合法权益是否可以受到法律保护均有极大不确定性。塞内加尔青年通常并没有多少选择空间，往往只能妥协。因此，虽然看似塞内加尔青年失业率低于世界平均水平，但因就业不足问题掩盖了塞内加尔（包括一些非洲国家）的部分现实，且青年就业质量远未得到有效保障，因此该数据并无法全面地反映塞内加尔青年就业现状。

　　最后，塞内加尔青年就业领域还呈现出求职渠道分布不均、较为单一的特征。在塞内加尔，就业市场无序、无组织，公共就业服务水平低、服务质量差、形式单一、受信任度低，人们找工作主要依赖个人关系、通过熟人之间人托人的方式。塞内加尔统计局的调查显示，超过一半的年轻人（56%）在找工作时喜欢依靠个人或家庭关系。对人际关系的严重依赖不利于鼓励年轻人努力工作、积极争取发展机会，具有较大的负面影响。另外，有25%的人直接向企业求职，有7%的人选择广告、媒体或互联网等平台，而向公共服务部门寻求帮助的仅占4%，且塞内加尔就业局的参与率很低（1%）。年轻人使用的其他渠道还包括自己寻求资金资助（3%）、自雇（2%）和寻找合作伙伴为项目提供资金等（2%）。② 总的来说，年轻人更倾向于利用个人关系，而对国家相关就业机构（如国家促进青年就业机构和就业办公室）则缺乏了解与信任。

二　塞内加尔青年就业问题的成因

　　塞内加尔青年就业呈现出如上特征是多种因素导致的。

---

① 广义上的失业者指一个工作年龄的人最近一周没有工作，由于客观原因尚未开始寻找下一份提供薪水的工作，但是如果有新机会的话，仍然可以在两周内到岗的人。严格意义上的失业者是指超过最近一周没有工作，已采取措施寻找工作一段时间后，仍然没有找到工作，如果有机会，他们可以在两周内立刻开始工作。

② Agence Nationale de la Statistique et de la Démographie, "Enquête Régionale Intégrée sur l'Emploi et le Secteur Informel (ERI-ESI) Sénégal", 2019, p.244.

首先，塞内加尔经济发展水平尚不理想且较不均衡。塞内加尔工业化程度不高且农业生产效率低下。在塞内加尔就业供给不足的前提下，该国青年的大部分工作机会集中在第一产业且几乎全部是非正规领域。与许多非洲国家一样，塞内加尔经济的支柱之一是农业。以农业为主的第一产业仍然是农村地区为年轻人提供工作的主要方向，也是家庭收入的主要来源。结合地理、经济等因素来看，失业率最高的城市地区的经济发展通常主要由第三产业主导，而在第一产业占主导地位的农村地区，失业率则相对较低。可以说，虽然第三产业在国民生产总值中占有更高比重，但该领域对就业并未做出相应的贡献。[①] 这与第三产业人员流动频繁、第一产业大多为劳动密集型企业有关，也说明塞内加尔存在较为严重的就业供需结构性失衡，第一产业是解决就业问题的主导性产业，而第三产业就业开拓空间和发展潜力较大。

在这种情况下，青年如果在城镇地区或者第二及第三产业无法找到合适的高质量工作，就只能向农村地区及第一产业求助，以满足其基本的生活需求。在经济机会少的地区，年轻人主要在农业相关领域工作，该部门中绝大多数工作是非正规的。这类工作的特点是生产效率低下且报酬较低，职业发展的空间也极为有限。此外，从性别上看，非正规就业市场中女性的比例高于男性，这主要由女性受教育程度普遍低于男性、早婚现象普遍、缺乏经济支持以及家庭责任等因素造成。

其次，社会传统观念制约了塞内加尔青年女性的就业。经济水平较高的地区通常就业机会更多。而对于年轻女性来说，尤其是生活在农村地区的，她们不仅需要和同年龄段男生面临共同的困难，还需要克服家庭责任带来的挑战。塞内加尔统计局的调查显示，2017 年塞内加尔55.3% 的失业妇女认为家庭负担是其失业的主要原因。[②] 由于专业经验不足，大多数年轻妇女的职业选择都局限于非正规领域。[③] 她们中的绝大

---

① Silèye Mbodji, "Nous manquons terriblement d'un secteur industriel qui permettrait à beaucoup de personnes de trouver du travail", Sénéplus, November 11, 2020, https://www.seneplus.com/economie/nous-manquons-terriblement-dun-secteur-industriel-qui-permettrait. Accessed 2021 – 10 – 29.

② Agence Nationale de la Statistique et de la Démographie, "Enquête Régionale Intégrée sur l'Emploi et le Secteur Informel (ERI-ESI) Sénégal", 2019, p. 49.

③ 张秋俭：《女性就业现状与前景——调查、统计与分析》，《社会学研究》1996 年第 4 期，第 16 页。

多数只能从事小额贸易、餐饮、家庭服务等工作。可以说，家庭责任将妇女限制于从事家庭劳动，从而阻碍了这一群体进入劳动力市场。

再次，塞内加尔青年就业不足现象之所以严重，除了缺少足够有质量的就业供给之外，相对落后的教育水平也是重要原因之一。据调查，45.3%的失业青年从来没有接受过正式的学校教育，这一现象在城市地区较为普遍（31%），而在农村地区更为严重（66.5%）。部分地区近80%的失业者都从来没有上过学，如马塔姆（81.4%）、久尔贝勒（79.7%）及卡夫林（79.0%）等地。而对于接受过学校教育的失业青年来说，其受教育程度也呈现出明显的地域差异。塞内加尔接受过学校教育的失业青年的平均入学年限为4.4年，城镇地区为5.9年，而农村地区仅为2.3年。达喀尔地区的状况最好，但是其失业青年的受教育年限也仅有6.2年。[1]

通常来说，劳动者的受教育程度越低就越有可能进入非正规就业市场。整体而言，接受职业技术培训的学生比例并不算多，且地区不平衡现象较为严重：达喀尔、圣路易等较发达地区拥有绝大多数的教育培训机构，而农村地区的职业技术培训机构屈指可数。该领域的发展还需要政府大力及持续的投入。值得注意的事，从事技术岗位的工人不仅需要技术培训，适应性和社会性技能培训也非常重要，这有助于技术工人在国家发展的过程中更好地适应与自我实现。[2] 全球经济的变化需要教育系统不断调整并加强职业培训以满足经济需求。因此，塞内加尔政府需要不断完善技术教育和职业培训，在职业教育中坚持以市场需求为导向，重点培养青年职业技能。

最后，塞内加尔求职渠道的相对封闭意味着塞内加尔政府的公信力及工作效率仍然需要进一步加强。如何提高信息传播的效率，让年轻人更快、更准确地了解国家就业政策及扶助方式等是一个值得思考的问题。根据塞内加尔统计局的调查，83.7%的被调查者表示了解就业局的存在，近58%的年轻人表示会向政府就业相关部门寻求帮助，但只有22%的人

---

① Agence Nationale de la Statistique et de la Démographie, "Enquête Régionale Intégrée sur l'Emploi et le Secteur Informel（ERI-ESI）Sénégal", 2019, p. 51.

② 黎淑秀:《全球青年就业趋势研究——为青年提供优质的就业政策》,《中国青年社会科学》2020年第1期, 第122页。

会与就业顾问进行讨论，且受访者对政府提供的就业计划知之甚少。[①] 这表明：一方面，就业领域内各项计划、项目和部门之间交流过少，以至于影响工作效率；另一方面，也说明政府在对就业相关政策计划进行宣传时尚不够精准、有效，导致年轻人很难从中切实受益。政府就业相关部门也需要进一步提高工作效率。事实上，在为年轻人提供实习或培训后，目前的就业相关公共机构并不会跟进以了解他们的情况，也没有确认该类机构提供的服务是否有助于劳动者融入劳动力市场。为了完善该类计划的落实并提高其效率，塞内加尔政府应建立对受益人的跟踪服务（培训、职业规划、项目资助等）与调研，并以调研结果为依据对就业计划进行不断的调整与完善。

三 塞内加尔政府改善青年就业的主要举措

塞内加尔年轻人就业面临着诸多挑战，而政府有必要在制订与青年相关政策时致力于为青年提供“良好的发展环境和充分的服务，鼓励青年充分参与社会的政治经济生活，鼓励青年对社会做出贡献”。[②] 因此，就业政策的制定必须全面考虑区域、年龄、教育、性别等多种因素，以增强其针对性和实效性。

目前，塞内加尔政府部门中和青年就业有关的部门有四个，分别为：国家职业培训办公室（Office National de Formation Professionnelle）、国家促进青年就业机构（Agence Nationale pour la Promotion de l'Emploi des Jeunes）、国家农业一体化与发展机构（Agence Nationale d'Insertion et de Développement Agricole）以及就业局（La Direction de l'Emploi）。为了解决青年就业问题，塞内加尔政府从政策、经济、教育、国际合作等角度，通过加强职业技术培训项目的针对性、设立职业技术培训专项基金、加强国际就业合作、有针对性地促进妇女就业以及持续完善职业技术教育等方面，采取了多项有益性尝试。

---

① Centre de Recherche pour le Développement International, "Evaluation d'impact des programmes de promotion de l'emploi des jeunes au senegal: cas de la concention nationale etat-employeurs", 2019, p. 14.

② 赵勇：《制定国家青年政策的国际经验》，《中国青年政治学院学报》2000 年第 9 期，第 14 页。

　　第一，加强职业技术培训项目的针对性。职业技术培训的最终目的是解决青年就业问题，为此塞内加尔政府制定了不同形式的政策以帮助年轻人融入就业市场。这些政策包括：提高青年自主创业比例，帮助他们获得更多财务支持及就业信息，并提高其在就业市场上的竞争力等。其中持续影响力最大的为社区农业领域计划（Programme des Domaines Agricoles Communautaires）以及塞内加尔青年创业计划（Programme Sénégalais pour l'Entrepreneuriat des Jeunes）。这两个计划以增强职业技术培训的针对性为主要目的，以促进就业。

　　社区农业领域计划开始于 2014 年，根据 2014 年 4 月 10 日的 2014 - 498 号法令创建，隶属于塞内加尔公共服务和就业部。其目标是通过促进青年和妇女在农业领域的创业精神来促进农村地区的发展。该计划包括开发土地并为劳动者供完备的基础设施，以满足年轻人对农业活动的需求，尤其是养殖生产等经济活动。该计划致力于 2024 年前创造 300000 多个工作岗位并培养 2000 个农业领域的企业家。塞内加尔青年创业计划隶属于高等教育、研究与创新部。自创建以来，该计划已将 20004 名高校毕业生培养成企业家[①]，在塞内加尔优先领域（如农业、运输和物流等）提供培训，并为 20 多家创新公司提供了技术上和经济上的支持。

　　第二，设立职业技术培训专项基金。多个基金的建立为青年就业提供了大力支持，其中最重要的是国家青年促进基金（Le Fonds National de Promotion de la Jeunesse）和职业技术培训资金基金（Fonds de Financement de la Formation Professionnelle et Technique）。国家青年促进基金成立于 2000 年，总额度超过 100 亿美元，用于资助 18—35 岁的年轻人，且无须青年提供担保。该基金在 2000—2012 年，资助了近 2600 个项目，创造了共计 12626 个工作岗位。在世界银行、塞内加尔 - 卢森堡合作社等合作伙伴的支持下，职业技术培训基金以"让每个人都获得培训的机会"为主要目标，以调动必要的资源来资助职业技术培训项目为任务，包括为商务人士、求职者和创业者提供培训，管理资金的分配和使用及帮助公司和职业培训机构制订培训计划。

　　第三，进一步加强国际就业合作。塞内加尔政府与联合国、国际劳

---

① Centre de Recherche pour le Développement International，"Evaluation d'impact des programme de promotion de l'emploi des jeunes au sénégal：cas de la convention nationale état-employeurs"，2019，p. 18.

工组织、非洲联盟委员会（AUC）、联合国非洲经济委员会（ECA）、非洲开发银行（ADB）等国际机构及相关国家开展就业合作。

在非洲内部，非洲联盟委员会在《2063 年议程》框架下为成员国制定了多项青年发展政策和计划，包括《非洲青年宪章》（Charte africaine de la jeunesse）、《青年十年行动计划》（Plan d'action de la Décennie de la jeunesse）及《关于赋予青年权能的马拉博决定》（Décision de Malabo sur l'autonomisation des jeunes），以保护年轻人免受歧视并致力于帮助该群体更好地融入社会生活与职业生活。

在地区外，塞内加尔与伙伴国合作建立了多个职业培训中心，其中包括：塞内加尔 - 日本专业技术培训中心（Centre de Formation Professionnel et Technique Sénégal-Japon）以及塞内加尔 - 印度企业家和技术发展培训中心（Centre d'Entrepreneuriat et de Développement Technique Sénégal-Inde）。塞内加尔 - 日本专业技术培训中心为专业人员提供初级培训和继续培训等服务。该机构主要面向信息技术和网络、自动化、机电、建筑设备维护、重型机械、电气工程、汽车机械和电子机械方面的高级技术人员。根据学生受教育程度不同，一般培训时间为 2—3 年。塞内加尔 - 印度企业家和技术发展培训中心于 2002 年 3 月 23 日开幕，旨在为年龄在 23 岁以下的年轻人提供培训。录取学生必须持有科学或技术方向的学士学位或工业技术人员证书。为了帮助他们成为高级技术人员，该培训中心提供如下课程：地理信息、机械维护、电子、电气工程、制冷和空调、金属结构与土木工程等。此外，由国际劳工组织和卢森堡共同资助的青年就业扶助项目在 2013—2017 年，成功培训了近 4000 名学生，为 6500 名学生提供了就业指导，帮助创立了 298 个公司。①

第四，有针对性地促进妇女就业。值得一提的是塞内加尔政府对年轻女性投入了很多的精力。比如，2017 年塞内加尔总统府创立了快速创业代表团（DER），直接由总统管辖，旨在促进妇女和年轻人的创业精神。该机构给予妇女和青年人一定的经济支持，尤其支持中小型企业。②

---

① International Labor Organization, "Luxembourg ILO Cooperation", International Labor Organization, July, 2019, https://www.ilo.org/wcmsp5/groups/public/—dgreports/—exrel/documents/genericdocument/wcms_181170.pdf, Accessed 2020 – 10 – 21.

② Amadou Oury Diallo, "Sénégal: le chômage, une bombe à désamorcer", Jeuneafrique, Mai 3, 2018, https://www.jeuneafrique.com/mag/560915/societe/senegal-le-chomage-une-bombe-a-desamorcer/, Accessed 2020 – 11 – 15.

2004 年塞内加尔政府设立国家促进女性创业基金（Fonds National de Promotion de l'Entreprenariat Féminin），其任务是促进妇女就业。

塞内加尔有两个专门针对女性的职业教育培训中心，分别是大区女性技术教育中心（Les Centres Régionaux de l'Enseignement Technique Féminin）以及女子技术教育中心（Les Centres d'Enseignement Technique Féminin）。大区女性技术教育中心成立于 20 世纪 70 年代末，目前隶属于职业技术培训部。该中心的任务是为年轻女性提供专业及有质量的培训，以帮助她们适应市场并满足市场的需求。中心下属的培训中心分布在塞内加尔各大区，并提供不同的培训课程。女子技术教育中心成立的主要目的是在年轻女孩遇到怀孕等困难时给予其有力支持以帮助她们重返社会。随着该机构的发展，该机构的目标人群扩展到了有学业困难的男孩，培训领域包括缝纫、餐饮、畜牧业、园艺、管理和信息技术等。所有学员都会在通过毕业考核后获得相关培训课程的证书或者官方证明。

根据达喀尔大学经济管理学院研究团队于 2017—2018 年面向 2755 名青年的调查，大约 53% 的年轻人表示这些就业计划增加了他们找到工作的机会，87% 的被调查者认为这些计划可以帮助他们在求职时进行更好的判断。[①] 结果表明，年轻人总体上对提供给他们的课程抱有积极的看法，并且比较有助于增加获得工作的机会。

第五，持续完善职业技术教育。职业技术教育以技能型人才培养为目标，致力于形成"合作办学求发展、合作育人促就业"的良性互动机制。因此，职业技术教育阶段应"既在纵向建构一个完整的职业教育体系，又在横向架设沟通职业教育与普通教育的桥梁"。[②] 为此，塞内加尔政府提出了四个要求：一是在不同的教育阶段都要提供职业技术教育；二是高等职业技术师范学院应该配合职业技术教育并进行相应的调整；三是将私立机构的职业教育课程纳入职业技术教育的范畴并对其颁发的毕业证书予以承认，以确保每一个受教育者都有机会获得相应的职业证书；四是加强公立培训机构和私立培训机构之间的有效互动。

[①] Centre de Recherches pour le Développement International, "Evaluation d'impact des programmes de promotion de l'emploi des jeunes au sénégal: cas de la convention nationale etat-employeurs", 2019, p. 3.

[②] 姜大源：《现代职业教育体系构建的理性追问》，《教育研究》2011 年第 11 期，第 70—75 页。

四 结语与展望

综上所述，塞内加尔青年就业面临着就业机会不平衡（地域、年龄、性别）、非正规就业、就业不足及求职渠道单一等一系列问题。为此，塞内加尔政府做了大量工作以缓解该国青年就业的困难。上述举措对于塞内加尔青年就业环境的改善起到了非常重要的作用：塞内加尔青年群体得到了不同形式的支持（政策上、经济上、平台上等），且弱势群体得到了关注。然而，塞内加尔青年的就业现状表明仍然有很大的改善空间且面临着诸多挑战，塞内加尔政府仍然需要在提高工作效率、加强政府公信力、优化经济结构、拓宽并深化国际合作等方面继续探索。

从根本上说，改善甚至解决塞内加尔青年就业问题，主要取决于该国的国民经济发展程度。在劳动力总量一样的前提下，国民经济越发达，社会需求越高，青年人也就越容易找到高质量的工作。这需要政府不仅在进行经济发展规划时更多地将青年就业需求纳入考虑范围，尽可能兼顾弱势群体的额外需求，同时对经济结构进行一定程度的调整，如推动农业自动化并逐步实现工业化。因此对于塞内加尔政府来说，最重要的是运用产业、财政、货币等多种宏观政策工具刺激国家经济发展，进而解决就业率和就业质量问题。

【责任编辑】杨惠

非洲研究 2021 年第 1 卷（总第 17 卷）
第 115－136 页
SSAP ©，2021

语言态度和语言规划：2010 年后肯尼亚的新趋势

〔肯〕阿尤布·穆赫瓦那 〔肯〕P. I. 伊莱贝姆万吉 著
许 可 译

【内容提要】肯尼亚是一个多语种国家，根据分级参数不同其拥有语言数量在 42—70 种。作为一个多语种国家，必须对这些语言进行规划进而有效地使用它们。2010 年 8 月颁布的《肯尼亚宪法》第 2 章第 7 条中，确定斯瓦希里语为第一官方语言，英语为第二官方语言。斯瓦希里语也被赋予了国语或国家民族语言（National Language）这一特殊地位。其他部落民族语言（Ethnic Languages）以及盲文和手语也得到承认。本文探讨了肯尼亚政治独立后影响其语言规划的主要因素、其语言规划实行中面临的障碍，并对肯尼亚语言规划的未来进行了展望。本文就研究方法而言，是通过问卷调查和规格化的访谈形式收集数据，研究地在内罗毕大学内。研究对象由 28 位受访者构成，其中有 24 位是在肯尼亚出生、成长的本地人，4 位是外国人。本研究以决策理论为指导，探讨关于肯尼亚语言或语言变体的决策问题。在讨论中，本文探讨了斯瓦希里语、英语、母语（Mother Tongues）、肯尼亚手语以及汉语和其他外语在肯尼亚的使用情况。从调查结果来看，肯尼亚的语言规划受到不同因素的制约，这些因素包括教育、语言态度、财务和人力资源以及语言政治。

【关键词】语言态度；语言规划；多语种；英语；斯瓦希里语

【作者简介】阿尤布·穆赫瓦那（Ayub Mukhwana），内罗毕大学斯瓦希里语系的高级讲师，博士，主要关注领域为社会语言学；P. I. 伊莱贝姆万吉（P. I. Iribemwangi），内罗毕大学斯瓦希里语系副教授兼系主任，博士，研究领域为斯瓦希里语语音学、形态学和社会语言学，大量学术成果是关于肯尼亚各班图语的研究，尤其是标准斯瓦希里语和基库尤语。

【译者简介】许可，河北师范大学本科生。

1. 引言

　　尽管肯尼亚语言的实际数量几何有待商榷，但很显然肯尼亚是一个既有本土语言也有外来语言的多语种国家。根据伊莱贝姆万吉的说法，不同的研究者认为在肯尼亚被说的语言种类在 42—70 种。[①] 由于语言的多样性，肯尼亚别无选择只能通过赋予这些语言国家民族级语言、地区性语言或官方语言等不同的角色，以期来进行规划。肯尼亚人的做法符合"语言规划即社会现象"这一基本指导精神。虽然作为一种学术领域，语言规划最初是第三世界国家的专利，[②] 但随着国际互动和联络的增加让世界成为地球村，语言规划的学术探讨也具有了全球性。此外，语言濒危最终导致语言死亡的风险确实存在，微小语言的死亡意味着其母语人群部分知识的消亡，但即使是地球上最小的语言也有被保存下来的必要。所以，更合理地实践也是语言规划的核心。

　　本文中的"语言规划"，我们视为一种旨在解决与语言有关社会问题而试图改变单一语言或多门语言的结构、功能和传播的尝试。本文论点是，语言规划纵然可以刻意设计或根据内因自我计划进而成为语言政策的一部分，但语言规划的结果既可能顺应语言政策意愿也可能与最初语言政策相违背。对此，本文也使用另一个术语——"语言态度"，指一个多语种社会中的人们（肯尼亚人）在不同时间段对某种或某些语言持支

---

①　P. I. Iribemwangi, "A River from Rivulets? A Study of Sheng vis-à-vis Indigenous Kenyan Languages and Modern Technology", *Asian Journal of African Studies*（*AJAS*）, *Hankuk University of Foreign Studies*, Vol. 49, 2020, p. 4；有关肯尼亚说和使用的语言数量，请参阅 Ethnologue, https://www.ethnologue.com/。

②　J. A. Fishman, *Readings in the Sociology of Language*, Massachusett：Newbury House Publishers, Roley, 1972, p. 213；Joan Rubin and Björn H. Jernudd（eds.）, *Can Language Be Planned? Sociolinguistic Theory and Practice for Developing Nation*, Honolulu：University of Hawaii Press, 1971, p. xiv.

持或持反对意见的评价行为。使用"语言态度"这个术语，能展现一些肯尼亚的社会现实——即便存在于特定语言政策中，但一些语言因为自身能提供或不能提供一些东西而相应地被接纳或被拒绝。这种关联性说明，我们考察到的肯尼亚人的"语言态度"才是在多语场景中进行具体语言选择的指南针。

就肯尼亚语言规划的最新发展而言，肯尼亚政府通过 2010 年宪法承认了肯尼亚人使用的所有语言，并承诺保护这些语言及其伴随的文化（第 2 章第 7 节和第 11 节）。例如，该章第 11 节承认文化是国家的根基。由于语言和文化是相互交织的，我们不可能只谈文化不谈语言或只谈语言不谈文化，也正是在这个基础上才有本文的其他叙述。

本文通过问卷调查和针对性访谈的方法，试图回答以下问题。

（1）肯尼亚获得政治独立后，哪些主要因素促成了其语言规划？

（2）是什么阻碍了肯尼亚语言规划的全面实施？

（3）作为一种国家行为，肯尼亚的语言规划前景如何？

2. 方法论

在本节中，我们将简要介绍研究地点、受访者、数据收集工具和实际数据收集情况。

2.1　研究地点

这项研究是在内罗毕大学进行的，这里有大量来自肯尼亚国内外的学者，他们在教学中使用英语或者斯瓦希里语或者两者皆使用。此外，内罗毕大学还有教授英语和斯瓦希里语语言学和文学的学者，他们还研究并使用肯尼亚其他本土语言。内罗毕大学的教学人员大约有 3000 人[①]，考虑到他们来自世界各地，受访者在语言背景上的多元性很强。除了教授英语外的语言比如斯瓦希里语、法语、汉语/中文、德语和葡萄牙语稍

[①] University of Nairobi，"Academic Calendar and Almanac 2019/2020：Academic Programmes and Regulations"，Retrieved from https：//planning. uonbi. ac. ke/sites/planning. uonbi. ac. ke/files/Academic％20Calendar％202019％20 - ％202020％20Revised. pdf ［Accessed：Nov. 3 2021］.

有不同，校园里的教学语言大部分情况下是英语，大多数非洲语言课程
也用英语授课。

2.2　受访者

本文研究肯尼亚语言规划问题时采用了描述性研究方法，通过问卷
调查和访谈收集数据。我们有意选择内罗毕大学有两个原因。首先，据
我们所知，内罗毕大学是东非和中非地区最大且排名最高的大学，[①] 尽管
我们的重点是肯尼亚，但也能一定程度上描述东非地区语言规划的情况。
其次，选择内罗毕大学是因为像许多东非国家一样肯尼亚也是一个多语
种国家，[②] 因此对内罗毕大学的调查结果可以一定程度上反映出其他东非
国家的语言规划情况。

在研究过程中，我们向具有语言方面专业知识的教学部门的学术人
员发送了调查问询信。我们之所以选择语言老师和专家，是因为研究的
主题所规划的是语言，我们认为他们更有资格对语言问题进行评论。这
些教学部门有：语言学和语言系、斯瓦希里语系、孔子学院、法语副系
（Sub-Department）、通信与学习技能部、韩国语言文化中心、基库尤校区
通信技术系和西班牙语部。所有这些部门都由内罗毕大学主校区的中央
行政管理部门负责管理。

研究对象由 28 名受访者组成，其中 24 人是出生和成长在肯尼亚的本
地人，另外 4 人是外国人。就受访者的主要工作地点来看，有 20 人来自
主校区（内罗毕郡）、6 人来自内罗毕大学教育校区（肯尼亚中部地区的
基安布郡）、2 人来自内罗毕大学蒙巴萨校区（沿海地区）。就本文的研
究目的而言，性别不是一个问题点，因为内罗毕大学不助力性别歧视，

---

① Consejo Superior de Investigaciones Científicas（CSIC），"Africa Ranking Web of Universities：
Webometrics Ranks 30000 Institutions"，2021，Retrieved from https://www. webometrics. info/
en/africa［Accessed：30 May 2021］

② A. W. Wachira，"Multilingualism in Kenya：Focus on Language Use and Its Implications"，in
E. A. Anchimbe（ed.），*Postcolonial Innovations and Transformations：Putting Language in
the Forefront*，Documentation，2006，p. 1，Retrieved from https://www. inst. at/trans/16Nr/
03_2/wachira16. htm［Accessed：30 May 2021］；E. K. Mbithi，"Multilingualism，Language
Policy and Creative Writing in Kenya"，*Springer Open*，2014，p. 1，Retrieved from https://
multilingual-education. springeropen. com/articles/10. 1186/s13616 - 014 - 0019 - 9［Access-
ed：30 May 2021］.

我们也没有要求研究参与者陈述其性别。

2.3　数据收集工具和数据收集

除了问卷调查之外，本研究使用了设有相应框架的采访作为补充的研究方法，以针对那些愿意接受后续口头回答问题的受访者以及对最初问卷调查的回复不太清楚的人。因此，向受访者发放了预先准备好的调查问卷。问卷分为两部分，第一部分涉及受访者的社会背景，第二部分主要涉及肯尼亚的语言规划问题。此外，在研究人员认为答案不明确的情况下还进行了面对面的访谈，提出了后续问题，目的是弄清所探讨问题的真相。面对面的访谈是录音的，以便在实际撰写研究报告时进行验证。我们也对过往的文献特别是与肯尼亚语言规划问题相关的文献进行了一些调研。

2.4　数据分析

在向内罗毕大学的语言讲师和专家发放的 38 份调查表中，有 28 份完整回答了所有的提问。在此基础上，我们继续采用面对面访谈的方式对 28 名受访者进行了访谈，以确定纸上的内容是否是他们真正想要给我们的反馈。就像调查问卷一样，访谈在转录后也按主题进行了分组。在数据分析中，我们也观察参与者的参与方式，对方的面部特征和其他身体活动也作为被考虑的因素，研究人员在综合所有这些信息之后才对问卷和访谈做了最终的分析。被分析的数据以百分比表示，这些百分比已用于展开本文的各种讨论。

3. 理论框架

本文在概念上以决策理论为指导，该理论关注焦点不局限于决策引起的后果（规范性决策理论），还考虑了为实现最优目标的决策过程（描述性决策理论），该理论被广泛应用于管理各类学科。汉森认为，"现代决策理论是 20 世纪中叶以来通过多学科的贡献而发展起来的……尽管决策理论现在显然是一门独立的学术学科，但决策理论通常是由那些自称为经济学家、统计学家、心理学家、政治和社会科学家或哲学家的研究者所追求的"。① 我们接受该理论认为决策是一个动态的、跨学科框架的进程这样的理解，也将语言规划理解为一连串妥善安排的决策过程，是国家层面对一些语言问题影响该国（在我们的案例里即肯尼亚）社会安康各种现象的反馈。

正如约书亚·菲什曼等语言规划先驱学者所说，语言规划是解决社会语言问题的一项政治和行政活动。② 然而，语言规划作为解决麻烦的一种手段这种观点并不能抹杀语言本身就是一种可被认为有价值的资源这一事实。根据社会的希望和需求，语言的交际代码和语言的使用本身可以在各个方面调整为用于更好满足特定国家的希望和需求的形态。也正是基于此，本文在分析肯尼亚语言规划的具体活动后，希望可以更公正地评价当前肯尼亚的语言规划情况并提出有建设性的意见。

决策理论是关于决策的理论。决策必须是在权衡具有竞争性的方案的情况下，以最大化结果和最小化损失为目标而做出的。这一理论在本文中非常有用，因为它提醒了我们一个真理：几乎所有理性思考的人所做的一切都是建立在决策的基础上的。因此，在必须做出决策的情况下，人们会发现自己可以在各种有对抗关系的选项之间做选择或者选择一些选项的组合。在这种有选择的情况下，做出具体的选择就变成了目标导向的活动。为此，本文所用的决策理论是与肯尼亚语言的目标导向行为有关的。在肯尼亚，多种语言为语言选择的实践提供了沃土。因此，按照肯尼亚语言规划的需要和要求行事并不是一个盖棺定论的事情，肯尼亚人的语言态度也是必须要考察的方面。

决策理论是有其经济学背景的。③ 经济学处理的是稀缺资源，是通过科学方法和实证证据来评估人类活动，④ 因此解决语言问题也旨在对该国的经济繁荣做出贡献。在我们看来，肯尼亚这样做是为了整个社会的利益。由此可见，语言规划是一系列理性的实践，包括事实调查、对预期

① Sven Ove Hansson, *Decision Theory: A Brief Introduction*, Stockholm: Royal Institute of Technology (KTH), 2005, p.6.
② Robert B. Kaplan, "Language Planning", *Applied Research on English Language*, Vol.2, No.1, 2013, p.2.
③ P. Slovic, B. Fischhoff and S. Lichtenstein, "Behavioral Decision Theory", *Annual Review of Psychology*, Vol.28, 1977, pp.1–39.
④ 赫尔伯特·A. 西蒙（Herbert A. Simon）在1959年6月的《美国经济评论》第49卷第3期中的观察，认为决策理论虽然借鉴了心理学等其他学科，但经济学是它的核心。

目标的规划、实现目标的策略、模拟预期结果、语言规划的实施，甚至也包括语言规划可能的反馈。简而言之，本文的语言规划是建立在国家层面的决策理论基础上的，因此语言规划必须以整个国家的发展利益为核心。国家，也就是本文中的肯尼亚，是自行决定具体要实现的目标和所使用的手段的唯一执行者。

4. 部分肯尼亚语言的情况

如前所述，肯尼亚拥有多种语言，产生了不同的文化。[①]《人类学家网》指出，"肯尼亚现有的语言有 68 种，其中 67 种是存活着的语言，1 种已经灭绝；在现存的语言中，60 种是本土语言，7 种是非本土语言；此外，有 13 种非常稳定成熟，33 种正在发展中，15 种仍有活力，1 种正陷入困境，5 种濒临死亡；另外还列出了 3 种未查清楚具体情况的语言"。[②]

根据这样的一种语言数量事实，肯尼亚这个国家本质上除了对这些语言进行规划以外别无选择，对此穆赫瓦那也有类似表述。[③] 这次研究受访者的反应也直接反映了肯尼亚对语言规划的态度问题。我们对此特别进行分析主要是考虑到肯尼亚 2010 年宪法所希望安排的内容并没有在肯尼亚实际语用过程中得到了真正的体现。因此，在本节中，我们将简要介绍独立的肯尼亚的语言规划的始末。这么做的原因是肯尼亚在获得政治独立后，立即就语言独立问题展开了讨论。为了合理地解决这个问题，肯尼亚政府专门成立了语言委员会，收集了有关语言问题的意见。

除了语言委员会之外，肯尼亚政府还把语言问题放在了教育机构这一战线上。内罗毕大学成立于大约 50 年前，当时成立的系中就有一个系

① Nathan Ogechi, "The Language Situation and Language Harmonization in Kenya", in N. Ogechi, J. Oduor and P. Iribemwangi (eds.), *The Harmonization and Standardization of Kenyan Languages: Orthography and Other Aspects*, Cape Town: Centre for Advanced Study of African Societies (CASAS), 2012, p. 9; Agnes W. Kibui, "Language Policy in Kenya and the New Constitution for Vision 2030", *International Journal of Educational Science and Research* (*IJESR*), Vol. 4, Issue 5, 2014, p. 89.

② Ethnologue, "Kenya Ethnologue", 2021, Retrieved from https://www.ethnologue.com/country/KE [Accessed: 30 May 2021].

③ Ayub Mukhwana, "Language, Culture and Constitutionalism", College of Humanities and Social Sciences (CHSS), University of Nairobi, 2011.

是语言学和语言系（Department of Linguistics and Languages），该系教授和研究当时在肯尼亚所使用的语言的语言学和与这些语言相关的语言文学，颇有能力的穆罕默德·阿卜杜勒阿齐兹（Mohamed Abdulaziz）教授在升任为上级学院院长之前一直是该系的系主任。后来肯尼亚境内越来越多也教授和研究语言的大学慢慢建立起来，但是教授语言文学和语言学的传统来自内罗毕大学。

不仅在大学院系体系里已经有教授和推广肯尼亚的语言规划活动，大学和其他有相同理念的机构还设立了其他的一些语言组织进一步推动这个语言规划进程。肯雅塔大学成立的斯瓦希里语研究所就是这类机构的其中一个，尽管它存在的时间很短，但清楚地表明了肯尼亚政府发展斯瓦希里语的意愿。政府可能因缺乏资金而被迫放弃这一崇高的语言思想，但制式化地对肯尼亚语言规划的支持并不仅限于此。肯尼亚政府也继续向倾向于推动国家语言规划工作的组织提供支持，像国家斯瓦希里语协会（Chama cha Kiswahili cha Taifa，CHAKITA）、东非斯瓦希里语协会（Chama cha Kiswahili cha Afrika Mashariki，CHAKAMA）和世界斯瓦希里语推广协会（Chama cha Ukuzaji Kiswahili Duniani，CHAUKIDU）这样的语言组织才得以在肯尼亚制度化。

肯尼亚另一项明确制度化语言规划的进展是在出版媒体和电子媒体领域。现在，肯尼亚使用的几乎所有语言都有图书、期刊、报纸和其他出版物，这是在语言规划中朝正确方向迈出的一步。尤其是在语料库规划方面这是进步，在以前很多术语都还没有确定的时候真是要竭尽全力才能完成语言的词汇扩展进程。类似的发展也适用于非出版媒体，在肯尼亚广播电台和电视台使用多种本土语言和外语进行广播（包括英语和汉语）。这符合肯尼亚2010年宪法中的语言政策，即肯尼亚人可以自由选择那些自己希望与之有关联的语言和文化。

在介绍了有关肯尼亚语言状况的背景信息之后，现在让我们谈谈研究受访者对肯尼亚语言规划这个问题的态度立场方面的实际反馈。

4.1 斯瓦希里语的地位

本研究有很多考察目的，其中一点是考察斯瓦希里语在肯尼亚语言规划中的地位，并想弄清楚是不是肯尼亚人的语言态度造成了斯瓦希里语有这样的特殊地位。

　　在我们的受访人里，主要是肯尼亚土生土长的人。他们指出，在每一个肯尼亚语言规划者的常识看来，斯瓦希里语于 1963 年被宣布为肯尼亚的国语，1974 年被宣布为肯尼亚的新增加的官方语言，表明这个国家确实实现了政治独立。对这些受访者来说，这门语言在肯尼亚作为一门国语是一种能团结所有肯尼亚人的因素。所以对这些受访者来说，能和斯瓦希里语在肯尼亚的地位同样重要的只有国歌、国服或国庆日。因此，在肯尼亚的语言规划中，斯瓦希里语的作用是社会整合性的，而不是工具性的。据受访者观察，这也是肯尼亚人到国家的任何地方旅行使用斯瓦希里语交流都会感到很舒适的原因。受访者还指出，即便是在宪法还没有正式将斯瓦希里语提升为第一官方语言之前，这门语言的地位就已经如此特殊了。在肯尼亚独立不久之后，斯瓦希里语能力已经成为政治家要加入国民议会以及郡级或地方立法会时的准入条件。①

　　根据上述受访者的观察，斯瓦希里语在肯尼亚的语言规划中一直备受瞩目，甚至在肯尼亚获得独立之前就已经如此。在殖民时期，于 1930 年 1 月 1 日正式开始的斯瓦希里语的标准化进程将工作重点定在语料库维护、语言地位规划和语言传播规划上。② 这个过程包括语言词汇的正式扩展，确定学校教授和考核标准语言，将斯瓦希里语完善成一门有文献体系的、在人们有需要时可以参考的语言。因为语言标准化是一个永无止境的过程，该过程至今仍在继续。目前，这是通过国家斯瓦希里语协会、东非斯瓦希里语协会和世界斯语推广协会或像坦桑尼亚国家斯瓦希里语理事会（Baraza la Kiswahili la Taifa Tanzania，BAKITA）和桑给巴尔斯瓦希里语理事会（Baraza la Kiswahili Zanzibar，BAKIZA）这样的机构来完成的。

　　来自斯瓦希里语系和语言学系的受访者指出，肯尼亚的许多学习机构——特别是大学——都拥有斯瓦希里语教学和研究部门并致力于对斯瓦希里语进行科学和学术研究，其中一些研究结果直接用斯瓦希里语书写。此外，上述受访者指出，尤其是因为自 1985 年以来斯瓦希里语在小学和中学都成为一门必修科目后，肯尼亚人的斯瓦希里语理解能力有了

---

① P. I. Iribemwangi and J. Michira, "Kiswahili as an Official Language in Kenya: Its Past, Present and Future Roles and Challenges", *Reyono Journal of Interdisciplinary Studies*, Vol. 3, No. 1, 2014, p. 45.

② W. Whiteley, *Swahili: The Rise of a National Language*, London: Methuen, 1969.

很大的提升。① 正如斯瓦希里语系的一位很有资历的老师所说："斯瓦希里语言文化和文学院系的专家经常一起组织学术研讨会和讲习班，在这些场合都进行非常严肃的学术讨论，斯瓦希里语作为一种活跃的学术语言的情况，在肯尼亚各语言中是独一无二的。"笔者认为这些学术交流所产出的大量单本的学术书和成系列的期刊都是教育机构从另一个侧面实际支持肯尼亚语言规划的体现。

从受访者的上述反馈中可以明显看出斯瓦希里语是肯尼亚当地和东非地区贸易的主导语言。② 因此，对于在肯尼亚和东非成功经商的绝大多数人来说，他们必须能用斯瓦希里语与客户沟通。斯瓦希里语也是肯尼亚和整个东非地区公共汽车和其他交通工具上的主要语言。为此，如果一个人要出售或购买商品，他们必须能够用斯瓦希里语进行交流，因为这种语言对所有肯尼亚人甚至是所有东非人都是中立的。斯瓦希里语在商业中的使用清楚地表明，该语言正如这些国家的语言规划框架所规定的那样，确实是肯尼亚、乌干达、坦桑尼亚和卢旺达的国家语言。③

在语言态度上，受访者认为斯瓦希里语有促进肯尼亚人之间团结的积极作用。也正因为如此，斯瓦希里语是一门让肯尼亚人区分自己人和外人的工具。因为对斯瓦希里语工具性的看重，一些肯尼亚人也得以获得使用这门语言的一些特权，他们能与国内外广阔领域的其他人建立联系并且参与到语言规划活动中，有一些肯尼亚人甚至可以在海外从事斯瓦希里语教学相关的国际性工作。在访谈的回复里，非常强烈支持斯瓦希里语的受访者也同样认为斯瓦希里语能团结肯尼亚所有部落、能体现肯尼亚国家象征意义。总的来说，在肯尼亚的语言规划过程中斯瓦希里语象征着肯尼亚人的身份识别，这与语言规划中推广斯瓦希里语成为肯尼亚国语的实践过程路径相同。

---

① Agnes W. Kibui, "Language Policy in Kenya and the New Constitution for Vision 2030", *International Journal of Educational Science and Research (IJESR)*, Vol. 4, Issue 5, 2014, p. 92.

② S. Chiraghdin and M. Mnyampala, *Historia ya Kiswahili* (2nd *Ed*), Nairobi: Oxford University Press, 1977; Derek Nurse, "A Linguistic Reconsideration of Swahili Origins", *Azania: Journal of the British Institute in East Africa*, 1985, XVII, p. 132.

③ S. Chebet-Choge, "Fifty Years of Kiswahili in Regional and International Development", *The Journal of Pan African Studies*, Vol. 4, Issue10, 2012, p. 174; Rocha Chimerah, *Kiswahili: Past Present and Future Horizons*, Nairobi: OUP, 2000; P. I. Iribemwangi, *The Structure of Kiswahili: Sounds, Sound Changes and Words*, Saarbrücken: VDM Verlag, 2010, pp. 1 – 2.

当谈及有关斯瓦希里语完全取代英语成为肯尼亚官方语言的问题时，受访者的反馈是这对他们来说没有任何区别。在这个问题上，受访者似乎并没有太在意。约 67% 的受访者表示，语言是否可以被规划这个问题是可以讨论的，而讨论本身也体现出肯尼亚语言规划群体有疑虑。对这些受访者来说，除了政府如此声明以外，肯尼亚人从未真正全心全意地将斯瓦希里语当作他们的官方语言。

4.2　英语的地位

本文认为，英语在肯尼亚的语言规划中被赋予特殊的地位是出于历史原因。英国殖民统治者曾通过其殖民政策将英语强加于各殖民地，肯尼亚就是其中之一。为了确定英语在肯尼亚语言规划中的地位，我们采用了问卷调查和访谈的方式与研究对象互动。总体而言，他们对英语在肯尼亚语言规划中的地位的反馈如下。

超过 90% 的受访者指出，在肯尼亚的语言规划中，英语被认为是具有很高价值和地位的语言。对于这些受访者而言，现在英语在肯尼亚的社会地位源自肯尼亚殖民史和当前英语在整个非洲乃至世界的地位。关于肯尼亚的历史，受访者特别提醒研究人员肯尼亚是英国前殖民地，英国的殖民政策是分而治之。该项殖民政策也被用于语言规划问题方面，因此，语言就像英国管理者可以给肯尼亚人的胡萝卜，即某个语言是对病人有用的药物一样。正如一位受访者明确指出的那样，英语在那时就像高等教育的代名词，只提供给那些和殖民者合作的人的子女。因此，英语在那时被视为一种精英的语言，只有极少数的肯尼亚人可能可以掌握，并且他们大多是那时与英国合谋者的后代。

因此，对受访者来说，这就解释了为什么肯尼亚刚独立时期的领导层都是和英国合谋者的孩子，他们是通过英语作为媒介接受了西式的教育。这种语言政策在独立后由肯尼亚新一代政治领导层所继承，因为它是相同语言规划和政策的产物。由于这一事实，受访讲讲道，英语当时被很多语言规划委员会 [1964 年的肯尼亚教育委员会、1964 年的奥明德委员会（Ominde Commission）、1971 年的加查迪委员会（Gachathi Commission）和 1981 年的麦凯委员会（Mackay Commission）] 宣布建议为肯尼亚的官方语言。在 1963 年肯尼亚独立后，英语成为教育领域的指导语言，所以在肯尼亚的教育体系中，英语作为教学语言获得了更高的地位。比如在同一时期，斯瓦希里语虽然作为肯尼亚的国语，在从英国延续的七年小学加多个阶段中学的所谓 7 - 2 - 2 - 2 - 3 教育制度下，仅小学进行部分授课，并且从不进行考试，^① 直到 1981 年麦凯委员会推荐 8 - 4 - 4 教育制度后才得以改变。^②

本研究的受访者观察认为，在肯尼亚后殖民时期的英语语用创造了一个等级差异明显的阶层社会，而这个是前殖民宗主的政策引发的。使用英语的肯尼亚人在语言背景上和社会地位上与使用斯瓦希里语和其他肯尼亚本土语言的人不同。正如肯尼亚语言史显示的那样，历史上肯尼亚人曾必须不惜一切代价寻求学习英语，甚至有肯尼亚人为了能达到更高的经济地位而随时做好被英语语言所改造的准备。肯尼亚刚独立时，国家各个社会经济群体的成员都选择保持封闭，不主动与他人接触，那时只有特权人群觉得有必要与他人交往。那时特权人群把不说英语的其他肯尼亚人认为是原始落后（primitive）的人，把英语能力当作考察是否有教养的特征。^③ 而使用英语的肯尼亚人在当时被认为是被异化的外国人。由于语言规划是一个社会政治问题，所以肯尼亚政治领导层知道语言使用的事实，但不得不做出一些政策上的选择。

根据研究受访者的上述观察结果，尤其是按照 1959 年弗格森（Ferguson）的双言（Diglossia）理论，英语在肯尼亚的语言环境中获得了很高的评价。^④ 正是由于英语在东非地区的重要性，从后续理论里非洲这个区域的三言理论甚至是全非洲框架下的四言角度上来说，英语都是排在最高的一位。受访人把英语排在高位的现状可以从其本国以及有相同被

---

① 在独立后公布的教育报告中，特别是《奥明德报告》（1964 年）和《加查迪报告》（1976 年）中，当时有效的语言政策更为明显。

② 正如数字可能表明的那样，肯尼亚的 8 - 4 - 4 教育制度意味着该国的教育制度为 8 年的小学教育、4 年的中学教育和 4 年的大学教育。

③ 这就是穆阿卡（L. Muaka）在一篇题为《肯尼亚人的语言认知和认同》的论文中对肯尼亚的看法。对穆阿卡来说，英语是肯尼亚公共领域鼓励使用的语言，因为它在肯尼亚人职业生涯的每个阶段都发挥着工具性的作用和价值，Retrieved from http://www.lingref. com/cpp/acal/40/paper2577. pdf［Accessed：30 May 2021］。

④ C. A. Ferguson, "Diglossia", Word, Vol. 15, Issue 2, 1959, pp. 325 - 334, Retrieved from https://www. tandfonline. com/doi/abs/10. 1080/00437956. 1959. 11659702［Accessed：30 May 2021］. 弗格森认为，双言是指使用同一种语言的不同方言，但在不同的社会领域，其在社会地位方面有着不同的社会含义。约舒华·费施曼（Joshua Fishman）和默哈穆德·阿卜杜拉齐兹（Mohamed Abdulaziz）提出了对弗格森（1959）最初概念的修改，提出了某种扩展。对他们来说，双言的概念甚至可以应用于不同的语言，但具有不同的社会交际角色，我们也在这里借用这个概念。

殖民背景邻国的情况找到解释，因为在这些英国前殖民地国家，英语都是第一官方语言，不在任何语言之后。① 同时，英语毫无疑问也是科学与科技的语言。一位之前考察过西非英语使用情况的学者安斯雷在 1971 年时认为第三世界国家——肯尼亚明显属于其中——应该拥抱这门语言并且从英语带来的优势中获益。根据这个说法，前宗主国的语言被说成是中立的，对非洲用户具有工具价值。② 所以肯尼亚的语言规划者由于历史原因在肯尼亚的语言环境中赋予英语无可匹敌的地位并非偶然。英语是肯尼亚事实上的首选语言这一点在 2010 年宪法颁布后的这些年来更为明显，因为虽然该宪法宣布斯瓦希里语为肯尼亚的第一官方语言，但十年后斯瓦希里语作为官方语言的地位仍然没有体现出来。

4.3　斯瓦希里语以外的其他本土语言

在这一小节中，我们将着重强调母语在肯尼亚语言规划中除了斯瓦希里语以外的肯尼亚本土语言的地位，并且将其和语言态度问题放在一起讲解。在讲解前，需要在了解语言规划是语言政策的前身后认识到两点：一是语言是身份识别的一种表达，二是语言也是作为交流手段的工具。

约 73% 的调查对象对肯尼亚的语言规划和政策知识有一定的了解，他们明确、有力和公开地捍卫肯尼亚本土语言的使用。他们的论据是，肯尼亚的语言规划框架承认原生语言、本土语言和地方语言，③ 从而使它们有机会成为被承认的、肯尼亚各部落族群内部的交流工具。《肯尼亚宪法》第 2 章第 7 条第 3 款规定："国家应（a）促进和保护肯尼亚人民的语言多样性；（b）促进土著语言的发展和使用……"④ 提到这一事实的受访者说，从权力争夺上来说，形成这种政策的原因是长期以来相关原生语言、本土语言、地方语言的实践是国家内较弱势族裔的保留地，在

---

① H. M. Batibo, *Language Decline and Death in Africa: Causes, Consequences and Challenges*, Clevedon: Multilingual, 2005. 巴提博在研究非洲一些同时使用四门语言的社会时发现在像肯尼亚这样的英国前殖民地英语的地位比这些国家使用的任何其他语言都高。

② G. Ansre, "The Influence of English on West African Languages", J. Spencer ed., *The English Language in West Africa*, Ibadan: Ibadan University Press, 1971.

③ 原文为 native, indigenous and vernacular languages。——译者注

④ The Government of the Republic of Kenya, *The Constitution of Kenya*, Nairobi: National Council for Law Reporting, 2010.

语用上甚至是商业领域上他们被说英语和说斯瓦希里语的人所压迫。① 从这一观察中，我们可以得出结论，肯尼亚语言规划框架里承认原生语言、本土语言和地方语言着眼于文化和语言上的褒奖，虽然本身也有社会、经济和政治的利益但并非与此有最直接的关系。

　　正如本文其他地方已经提到的那样，肯尼亚是高度多语种国家，有接近 70 种语言在口头交际中被使用。因此，有些研究受访者报告说，许多族裔群体并未重视肯尼亚人这一国民性的识别，而是觉得自己只是身处于这个名为肯尼亚的政治实体中而已。对于像肯尼亚这样的发展中国家来说，承认和支持所有这些语言变得非常棘手（尤其是在城市住区）。32% 的受访者指出，肯尼亚的语言规划者巧妙地谈到了、用到了集水区（catchment areas）这样的表达，讨论这些地区的语言使用，② 正如受访者所指出的那样，它在本质和形式上都是高度逃避现实的。受访者还指出，除斯瓦希里语和基库尤语外，大多数肯尼亚本土语言的传播仅仅是口头形式而非书面形式。根据我们对数据的分析，受访者之所以以这样的方式反馈，是因为肯尼亚的大多数本土语言尚未完成标准化过程。同一位受访者还指出，即使说斯瓦希里语和基库尤语已经标准化，但它们的标准化的完成度不同。

　　这项研究发现，随着对 2010 年《肯尼亚宪法》的理解和实践，部分受访者认为这个宪法里涵盖了相当于俄罗斯列宁主义学说中关于民族自决权学说的精神，即为肯尼亚不同的部落族裔争取权益，其中包括以其语言为基础组织学校教育。因此，《肯尼亚宪法》中赋予肯尼亚部落族裔母语众人相等的权利就像是基本人权的一部分，所以肯尼亚反对国家内部一些语言超越自己的边界进入其他部落具有合法权利的空间。对于这些受访者来说，英语继续在各种官方领域里被使用，这种承接了先前非常具有精英压迫主义的行为，背离了 2010 年宪法所代表的新语言规划政策的精神。但从积极的一面来看，80% 的受访者对宪法语言规划中将斯瓦希里语作为肯尼亚国家语言和肯尼亚第一官方语言感到高兴。这是在肯尼亚语言发展史上，它自己的母语首次被宣布为官方语言。在这些答复者的说法中，肯尼亚作为一个民族多样性的国家，由于不同族

---

①　在肯尼亚的语言背景里，英语和斯瓦希里语作为框架性语言被使用，统治着教育和政治领域的事务。

②　R. Wanjiku-Omollo, "Effects of Language of the Catchment Area in Learning Kiswahili", *International Journal of Engineering and Science*, Vol. 6, Issue 9, 2016, pp. 8 – 12.

裔之间接触而造成社会问题的现象非常严重，这就是为什么在制式教育的最初几年，肯尼亚国家语言规划不得不花大量精力致力于斯瓦希里语的发展而给在肯尼亚使用的所有其他部落族群语言相对较少优先级的原因之一。

4.4　肯尼亚手语

肯尼亚和世界其他地方一样，有些人被赋予语言天赋的方式和他人稍有不同，他们在交流的时候使用手语。《肯尼亚宪法》第 2 章第 7 条第 3 款（b）项承认这类人的权利，在其语言规划和政策中强调了这一现实。为此，每个现场活动甚至录制的活动都有手语翻译在旁。研究发现手语在肯尼亚一些教育机构中有教学活动。此外，在一些学校里比如 Thika 盲人学校和 Maseno 特殊学校手语甚至作为课堂教学语言在使用。尽管研究受访者指出肯尼亚政府在官方场合和国家级别的领域（宪法除外）并没有将凸点盲文和手语纳入自己的语言规划，但肯尼亚手语实际上也是官方语言和国语。在受访者观察里，手语和肢体手语的界限明显——手语有词语、句法和语法，人们用手指来拼写单词；而肢体语言则指面部表情、姿势、声调、动作、手势和眼神交流。48% 的受访者表示，肯尼亚在未来的语言规划活动中应该更公开地明确手语的地位。此外，还应该必须努力使肯尼亚手语完全标准化，以便与全球接轨。

4.5　肯尼亚境内的汉语和其他外语

能够使用多种语言进行交流的能力让多语种群体在竞争工作岗位和竞争有较高声誉、被描述为国家化职位的时候具有较大优势。外语能力是取得这种成功的关键因素。因此，肯尼亚为了培养下一代的企业家、医生、工程师和其他专业人士，推崇外语。这是因为理解他人的语言不仅仅是一种基于态度的表象，也表明了是真正理解他人文化、欣赏他人文化。当一个人使用外语时，会创造一种对这门语言的使用者——也就是和自己语言背景不同的人——的更积极的态度。这也是本文这一小节的核心思想。

肯尼亚作为一个国家已经与全球许多国家建立了社会、政治和经济联系。语言在所有这些联系中一直处于中心地位，因为它促进了肯尼亚与这些国家之间的交流。正是由于语言的这种中心作用，所以在本小节中我们将详细谈一下受访者对肯尼亚语言规划中的外语地位的反馈，并会特别提到中文。之所以在这里突出显示中文，基于以下几个原因。首先是肯尼亚与中国的关系历史悠久。根据肯尼亚外交部的说法，肯中关系可以追溯到 600 多年前，[①] 即明朝伟大的航海家郑和抵达马林迪的时候。[②] 建立这样的关系不可能完全没有涉及语言。其次是中国作为一个理应被承认的强国正在崛起，尤其是在 21 世纪的成就有目共睹。[③]

肯尼亚在独立后的语言规划，与其他所有第三世界国家一样，都是希望语言可以促进国家统一、促进国际合作以及让国民更容易获得教育、科学和技术方面的知识。85% 的受访者指出，正是因为如此，肯尼亚那时才宣布斯瓦希里语为国语，英语为官方语言。这项语言规划行动的意义在于，英语除了应用于教育、科学和技术等官方领域外，还将用于国际交往。基本上来说，即使 2010 年颁布了新宪法宣布斯瓦希里语为肯尼亚第一官方语言，英语为肯尼亚第二官方语言，肯尼亚的语言使用情况依然与之前相同。[④] 显然，肯尼亚语言规划者从来没有从语言规划行为的受益者即大多数肯尼亚人为出发点去充分考虑他们的意见。

肯尼亚政府认识到，为了充分开展国际合作，国家的语言规划必须涵盖其他外语。受访者中有 67% 的人持这一观点，他们认为在国家教育机构中教授法语、德语、汉语、日语和韩语，是为了让那些外交人员在派驻到说这些语言的国家前就能做好准备。因此，肯尼亚的语言规划将外语纳入其中是为了解决外交上的语言问题。此外，75% 的受访者指出，以上述语言为母语者在各自本国的教育体系内有专门强调教授这些国家国语的语言政策存在。基于这个事实，如果想申请奖学金去上述这些国家求学，或者是希望能更有意义地参与到该国学术、专业讨论的肯尼亚

① "Kenya-China Relations Date Back 600 Years…", 2013, Retrieved from https://www. facebook. com/ForeignOfficeKE/posts/kenyachina-relations-date-back－600－years-and-uhuru-is-eagerly-awaitedchina-keny/659329644077451/［Accessed：30 May 2021］.

② "Kenya：A Long History of Beneficial Relations", 2017, Retrieved from https://www. fmprc. gov. cn/zflt/eng/jlydh/t1488481. htm ［Accessed：30 May 2021］.

③ Rosita Dellios, "The Rise of China as a Global Power", *The Culture Mandala*, Vol. 6, No 2, 2004/05, p. 1；Keshab C. Ratha and S. K. Mahapatra, "Rising China：Trajectory of an Emerging Global Power", 2014, Retrieved from https://www. researchgate. net/publication/266087986_Rising_China_Trajectory_of_an_Emerging_Global_Power［Accessed：30 May 2021］.

④ P. I. Iribemwangi and J. Michira, "Kiswahili as an Official Language in Kenya：Its Past, Present and Future Roles and Challenges", *Reyono Journal of Interdisciplinary Studies*, Vol. 3, No. 1, 2014, p. 43.

人如果没有这些国家语言的背景，可能会处于不利地位。这是肯尼亚语言规划者在国家教育政策中欢迎外语教学政策的原因之一。

69% 的受访者指出，肯尼亚语言规划领域的最新发展之一是将汉语语言和文化在肯尼亚的教育机构里引入为一门教学科目。如上所述，肯尼亚是除乌干达和埃及外，与中国交往和教育交流历史悠久的非洲国家之一。[①] 47% 的受访人曾经实际地接触过中肯交往，他们指出，最近一段时期，中国政府在包括肯尼亚在内的全球范围内开办了大量孔子学院，这些学院旨在教授中国语言和文化。为了取得成功，中国政府持续地为希望学习中国语言和文化的个人和国家提供激励，如发放奖学金和相关教育补助，甚至资助这些国家的发展项目。一位教授中国语言和文化的老师也是参与到本次调研的人说道，内罗毕大学的孔子学院通过肯尼亚政府和中国政府之间的联系每年都能获得奖学金名额。

62% 的受访者认为，中国政府在向全球推广自己的语言和文化的过程中十分积极，肯尼亚政府有些犹豫是否要宣布从 2021 年起在全国的小学开始教授汉语和文化。诚然新冠肺炎疫情影响了肯尼亚政府的许多政策的实施，但即便如此，虽然当时已经宣布要在全国范围内教授汉语，但目前还不清楚肯尼亚将从何处获得这些教师，甚至也不清楚汉语之后会是必修还是选修。肯尼亚政府的这一举措对于肯尼亚语言规划机制来说，意味着其需要快速地应对，为汉语在肯尼亚语言环境中给出一个清晰的定位。65% 的受访者认为在肯尼亚教育机构中汉语教学的地位仅次于英语，而考虑到中国语言和文化在全球范围内的迅速传播，这个情况甚至可能随着时间的推移而改变。

为了解中国语言和文化在肯尼亚的未来，本研究使用的问卷和访谈中我们特别加了一个关于汉语的提问。绝大多数受访者（超过 76%）认为，中国的语言和文化在肯尼亚的影响将是长期的。有这种看法的原因之一是之前中国已经证明了自己是一个好的"雇佣者"。一位本身也是中国语言和文化的受益者在调查中说，自从内罗毕大学 2005 年开始教授汉语以来，很多应届毕业生都立刻获得了就业机会。

---

① A. Mukwana, "Attitudes towards Chinese in Kenya and the Future of Chinese in Africa", *International Journal of Liberal Arts and Social Science*, Vol. 5, No. 2, 2017, pp. 17 – 26.

5. 肯尼亚语言规划的问题与发展

这项研究发现，调查对象报告了很多肯尼亚语言规划所面临的问题。受访者指出问题最多的领域如下。

5.1　教育

教育是 51% 的受访者认为有问题的领域，他们认为现行教育使肯尼亚的语言规划难以培养语言民族主义和实现语言上的国家统一。在肯尼亚，国民选择一种语言是因为这种语言在个人关系和物质层面能有助于肯尼亚作为国家顺利运转。肯尼亚人除了关注这门语言是否有丰富的知识文献（科学和技术方面），同样还关注哪种语言能够有更高程度制度上的支持，能够让人更容易接触外部世界。对当前的肯尼亚语言规划者来说，这种语言绝不能是濒临灭绝的语言苏巴语（Suba），甚至不能是卢奥语（Dholuo）或是图尔卡纳语（Turkana），而是英语。这意味着，无论我们在教育规划框架中希望使用的语言是什么，除非设立了特别的语言条件作为硬性规定，否则最后做决定使用哪门语言的最终还是肯尼亚人自己。我们也观察到一些之前在海外上中小学的肯尼亚人由于缺乏特定的语言技能而无法进入肯尼亚一流的公立大学。

在教育方面，肯尼亚有两套学校体系：私立学校和公立学校。私立学校也被称为精英学校或机构学校，这些学校将自己与其他公立学校区分开来的方式中的一种，就是对国家教育规划中对母语教育安排的蔑视。将自己孩子送去私立学校接受教育的肯尼亚人又常常有可能成为语言规划者、政策制定者和顾问，这意味着他们偏离了他们自己制定的规划。根据不同的教育，有可能产生了两个肯尼亚人群体，分别是精英阶层和下层阶层。

由于自身的语言规划，肯尼亚在较低教育层级是保持母语教育政策的。① 然而，相邻的桑给巴尔这几年在教育政策框架下有关语言使用的相关讨论仍然在证明家长们依然偏向英语，他们依然在桑给巴尔的中学里

---

① 肯尼亚教育语言政策讨论了教科文组织提出的在小学阶段使用母语的问题，但由于快速城市化，采用了另一个与母语同义的术语：集水区语言。

使用英语作为课堂教学语言。虽然桑给巴尔方言是标准斯瓦希里语的基础，东非地区许多没有完成标准化进程的非洲语言也有类似的语法基础，但桑给巴尔的语言教育政策依旧因为英语所提供的工具性价值拒绝打破这种路径依赖。① 这样的思考模式可能会影响东非其他国家，特别是考虑到东非共同体斯瓦希里委员会总部位于桑给巴尔这一事实。此举还可能影响斯瓦希里语在该地区的地位和使用。

5.2　语言态度

在本文的引言部分，我们在可操作性上对语言规划和语言态度的概念做出了定义。因此，本研究仍参考语言态度的这一操作性定义，讨论对于肯尼亚总体的语言规划来说语言态度的位置在哪里。

态度可以是积极的，也可以是消极的。24% 的人认为态度是造成语言规划问题的一个因素。在此我们集中讨论对语言的负面态度如何对肯尼亚的语言规划和政策产生负面影响。因为语言规划准确来说是政治性的，因此在许多情况下是政治阶层的保留地。但是，这个政治阶层可能忘记了语言规划活动从本质上来说是影响大众的。为了确保大众参与语言规划过程，必须对语言态度进行研究。不幸的是，在肯尼亚的语言环境中情况似乎并非如此。在肯尼亚，人们认为一旦已经进行了语言规划，那它就会自动成功。本应是语言规划行为开心接受者的人，虽然实际上也在日常的交际中利用这些交际代码，却对语言规划产生消极的态度，觉得是强行塞进自己喉咙里的，导致语言规划的失败。这就解释了为什么在肯尼亚 2010 年宪法将斯瓦希里语认定为肯尼亚的第一官方语言的十年之后，斯瓦希里语仍然在与英语的竞争中处于弱势地位。

5.3　财务和人力资源

语言规划的成功需要社会政治的善意决断，因为社会上确实存在一些语言规划问题，有赖于政策决策来提出解决方案。正如语言规划是语言政策的一部分，那些与财务和人力资源相关的政策决定可以作为考察

---

① 除了少数文献传统很丰富的国家以外，英语是全球高等教育通用的国际语言。桑给巴尔家长的态度部分反映在桑给巴尔教育政策重组后的语言使用中。他们依然相信必须在教育的早期阶段就使用英语进行教学，认为这样才能让桑给巴尔儿童获得有意义的教育。

语言规划行为是否真心实意的起点。[①] 这是本节采用的研究方法。

约 11% 的研究受访者表示，肯尼亚语言规划面临的问题应归咎于财务和人力资源因素。对于肯尼亚这样一个依赖外国援助来展开大部分发展项目的第三世界国家来说，很难有能支持语言规划进程得以成功的肯尼亚本地资金来源。对此，这些被调查者认为当肯尼亚这样的第三世界国家接受外国援助的时候，它通常被分配的项目课题是由援助方来选的。扭转一笔捐赠的研究方向可能会导致被制裁，最终将使像肯尼亚这样贫穷的第三世界国家面临严重后果。正如一些受访人所指的那样，外国援助也不太可能将经费转移到肯尼亚语言规划的领域中，因为多语种国家肯尼亚的一些语言和赠予方的语言存在竞争关系，而赠予方更希望自己的语言和文化能被更多地感受到和被接受。受访者进一步指出，这解释了为什么在肯尼亚拥有诸如如孔子学院、歌德学院、法国文化协会和英国文化协会这样的语言和文化机构。

在人力资源方面，受访者指出，像肯尼亚这样的国家可能没有能力训练出不被政治精英的影响所动摇又可以去辩论哪些特定领域哪些语言该用不该用的语言规划专家。有人指出，在缺乏这种人力资源的情况下肯尼亚的语言规划只是一种幻想。

5.4　语言政治

据 9% 的受访者看来语言政治的源头是反对殖民主义、反对肯尼亚大部落对小部落裔统治的抗争。第一种抗争是拒绝使用英语这样的殖民地语言，这也是为什么肯尼亚 2010 年宪法在有关官方语言的章节重新调整了英语的位置，使斯瓦希里语成为肯尼亚的第一官方语言。

受访者还指出，第二种抗争体现在肯尼亚宣布促进语言复数化（linguistic pluralism）和文化多样性。这就解释了为什么在上述相同的宪法中，肯尼亚人有选择自己喜欢的语言和文化的实践权利。关于这一点，我们需要指出肯尼亚语言规划中的政策与实践之间具有差异。如果真的是如此的话，那说肯尼亚俚语的青年人是否有可能在国家考试中也看到俚语是考试科目呢？为什么说斯瓦希里语蒙巴萨方言（Mvita）的人自从 2008 年前后开始要求全国斯瓦希里语考试使用他们的方言作为参考语言

---

① A. M. Moeliono, *Language Development and Cultivation*: *Alternative Approaches in Language Planning*, Canberra: Australian National University, 1986, translated by Kay Ikranagara.

却一直没有成功呢？① 所有这些都是语言规划里的政治行为，都是基于对年龄所属、地域身份进行夸大来争取自己对肯尼亚和国家文化等概念的定义权。

6. 结语

本研究探讨已经独立的肯尼亚其语言规划活动中语言态度的位置。但是，以史为鉴，我们在为未来做准备的时候也必须参考独立前肯尼亚的语言规划。本研究采用了混合方法，根据研究结果也考虑到文章的研究目标和研究问题，我们得出如下结论。

其一，肯尼亚获得政治独立后，促成其语言规划的主要因素是国家建构的需要（即建立一种自我认同为同一种人民的民族精神的需要）、保护濒危本土语言的需要、经济发展的需要和获得国际认可和支持的需要。从语言上将全部公民统一在一起，使他们更有国家认同感。《肯尼亚宪法》承认有必要维护和保护在肯尼亚所使用的所有语言，部分原因是语言濒危和语言死亡特别是对少数族裔语言来说是一种现实。如果不采取措施来保护这些语言，这些语言将不复存在。由于语言规划也是一种经济活动，这种现象也以经济为目的进行语言规划。这解释了为什么英语作为代表科学与技术的语言在肯尼亚语言规划行为中是事实上的官方语言。基于同样的角度，进行国际合作的需要也是英语成为肯尼亚官方语言的原因。

其二，之前的肯尼亚语言规划活动遇到了一些障碍，这些障碍在各个领域导致语言规划这一国家行为并未顺利实施。首先，肯尼亚政府在开展语言规划活动之前从未考虑过肯尼亚人的语言态度。其次，由于对捐助者主导的发展项目的依赖性，作为第三世界国家的肯尼亚可能没有人力和经济资源来处理语言规划问题。

其三，必须指出，就肯尼亚的语言规划而言并非一无所获、全然失

---

① 肯尼亚沿海地区斯瓦希里语为母语的学童由于在国家统考中不自觉使用方言导致长期考试不及格。为了探讨这个现象并提出对策，2008 年时一些利益相关者在蒙巴萨举行了一次会议讨论解决方案。有一位参与者的建议听起来像是解决方法的是肯尼亚国家考试委员会允许肯尼亚沿海地区的学生用占主导地位的基姆维塔方言参加斯瓦希里语考试。到目前为止，有关当局尚未接受这一点。

败。比如，为确保肯尼亚的语言规划取得成功，一些相关机构已经确实地建立起来了。媒体、大学的语言院系、国家有关文化的部委以及各个领域语言的实际使用等都表明肯尼亚为确保语言规划取得成功进行的不懈努力。在结语我们可以自信地说，特别是因为我们从中国如何处理自己具有国家意义的语言并发展出自己的经济实力的历程中学习到很多，肯尼亚的语言规划正走在正确的道路上。

【责任编辑】沈玉宁

非洲研究　2021 年第 1 卷（总第 17 卷）
第 137－152 页
SSAP © ，2021

美国慈善基金会对非洲高等教育的合作援助分析

——以"非洲高等教育合作伙伴"为例*

欧玉芳　　胡昱昱

【内容提要】非洲高等教育合作伙伴是七家美国慈善基金会组建的对非高等教育援助合作组织，它对非洲高等教育的十年援助呈现出捐助者与受助者地位非对等性和地缘政治投资战略倾向特征，在一定程度上改善了非洲高校的基础设施、治理水平、人才培养、性别平等、政策支持和入学率，但也表现出援助合作援助目标模糊、沟通不畅、评估体系和退出机制缺位以及合作范围受限等不足。为此，相关援助合作组织应制定明确的合作目标、扩大合作组织范围、构建合作援助评估体系和合作伙伴退出机制，以提升援助成效。

【关键词】非洲高等教育援助；美国慈善基金会；非洲高等教育合作伙伴

【作者简介】欧玉芳，教育学博士，硕士生导师，浙江师范大学非洲研究院讲师（金华，321004）；胡昱昱，日照市海洋工程学校讲师（日照，276808）。

2000 年以来，美国各类慈善基金会对非洲高等教育的赠款次数和额度大幅增加，2003—2013 年基金会通过非洲本土机构或发达国家的非政府组

＊ 本文为浙江师范大学非洲研究院 2018 年赴非调研项目（项目编号：FF201802）成果。

织等中介机构开展系列项目的援助金额超过 40 亿美元，①其中最有影响力的非洲高等教育合作伙伴（Partnership for Higher Education in Africa，下文简称 PHEA）2000—2010 年对非洲高等教育的援助达 4.5 亿美元。该合作组织"旨在强化非洲国家对非洲高等教育的重视，重塑非洲国家发展高等教育可行性的信念，为非洲高等教育复兴提供有意义的援助机制"。②本文通过对 PHEA 的援助历程、特征、成效和不足的分析，研究美国慈善基金会如何参与非洲高等教育合作，如何提高非洲高等教育合作的有效性等问题。这对于推动中非合作论坛框架下的"人文交流行动"、"中非高校 20 + 20 合作计划"和"中南非职业教育合作联盟"等中国对非高等教育援助活动，以及中国高等教育国际化发展具有重要借鉴意义。

一　PHEA 项目的发展历程

美国慈善基金会参与高等教育的发展始于 19 世纪末，它们在创建现代大学和学院中扮演着塑造者的角色，这种角色的舞台早已超越美国边界，搭建在非洲大陆上。非洲大学从美国慈善基金会组织获得援助的历史已接近一个世纪，近一百个美国慈善基金会组织活跃在当下的非洲高等教育领域。纽约市基金会中心（the Foundation Center in New York City）拨款数据库显示，美国慈善机构在 2001—2010 年向非洲提供了 13565 笔拨款。在此期间，330 个美国私人基金会共向非洲发放了 39 亿美元的赠款，以支持非洲的众多政策。③非洲的受赠部门高度集中在农业、卫生、高等教育和科研等部门，而仅高等教育部门所受赠款就有近 10 亿美元，占总赠款金额的约 25%。

PHEA 的建立源于基金会领导人之间的私人关系，这些领导人有着发展非洲高等教育的共同愿望和从事高等教育行业的工作背景，纽约卡内基公司和洛克菲勒基金会的总裁们相投的援助志趣最终推动了 PHEA 的

① Fabrice Jaumont, *Unequal Partners: American Foundations and Higher Education Development in Africa*, New York: Palgrave Macmillan, 2016, p. xiii.
② Jonathan Friedman, *Accomplishments of the Partnership for Higher Education in Africa, 2000 - 2010*, New York: New York University, 2010, p. iii.
③ Jonathan Friedman, *Accomplishments of the Partnership for Higher Education in Africa, 2000 - 2010*, New York: New York University, 2010, p. v.

成立。[1] 2000 年，在纽约卡内基公司总裁瓦坦·格雷戈里恩（Vartan Gregorian）的推动下，由纽约卡内基公司、福特基金会、洛克菲勒基金会、麦克阿瑟基金会联合发起"非洲高等教育合作伙伴"计划，以支持非洲高等教育，尤其是非洲大学的能力建设。威廉和弗洛拉·休利特基金会（下文简称休利特基金会）和安德鲁·W. 梅隆基金会（下文简称梅隆基金会）于 2005 年，克雷斯吉基金会于 2007 年成为该合作组织的新成员。[2]

PHEA 成立时，以上七个基金会虽然仍在各自的使命和指导方针下工作，但它们组成 PHEA 有两个共同的目标：①试图与 PHEA 的受助机构合作，而不是作为传统的捐助机构，确定这一目标的部分原因是 PHEA 所谓要确保非洲大学的独立性，并确保受助大学对各自的使命、课程和命运负责；②鼓励受助大学不仅要相互竞争，而且要合作。[3] PHEA 的援助战略是围绕非洲受助高校的图书馆和研究中心的现代化、校园因特网带宽、筹资和管理、施政发展、科学研究、战略计划和咨询服务展开的。与它们在美国高等教育领域的行动类似，PHEA 作为一个整体似乎满足了非洲大学的核心能力和资本需求，而不是推动受援大学进行改革，为高等教育的准入问题做好准备。

二 PHEA 的发展特点

（一）各基金会有独特的援助战略重点

PHEA 在彼此合作的过程中，每个基金会都保持了独特的援助战略重点，体现为各基金会在资助非洲大学和高等教育发展时的不同关注点。

卡内基公司在非洲高等教育中的资助策略是支持非洲大学的振兴和转型，其受助非洲大学的战略规划都体现了卡内基公司支持的优先事项和建议，特别强调提高受助非洲大学中妇女的机会。它对非洲高等教育的资助

---

① Fabrice Jaumont, *Unequal Partners: American Foundations and Higher Education Development in Africa*, New York: Palgrave Macmillan, 2016, p. 68.

② Jonathan Friedman, *Accomplishments of the Partnership for Higher Education in Africa, 2000 – 2010*, New York: New York University, 2010, p. v.

③ Fabrice Jaumont, *Unequal Partners: American Foundations and Higher Education Development in Africa*, New York: Palgrave Macmillan, 2016, p. vi.

项目涉及"下一代学术人才"（Next Generation of Academics，NGA）、提高本科生入学率以及信息和通信技术，包括 PHEA 联合资助的带宽联盟计划（Bandwidth Consortium Initiative）、带宽管理培训和教育技术倡议（Education Technology Initiative，ETI）等援助项目。

福特基金会在 PHEA 中处于领导地位，它对非洲高等教育的重点资助主要集中在人才培养、校园宽带网络建设和高等教育政策规划方面。在该基金会的资助下，"下一代学术人才"项目成为 PHEA 的焦点资助领域，并使高等教育研究与宣传网络（Higher Education Research and Advocacy Network，HERANA）及大学世界新闻非洲版（University World News Africa Edition）成为 PHEA 的联合资助项目。

休利特基金会对非洲高等教育的援助旨在解决社会和环境问题，它的资助战略侧重于培养下一代非洲人口科学家，支持个人生殖健康权利，并开发开放教育资源。

克雷斯吉基金会在援助非洲高等教育时，侧重受助高校的战略规划、资金筹措和基础设施的援助。它为教育技术倡议和 HERANA 项目的联合资助做出了重要贡献，补充了卡内基公司和麦克阿瑟基金会对非洲高校的资助。

麦克阿瑟基金会对非洲高等教育的资助策略侧重于尼日利亚的伊巴丹大学（University of Ibadan）、巴耶罗大学（Bayero University）、艾哈迈杜·贝罗大学（Ahmadu Bello University）和哈科特港大学（University of Port Harcourt）以及马达加斯加的塔那那利佛大学（University of Antananarivo）的制度建设和巩固。麦克阿瑟基金会 56% 以上的资助直接进入了以上五所非洲大学，它在 PHEA 的联合资助中发挥了关键作用，侧重于援助信息和通信技术、教育技术以及高等教育的研究和宣传。

梅隆基金会对非洲高等教育的援助侧重于多所南非高校的改善、优秀学者的培养、学术研究项目的开发、研究生培养、教师发展和档案馆藏的发展。梅隆基金会对"下一代学术人才"项目的投资占该项目总投资的 16%，[①] 其对信息通信技术计划的投资占 PHEA 联合投资的 17%。此外，梅隆基金会还支持数字学术资源的开发，包括关于非洲植物、文化遗产和景观以及南部非洲自由斗争的 ALUKA 数据库建设。

---

① 余蓝：《美非"下一代学术人才"项目述评——兼谈对中非高等教育合作的启示》，《西亚非洲》2014 年第 2 期，第 132—148 页。

　　洛克菲勒基金会在非洲高等教育中的资助策略旨在提升非洲高校农业、卫生和经济学科的研究能力。[①] 为了帮助培养未来的研究人员和专业人员，包括农业经济学家、现代作物育种者和公共卫生从业人员，洛克菲勒援助跨地区的研究生培养、研究网络建设以及大学发展。乌干达麦克雷雷大学（Makerere University）是该基金会主要的受助大学。

（二）资助额度和资助对象各有侧重

　　PHEA 在 2000—2010 年为非洲高等教育援助了 4.5 亿美元，几乎占据美国慈善基金会对高等教育赠款的半壁江山，赠款主要用于加纳、肯尼亚、尼日利亚、莫桑比克、南非、坦桑尼亚、乌干达、马达加斯加和埃及 9 个非洲国家高校的核心能力建设和政策支持。PHEA 对非洲各大学的援助详情见图 1。

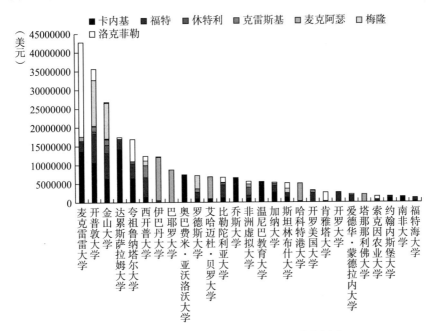

图 1　2000—2010 年 PHEA 对非洲各大学的援助

资料来源：Jonathan Friedman, *Accomplishments of the Partnership for Higher Education in Africa*, *2000 – 2010*, New York：New York University, 2010, p. 106。

---

① Jonathan Friedman, *Accomplishments of the Partnership for Higher Education in Africa*, *2000 – 2010*, New York：New York University, 2010, p. v.

由图 1 可知，2000—2010 年，PHEA 援助最多的是南非的 10 所大学，总金额超过 1 亿美元。这些大学占据 PHEA 受援大学的主导地位，开普敦大学是南非迄今为止最成功的基金赠款获得者，其他受援大学还包括约翰内斯堡大学、南非大学、福特海大学、金山大学、西开普大学、夸祖鲁纳塔尔大学、比勒陀利亚大学、罗德斯大学和斯坦陵布什大学。此外，PHEA 还青睐援助尼日利亚的大学，如伊巴丹大学、巴耶罗大学、奥巴费米·亚沃洛沃大学（Obafemi Awolowo University）、艾哈迈杜·贝洛大学、乔斯大学和哈科特港大学等。最后，乌干达的麦克雷雷大学是 PHEA 所有受赠大学中获得受赠金额最多的大学，总金额超过 4 千万美元。PHEA 七家基金会在这个阶段对非洲高等教育的援助基金项数和金额见表 1。

表 1　2000—2010 年 PHEA 对非洲高等教育援助数额

单位：美元

基金会	项数（个）	总金额	项均金额
卡内基公司	211	132409771	627534
福特基金会	601	109508483	182210
洛克菲勒基金会	305	79371665	260235
麦克阿瑟基金会	107	58615054	547804
梅隆基金会	58	42430576	731562
克雷斯吉基金会	49	21902283	446985
休利特基金会	30	9433500	314450
小计	1361	453671332	333337

资料来源：Partnership for Higher Education in Africa，http://www.foundation-partnership.org/。

由表 1 可知，卡内基公司、福特基金会、洛克菲勒基金会和麦克阿瑟基金会四家 PHEA 发起基金会对非洲高等教育的援助基金项数和金额都明显大于后来加入的梅隆基金会、克雷斯吉基金会和休利特基金会。导致这一结果的原因可能有二，一是各基金会加入 PHEA 的时长不同；二是各基金会援助非洲高等教育的历史传统和自身的援助兴趣不同（见表 2）。

表 2　PHEA 七大基金会的背景比较

项目	洛克菲勒	卡内基	福特	休利特	麦克阿瑟	梅隆	克雷斯吉
总资产	35.90	25.00	105.00	73.80	56.70	54.60	31.00
资产排名	15	20	2	5	9	11	16

项目	洛克菲勒	卡内基	福特	休利特	麦克阿瑟	梅隆	克雷斯吉
总核准基金	1.41	0.97	5.26	2.07	2.44	2.22	1.58
授予基金项	382	210	1487	526	455	463	481
援非基金排名	5	17	1	21	13	14	29
关注非洲高等教育的时间	1913 年	1927 年	20 世纪50 年代	20 世纪70 年代	20 世纪80 年代	20 世纪90 年代	20 世纪90 年代
除高等教育外,关注的其他非洲领域	农业、气候、环境和社会责任、公共卫生、评价实践	图书馆	社区经济前景、民主、权利、正义、教育、创新、自由表达、生殖健康	发展、人口政策、透明度、智库、生殖健康	人权、国际正义、人口、生殖健康	南非政策、环境、人文和艺术	南非政策

注：总资产和总核准基金单位为亿美元，资产排名指美国境内基金会资产排名，援非基金排名指在援非的美国基金会的金额大小排名。

资料来源：Fabrice Jaumont, *Unequal Partners American Foundations and Higher Education Development in Africa*, New York：Palgrave Macmillan, 2016, p. 44。

由表 2 可知，PHEA 基金会成员资产雄厚，在美国各大基金会资产排名名列前茅，且对非洲高等教育关注由来已久。洛克菲勒基金会对非洲高等教育的关注最早（1913 年），迄今已有一个多世纪，关注非洲高等教育最晚的梅隆基金会和克雷斯吉基金会也近有 30 年。上文提及的 PHEA 重点支持的加纳和肯尼亚等 9 个非洲国家的人口总数达 4.59 亿，这意味着 PHEA 直接和间接地为高等教育入学率仅为 3% 的非洲大陆的 410 万学生进入 379 所大学创造了条件。[①]

（三）捐赠者与受赠者地位之间的非对等性

PHEA 有核心资助原则：第一是满足受助大学最迫切的需求，并按照大学自己的定义优先考虑它们的目标；第二，PHEA 确保提案获得了广泛的支持，不仅包括受助大学的领导人的支持，还包括其教职员工的支持，以及教育、财政、卫生和农业等相关政府部门的支持；第三，PHEA 对所有资金和方案决策执行严格的问责制；第四，PHEA 为了解决大学的需求和管理问题，还必须全面考虑供资问题，以及受助大学的人力资源、通

① Jonathan Friedman, *Accomplishments of the Partnership for Higher Education in Africa*, 2000 - 2010, New York：New York University, 2010, p. v.

讯、招聘和管理等问题；第五，PHEA 努力通过海外合作伙伴和顾问为受助大学拓展其国际网络。但在一定程度上，非洲大学匮乏的资源使它们变得脆弱、依赖性强、易受各种利益相关者的影响。尽管捐赠者和受赠者之间可以进行积极的交流，但双方的关系仍然不平等。①

　　值得一提的是，PHEA 的对非高等教育援助还体现出地缘政治投资战略倾向性。影响非洲国家吸引赠款能力的一个重要因素是其官方语言或主要语言。在非洲，按地理区域和说话者总数划分三种使用最广泛的语言是英语、阿拉伯语和法语。这三种语言也是非洲主要的政治和商业用语，相当于英联邦、阿拉伯国家联盟和法语国家组成三个地缘政治集团。尽管非洲以法语为官方语言或主要语言的国家数量超过了以英语、葡语和阿拉伯语为官方语言或主要语言的国家数量，但大部分美国慈善基金会的援助资金流向了以英语为主的非洲国家（详见表 3）。

　　由表 3 可知，美国主要慈善基金会 68% 的援助资金流向了南非（30%）、肯尼亚（29%）和尼日利亚（9%）三个国家。这些以英语为母语的国家不仅接近美国的利益，而且其经济和政治影响力在非洲大陆也极为重要。这些表明美国基金会对非洲高等教育的援助采用了地缘政治投资战略，并沿着前殖民地时期的资源最大化进行投资，特别是有利于英国前殖民地的资源。② 美国基金会的地缘政治投资战略可能并非基于后殖民考虑而定，然而殖民地界限显然是非洲新知识社会之间的明确界限，并且这些界限又因基金会的资助策略而得到加强，进一步区分了非洲高等教育发展的领域。

表 3　2003—2013 年美国基金会赠款获得者的国家和语言分布

英语国家		法语国家		阿拉伯语国家	
国家	赠款金额	国家	赠款金额	国家	赠款金额
南非	$1163607934	加纳	$156604359	埃及	$76968172
肯尼亚	$1140091091	塞内加尔	$91737887	突尼斯	$21242975
尼日利亚	$361595257	埃及	$76968172	摩洛哥	$5258793

---

① Fabrice Jaumont, *Unequal Partners: American Foundations and Higher Education Development in Africa*, New York: Palgrave Macmillan, 2016, p. 68.

② F. Jaumont and J. Klempay "Measuring the Influence of Language on Grant-Making by U. S. Foundations in Africa", *Reconsidering Development*, Vol. 4, No. 1, 2015, pp. 51 – 65.

续表

英语国家		法语国家		阿拉伯语国家	
国家	赠款金额	国家	赠款金额	国家	赠款金额
乌干达	$195968970	毛里求斯	$38725720	苏丹	$2751335
加纳	$156604359	莫桑比克	$38714429	阿尔及利亚	$559876
坦桑尼亚	$106705983	突尼斯	$21242975	索马里	$465406
斯威士兰	$78293737	布基纳法索	$20783750	毛里塔尼亚	$349013
津巴布韦	$70783757	马里	$19958360	利比亚	$309215
毛里求斯	$38725720	卢旺达	$18250044	吉布提	$89781
莫桑比克	$38714429	贝宁	$9846885		
博茨瓦纳	$24073160	马达加斯加	$9504881		
卢旺达	$18250044	刚果（金）	$5987489		
冈比亚	$16593994	摩洛哥	$5258793		
赞比亚	$16288237	喀麦隆	$4717709		
莱索托	$15719521	科特迪瓦	$3193716		
马拉维	$15044200	几内亚	$3188030		
塞拉利昂	$11960510	布隆迪	$2173918		
纳米比亚	$10666509	尼日尔	$2170095	小计	$107994566
喀麦隆	$4717709	乍得	$967412		
		多哥	$842913		
		加蓬	$615910		
		几内亚比绍	$161927		
小计	$3484405121	吉布提	$89781		
		赤道几内亚	$30300		
		中非共和国	$27804		
		小计	$531763259		

资料来源：Partnership for Higher Education in Africa，http://www.foundation-partnership.org/。

三　PHEA 对非洲高等教育援助的成效

2000—2010 年，PHEA 为 65 所非洲大学、25 个地区性研究生培养项目和研究网络投资 4.5 亿美元，使非洲高等教育的重要性日益受到重视，生成了更多关于非洲高等教育尤其是高校的数据和信息，在改善非洲高校的基础设施条件、治理能力和人才培养方面取得了成效。

首先，优化了受助非洲高校的基础设施条件，提高了其信息通信等现代教育技术。PHEA 通过设备现代化和实验室等设施建设，加强非洲高校的物理基础设施，有助于保障高质量的研究。例如，该基金会及其合作伙伴为尼日利亚的伊巴丹大学、奥巴费米·亚沃洛沃大学和哈科特港大学分别建立多学科研究实验室、中心科学实验室和中央行政街区，以此改善这三所大学的人才培养和科学研究工作；为加纳大学的环境科学开发了国家项目并配备了学习资源中心设施；[①] 为肯尼亚的莫伊大学（Moi University）和艾格顿大学（University of Egerton）建立了生物技术实验室，从事粮食安全、环境保护和健康方面的研究工作；为南非的西开普大学（University of the Western Cape）和金山大学（Witwatersrand University）分别建造了新生命科学大楼和新公共卫生学院大楼。此外，PHEA 通过带宽联盟倡议降低了非洲高校使用带宽的费用，提升了校园网络带宽速度，发展了非洲高校管理信息技术网络的能力。PHEA 组建网络运营小组（Africa Network Operators' Group，AfNOG）为 12 所非洲大学和研究机构评估了培训需求，帮助非洲高校网络工程师获得带宽管理、可扩展网络和服务方面的专业技能。[②] 18 所 PHEA 合作大学，包括 6 家尼日利亚合作伙伴，开发了自动化图书馆管理系统。此外，PHEA 通过教育技术倡议使用教育技术改进教学，该倡议具体内容包括部署学习管理系统，开发面向卫生科学、工程和其他领域的数字内容，创建多媒体远程教室，探索远程学习的移动电话和无线电，将学位论文和过去的考试数字化，开发学生电子投资组合，研究性别对教育技术使用的影响，等等。

其次，改善了受助非洲高校的治理能力，提高了受助非洲国家的高等教育入学率和性别平等。PHEA 使非洲受助高校在战略规划、财务管理、质量保证、图书馆自动化、资源动员等方面建立了更加有效的新体系。受助高校治理能力的改善体现在莫桑比克爱德华·蒙德拉内大学

---

① Takiyiwaa Manuh, Sulley Gariba and Joseph Budu, *Change & Transformation in Ghana's Publicly Funded Universities*: *A Study of Experiences*, *Lessons & Opportunities*, James Currey Ltd., 2007, p. 115.

② Alex Twinomugisha, Joseph Magochi and Sandra Aluoch, "Investigation of Bandwidth Consolidation for Partnership Universities", Partnership for Higher Education in Africa, 2004, p. 6.

（Eduardo Mondlane University）启用了权力下放的新行政和财务系统；① 6 所南非大学、1 所加纳大学和 5 所尼日利亚大学通过新的发展机会强化了其筹资能力。PHEA 主要通过促使受助国制定增加边缘化群体上大学的机会的战略来提高其高等教育入学率。例如，南非约翰内斯堡大学通过了第一代黑人会计师认证；尼日利亚伊巴丹大学利用远距教育项目将大学教育机会扩大到边缘化群体；埃及开罗大学建立了新的技能发展专业培训方案和职业咨询中心。受助高校性别平等的提高体现在受梅隆基金会资助的南非女子学院（HERS-SA Academy）通过对非洲女性的高等教育领导力培训，提升了两性平等，使数以百计的非洲妇女受益；在 PHEA 的资助下，麦克雷雷大学和达累斯萨拉姆大学制定了吸引中学和偏远地区的女生的选拔制度，还为奖学金女生获得者建立了校内辅导制度；达累斯萨拉姆大学的女生入学率从 20 世纪 90 年代初的 5% 发展到 2009 年的 30%，尤其是科学、工程和数学类专业的女生入学率提高了。②

最后，扩大了非洲高等教育的政策研究和宣传范围，培养了非洲高层次人才，缓解了下一代非洲学者短缺的危机。2007 年，PHEA 的福特基金会和纽约卡内基公司以及挪威发展合作署（Norwegian Agency for Development Cooperation，NORAD）建立的非洲高等教育研究和宣传网络由南非高等教育改革中心负责运营，研究人员组成来自南非、博茨瓦纳、坦桑尼亚、莫桑比克、加纳、乌干达、毛里求斯和肯尼亚 8 个非洲国家，专门从事非洲高等教育的跨国政策研究。③ PHEA 的福特基金会和纽约卡内基公司资助的大学世界新闻网非洲版已成为非洲高等教育信息的主要媒体来源，它平均每月有 86431 名网站访问者，平均每月被浏览 549005 页。④ HERENA 项目和大学世界新闻网非洲版扩大了非洲高等教育的政策研究和宣传。

PHEA 通过组织非洲大学领导人论坛，缓解非洲大学人才队伍短缺压

---

① Mouzinho Mário, Peter Fry, Lisbeth A. Levey and Arlindo Chilundo, *Higher Education in Mozambique: A Case Study*, James Currey Ltd. , 2003, p. 92.

② Daniel Mkude, Brian Cooksey and Lisbeth Levey, "Higher Education in Tanzania: A Case Study", James Currey Ltd. , 2003, p. 65.

③ N. Cloete and T. Bailey, "Universities and Economic Development in Africa: Pact, Academic Core and Coordination", *Applied Energy*, Vol. 138, No. 2, 2011, p. 110.

④ Nico Cloete and Tracy Bailey, *Universities and Economic Development in Africa*, Capetown: African Minds, 2011, p. 1.

力。例如 2008 年 11 月阿克拉大学领导人论坛之后，23 名非洲大学领导
人承诺解决教师队伍补充体制和国家政策制约问题；南非的大学领袖组
织制定了国家战略框架，大学通过区域网络扩大研究生培养能力；尼日
利亚伊巴丹大学教授人数从 2001 年的 50 人增加到 2007 年的 62 人，并且
为青年教师提供了海外培训和回报率为 100% 的重返社会补助金，巴耶罗
大学和哈科特港大学分别支持各自的 20 名和 63 名教员攻读博士学位，提
高教师队伍资历；马达加斯加塔那那利佛大学工作人员发展和学术联系
项目（Staff Development and Academic Linkages Program）通过资助初级教
员提高其教员的素质。

四　PHEA 对非洲高等教育援助的不足

（一）合作目标模糊，联合资助边界不明

　　成立伊始就缺乏明确的合作目标是 PHEA 组织自身最大的不足。
PHEA 七家基金会的总裁们认为 PHEA 的合作目标不应该太具体，而且
觉得一般的统辖性计划本质上应该具有泛化的模糊目标。因为如果目标
太狭窄，那么可能很难找到在这方面已经有自己目标的基金会；此外，
目标过于具体，PHEA 各成员基金会强化非洲高等教育的创造性措施会
受限。由于 PHEA 合作伙伴关系的目标缺乏明确性，在 PHEA 成立早
年，其成员花了很多时间来弄清楚如何实现模糊的"强化非洲高等教
育"目标。① 模糊的合作目标对 PHEA 管理人员的管理职能和执行职能
造成了一定的困扰和负面影响。正如福特基金会前高级项目官员乔治·
巴兰（Jorge Balan）所说，"总裁希望制定一项关于非洲高等教育的政
策，但他们并没有就他们希望看到或看不到的内容提供很多指导，工作
人员应该向总裁提出想法。每个人都在试图取悦总裁，但他们不确定总
裁想要什么"。②

---

① S. Parker, "Lessons from a Ten-Year Funder Collaborative: A Case Study of the Partnership for Higher Education in Africa", Carnegie Corporation of New York, 2010, p. 32.

② Ronald J. Grele, "Carnegie Corporation of New York Oral History Project the Reminiscences of Jorge Balan", Columbia Center for Oral History Columbia University, 2013, p. 45.

然而，PHEA 的主要优势是集中各个基金会的力量，实施超出单一基金会能力的重大联合援助项目，例如：带宽联盟计划。这时候模糊的合作目标和有限的联合援助资金使得资助活动的开展遭遇困难。梅隆基金会高级顾问斯图尔特·桑德斯（Stuart Saunders）认为"如果有清晰的合作目标和更多真正共同援助的项目，那么 PHEA 的合作关系本来可以得到改善"。① 它们本来可从更明确和具体的目标受益，确定合作意味着什么。此外，虽然 PHEA 从广义上是支持和强化非洲高等教育的，但实际上它主要侧重于支持个别高等教育机构，从而导致其影响力受限。

（二）沟通协调机制缺失，联合援助影响力有限

PHEA 七个成员横跨五个时区和两个大陆，在 9 个国家开展合作，而且每个基金会由多名项目人员组成，各基金会之间存在巨大的天然文化差异，这种工作状态决定了其每次集体决策都是一项复杂的协同工作。福特、休利特和梅隆实行分权管理模式，总裁仅给予员工泛化的援助项目执行指导。麦克阿瑟和卡内基偏向集权管理模式，这两个基金会有严格的文化控制，总裁们密切地参与决策。集权管理模式和分权管理模式产生的文化差异使 PHEA 各个基金会内部、基金会之间以及 PHEA 与受助方之间天然地存在沟通问题。然而，由于 PHEA 创始总裁们对沟通和协调机制"官僚主义"和"运作差"的认知，② PHEA 没有建立协调机制。

在各个基金会内部和各个基金会之间，沟通协调机制的缺乏导致工作人员无法向同事传达正在做的事情，或者分享可能已经成熟的联合资助提案。麦克阿瑟基金会的项目官员科尔·谢蒂玛（Kole Shettima）说，"我希望我对尼日利亚其他基金会所做的一些工作有更多的了解。然而，我总是很难知道发生了什么事。虽然我们在同一个国家，但没有那么多的合作。也许我应该试着更多地了解他们想要做的事情"。③ 此外，沟通协调机制的缺位也导致了 PHEA 的外部合作伙伴范围受限。2004 年和 2008 年的评

---

① S. Parker, "Lessons from a Ten-Year Funder Collaborative: A Case Study of the Partnership for Higher Education in Africa", Carnegie Corporation of New York, 2010, p. 34.

② S. Parker, "Lessons from a Ten-Year Funder Collaborative: A Case Study of the Partnership for Higher Education in Africa", Carnegie Corporation of New York, 2010, p. 34.

③ Megan Lindow, "Weaving Success: Voices of Change in African Higher Education", https://www.iie.org/Research-and-Insights/Publications/Weaving-Success-PHEA, Accessed 2020 - 09 - 02.

估报告显示，PHEA 与非洲各国政府、非洲领导人和世界银行等国际捐助者的接触有限。2008 年的评估报告结论是："PHEA 的召集力尚未扩大到与非洲政府官员的充分接触。在国家级别，特别是地区性或整个非洲大陆的援助活动中，只有少数国家的政府代表参加。"① 外部合作范围受限甚至导致受助者组织并不总是知道其收到的资金是"PHEA"资金。结果，PHEA 在非洲并不具有很高的知名度。提高知名度可以使 PHEA 在非洲具有更大的合法性，尤其是其主要目标之一是利用影响力来提高高等教育在非洲的受重视程度。

（三）评估体系和退出机制缺位，联合援助可持续性不强

尽管个别基金会拥有自己的内部评估和监测体系，并且合作伙伴关注相关赠款，但 PHEA 没有完善的评估和监测系统来评估联合和单个基金会的援助效率。PHEA 执行了针对 2000—2006 年非洲受助大学援助工作的中期审查，尽管审查工作对提高援助效率有帮助，但审查没有超出 2006 年，当时许多 PHEA 项目才刚开始取得成果。此外，PHEA 也没有正式的机制来分享单个基金会执行的评估。因此，虽然 PHEA 能够计算它的整体资助金额，单个基金会或成对的基金会或也能展示各自具体的援助金额，但对七家基金会的援助效率做出全面判断非常困难。由于缺乏援助成效数据，项目官员很难向总裁们展示联合援助的价值。

2008 年，PHEA 的联合主席决定结束合作援助伙伴关系。起初，他们计划在两个月内关闭它。后来 PHEA 的资深成员说服了 PHEA 联合主席继续合作，两年后 PHEA 还是没有摆脱正式结束的命运。理论上，PHEA 的合作援助关系在没有协调机构的基础之上是难以持续发展的，特别是在基金会出现新的优先资助事项时。因此，需要建立援助合作伙伴关系的"退出机制"，考核和评估援助资金的援助效果，对于援助效果好的给予奖励和支持；对于效果不明显的，进行整改和处理。让援助政策和援助资金成为撬动和改善非洲高等教育的杠杆，而不能成为依赖。

---

① Suzanne Grant Lewis, Jonathan Friedman and John Schoneboom, "Accomplishments of the Partnership for Higher Education in Africa, 2000 – 2010: Report on a Decade of Collaborative Foundation Investment", http://www. foundation-partnership. org/pubs/pdf/accomplishments. pdf, Accessed 2020 – 09 – 02.

五　PHEA 对非洲高等教育援助的启示

PHEA 的发展历程、取得的成效及其自身的不足为类似合作伙伴更好地开展国际高等教育援助带来了以下三点启示。

（一）制定明确的合作目标，利用联合资金开展合作援助活动

PHEA 成立时制定了"强化非洲高等教育"的模糊目标。虽然任何自上而下的倡议都可能以模糊的目标开始，但在援助合作开始时花时间规划具体的援助领域以实现具体目标是有益的，而且可能更有效。制定明确的援助目标将为开展援助工作的人提供共同倡议，并使他们保持积极性，走上实现目标的轨道。

借助共同倡议，依托联合资金，开展合作援助，提高合作援助效率。在合作开始时，合作组织提出共同倡议，确定共同的项目进行合作，有助于说服各基金会成员共同投资，促成合作援助，促进各基金会成员将它们共同的资金、知识和力量用于实际的援助活动。此外，执行共同倡议有助于更快地实现合作的价值，并证明以这种方式开展合作的时间和费用是合理的。联合资金能为合作组织提供有效的方式为联合活动筹集资金，并定期向赠款对象提供资金，提高援助效率。在共同倡议和联合资金都具备的情况下，合作援助才能提高援助效率，也可以减轻受助者的负担，因为它们只需要向合作组织秘书处提交一份报告，而不是向不同的基金会成员提交多份报告。

（二）建立沟通协调机制，畅通合作组织内外部的沟通，建立广泛而深入的伙伴关系

为了避免合作组织内外沟通受阻以及合作范围受限，保证合作伙伴内外部有效沟通，扩大合作伙伴关系的范围，很有必要建立协调机制，充分运用合作援助务虚会、联合资金、共同倡议等形式，组织协调和促进合作组织内部与外部的沟通和协调，在合作伙伴内外部建立信任关系，对一些重大的合作援助问题进行咨询论证。协调机构在确立协调理念、明确协调方向之后，为了协调合作组织内部和外部受助机构的关系，实现合作伙伴组织与受助组织的有效对接，提高援助效率，需要整合各方

力量，与受助组织、NGO 以及当地政府机构建立广泛而深入的伙伴关系。如果合作组织与非洲当地政府、世界银行等其他捐助者以及联合国等非政府组织有更多的接触，形成多元参与，其援助就会更加有效，合法性和影响力也会得到保障。

（三）构建合作组织援助效果评估体系，制定退出机制，保障合作援助可持续发展

构建合作组织援助效果评估体系衡量合作组织的工作，有利于清楚地了解援助合作工作的效果和影响。援助合作组织应该在一开始就建立援助效果评估数据库，并定期对其进行调整，为援助合作组织成员提供其资金去向和资金使用情况的关键信息。此外，仅仅构建援助效果评估数据库是不够的，它需要随着合作时间的推移加以改进，还需要不断监测和评价其赠款，看看它们是否实现了工作目标。虽然 PHEA 也执行了援助活动的中期审查，但这种审查没有涵盖它以往的合作工作。如果一开始就没有建立持续的监测和评估数据库，就很难知道大型援助项目的效果和影响。花时间收集和监测援助数据有助于新老合作成员掌握援助的绩效和影响，做出中期更正，改进援助工作。

建立对非高等教育援助合作组织退出机制是合作援助的重要内容之一，只有建立合作组织退出机制，才能真正地形成合作援助机制的完整体系。假如没有合作组织退出机制，就无法衡量对非高等教育援助的效果，合作组织退出援助是援助非洲高等教育的最终目的和最终目标。但退出要有条件，达到条件后，合作方才能退出。最理想的退出时机是受助对象已经独立了，或者受助对象仍然处于发展状态，但是援助支持对其发展的影响已经微乎其微，受助对象不会因为合作方的退出而受到重大的利益损害。因此，在评估体系基础上建立并运行退出机制，才能保障合作援助的可持续发展。

【责任编辑】 王珩

社会文化与教育

非洲研究　2021 年第 1 卷（总第 17 卷）

第 155－174 页

SSAP ©，2021

尼日利亚高等教育发展：成效、困境和思考

陈嘉雷　　刘鸿武

【内容提要】 高等教育是推动一个国家或地区经济社会发展的重要力量。近代以来，以尼日利亚为代表的非洲国家高等教育逐渐从依附西方走向独立自主，对推动现代国家发展起到积极作用。出于历史和现实原因，当前尼日利亚高等教育面临区域间发展不平衡、政府部门过度干预、人才外流严重、疾病与恐怖主义威胁等问题。为此，尼日利亚联邦政府应进一步增强独立自主意识，增加院校数量，扩大办学规模，完善学科和专业建设，健全校际及国际教育合作体系，从而提升国民素质，促进统一多民族国家建构，并进一步推动本地区文化发展与知识复兴，确保教育与社会协调可持续发展。

【关键词】 尼日利亚；高等教育；教育政策

【作者简介】 陈嘉雷，浙江师范大学非洲研究院博士研究生（金华，321004）；刘鸿武，教育部长江学者特聘教授，浙江师范大学非洲研究院院长，教授，博士生导师（金华，321004）

教育是一个国家、一个民族发展的根基和根本动力之一，高等教育更是一个国家发展水平和发展潜力的重要标志，教育兴则国家兴，教育强则国家强。① 非洲是全球高等教育起步较晚、发展较落后的地区之一，尼日利亚作为本地区人口最多、体量最大的经济体，其国家发展脉络和教育发展历程在非洲大陆具有一定代表性。尼日利亚高等教育起源于 20

---

① 《习近平：在北京大学师生座谈会上的讲话》，新华网，2018 年 5 月 3 日，http://www.xinhuanet.com/2018－05/03/c_1122774230.htm。

世纪初，1906 年尼日利亚第一个技术学校——测量学校在拉各斯成立，①
百余年间尼日利亚高等教育历经殖民统治时期、国家独立初期、20 世
纪八九十年代和第四共和国成立以来四个主要发展阶段。尤其在 1999
年第四共和国文官政府上台后，尼日利亚国家政局趋稳，经济发展向
好。历届联邦政府因应国家发展状况与时代发展潮流，在国家发展纲领
性文件中均制定了专门的高等教育发展政策与施政目标，并相继发布三
部《国家教育政策》，高等教育发展扎实稳步推进，截至 2018 年尼日
利亚总计有各类高等教育机构 600 余所。经过百余年发展，今天的尼日
利亚已形成综合性大学、理工院校与师范院校三者为核心的高等教育体
系，高等教育规模日益扩大，质量有所提升，在一定程度上推动了国家
经济进步、社会稳定与文化复兴，并为统一多民族国家建构提供了有力
保障。

一 高等教育对尼日利亚现代国家发展的作用

教育是民族振兴和社会进步的重要基石，教育推动国家整体发展的
关键在于施行与本国、本地区相契合的教育政策。一百多年来，尼日利
亚高等教育曾因应国家发展现实需求而兴，也因与国内国际政治、经济
环境相悖而衰，发展历程艰难曲折。独立以来，尤其是进入 21 世纪后，
高等教育对尼日利亚现代国家发展的作用主要表现于提升国民知识文化
素质、推动教育与社会世俗化进程、促进民族国家观念形成和服务国家
发展能力建设四个方面。

（一）提升国民知识文化素质

教育是促进个体知识养成与实现社会整体发展的重要动力，随着国家
经济能力的增强和民众文化需求的旺盛，国民受教育水平理应得到发展提
升。国家独立之初，尼日利亚国民受教育程度普遍较低，仅有少部分生活
于拉各斯、卡诺、卡杜纳等重要政治或商业城市的社会中上阶层、知识分
子及政府官僚家庭子女有机会获得西式正规教育，全国初等和中等教育入

---

① 楼世洲：《尼日利亚高等教育研究》，中国社会科学出版社，2009，第 41 页。

学率分别不足 40% 和 5%。^① 为此，联邦政府在这一时期着力于发展基础教育，并通过国家教育发展规划、国家课程会议、全国教育研讨会及普遍基础教育政策等一系列专题会议与政策文件完善国家教育体系，提高民众识字、算术等基本文化素养。到 20 世纪八九十年代，随着尼日利亚基础教育辐射面的拓宽，受众的增加和入学率的提升，政府开始更多着眼于后基础教育阶段发展，其中高等院校作为培养知识分子和科技人才的重要平台，尤受国内教育部门与国际社会瞩目。当前，尼日利亚已建有数百所高等学府，形成了以综合性大学、理工学院与教育学院为三大主体的高等教育人才培养体系，自 21 世纪初起尼日利亚高等教育录取率一直维持在 10% 左右水平。^② 从长远看，高校学生群体规模的不断扩大，社会大众受教育水平的逐步提升，将进一步激发高知群体个体潜能，为尼日利亚这个平均年龄不到 20 周岁、14 岁以下人口占比逾四成的年轻非洲大国创造更多发展活力。

（二）推动教育与社会世俗化进程

世俗化是一个国家或地区宗教力量不断"减弱"和"衰退"的过程，宗教与政治、法律及教育相分离被认为是社会世俗化的三大主要内容。^③尼日利亚 2 亿多人口中，50% 信奉伊斯兰教，40% 信奉基督教，10% 信仰其他宗教，^④ 信仰多元，格局复杂。独立后国内基督徒和穆斯林人口相当，宗教日益政治化，一定程度上成为族群暴力对抗和政治领导人利益角逐的诱因和工具，给尼日利亚国家发展带来诸多不安定因素。

---

① The World Bank, "School Enrollment, Primary（% gross）- Nigeria", The World Bank Data, https://data. worldbank. org/indicator/SE. PRM. ENRR？locations = NG；The World Bank, "School Enrollment, Secondary（% gross）- Nigeria", The World Bank Data, https://data. worldbank. org/indicator/SE. SEC. ENRR？locations = NG.

② 截至 2018 年底，尼日利亚共有联邦、州立和私立综合性大学 170 所，在校学生 204 万人，其中包括 179.8 万名本科生和 24.2 万名研究生。National Universities Commission, *Nigerian University System Statistical Digest 2018*, *Table 1.1: List of approved Universities by Ownership and Year of Establishment*, *2018*, Abuja: Sterling Publishers, 2019, pp. 2 – 5；National Universities Commission, *Nigerian University System Statistical Digest 2018*, *Table 3.10: Total Enrolment（Undergraduate and Postgraduate）/ Percentage Female*, Abuja: Sterling Publishers, 2019, pp. 70 – 74.

③ 邱永辉、欧东明：《印度世俗化研究》，巴蜀书社，2003，第 6 页；李福泉：《中东世俗化的阶段及特点》，《宁夏社会科学》2010 年第 1 期，第 75 页。

④ 《尼日利亚国家概况》，中华人民共和国外交部，2020 年 10 月，https://www.fmprc.gov.cn/web/gjhdq_676201/gj_676203/fz_677316/1206_678356/1206x0_678358/。

　　严格意义上讲，现代西式正规教育正是伴随着基督教在尼日利亚当地传播而产生的，但由于教义内容不同，基督教与伊斯兰教对待教育的态度大相径庭，致使近代以来国家南北教育发展水平差距明显。值得庆幸的是，独立后现代高等教育体系在尼日利亚广泛推行，促使高等教育与宗教剥离。历届联邦政府高度重视各级各类教育发展，注重公立高等院校布局的地域平衡，主张不分性别、宗教与民族给予所有学龄儿童平等的受教育机会，并有意识地培养更多优秀女性参与国家政治和社会事务。在高等教育领域，高校女性本科生和研究生占比分别为 44% 和 37.93% ,[1] 担任高等院校领导岗位（包括名誉校长、校长、教务长、财务主管或图书馆馆长）的女性占比达 16.63% ,[2] 女性知识分子群体的不断壮大和社会地位的逐步提升缓解了因历史文化、宗教传统导致的性别不平等现象，推动尼日利亚教育世俗化和国家现代化发展。

（三）促进民族国家观念形成

　　尼日利亚政府重视民族团结与民族融合，将提升受教育者统一国家观念和促进现代尼日利亚民族国家建构视为高等教育人才培养的重要职能之一，并出台一系列政策文件旨在强化高等教育的巩固国家统一功能，推动各地区教育均衡发展。[3] 独立以来，尼日利亚各区、各州高度

---

①　National Universities Commission, *Nigerian University System Statistical Digest 2018*, *Table 3. 1: Undergraduate Enrolment (Headcount) by Gender*, Abuja: Sterling Publishers, 2019, pp. 54 – 57; National Universities Commission, *Nigerian University System Statistical Digest 2018*, *Table 3. 8: Postgraduate Enrolment/Percentage Female*, Abuja: Sterling Publishers, 2019, pp. 66 – 69.

②　National Universities Commission, *Nigerian University System Statistical Digest 2018*, *Table 2. 8: University Leadership by Gender*, Abuja: Sterling Publishers, 2019, pp. 40 – 50.

③　1975 年的《第三个国家发展计划》提出，扩大各级各类学校和教育基础设施建设，使全国范围内不同地区的学龄青少年都能获得相同的受教育机会。参见 Federal Ministry of Economic Development, *Third National Development Plan 1975 – 80*, *Vol. 1*, Logos: Federal Government Printer, 1975, p. 245。1978 年的《新国家教育政策执行委员会报告》指出，应使大学教育成为实现国家团结的工具，并建议每一所高等院校都应在全国范围招收学生，以实现学生多元化及不同地区学生融合发展。参见 Federal Republic of Nigeria, *Implementation Committee for the New National Policy on Education Blue Print*, Logos: Federal Government Printer, 1978, p. 98。1981 年第二版《新国家教育政策执行委员会报告》则列出增强教育包容性和多元文化包容度、均衡布局新建高等院校、高校招生面向全国范围、区域间院校结对、开设国家历史文化必修课程五项具体措施。参见 Federal Republic of Nigeria, *National Policy on Education (Revised)*, Logos: Federal Government Press, 1981, p. 24。

重视本地人才培养，各二级行政区均建有若干所综合性大学和理工学院。这是为培养本地人才以便妥善地处理地区事务，同时也为其在联邦政府中获得更高职位创造条件，以期为本地区谋得更多政治话语权与经济利益。

其一，高校突破地域限制面向全国招收学生。20 世纪 70 年代末，联邦政府在国立院校推行招生配额制度，根据学校类型的不同，对不同地区学生的招收数量也有所差异。但在地方政府、高校行政团队及社会舆论导向等多重压力之下，这一政策并未得到有效落实，各地区高等院校的本地区学生占比均高达八成左右。[①]

其二，开设介绍本国历史文化的通识课程。历部《国家教育政策》均指出，尼日利亚教育的首要目标是向受教育者灌输民族团结意识，培养受教育者统一国家观念。但调查显示，尼日利亚全国 95% 的中等及以上学历者对本国历史知之甚少，[②] 为此，高等教育阶段增加了"独立以来尼日利亚历史"与"尼日利亚与外部世界"两门必修通识课程，学生须获得相应学分方可毕业。

其三，组建国家青年服务团。联邦政府要求全国所有高校毕业生在 30 岁前服从国家安排到不同地区政府行政部门连续服务 12 个月，以利于学生真切认知国家发展现实状况，同时通过日常工作交往他们将增进彼此了解，强化合作意识，为年轻一代的统一民族国家观念塑造创造有利条件。

（四）服务国家发展能力建设

世界银行一项调查研究显示，若一个国家亟须推进科学技术发展，至少需有 1/3 以上高校学生就读理工类专业。[③] 尼日利亚高度重视应用类学科建设与人才培养，尤其在 20 世纪 70 年代国际油价快速上涨背景下，

---

① Federal Ministry of Education, *Guidelines on Admission into Federal Universities*, Abuja: Spectrum Books Limited, 1981, p. 148.

② A. Sofolahan, *The Philosophy of Nigeria's National Policy on Education*, Lagos: Federal Ministry of Education, 1987, p. 111.

③ The International Bank for Reconstruction and Development, World Bank, *Putting Higher Education to Work: Skills and Research for Growth in East Asia*, Washington D. C.: World Bank, 2011, p. 16, https://openknowledge. worldbank. org/bitstream/handle/10986/2364/649520R EPLACEM01547B009780821384909. pdf? sequence = 1&isAllowed = y.

联邦政府相继成立国家科学技术发展局（1972 年）、科技人才与科学教育工作委员会（1972 年）、国家技术教育委员会（1977 年）等机构，以提升应用型人才培养能力，强化国家工业化水平。经过数十年的发展，尼日利亚现已建成包括理工大学、农业学院、医疗卫生学院、多科技术学院、企业职业培训学院、企业创新研究院和专业技术教育机构在内的立体多元的高等技术教育体系。①

近年来，随着国家技术教育委员会机构体系的日渐规范，其助力尼日利亚应用型学科发展与人才培养的职能日益凸显。委员会主要负责向联邦教育部提供高等职业技术教育发展政策建议；向国家人力资源委员会、工业培训基金会等机构提供专业技术人员供求、人力资源培训等信息；制定国家技术教育标准；检查各职业技术教育机构教学水准和学生达标情况；整理出版职业技术教育相关书籍等。② 逐渐在普通民众中树立起重视技术、尊重技术、欣赏技术的氛围，有助于增强专业技术人才的社会地位和职业认可度，推动职业技术教育的发展繁荣，提升国家科技水平、工业化能力与综合国力。到 2007 年奥巴桑乔执政末期，尼日利亚每年约有 40 万学子入读各类高等技术类院校，在读学生总计逾百万人。③

---

① 当前，尼日利亚全国共有 134 所理工大学、33 所农业学院、50 所医疗卫生学院、123 所多科技术学院、78 所企业职业培训学院、150 所企业创新研究院和 31 家国家技术教育委员会批准的专业技术教育机构。详见 NBTE, *Directory of Accredited Programmes Offered in Polytechnics, Technical and Vocational Institutions in Nigeria* (21st *Edition*), Kaduna：National Board for Technical Education, 2019, https：//net. nbte. gov. ng/sites/default/files/2020 – 02/2019% 20DIRECTORY. pdf。

② 参见 Federal Republic of Nigeria, *National Board for Technical Education Act* (*Decree No. 9, 1977*), *Section 5, Functions of the Board*, Lagos：Federal Ministry of Information, January 11th, 1977, pp. 10128 – 10129; Federal Republic of Nigeria, *National Board for Technical Education* (*Amendment*) *Decree* (*Decree No. 8, 1993*), *Section 5, Supplement to Official Gazette Extraordinary*, No. 1, Vol. 80, January 20th, 1993, Part A, p. A72, https：//net. nbte. gov. ng/sites/default/files/2018 – 03/NBTE% 20Establishment% 20ACT% 201977% 20% 26% 20amendment% 20decree% 208% 201993. pdf。

③ NBTE, *Digest of Statistics of Technical Vocational Education and Training* (*TVET*) *Institutions in Nigeria*：2014/2015, Kaduna：National Board for Technical Education, 2017, https：//net. nbte. gov. ng/sites/default/files/2018 – 02/DIGEST% 20OF% 20TVET% 20INSTITUTIONS% 20STATISTICS% 20IN% 20NIGERIA% 202014 – 15. pdf。

二　尼日利亚高等教育发展面临的挑战与成因分析

现阶段尼日利亚高等教育发展尚存在区域间发展极不均衡、联邦政府政策制约、优秀人才外流日益严重、疾病与恐怖主义持续威胁等诸多问题，阻碍了高等教育规模与质量向前推进。

（一）区域间教育发展极不均衡

一定的教育是由一定的生产关系决定的，但归根结底决定于生产力发展水平。① 尼日利亚幅员辽阔，国内不同区域、不同州经济发展水平不一，客观上造成了各地区教育资源分配不均衡及教育发展程度不一。

这种显著差异一方面是自然地理条件差异与自然资源分布不均造成的。尼日利亚境内山川河流众多，地形结构复杂，② 不同的气候环境造就了各异的自然资源禀赋，对当地经济社会发展均具有重要影响。但另一方面此种差异更大程度上是人为因素造成的。其一，地区主义与部族主义观念蔓延。国家独立前夕，英殖民政府通过宪法强行引入所谓西式民主政治，并将尼全境划分为北区、东区和西区，鼓励各地区组建民族主义政党，各自为政，造成区域间政治、经济、教育文化发展隔阂，更阻碍了尼日利亚统一多民族国家建构。其二，联邦政府政策偏袒。国家独立后，中央和各州政府考虑到城镇人口规模、工商业发展水平等因素，延续殖民地时期的大中城市重点发展策略，加剧了城乡间社会经济、教育文化不均衡。

一个地区的教育能力与当地经济水平密切相关，上述诸因素导致尼国内各地区发展差距悬殊。从地区国民生产总值看，拉各斯州（1500 亿美元）约为索科托州的 6.7 倍（223.8 亿美元）；从人均国民收入看，阿

---

① 中共中央马克思恩格斯列宁斯大林著作编译局编《马克思恩格斯选集》第一卷，人民出版社，2012，第 418 页。

② 尼日利亚全境由东北向西南大致可划分为萨赫勒地带、热带稀树草原和热带雨林三个自然区。参见〔尼日利亚〕留本·克·乌多《尼日利亚地理区》，中国科学院地理研究所英文翻译组译，商务印书馆，1978，第 21 页。

布贾联邦首都区（7694.9 美元）是卡齐纳州的近 20 倍（400 美元）；[1] 从
识字率看，经济发展水平较高的拉各斯州达 92%，末两位的博尔诺州和
卡齐纳州仅为 14.5% 和 21.7%。[2] 地区间经济水平差异同样表现于高等
教育发展方面。尼日利亚北部地区占全国总面积 70% 以上，人口约占六
成，但规模万人以上高校仅占 42%（见表 1）。西南部约鲁巴人聚集区重
视教育，加之经济社会长期稳定发展，基础教育普及率较高，建成了包
括拉各斯大学、伊巴丹大学在内的规模最大的高等教育系统，高等教育
在校学生 32.6 万人，占全国的 21.4%。[3]

表 1　2018 年尼日利亚各地区综合性高校规模万人以上学校数量

地区	东北部	中北部	西北部	东南部	西南部	南部
学校数量	8 所	8 所	5 所	9 所	13 所	7 所

资料来源：National Universities Commission, *Nigerian University System Statistical Digest 2018*, *Table 3.1: Undergraduate Enrolment（Headcount）by Gender*, Abuja：Sterling Publishers, 2019, pp. 54 – 57。

（二）联邦政府的政策制约

教育与政治关系密切，从根本上来说，政治作为一种上层建筑，从各
方面对教育发展进行指导，包括决定教育的领导权，限定受教育者的范围，
确立教育目的与宗旨，制定教育政策与教学主要内容等。同时，相较于其
他类别与其他层次教育，高等教育具有一定能动性，主要表现于大学自治
与学术自由两方面。这种源自于西方的大学治理和治学理念伴随着现代高
等教育的兴起和向全球传播，但包括尼日利亚在内的绝大多数教育欠发达
国家，其各级各类教育发展依旧深受国家政治影响与政府政策制约。

回顾尼日利亚高等教育的发展历程，可以说其既无大学自治的历史传
统，又无高等院校自主运营管理的现实政策环境与社会经济基础。殖民统

---

[1] National Bureau of Statistics, *Nigerian Gross Domestic Product Report*, Abuja：NBS, August 2020, https://nigerianstat.gov.ng/download/1143.

[2] UNESCO, *High Level International Round Table on Literacy*, *Reaching the 2015 Literacy Target：Delivering on the Promise*, *Action Plan Nigeria*, Paris：UNESCO, 2012, pp. 2 – 3, http://www.unesco.org/new/fileadmin/MULTIMEDIA/HQ/ED/pdf/Nigeria.pdf.

[3] National Universities Commission, *Nigerian University System Statistical Digest 2018*, *Table 3.1：Undergraduate Enrolment（Headcount）by Gender*, Abuja：Sterling Publishers, 2019, pp. 54 – 57.

治时期，英国当局相继颁布了 9 部涉及教育系统管理与教育发展规划的政策文件，[①] 虽一定程度上推动了尼日利亚现代教育体系的建成，培养了一批具有民族觉醒意识和社会治理能力的知识分子和政府官员。但殖民地教育政策落实和殖民地教育事业发展的根本目的是通过教育笼络精英人才与本地官员，行殖民统治和社会管理之便，并使受教育者通过学习西方知识与西方文化在思想观念和生活习惯上产生对西方的依附与依赖。国家独立后，联邦政府并未放松对国家教育的管控。基础教育领域，中央政府通过制定统一课程规划，完善基础教育阶段学制，实行普及基础教育政策加以弥补和推进。高等教育领域，联邦政府综合考虑国家财政、高教能力、校园设施、师生水平等因素，采取国家统一规划和高校有限自主管理相结合的模式，对高等教育的干预主要表现于发展政策制定与办学财政补贴分配两方面。

首先，高等教育发展政策制定方面，国家独立至今，尼日利亚联邦政府相继在国内施行《阿什比委员会报告》、42 部军政府教育法案（法令）[②] 及 6 部《国家教育政策》[③]，主要涉及提高等院校数量与体量，健全高等教育学科与专业体系，改善高等院校基础设施建设，提高教师教学与科研水平，提升学生职业和创新技能，制定国家最低教育标准，等等。这些政策和制度的落实，虽在一定程度上有助于高等教育的整体发展，但更多时候尤其是强权军政府统治时期，被沦为表现统治集团权威和统治者个人意志的附属品。其次高等院校办学财政补贴分配方面，当前尼日利亚高等院校办学经费来源主要包括政府支出、学校自筹和外部援助三类，其中联邦政府及其下设国家大学委员会与联邦教育信托基金支出占绝大部分（见表 2）。同时，根据学校占地面积、校区数量、招生规模、所涉专业和办学类型不同所获资助额度差异较大。[④] 联邦政府对各类高等院校的高额

[①] 这 9 部文件分别为：《1882 年教育条例》《1887 年教育条例》《卢加德政府教育政策》《1916 年教育条例》《斯托克斯委员会报告》《英属热带非洲教育政策报告》《1926 年教育法案》《伊利亚特委员会报告》《阿斯奎斯委员会报告》。

[②] Legal Practitioners, *Chronology of Nigerian Statutes*, Logas：ABFR & CO, http://abfrco.com/.

[③] 六部《国家教育政策》（National Policy on Education）相继发布于 1977 年、1981 年、1988 年、2004 年、2007 年和 2013 年。

[④] 2019 年度财政补贴最多的综合性大学尼日利亚大学、理工类大学阿克雷联邦理工大学和教育类大学艾文·伊库教育学院分别获 178.9 亿奈拉、57.5 亿奈拉和 50 亿奈拉资助。参见 Federal Republic of Nigeria, 2019 *Appropriation Bill*, Abuja：Budget Office of the Federation, 2019, pp. 909 - 912, https://budgetoffice.gov.ng/index.php/2019 - budget/2019 - budget/download。

补贴，一方面推动了国家高等教育的快速发展，防止高校因资金短缺丧失办学积极性和教学科研活力，另一方面也为国家高等教育规模扩大和招生人数增加提供了有力保障。但经济上的严重依赖使高等院校在管理运行方面不得不受制于联邦政府，政府对学校领导层任命、发展规划制定、学科体系建设、师生能力考核等均占据较大话语权与主导权。

表2　尼日利亚高等院校办学经费来源

经费项目	经费来源	所占比重
学校日常管理经费	政府补贴	45%
	学生学费	49%
	学校投资收入	6%
校园建设经费	政府补贴（国家大学委员会）	68%
	政府补贴（联邦教育信托基金）	12%
	私人捐赠	10%
	学校投资收入	4%
	其他	6%
教职员工薪资	政府补贴	98%
	其他来源	2%

资料来源：NUC，2001－2002，转引自 Omolade Oluwatoyin Akinsanya，"Financing Higher Education in Nigeria"，*International Journal of African & African American Studies*，Vol. VI，No. 1，Jan 2007，p. 70。

（三）优秀人才外流日益严重

国家和地区间人口流动作为全球人员交往与社会融合的人口地理现象，对迁入地和迁出地的政治结构、社会经济、人文环境均具有一定影响。非洲国家独立至今正经历继大西洋奴隶贸易以来的第二波人口迁徙高峰，据不完全统计，1960—1989年非洲国家出走的医生、护士、律师、工程师、科学家、学者等高技能人才共约12.7万人，[①] 1990年至今非洲

① 参见 S. A. Adesote，"A Comparative Study of the African Diasporas' Contribution to the Development of and Their Integration in the United States and the United Kingdom"，*The IUP Journal of International Relations*，Vol. XI，No. 2，2017，p. 1 – 13；M. A. El-Khawas，"Brain Drain：Putting Africa between a Rock and a Hard Place"，*Mediterranean Quarterly*，2004，Vol. 15，No. 4，pp. 37 – 56；A. Fadayomi，*The Social Cost of Migration in Africa*，Ibadan：Macmillan Publishers，2009，p. 4；R. U. Oyelere，"Brain Drain，Waste or Gain？What We Know about the Kenyan Case"，*Journal of Global Initiatives*，Vol. 2，No. 2，2007，p. 116.

损失了将近 13% 的人力资本，其中包括每年出走约 2 万名高学历、高技能人才，[①] 非洲也因此被称为 "流动的大陆"。作为非洲人口最多，高等教育发展规模最大的国家，尼日利亚长期面临优秀人才外流困扰。1960 年尼日利亚移民至非洲以外国家者仅 3 万余人，2000 年这一数字增至 36.7 万人，[②] 2017 年更是超过 77.8 万（见图 1）。

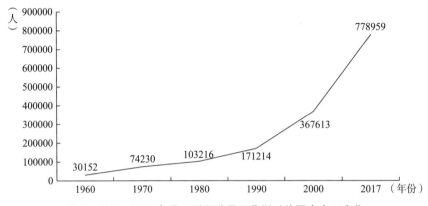

图 1　1960—2017 年尼日利亚移民至非洲以外国家人口变化

资料来源：笔者根据世界银行相关数据整理所得，参见 The World Bank, *Global Bilateral Migration Database 1960 – 2000*, https://databank. worldbank. org/reports. aspx? source = global-bilateral-migration#; World Bank Migration and Remittances Data, *Bilateral Estimates of Migrant Stocks in 2017*, The World Bank, November 16th, 2017, https://www. knomad. org/sites/default/files/2018 – 04/bilateralmigrationmatrix20170_Apr2018. xlsx。

　　造成大规模人才流失的原因是多方面的，大致可概括为国内与国外两方面因素。就国内而言，长期军人执政，政治民主化进程缓慢，政府运作不透明以及国内安全形势不容乐观；缺少专业对口的工作机会，通货膨胀严重，薪资水平低下；薄弱的基础教育能力，恶劣的医疗卫生条件及族裔矛盾、宗教冲突、性别歧视等都令知识精英群体渐渐失去对国家发展的耐心与信心。此外，高校教师工作强度大、教学人员结构性断

①　International Organization for Migration Report, 1991; P. Onsando, "The African Brain Drain: Using Intellectual Diaspora to Manage The Drain: What Are The Options?", A Presentation to the Association of African Universities (AAU), Conference of Rectors, Vice Chancellors and Presidents of African Universities (COREVIP), October 2007, p. 4.

②　The World Bank, *Global Bilateral Migration Database 1960 – 2000*, https://databank. worldbank. org/reports. aspx? source = global-bilateral-migration#.

层、薪资水平较低①也是造成高等学校毕业生和科研人员外流的重要原因。从外部因素看原因如下。首先，尼日利亚深受殖民背景的影响。西方国家与尼日利亚数百年的商贸往来及对其半个多世纪的殖民统治，使尼日利亚人尤其是长期受西式教育的精英群体对西方世界具有天然依附感。② 其次，欧美国家移民与难民政策的鼓励。西方国家对非洲地区高质量移民一直保持开放态度，欧洲地区近年来老龄化日趋严重、劳动力严重不足，美国素来重视引进高学历、技术型优秀人才，③ 尼日利亚等非洲国家由于青年人口较多且具语言优势便成为优先选择对象。

　　高学历人群外流对个体而言将遭受骨肉亲情分离之苦，对国家而言，无论是工业化发展、科技能力进步还是社会治理规范、经济水平提升都急需高质量人力资源的长期积累。以医护行业为例，世界卫生组织建议医生与人口比为 1∶600，而尼日利亚这一比例达 1∶5000，医护人员短缺现象严重。但与此同时，每年有数以百计的医生和医学院毕业生出走海外。据易卜拉欣基金会数据估算，非洲国家每培养一位医生需花费 2 万—5 万美元，仅这一项 2010 年至今尼日利亚就损失超过 20 亿美元。

---

① 国家独立初尼日利亚大学教授年薪约 3600 英镑，与联邦最高法院首席法官薪资水平相当，到 21 世纪初尼日利亚全职教授收入仅为 1.2 万美元，明显低于南非教授的 5.8 万—7.5 万美元和纳米比亚、博茨瓦纳等国的 2.7 万—3.5 万美元。参见 A. Adebayo，"Brain Drain-Brain Gain：Leveraging the Nigerian Diaspora for the Revitalization of Nigerian Higher Education"，Paper Presented at the 25th Conference of the Association of Vice Chancellors of Nigerian University，2010，pp. 2 - 4。

② 20 世纪 60—80 年代英国为尼日利亚国民第一大移民目的地国，20 世纪 90 年代开始美国取代英国，并一直持续至今。The World Bank，*Global Bilateral Migration Database 1960 - 2000*，https：//databank. worldbank. org/reports. aspx？source = global-bilateral-migration#，https：//databank. worldbank. org/AjaxDownload/FileDownloadHandler. ashx？filename = e7ae9d3b - 982f - 4cfb - 8287 - d689e3f45f48. xlsx&filetype = EXCEL&language = en&displayfile = Data_Extract_From_Global_Bilateral_Migration. xlsx。

③ 全美 324 万名尼日利亚裔公民中，25 岁以上人群约有 64% 拥有学士及以上学位，其中包括 20.2 万名医护人员、17.4 万名信息技术人员、5 万名工程师及 25 万名包括高校教师在内的领域专业人才。M. A. Adawo，E. B. Essien and N. U. Ekpo，"Is Nigeria's Unemployment Problem Unsolvable？"，*Current Research Journal of Social Sciences*，Vol. 4，No. 6，2012，pp. 389 - 395；A. Adebayo，"Brain Drain-Brain Gain：Leveraging the Nigerian Diaspora for the Revitalization of Nigerian Higher Education"，Paper Presented at the 25th Conference of the Association of Vice Chancellors of Nigerian University，Osun State University，2010，p. 8。

（四）疾病与恐怖主义持续威胁

尼日利亚高等教育发展还存在诸多不确定和不可控的外部因素，从近年发展态势看，传播性疾病的威胁与恐怖主义的滋扰无疑是对其干扰最大的且最急需解决的两大问题。

因国家地处热带非洲地区且人口众多，绝大多数尼日利亚民众居住于人员密集的城市贫民区或基础设施落后的农村地区，加之国内医疗卫生条件较差，疾病的滋生不仅影响民众健康状况和生活水平，给联邦政府社会治理和国家经济发展带来诸多负面因素，同时也导致学龄儿童受教育机会丧失，其中以艾滋病为代表的传播性疾病影响尤为严重。尼日利亚有数以百万计的艾滋病患者，其中包括逾十万 0—14 岁儿童。[①] 受艾滋病病毒侵扰的家庭，或父母亲人早逝，或无力承担高昂的医疗费用，这些孩子不得不辍学参加工作帮助减轻家庭负担，并最终导致疾病、贫穷和缺乏教育的恶性循环。高等教育部门同样未能幸免，以尼东南部地区为例，2014 年有数据显示在校学生艾滋病感染率高达 3.69%。[②] 其中，性伴侣更换频繁、缺乏适当保护措施及传染病防疫知识淡薄是导致高发病率的主要原因，这也凸显出国家教育中性知识与性教育传播的相对薄弱。

此外，受地区政治不稳定，国家治理能力薄弱，经济发展水平落后，民族历史矛盾延续，宗教极端主义盛行等多重因素影响，尼日利亚国内恐怖组织密集，[③] 战乱恐袭事件频发。其中以"博科圣地"组织规模最

---

① 世界银行数据显示，2020 年尼日利亚 15—49 岁人口中艾滋病患者占 1.3%，达 200 万人左右，参见 The World Bank Data, *Prevalence of HIV, Total (% of Population Ages 15 – 49) – Nigeria*, https://data. worldbank. org/indicator/SH. DYN. AIDS. ZS？locations = NG；2020 年尼日利亚 0—14 岁艾滋病患者为 13 万人，参见 The World Bank Data, *Children (0 – 14) Living with HIV – Nigeria*, https://data. worldbank. org/indicator/SH. HIV. 0014？locations = NG。

② 尼日利亚东南部地区高等院校男女生艾滋病感染率分别为 2.91% 和 4.31%，连同平均感染率三项数据均高于 1.5% 的全国平均水平。Ijeoma Emeka-Nwabunnia, Bartholomew O-key Ibeh, and Tochukwu Ekwutosi Ogbulie, "High HIV Sero-prevalence among Students of Institutions of Higher Education in Southeast Nigeria", *Asian Pacific of Tropical Disease*, Vol. 4, No. 2, 2014, p. 161.

③ 尼日利亚境内恐怖组织主要包括比夫拉主权独立运动（MASSOB）、尼日尔三角洲人民志愿军（NDPVF）、尼日利亚三角洲民族解放运动（MEND）等为代表的分裂势力和"基地组织"阿拉伯分支（AQAP）、伊斯兰马格里布基地组织（AQIM）、索马里青年党（al-Shabaab）、"博科圣地"（Boko Haram）等。

大，活动最为频繁，经常侵扰村庄、绑架百姓、制造恐怖袭击，已成为影响国家安全的最大隐患。该组织提倡实行政教合一制度，强烈抵制西方现代教育体系与教育制度。"博科圣地"一词的豪萨语含义为"禁止一切非伊斯兰教育"。基督教会学校，尤其是在校女学生已成为"博科圣地"恐怖主义活动的主要攻击目标之一，2009—2019年其已在尼日利亚发动数千起恐怖袭击，造成超过37500人遇难，24.4万人沦为难民，其中专门针对教育机构的恐怖袭击近百起，近700名师生死亡，伤者不计其数（见表3）。恐怖袭击事件频发造成校园基础设施严重破坏，政府教育发展资金愈加不足，且给学校师生、学生家长、教师家属等相关群体带来持久的精神恐惧与心理创伤。

表3 2009—2019年博科圣地对尼日利亚教育机构恐怖袭击情况统计

年份	2009	2010	2011	2012	2013	2014	2015	2016	2017	2018	2019
总袭击事件（起）	10	17	125	425	231	435	401	117	278	208	217
教育机构遭袭（起）	1	0	2	43	15	16	1	0	11	2	5
死亡人数（人）	75	0	7	57	119	327	2	0	89	6	3

资料来源：Global Terrorism Database，"Boko Haram in Nigeria"，https：//www. start. umd. edu/gtd/search/Results. aspx？ expanded ＝ no&casualties_type ＝ b&casualties_max ＝ &dtp2 ＝ all&success ＝ yes&country ＝ 147&perpetrator ＝ 30101&ob ＝ GTDID&od ＝ desc&page ＝ 1&count ＝ 100#results-table。

三 尼日利亚高等教育发展的提升路径

面对上述诸多问题与挑战，为实现尼日利亚高等教育长足发展，联邦政府应从宏观与微观两方面入手，完善国家高等教育体制机制建设。宏观层面，应以史为鉴，增强独立自主意识，加强政府各部门间、各届政府间统筹协调，确保相关政策的持续有效执行；微观层面，需增加院校数量与扩大办学规模，提高教育质量与完善专业设置，同时努力进行高等教育校际与国际合作体系建设。

（一）实现教育独立摆脱对西方依附

20世纪中后叶，非洲大部分国家相继获得政治独立，但在教育文化领域并未彻底摆脱对西方的依附。（1）语言文字应用方面，现代非洲教育系统尤其在高等教育阶段教学主要以英语、法语等原殖民宗主国语言文字教学，语言传播的背后是思想的传递与文化的传承，这也使得非洲知识青年在心理上潜移默化地形成对西方国家的依赖感。（2）教育教学模式方面，非洲高等教育兴起与发展于殖民统治时期，其大学办学理念、行政管理方式、学校组织结构、教师教学方法、学科体系建设、科研认定标准等基本沿袭于欧美国家，派生自西方模式。（3）教育经费援助方面，二战后，西方国家试图通过提供资金支持与发展援助促使非洲加快融入全球体系，高等教育也不例外。据统计，独立以来非洲高等学校和科研院所70%以上的研究经费来自欧美发达国家。① （4）教育政策制定方面，殖民时期西方国家主要通过殖民政策对非洲高等教育发展进行规划，独立后则更多借由对外援助广泛参与其中，并努力推动受援方进行西式政治、经济和文化方面的改革。② （5）高级人才流动方面，部分非洲学子赴西方国家深造后滞留海外，造成本土优秀人才流失，归国者则大多传播和推广西方知识文化和价值观念，③ 助力欧美高等教育思想在非洲延续。（6）知识话语权方面，从根本上来说非洲国家是知识的"消费者"而非"生产者"，④ 无论自然科学还是社会科学领域，欧美国家在科学探索和学术研究方面长期占据领先地位，同时牢牢掌控标准制定、成果发布和知识传播等方面的主导权。

在科学技术日新月异，学术话语权争夺日益激烈的当今世界，想要打破西方国家对现代知识和学术的统治樊篱，非西方国家就必须推动高等教育本土化发展，促进亚非知识复兴，同时加强发展中国家间的教育文化交流合作。纵观百年来尼日利亚高等教育发展，其既是一个教育层次提升、知识技术积累的过程，又是一个自我观念塑造、本土意识增强的过程，同时也是承受外部世界变革、回归本土传统文化、参与人类现

---

① Damtew Teferra and Jane Knight, *Higher Education in Africa: The International Imension*, Massachusetts: Center for International Higher Education, Lynch School of Education, Boston College, Accra: Association of African Universities, 2008, p. 49.

② Steven J. Klees, "Aid Development, and Education", *Current Issue in Comparative Education*, Vol. 13, No. 1, 2010, pp. 14 – 19.

③ 〔美〕菲利普·G. 阿特巴赫：《比较高等教育：知识、大学与发展》，人民教育出版社教育室译，人民教育出版社，2001，第26页。

④ 罗梦云：《外部援助对非洲高等教育的影响——"比较教育依附论"视角》，《重庆高教研究》2015年第4期，第93页。

代文明塑造的过程。独立后，包括尼日利亚在内的广大亚非国家的教育发展、知识创新、科技进步和文明复兴一定程度上打破了几个世纪以来世界学术"言必称希腊"的传统，提升了"亚非历史"、"亚非知识"、"亚非文化"和"亚非精神"的本土号召力与国际影响力，引领全球文化结构和世界文明体系由"单向度"向"多向度"、由"中心边缘型"向"网状平衡型"、[①] 由"高低贵贱"向"多元平等"转变，为人类现代性发展开拓出了新的内涵与外延。

（二）增加院校数量与扩大办学规模

第四共和国成立以来，尼日利亚公立地方高等院校体系逐步完善，私立大学兴起和远程开放高等教育也得到大力推广，尼日利亚高等教育呈快速扩张之势，至 2018—2019 学年全国共有各类高等院校 170 所，学生逾 200 万人（见表 4）。从直观数据看，六十年来尼日利亚无论是高等院校数量还是在校学生数量均增长显著，但这仍无法满足适龄学生对获取高等教育的强烈期盼。在普遍基础教育政策落实背景下，相较于 1998—1999 学年 53.7 万人的大学申请人数和 11.9% 的大学考试录取率，2002—2003 学年全国高校申请人数达 99.4 万人，录取率跌至 5.2%。[②] 从高等学历人口占比看，18—35 岁年龄段尼日利亚高等学历人口仅占 8.1%，与人口处于同一层级的发展中国家如埃及（20%）、墨西哥（32%）和巴西（35%）等的水平相距甚远。[③]

表 4　1960—2019 年尼日利亚综合性高等院校数量及在校生数量变化

学年	学校数量（所）	学生数量（人）	在校生增速（%）
1960—1961 学年	2	1395	—
1969—1970 学年	5	9695	695.0

---

① 刘鸿武：《西方政治经济理论反思与"亚非知识"话语权重建》，《西亚非洲》2011 年第 1 期，第 12 页。

② E. A. C. Okeke, "Access to University Education in Nigeria", In B. G. Nworgu and E. I. Eke. (eds.), *Access, Quality and Cost in Nigerian Education*, Nsukka: University of Nigeria Press, 2009, pp. 20 – 34.

③ P. C. Okebukola, "Education Reform: Imperatives for Achieving Vision 20 – 2020", Paper Presented at the National Summit on Education Organized by Senate Committee on Education, Abuja, December 10 –11th, 2008.

续表

学年	学校数量（所）	学生数量（人）	在校生增速（%）
1978—1979 学年	13	48698	502.3
1988—1989 学年	29	160174	328.9
1998—1999 学年	39	574723	358.8
2008—2009 学年	94	1096312	190.8
2018—2019 学年	170	2041291	186.2

资料来源：K. Ajayi and A. Adeniji, "Access to University Education in Nigeria," In B. G. Nworgu and E. I. Eke （eds.）, *Access*, *Qualityrd and Cost in Nigerian Education*, Nsukka：University of Nigeria Press, 2009, pp. 35 – 60；National Universities Commission, *Nigerian University System Statistical Digest 2018*, Abuja：Sterling Publishers, 2019, pp. 2 – 5, 70 – 74。

　　要缓解这一症结，实现尼日利亚高等教育规模满足学生个人发展与国家经济社会发展需求，大体应从内外两方面入手。从教育内部看，第一，提升高校承载能力。目前，每年尼日利亚高等教育申请者逾百万人，招生规模仅在 15 万人左右，只有建立更多院校，扩大办学规模方可从根本上解决高等教育入学难问题。第二，增加教学科研人员。由于教育基础薄弱，优秀人才出走海外，长期以来尼日利亚高等教育阶段师生比过低，[①] 限制了院校招生规模，影响了学校教学质量。第三，设立与社会需求相契合的学科专业。受英式传统高等教育理念影响，尼日利亚学术界、学生家长和青年学子更偏爱学理性强的基础类专业，实用类专业倍受冷落。第四版《国家教育政策》提出重点发展理工类专业，联邦教育部门应努力落实尽早达成普通综合性大学理工类专业比例不得低于 60%，理工类高校相关比例不得低于 80% 的专业比例目标。[②] 从外部看，应加强教育基础设施建设。受国家经济环境影响，尼日利亚现有规模较大的公立院校普遍存在基础设施破败，实验设备短缺，图书资源匮乏等问题，严

---

① 全国综合性大学师生比为 1∶42，教育学院为 1∶32，理工学院为 1∶28，各类高等院校教师总缺口为 19548 人，缺员率高达 39%。参见 Federal Ministry of Education, *Report of the Vision 2020 National Technical Working Group on Education Sector*, Abujia：Federal Ministry of Education, 2009, p. 61；Geoffrey O. Enukora, *Education Sector Status Report*, Abuja：Federal Ministry of Education, May, 2003, p. 114；P. C. Okebukola, "Education Reform：Imperatives for Achieving Vision 20 – 2020", Paper Presented at the National Summit on Education Organized by Senate Committee on Education, Abuja, December 10 – 11th, 2008。

② Federal Republic of Nigeria, *National Policy on Education（4th Edition）*, Lagos：NERDC Press, 2004, pp. 38 – 39。

重阻碍高等教育事业向前推进。对此，政府需提高教育建设资金投入。联合国教科文组织建议国家应投入总支出的 26% 用于教育建设，而尼日利亚联邦政府在教育部门的投入仅占 4% —16%，① 远不能满足各级各类教育发展需求。

（三）提高教育质量与完善专业设置

要实现高等教育推动社会发展，一方面需扩大教育辐射范围，拓展受众人群，提高国民整体教育文化水平，另一方面则在于提升教育质量，并及时调整学科和院系建制因应国家与社会需求。回顾尼日利亚高等教育发展历程，往届联邦政府尤其第四共和国成立以来，国家教育部门在提高高等教育质量，建立高等教育质量保障机制方面主要做了以下努力。

第一，推动高等教育管理体制改革。受历史、政治与社会因素影响，独立后很长一段时间联邦政府对包括高等教育在内的社会公共部门实行严厉管控和统一管理，大学办校自主性弱，学术自由程度低。2003 年尼日利亚联邦政府颁布《大学自治法案》，规定各高校校董会和理事会对学校规章制定、日常管理和发展规划具有自主权，不受联邦教育部和国家大学委员会制约。第二，制定高等教育最低学术标准。尼日利亚联邦政府于 1985 年发布第一版《国家教育最低标准和机构设立法》后五度修订，对高校师生比、教师学历和专业水平、生均培养经费、校园面积、教学和实验设备、图书资料数量等设定最低标准，并对高等教育所涉十三大类学科成绩等第考评、学分获取情况、科学实验能力等提出具体要求。② 第三，设立教育质量保障机构。2005 年国家大学委员会首次将教育

---

① C. I. Oriahi and P. A. Ebhomien, "An Appraisal of the State Education in Nigeria", Paper Presented at the 1st National Conference of National Association of Women Academics, Ekpoma: Ambrose Alli University, October 4th, 2011.

② 尼日利亚联邦教育部确定的十三大类学科为理学、农林渔学、人文艺术学、基础医学、教育学、工程技术学、环境科学、法学、药学、牙医学、基础科学、社会科学及兽医学。Suleiman Ramon-Yusuf, *The Role of the National Universities Commission in Quality Assurance in Nigeria Universities*, National Universities Commission, 2003, p. 5; National Universities Commission, *Benchmark Minimum Academic Standards for Undergraduate Programmes in Nigerian Universities*, NUC, April, 2007, http://fuotuoke. edu. ng/sites/default/files/I - BMAS% 20SCIENCE. pdf; National Universities Commission, *Benchmark Minimum Academic Standards for Undergraduate Programmes in Nigerian Universities*, NUC, November, 2014, http://eprints. covenantuniversity. edu. ng/8483/1/Sciences% 20Draft% 20BMAS. pdf.

质量监测部门从学术规划部独立出来，成立专门的质量保障部，负责定期对各大学办学资质、校内自查、发展规划落实、教育合作及是否遵守国家最低学术标准其他质量保障要求进行审核，旨在提升高等院校教育质量，对高校办学项目与教学质量进行评估与管理。第四，实行学科专业认证制度。尼日利亚高等教育部门现实行两套专业考核认证制度，以规范学科建设，保障教学质量。其一为国家大学委员会认证，委员会定期组织专家对各高校成熟专业（开设 3 年以上）进行考核，结果分为优秀、中等和不合格三等，不合格专业将被勒令停止招生。[1] 其二为专业委员会认证，主要由国家会计师协会、国家银行家协会、国家护理与助产科学学会等专业组织主导，认证程序复杂且专业性较强。

　　高学历人才增加、高等教育质量提升如何作用于国家经济发展与综合实力进步是长期以来各国政府和教育主管部门关注的重点议题之一。受英式高等教育理念影响，尼日利亚人普遍认为高等教育中理论性较强的传统人文和基础科学专业相对高级，文学、法学、经济学、管理学、社会学等学科始终为热门专业，而专业实践性强且易于就业的如工学、医学、教育学等申请人数较少，导致国家科学技术人才缺乏，工业化发展和科技创新乏力。为走出这一窘境，联邦政府着力完善学科专业认证制度，提高理工类学科的专业含金量和社会认可度。此外，对不同性质高校专业结构进行强制要求。依照 2004 年版《国家教育政策》规定，全国所有综合性大学理工类专业与人文类专业比例应为 60：40，理工类高校这一比例应为 80：20。经过十余年发展，高等学校理工科专业逐步完善，科系建制成熟且顺应时代和社会发展潮流，以历史最悠久的伊巴丹大学为例，12 大院系 80 个专业中理工类有 53 个，占比达 66.25%。

（四）建立校际与国际合作体系

　　半个多世纪以来，尼日利亚高等教育国际化主要表现于以下几方面。
　　第一，争取外部高等教育发展资金。外国政府与非政府组织的资金资助对尼日利亚高等教育发展而言是一把双刃剑。20 世纪六七十年代，西方国家希望通过对尼日利亚高等教育资助培养一批亲西方的未来政府官员、军队首领和专家学者。仅 1960—1965 年，美国、英国、荷兰、联

---

① Suleiman Ramon-Yusuf, *The Role of the National Universities Commission in Quality Assurance in Nigeria Universities*, National Universities Commission, 2003, p. 5.

邦德国等国政府和民间基金会便以提供教学设备、设立研究项目、发放
奖学金等方式向尼高等教育部门出资达 1000 万英镑，为独立后尼日利亚
高等教育发展以及第一代联邦综合性大学建立提供了金援保障。80 年代
中后期，在国际原油价格大幅回落和尼日利亚国内经济不景气背景下，巴
班吉达政府被迫接受结构调整计划，至 90 年代初联邦政府共向"巴黎俱乐
部"成员国贷款 130 亿美元。巨额举债并未从根本上实现财政纾困，反而
导致国家经济发展动力不足、工业化水平落后，并造成巨大债务负担。

第二，鼓励师生赴境外交流访学。国际教育交流是提升高等教育水平
和科技创新能力的重要环节。尼日利亚各高校重视访学项目，几乎所有尼
日利亚大学均与海外高校结有姊妹或兄弟学校，签署了学者互访或科研合
作协议。殖民地时期，作为伦敦大学附属学校的伊巴丹大学与之签有合作
协议，建立了尼日利亚与英国高校的天然纽带。国家独立后，20 世纪 80 年
代末尼日利亚全国大学委员会与美国驻尼日利亚大使馆合作开展副校长访
学项目，2004 年联邦教育部长率团赴加纳参加非洲私立高等教育区域论坛，
均对尼日利亚高等教育国际化发展与提升地区影响力具有推动作用。

第三，海外高校教师引进与回流。尼日利亚联邦政府鼓励外籍教师
赴尼日利亚进行教学研究，但受制于尼日利亚当地动荡的社会治安环境、
落后的基础配套设施和不健全的高等教育管理体系，这类交流始终时间
较短，规模较小。21 世纪初尼日利亚政府相继开展侨民补助计划、离散
专家学者联系计划等项目，旨在邀请散居国外的高学历专业人才和大学
教授回国进行短期访学或从事长期教学研究工作。项目设立至今已有 62
名尼日利亚籍专家学者归国从教，① 其中 16 人供职于国家大学委员会，
46 人任职 19 所联邦或州立大学。海外人才的引进与回流一定程度上缓解
了尼日利亚长期高学历人才流失的局面，为国家科学研究能力提升和高
新技术发展提供了新的契机。值得注意的是，与此同时，国家教育部门
也在高等教育阶段不断提升本土知识和本国历史教育的地位，认为只有
充分了解本国国情且掌握先进知识技术的复合型人才方能帮助国家在竞
争日益激烈的国际舞台上实现发展和复兴。

【责任编辑】王珩

---

① Nigeria Universities Commission, *Brief Update on Linkages with Experts and Acdamic in the Dia-pora Scheme*, https://www. nuc. edu. ng/project/leads/.

非洲研究　2021 年第 1 卷（总第 17 卷）

第 175 - 193 页

SSAP ©，2021

论阿契贝的政治批评与文化思想[*]

秦鹏举

【内容提要】文学与政治息息相关，政治就是文学存在的一种方式。对于非洲文学而言，文学与政治须臾不可分离，这由其历史和现实所决定的。本文论析阿契贝关于文学的种族政治批评、语言政治批评和文化政治批评，从种族、语言和文化视角批驳西方的种族中心主义、语言中心主义和文化中心主义。阿契贝的"中间"思维和文化思想启发了文化的和谐共生，有助于东西方文化之间的平等对话与交流互鉴。

【关键词】阿契贝；政治批评；"中间"文化

【作者简介】秦鹏举，文学博士，长江大学人文与新媒体学院副教授（荆州，434023）。

文学与政治从来都不是孤立的，二者总是相互依存，相互影响。这一点，古今皆然，中外同类。文学和政治都隶属于意识形态，但文学以"审美之维"来对抗意识形态的虚假性和残暴性。对此，西方马克思主义先贤都有精彩论述和批驳，如马尔库塞对资本主义文明塑造"单向度人"的批评，本雅明对资本主义机械复制时代的艺术无生韵的批评等。

* 本文为国家社科基金重大项目"丝路文化视域下的东方文学与东方文学学科体系建构"（项目编号：19ZDA290）、国家社科基金重大项目"非洲英语文学史"（项目编号：19ZDA296）、2021 年湖北省社科基金项目"非洲现代文学之父阿契贝小说的文化诗学研究"（项目编号：2021276）、2021 年长江大学社科基金项目"文化转型和启蒙视域下的阿契贝小说比较研究"（项目编号：2021CSY08）的阶段性成果。

资本主义文明的残暴性，可由其殖民性鲜明地呈现出来。法依对非洲人精神"卑贱"的分析和斯皮瓦克对殖民话语"认知暴力"的阐析，则为人们揭露了殖民文化的政治权力结构。因而，不存在无政治的文学。正如英国文学批评家伊格尔顿所说："所有的文学批评都是政治批评。"其所言的政治，意谓"我们组织自己的社会生活的方式及其所包括的权力关系"。① 伊格尔顿批判了非政治文学批评的误导性，认为不应该借用文学的非政治批评来掩盖文学的政治性事实，真正应该谴责的是"政治内容的性质"。

非洲文学正是政治性十分凸显的一种文学类型。在非洲，很难想象，一个作家会不关心政治。"非洲作家应该投身到当前的重大社会政治斗争中去。如果非洲作家回避非洲重大社会政治题材，无异于舍本求末，就像民间谚语所说的傻子，不去抢救着火的房屋，却去追捕火中逃出的老鼠。"② 但长期以来，非洲文学的政治性却变成了西方人眼中一种存在"问题"的政治，这种问题性的质疑，饱含了西方人一种根深蒂固的种族中心主义与文化霸权优越感。本文以非洲现代文学之父阿契贝的文学政治性为论述中心，分析其种族政治批评、语言政治批评和文化政治批评，对其文化思想进行辩证阐析，并批驳西方对非洲文学政治性的质疑和否定。

一　种族政治批评

阿契贝对以康拉德为首的种族中心主义和殖民本质主义观念进行了严厉批判，指出了其对非洲的歪曲描写和对非洲人性的漠视。非洲文学具有强烈的政治意识形态色彩。阿契贝用自己的文学创作实践表明：要颠覆帝国主义叙事，非洲人必须转变视角，从内部书写非洲。阿契贝的创作体现出对共同人性的追求，是非洲民族的寓言书写。他的创作经历了从民族自我到多元融合的过程，最终他从非洲人民那里找到了非洲文化发展的动力。

---

① 〔英〕特雷·伊格尔顿：《二十世纪西方文学理论》，伍晓明译，陕西师范大学出版社，1986，第 244 页。
② 任一鸣、瞿世镜：《英语后殖民文学研究》，上海译文出版社，2003，第 11—12 页。

在阿契贝的文论《非洲的一种形象：论康拉德〈黑暗之心〉中的种族主义》中，他一针见血地指出了康拉德的种族中心主义观点。对于非洲人没有历史的观点，在阿契贝看来，是西方人出于一种愿望和需求，"把非洲看成欧洲的陪衬物，一个遥远而又似曾相识的对立面，在它的映衬下，欧洲优点才能显现出来"，① 而康拉德的《黑暗之心》就是这种愿望和需求的典型代表。阿契贝毫不怀疑康拉德在美学上所取得的重大贡献，认为《黑暗之心》是"用英语创作的最伟大的几部短篇小说之一"。但是，这不是问题的关键，关键在于康拉德文本所体现的种族意识形态问题。阿契贝认为，康拉德运用对比的方式，将英国的泰晤士河和非洲的刚果河置于文明的两端，前者是文明的化身，后者是野蛮的代表。尽管"泰晤士河也'曾是地球上一个黑暗的地方'"，但"它征服了黑暗，如今是一片光明和祥和"。而文中的主人公马洛深入非洲腹地，无疑就暗示着"文明"侵入"野蛮"的中心，面临自身也陷入黑暗深渊的境地。阿契贝认为，康拉德的天才一面表现在用优美的形容词"表达那些难以言传的和深不可测的秘密"，在许多批评家看来，这是康拉德作为一位文体学家的表现，但在阿契贝看来，这是一个事关艺术家道德水准和原则性的问题。一个作家在文学史上的地位和成就不是仅由其艺术才能决定的，而是由其道德水平和艺术才能双重决定的。"当一个作家假装着描写情景、事件及其影响时，实际上却在他的读者中，用情感词汇和其他的把戏狂轰滥炸以混淆读者视线，这比文体学方面的问题更为危险。总的来说，一般的读者都能警觉地看出并能抵制这种不光彩的做法。"②

阿契贝指出，康拉德在描写黑人时采取了两种策略："一是刻画这些哑巴蛮人时要保持必要的一致性；二是用他们自己说出的话作为他们有罪的毫不含糊的证据，这不失为明智之举。"③ 康拉德毫无疑问重点采取了第二种方式。正是这种"粗鲁的模糊不清的声音""相互交换着短促的嘟囔声"成为黑人"落后"和"有罪"身份的象征，这也是西方人希望黑人具有和保持的本来面目和形象。黑人即便能够开口说流利的英语，

① Chinua Achebe, "An Image of Africa", *Research in African Literatures*, Vol. 9, No. 1, Special Issue on Literary Criticism (Spring, 1978), p. 2.

② Chinua Achebe, "An Image of Africa", *Research in African Literatures*, Vol. 9, No. 1, Special Issue on Literary Criticism (Spring, 1978), pp. 3 – 4.

③ 〔英〕巴特·吉尔伯特编撰《后殖民批评》，杨乃乔、毛荣运、刘须明译，杨乃乔校，北京大学出版社，2001，第 186 页。

那也是西方文明教化的结果。康拉德在《黑暗之心》中不惜用大量笔墨描述黑人这种不能开口说话的模糊性：嚎叫、嘟囔、鼓掌、支支吾吾等，而偶尔学会欧洲文明的那个学会烧蒸汽锅炉的黑人，则是滑稽得像一条狗，即便如此，这种像狗的机会也少得可怜。不得不说，康拉德的种族意识于此表现得淋漓尽致。

查尔斯·拉森在《非洲小说的兴起》中提出了小说的普遍性问题，认为普遍性就是绝少提到非洲。在阿契贝看来，"西方作者的作品总是自动地赋予普遍性。而其他人，必须经过艰苦的努力，才能获得这种普遍性"。① 阿契贝希望这种所谓的"普遍性"不要成为狭隘的西方中心主义的代名词，而是真正体现一种包容的世界胸怀。殖民主义者总是通过诋毁殖民地人民缺乏责任感、道德低下，来为他们文明的优越提供说服力。归根结底，这种包含了种族主义的意识形态是为殖民主义作辩护的，殖民主义在历史上做出了并不光彩的事迹，而为这种侵略的本质谋求正义幌子的正是种族主义的面具。在殖民者看来，"当你谈论一个民族的发展水平时，你就可以确定他们的全部发展状况，并为他们在人类的进化阶梯上找到一个无可争议的明确位置。换句话说，你就有权力去解释他们全部的物质和精神生活"。② 落后的社会生产现状，为殖民者认定殖民地人民的艺术水平提供了评判依据和准则，因此，基督教文明者认为有责任和义务来拯救这种"野蛮"和"落后"的文明。殖民者不喜欢太认真、"郑重其事"的人，而是喜欢俯首帖耳的殖民地顺民，像阿契贝这样的作家，是殖民者全力打压和批判的对象。阿契贝认为，作家应该有改变这个世界的认识能力和勇气，应该像民族斗士和战士一样战斗，要表现出某种攻击性的"郑重其事"，艺术家有责任通过艺术去改变人们周围的环境。小说并不是西方特有的样式和特权，对于阿契贝这样的作家而言，改变被殖民者的形象和历史命运正是小说家的使命和责任。

西方殖民者炮制的种族主义故事和普遍性神话，无疑歪曲了非洲的历史和现实。那么，如何呈现一个真实和客观的非洲？文学的政治性，需要靠故事来包裹。对殖民者而言，他们需要故事去为殖民事业辩护；

① Chinua Achebe, *Home and Impediments*：*Selected Essays*，New York：A Division of Randow House，1990，p. 76.

② Chinua Achebe, *Home and Impediments*：*Selected Essays*，New York：A Division of Randow House，1990，p. 83.

而对非洲人而言，他们需要故事去平衡和改变。^① "如果狮子没有创造他们自己的历史学家，那么关于捕猎的故事仍然光荣地属于猎手。"^②

　　非洲之于阿契贝，不仅在于它是自己的母体，更在于他把非洲当作自己发声的有力武器。他改变了由欧洲人来定义和描写非洲的现实，而是主张由非洲人自己来书写。同样是描写非洲，何以非洲人描写的非洲更为真实可信？比之有良知的欧洲人书写的非洲，非洲人书写的非洲更为可信的依据何在？追问涉及视角的转变，问题存在两个方面：欧洲人有意书写邪恶的非洲，这是他们的文化偏见和带着有色眼镜看人；即便是拥有渊博的非洲知识储备和良好的平等道德观，也仍然避免不了他们书写非洲的文化无意识歧视。正如康拉德这样的代表，在描写非洲的过程中所体现出的一种"廉价的人道主义情怀"（阿契贝语）和虚假慈悲，这正是由帝国主义种族歧视的无意识集体心理所决定的。即便是饱含了同情和怜悯，帝国中心主义话语的整体架构也不允许他们发出异样的声音。"欧洲的人道主义信念同时又包含了反人道主义因素"，^③ "欧洲的文明同时也是一种野蛮"。^④ 法国思想家埃德加·莫兰指出，西方的"人本主义是适用于所有人类放之四海而皆准的原则。但事实上又是极端的欧洲自我中心主义"。^⑤ 产生于西方内部的法西斯主义正是这一反人道的种族中心主义的最极端表现。因此，真实的非洲最好由非洲人来书写。

　　钦维祖等在《通向去殖民化的非洲文学》中指出："非洲批评家必须发展一套非洲美学，了解非洲传统，并担当批判知识分子的角色来引导非洲文化价值的转型。"^⑥ 阿契贝也提出："我们应该有自己的故事，应该取决于有助于提升普遍对话的人民的那些迄今为止不是模仿而是未被讲

---

① 阿契贝表达了这样的观点：故事对文本的改变，重写故事的冲动，这不是我，不是非洲人。见 Chinua Achebe and Kay Bonetti, "An Interview with Chinua Achebe", *The Missouri Review*, Vol. 12, No. 1, 1989, p. 71。

② Chinua Achebe, *Home and Exile*, New York：A Division of Randow House, 2001, p. 73.

③ 张宽：《再谈萨伊德》，《读书》1994 年第 10 期，第 12 页。

④ 源于本雅明语，他认为人类任何文明的行为都同时是一种野蛮的表现，这是对资本主义文明和帝国主义文明的腐朽一面和霸权行为的深刻描述。

⑤ 〔法〕埃德加·莫兰：《反思欧洲》，康征、齐小曼译，生活·读书·新知三联书店，2005，第 6 页。

⑥ Chinweizu, Onwuchekwa Jemie and Ihechukwu Madubuike, *Toward the Decolonization of African Literature*, *Vol. 1*, *African Fiction and Poetry and Their Critics*, Enugu：The Four Dimension Publishing Company, 1980, p. 152.

述的故事，应该用新的方式进行讲述。"① "你不能平衡一件事；但你能平
衡一件事情的多样性。多样性是引发鲜活的事件走向革命的发动机，包
括鲜活的文明也一样。"② 这里的故事，实际上就是文学，它不仅承载着
实用的政治用途，而且还有着修复历史记忆的心理功能。文学有修复人
心的力量，故事是人们拥有通行证的起点，非洲人正是靠非洲人的书写
才拥有了做人的资本。事实上，阿契贝用自己的创作实践有力地证明了
他的观点：文学不仅可以修复人性，更可以改变世界。

阿契贝的非洲书写是一种人性书写，他从非洲内部建立起自身的主
体性。这主要从以下几个方面体现出来。首先，故事的主角是英雄人物，
而不是傀儡，比如奥贡喀沃和伊祖鲁分别作为部落的英雄勇士和大祭司。
其次，黑人有自己鲜明的性格特征，有自己的情感体验和喜怒哀乐，不
是无动于衷的动物式存在。最后，黑人有丰富的文化生活和人类生活特
征。比如各种节日庆典和婚丧仪式表演。人们热爱音乐和舞蹈，有着强
烈的宗教信仰，举行各种宗教祭祀仪式，用巫术来治病救人。人们吃柯
拉果和木薯粥、糊糊，喝棕榈酒，用玛瑙贝求婚。这是一个完全成熟的
社会，并不是西方人笔下野蛮无知的社会。阿契贝的非洲书写还体现了一
种反种族主义的共同人性追求。"伊博人崇尚二重性而非单一性。一件物体
的存在，必有其他事物伴其左右。"③ 这种客观的距离感和自由开放的文化
思想决定了阿契贝对人性的看法是辩证的，而不是本质主义式的。非洲班
图人有一句格言："一个人之所以为人，是因为其他人（Umuntu ngumuntu
ngabantu）。" 在他看来，"我们的人性有赖于我们所有人的人性。没有人或
者群体可以独自为人。我们只有作为整体时才会优于其他动物，否则就会
截然相反"。④ 这种普遍人性的思考，使他能够克服本质主义的思维。

在阿契贝一系列的创作中，可以清晰地看到一条探索民族文化发展
道路的线索：从奥贡喀沃和伊祖鲁死守民族传统到奥比试图融合西方传
统与民族传统再到比阿特丽斯立足人民的多元融合思想。在他的作品中，
精英与大众的关系，在某种层面上象征着现代与传统的关系。在其最为

---

① Chinua Achebe, *Home and Exile*, New York: A Division of Randow House, 2001, p. 83.

② Chinua Achebe, *Home and Exile*, New York: A Division of Randow House, 2001, p. 97.

③ Chinua Achebe, *The Education of a British-Protected Child: Essays*, New York: Alfred A. Knopt, 2009, pp. 5 – 6.

④ Chinua Achebe, *The Education of a British-Protected Child: Essays*, New York: Alfred A. Knopt, 2009, p. 166.

成熟的一部小说《荒原蚁丘》中，他描述了精英知识分子企图抛弃大众，与传统一刀两断，卡根政府企图完全西化，斩断与过去的联系，这注定了其失败的命运。对腐败和权力的追逐，麻痹了部分非洲知识精英的双眼，使他们寸步难行。但作者对未来理想的民族国家这个"想象的共同体"仍然持有希望，希望就在于人民和团体的力量。而人民的觉醒为其首要，关键在于人民能够展示说"不"的勇气。在《人民公仆》《荒原蚁丘》中属于人民的权利空间已然被践踏无虞。在殖民前的非洲集体中，他们通过公共讨论来议事，亦解决纷争。但西方殖民者带来的经济、政治、法律和管理制度，显然破坏了非洲人的公共协商领域。公共空间的消失，意味着传统的道德价值观和民主氛围的消失，随之泛滥的则是极权、对金钱的疯狂追求、无止境的欲望和混乱。上述小说正描绘了这样一个非洲人公共领域被破坏后，主人公道德价值沦丧，攫取权力的贪婪导致的混乱不堪局面。南加部长口是心非，玩弄权谋，最终亦被权谋所谋；奥迪里在经历一系列挫折打击后道德价值观彻底扭曲，最终沦为共同的"吃者"；萨姆排除了公共领域，最后被公众所厌恶和唾弃；克里斯和伊肯以死告诫精英知识分子脱离人民的危险。而在比阿特丽斯为小孩命名的仪式上，阿契贝提出了非洲各个阶级大联合与和解的宏愿。

二 语言政治批评

语言随着时代发展而发展，具有鲜明的意识形态性。后殖民的抵抗，任务在于辨识语言之中包含的殖民中心主义，殖民话语是一种"认知暴力"。[①] 一种语言与另外一种语言的杂交不仅使源语言得到了生命力，而且有助于提高目标语的表达。英语与非洲语言的杂交正体现了这一点。在殖民话语的矛盾处，打开了杂交话语的"第三空间"，杂交的成功有赖于杂交语言双方的权力和地位。语言的杂交，同时也是文化的杂交与交锋。跨文化的"翻译"正是在语言的杂交中形成并成为抵抗殖民语言的有力武器。

语言并不是僵化的，而是随着时代的发展而变化。语言具有鲜明的意

---

① Gayatri Chakravorty Spivak, "Three Women's Texts and a Critique of Imperialism", *Critical Inquiry*, Vol. 12, No. 1, 2008, pp. 243 – 261.

识形态性，后殖民话语体现了一种"认知暴力"。法侬指出："讲一种语言是自觉地接受一个世界，一种文化。"① 人无法外在于语言进行思考，语言的交流，其实质是思想的交流。那么，在语言的传达中，人们如何达到对思想的深刻认识？换句话说，殖民者在非洲的殖民语言，比如英语，被殖民者又如何去辨析自己用英语创作的作品中语言所内含的殖民思想呢？对于那些一眼望去赤裸裸的殖民语言，被殖民者是很容易觉察的。但对于隐藏于语言外衣下的殖民思想，又如何去发觉？因为"语言在任何情况下不仅仅传达可以传达的事物，同时也是不可传达的事物的象征"。② 因此，除了看清语言表层的意涵之外，被殖民者更应该探索那语言之下的潜意义。研究表明，语言的运用是有历史的。词语的组合仅仅把一些表面的字意留给了人们，而更多的是在语言之外。语言之内的意义是字面的显现，而语言之外的意义则与人的历史实践密切相关，它需要我们透过语言的表层，进入语言的内部去深入思考。在某种程度上说，发现殖民话语之下的无意识才是被殖民者更值得去做的工作，那才是殖民者的本质和真实欲望，它们就隐藏在语言之中，借助语言的修饰和话语的掩盖，伪装成"善"的形式，以"救世主"和人道主义的关怀来俯视殖民地，而被殖民者却一无所知。真正敏锐的被殖民知识分子就是要揭穿这种语言之下的谎言和殖民者虚伪的本质以及他们借语言的幌子向殖民地抛过来的无声的殖民思想。

后殖民理论家斯皮瓦克认为，殖民话语的这套把戏可以形容为语言的"认知暴力"，它是指"帝国主义以科学、普遍真理和宗教救赎这样的话语形式对殖民地文化进行排斥和重新塑造的行为"。③ "认知暴力"采取使殖民地人民消声的文化策略，从而使被殖民主体依附于殖民主体；同时，它也披上文明的外衣，为殖民入侵的事实提供合法化的依据。在《后殖民理性批判》中，斯皮瓦克仔细分析了康德的启蒙哲学，在她看来，康德的文化概念将人分为"文明人"和"粗陋的人"，"粗陋的人"必须接受"文明人"的文化纠正，但这是一场没有完结的工作。"尽管帝国主义的

① 〔法〕弗朗兹·法侬：《黑皮肤，白面具》，万冰译，译林出版社，2005，第 25 页。
② 〔德〕瓦尔特·本雅明：《本雅明文选》，陈永国、马海良译，中国社会科学出版社，2011，第 290 页。
③ 李应志：《认知暴力》，《国外理论动态》2006 年第 9 期，第 60 页。

文化任务永远也不会真正成功完成，但仍必须着手去做。"① 这是基于康德对"崇高"的分析而得出的文化纠正。康德认为崇高不是产生自文化，而是基于人性的生产。而文化鄙陋的人自然应该接受文化纠正，因为他们没有文化崇高感。不仅如此，康德还将人的目的性由善扩展到上帝，由此，从欲望到道德，从道德到宗教，人完善了自己，发展了自己，人的目的最终达成，这一切都通过善的意志来实施。② 这种"自明性公理"的产生是以排斥他者文明为代价的，最为关键的是这种道德律令使得西方人拥有了驯化非西方人的使命感和责任感，只有把他们认为的"野蛮人"首先变成人，才能使其所谓的教化"野蛮人"成为自己的目的和使命。可以看到，西方人在文化上的优越感和崇高道德感，是与康德的贡献分不开的。殖民话语更是冠冕堂皇，形形色色的殖民者打着文明的旗帜，以救世主的姿态加入殖民入侵的队伍中来，为他们所谓的拯救实质上却干着侵略和剥削的勾当充当一种理由充分的知识上的辩护。斯皮瓦克的分析是独到而深刻的，她把西方自启蒙思想以来的思想做了认真的辨析，这种宏大的启蒙话语实质上是一种包含了排斥非西方文明的帝国中心主义话语，"从认识论的深层揭示了那种自明性公理潜在的殖民主义逻辑，指出了帝国主义意识形态作为一种'文化霸权'的和话语场的渗透力量所在"。③ 正是基于殖民话语的虚伪本质，阿契贝创造性地运用了属于非洲部落的特殊语言和词语，在这种语言的转换中，非洲的不可言说变成了可言说。他运用英语创作小说，这是一种无奈的事实选择，但同时也是一种策略性的考虑。英语作为一种语言的运用是有限度的（即表面的殖民思想被殖民者可以清除，但更多的无意识殖民欲望却不能根除），那么它就不能完全地传达非洲的经验。非洲的某些特殊情感和经验必须要通过非洲人自己的特殊表达才能有意义和价值。

阿契贝选择用英语来创作，并非仅仅出于英语的通用性，而是由历史和现实决定的。在阿契贝看来，英语与非洲本土语言，这不是一个"非此即彼"的问题，而是"两者皆可"。"只要尼日利亚想要作为一个独立国

---

① 〔印度〕佳亚特里·斯皮瓦克：《后殖民理性批判——正在消失的当下的历史》，严蓓雯译，译林出版社，2014，第15页。

② 〔印度〕佳亚特里·斯皮瓦克：《后殖民理性批判——正在消失的当下的历史》，严蓓雯译，译林出版社，2014，第17页。

③ 李应志：《解构的文化政治实践——斯皮瓦克后殖民文化批评研究》，上海三联书店，2008，第96页。

家而存在，在可预见的未来，它除了用一门外来语言，即英语，将国内二百多个民族团结在一起，别无选择。"① 讲不同语言的人要实现文化上的理解，唯有靠统一的语言，一种通行和共同使用的语言。"殖民主义在非洲打乱了很多事情，但它确实创建了一个大的政治实体，而这个实体曾经是许多个分散的个体。"② 在尼日利亚，正是英语实现了这种沟通的目的。英国占领尼日利亚后，英语的流通成为克服语言交流障碍的首要因素。与非洲其他地区同样有着无文字历史的尼日利亚在语言和民族上的混杂，使它不得不接受英语。

在非洲本土，语言的运用还牵涉关于"非洲文学"的定义。在部分人看来，用欧洲语言创作的关于非洲的文学并不是非洲文学，它只能是欧洲文学。这些崇尚本土主义的作家有瓦里、恩古吉、钦维祖等。但在阿契贝看来，"这太教条，证明这些欧洲语言在今天的非洲被书写，这是因为这些语言在非洲被口头运用"。③ 民族文学有着现实的土壤，它不仅在国家内通用，而且有着一定的读者群。"真正的文学是用民族语言写成的。少数民族文学仅仅在一个国家的某一个族群内部流传。"④ 因而，英语写作是民族文学（national literature），而用豪萨、伊博、约鲁巴等语言写作则是少数民族文学（ethnic literature）。但他同时也认为"发展非洲文学要使用非洲语言。这不是一个或另一个选择，而是两者皆可"。⑤ "真正的问题不在于非洲人是否能够用英语创作，而在于他们是否应该用英语去创作。"⑥ 也即是说，英语在非洲的运用已经成为一种历史的必然现象。那么，英语能够成为非洲作家描写非洲的有效工具吗？阿契贝指出，"我认为英语能够承载我非洲经验的重量。但是，它必须是一种新的英语，它完全可以用起始于它的母国的英语进行交流，但必须改变以适应新的非洲环境"。⑦

---

① 〔尼日利亚〕钦努阿·阿契贝：《非洲的污名》，张春美译，南海出版公司，2014，第 112 页。

② Chinua Achebe，"English and the African Writer"，*Transition*，No. 18（1965），p. 28.

③ Chinua Achebe and Kay Bonetti，"An Interview with Chinua Achebe"，*The Missouri Review*，Vol. 12，No. 1，1989，p. 74.

④ Chinua Achebe，"English and the African Writer"，*Transition*，No. 18（1965），p. 27.

⑤ Chinua Achebe and Kay Bonetti，"An Interview with Chinua Achebe"，*The Missouri Review*，Vol. 12，No. 1，1989，p. 74.

⑥ Chinua Achebe，"English and the African Writer"，*Transition*，No. 18（1965），p. 30.

⑦ Chinua Achebe，"English and the African Writer"，*Transition*，No. 18（1965），p. 30.

　　阿契贝对英语的运用并非照搬与复制，而是进行策略性改写，使之包容非洲人特有的语汇、意涵。"世界语言的代价是屈服于不同种类的使用。非洲作家使用英语的目的在于不改变英语作为国际交流工具的价值而最好地表达自己的意见。"① 语言是身份的象征，同时也是抵抗的有力武器。这是语言所具有的政治意识形态的辩证思维体现。那么，如何剔除英语殖民主义中的暴力认知与殖民思想呢？

　　后殖民理论大家霍米·巴巴认为，殖民话语并不纯粹，它本身是由殖民者和被殖民者共同构成的。因此，作为殖民主体的英语话语，并不稳固，它是混杂式的存在。而二者的接触，实际上是两种文化的翻译与交锋。在殖民话语的模糊处为被殖民者打开了一个"第三空间"。语言的杂交意味着跨文化"翻译"的形成，阿契贝正是通过杂交的语言达到了抵抗帝国语言和叙事的目的。"在文化翻译的过程中，会打开一片'间隙性空间'（interstitial space），一种间隙的时间性，它既反对返回到一种原初性'本质主义'的自我意识，也反对放任于一种'过程'中的无尽分裂的主体。"② 这种"间隙性空间"就是"第三空间"，这种跨语言所带来的跨文化杂交的场域为巴巴打开了一片新天地，在此空间里，巴巴看到了被殖民者反抗的可能性。巴巴以为，"第三空间"的发现，使被殖民地人民看到了希望，他们不再迷恋殖民话语的霸权和权威，而是通过杂交话语的运用，颠覆这种单一的权威话语，发出属于被殖民者自己的声音。

　　阿契贝认为，写作本身就是一种翻译，它把你想到的和听到的翻译成一种语言。但有些东西，是不能从一种语言翻译成另一种语言的。比如，伊博人的守护神"吃"（chi），它是没法用英语来传达它的深意的，因此，有必要保留一种本原的状态，直接用"chi"来代替英语的翻译，这样不至于损失民族特有的东西。这其实是一种策略性的改写，注重了非洲的特性和个性化的声音。传达的是直接来自非洲内部的声音，通过阿契贝的进一步解释，人们得以了解这个词所反映的深层民族内涵和它全部的文化意义。其他词还有如"奥比"（Obi）③、"奥苏"（Osu）④ 等，

----

① Chinua Achebe, "English and the African Writer", *Transition*, No. 18（1965），p. 30.
② 转引自生安锋《霍米·巴巴的后殖民理论研究》，北京大学出版社，2011，第80页。
③ "奥比"（Obi）指非洲特有的一种小屋，这里阿契贝采用了直接英译法，以突出非洲特色。
④ "奥苏"（Osu）是指非洲部落选中的献身给神的人，以前实行活人祭，现在因血腥废除了人祭，但被选的家族仍然被认为是不洁的，尤其是女性，不能婚嫁。

在小说中都有体现。改写后的语言能够形象地传达殖民地人民的生活经验，从而实现对被殖民者身份的定位。当阿契贝把非洲文化中特有的词语运用于英语中时，一种解构帝国语言的政治策略就呈现于人们面前，实现了用"小写英语"颠覆和改写"大写英语"的目的。

阿契贝采取的措施就是用非洲的本土特有的语汇来替换无法用英语表述的词语，或者说使用英语无法完全理解这种特有的属于非洲本土的现象。译者把语言从一种文化空间带入另一种文化空间，源语言在目标语言空间获得了新的生命力，但所传达的信息却不是对等的，"原文在译文中得以存活，是因为翻译的行为激活了静态的、同一性的原文，使其获得了他性，使同一的文化在他者文化中得以延续，同时也改变着他者文化的历史命运"。① 也就是说，当阿契贝在两种语言之间进行转换时，实际上是两种文化传统在交锋。"语言之间的交易总是民族和国际斗争的一个交锋场所。"② 阿契贝用意明显的这种文化翻译策略，在于使被压制、沉默的非洲他者发出自己的声音，在英语不能发声或不能完全发声的地方发出自己的声音。如果人们把非洲呈现为原文本，自然用英语创作的语言就属于译文。用英语来翻译非洲的本土经验，这不仅仅是两种语言之间的较量，更是两种文化的较量，而关键在于非洲经验在英语传达中的激活与变形，既有有益于传播的一面，但同时也失去了非洲经验的本来面目。而经过阿契贝的策略性改写，比如插入非洲本土专有词语、习语、谚语、寓言故事等，来弥补这种文化翻译中的失落的一部分。由此，不仅英语的普遍经验得到了更大的发挥余地，而且更为重要的是，非洲本土经验在这种语言转换和文化互动中得到了改变历史命运的机会。这是两种语言之间和文化之间的双赢局面，也应和了本雅明在破碎的后现代社会实现弥合其语言衰落的救赎之道。

但要注意的是，在不明确杂交的主体、杂交的对象，谁掌握着杂交话语权等问题时，就可能陷入帝国主义的维护者有意构织的意识形态圈套中。在已然不平等的交往中，帝国主义的维护者正好对杂交性是持欢迎态度的，因为他们已经掌握了杂交的话语权，利益已经向他们倾斜，无论你采取何种话语方式，都是由他们在操纵着游戏规则。所以，在杂交之前，必须先搞清楚杂交的主体是谁。贸然提倡杂交，不是对事实视

---

① 陈永国：《理论的逃逸》，北京大学出版社，2008，第 197 页。
② 刘禾：《语际书写：现代思想史写作批判纲要》，上海三联书店，1999，第 33 页。

而不见，就是一种过于无知的幼稚态度。一味坚持混杂性，可能对意识形态掩盖下的权力差异视而不见。此外，对话语的辨析和语言的认知并不等于在事实上能清除非洲的殖民历史与新殖民现实，除了文化上的清醒认知与警惕外，非洲社会能够得到切实救赎和改变的只能是从政治、经济上掌握自身的主动权，减少对西方国家的依附和受制于人。因此，由语言而引发的话语分析并不能彻底解决非洲的发展和现实问题，其夸大式的分析只能令非洲走向死胡同，这是要辩证看待的。

三　文化政治批评

认同（identity）又可以指身份或同一性，表示"我是谁"或"我们是谁"，也即个人或集体的文化归属感。不管是个人的文化归属，还是集体的文化归属，都是一种社会的建构。而文化认同总是与民族认同结合在一起，它指的是"民族成员对本民族文化的承认、认可和赞同，由此产生归属意识，进而获得文化自觉的过程"。① 对非洲而言，文化认同总是一件困难的事情，一个国家内部常常种族、宗教与语言异常多样混杂，整个非洲大陆情况大多如此。历史上非洲的有识之士为寻找非洲的文化认同而殚精竭虑，做出了不懈的努力，比如布莱登提倡的"非洲个性"②、杜波依斯的"泛非主义"③、桑戈尔的"黑人精神"④ 等，最终非洲统一组织的成立使得非洲从独而不立的被动状态中开始真正走向民族自决，从而民族国家得到发展。这其中，黑人文化认同的策略起到了关键作用。尽管非洲大陆各民族国家之间存在巨大的差异，甚至有的部落之间的差异超越了国家之间的差异，但由于黑人集体文化的认同感，使得非洲民族能够团结起来，共同推翻殖民统治，朝着民族独立自主的道路上发展。

---

① 詹小美、王仕民：《文化认同视域下的政治认同》，《中国社会科学》2013 年第 9 期，第 29 页。
② 19 世纪末 20 世纪初，由非洲学者黑人布莱登提出，认为全体黑人有自身的同一性和共同一致的价值观，有自己的创造能力和成就，有自己的历史和未来。
③ 指黑人的民族主义，核心内容为争取非洲的独立和统一。它的出现是黑人与殖民主义、种族主义矛盾不断激化的结果。
④ 非洲民族解放运动高涨的产物，在文化上反对"同化"，主张发扬传统黑人文明精神；在政治上反对殖民统治，主张独立和统一。

一个民族的文化传统是民族发展的动力和根基，丢弃民族文化传统的民族是没有希望的民族。因此，一个统一的国民或民族文化对非洲的发展至为关键，这也是非洲社会发展至今坎坷重重的重要原因之一。①

阿契贝对民族传统作了不懈探索，在他的作品中体现了人物对传统文化的不同追求。西方的殖民入侵，已经表明了民族传统不再是一个僵化的教条，而是必须要与时俱进，才能获得发展的方向。阿契贝作品中的奥贡喀沃和伊祖鲁的悲剧就深刻说明了这一点。但是，他们眼中的传统与伊博人所尊奉的变化传统又是相背离的，这体现了阿契贝的一种辩证态度。"伊博人的竞争性个人主义和冒险精神对尼日利亚的现代化和社会发展是必需的"，"尼日利亚缺少了伊博人的创新和活力，希望将变得更渺茫"。②

在全球资本主义盛行的时代，抛弃民族的传统，不可能获得长远的发展。跨国资本主义时代倡导多元文化观，既是消解中心、解构权威的时代，也是易陷入混杂不堪的多元式的一元观圈套的时代。也即是说，在后现代主义的怀疑、解构一切的基础上，民族的信仰消失了，民族的历史感虚无化了，民族发展所应当遵循的传统合理性瓦解了。面对这种表面上多元，其实是多元化的一元的实质，人们应有理智的警醒。当今西方人所谓的全球化和多元化就其本质上就是西方化、欧美化，他们建立在信息基础上的跨国资本，就是要摧毁民族国家的自信心和文化传统，以实现他们在新时代的又一轮的殖民统治和霸权政治。而广大的第三世界国家依然需要的是争取生存的权利，这在早已摆脱发展困扰、走向相对主义甚至虚无主义的后现代西方国家是完全不在考虑之内的，他们所需要的是全世界遵循自己节奏的律动。这种由发展位差导致的思想文化差异不仅显示了西方人的无知、盲视，更揭露了他们在全球化时代谋求霸权继续合理化的曲折表征。阿契贝《再也不得安宁》中的奥比在打着文明多元和文明普遍主义幌子的西方文明的腐蚀下，最终走向灵魂无所依凭，成为"空心人"。在此，文化融合的观点成为阿契贝自然的选择，这种选择既是历史的必然，同时也与作家的成长经历息息相关。他从小体验到了两种文化（西方文化与非洲文化）的交叉：生活在文化的十字

---

① 刘鸿武:《非洲文化与当代发展》，人民出版社，2014，第 32—37 页。
② Chinua Achebe, *The Trouble with Nigeria*, Enugu: The Four Dimension Publishing Company, 1998, p. 62.

路口上，却并不感到灵魂的撕裂感。这种有距离的观察，让他对两种文明都有着清晰理性的认知。而他从小生活的伊博族群，是一个遵循永恒变化为生活准则的部落，这种辩证的思维观为他提供了很好地处理传统（非洲文明）与现代（西方文明）的关系的能力。最终，阿契贝从非洲人民那里找到了非洲文化发展的动力。

阿契贝曾明确地指出："我的艺术和知识遗产部分地来源于一个文化传统，这个传统使艺术家有可能创造出他足够稳固的艺术对象，然而艺术家不试图声称，甚至有时会竭力否认，个人拥有他们所创造的一切。"[1]这就深刻地说明了一个作家与他的文化传统之间的血肉联系。在他的小说中，不仅古老的非洲神话、谚语、诗歌等民间口头文学缓缓流泻，而且还对非洲传统文化的种种弊端和出路作了深入地揭露与探寻。非洲伊博人的世界观体现的是一个不断变化、多元开放的传统，而这种观念正体现了传统是一个无限延伸的运动的辩证过程。《瓦解》中的奥贡喀沃和《神箭》中的伊祖鲁作为伊博传统的背离者，是他们对传统文化的狭隘理解和个人的权势欲望导致了他们的悲剧命运。非洲传统文化与外来文化必须紧紧地融合在一起，达致一种新的文化平衡，才不至于造成文化的震荡。非洲人必须重新回到这个新的传统，只有在新的非洲传统文化中，才能找到发展的路向：那就是立足传统文化，融合西方文明，创立一个既不同于传统的尼日利亚文明，又不同于现代西方文明的具有独立特色的新的民族文明。

阿契贝这种独特的文化融合思想和客观理性的辩证态度，人们可以将之称为一种"中间"文化观。他认为：

> 前面的人会看到鬼怪，
> 中间的人是漂亮的幸运儿，
> 后面的人会弄伤手指。[2]

这样能够"避免盲信一条道路、一个真理和一种生活方式"。"中间立场既非事物之始，亦非事物之末；它明了可以投奔的未来和能够依靠

① Chinua Achebe, *Home and Impediments*: *Selected Essays*, New York: A Division of Randow House, 1990, p. 48.
② Chinua Achebe, *The Education of a British-Protected Child*: *Essays*, New York: Alfred A. Knopf Press, 2009, p. 5.

的过去……"① 阿契贝曾在与拜尔顿·杰伊夫（Biodun Jeyifo）的对谈中说："但你明白，文化是曲折发展和易变的，因为不如此，文化就不可能存在。文化对你说必须强势，必须这样那样，一旦这种绝对强势的文化对你这样说的时候，'千万不要这样做，要把持住自己！'……文化是一个矛盾体，在他强势的同时马上就会体现充满爱、充满温柔的女性化的一面……"②《瓦解》中奥贡喀沃的毁灭和《神箭》中伊祖鲁的发疯正是由于他们坚持文化的强势一面，不肯妥协和变通而造成的，这是他们悲剧命运的深层原因。

　　不仅人物命运有着鲜明的辩证思维，而且在小说的结构和叙事视角的选择上也体现了阿契贝的双重观念。小说《瓦解》作为主观动机上的反殖民书写，不是对西方文化的全部否定和反对，其客观上的内部透视也并非一味为民族唱赞歌。对于西方殖民文化，阿契贝认为："一定有收获——我的意思是让我们不要忘记曾经有过的收获。我不是那些愿意说非洲在殖民年代根本什么也没得到的人中的一个，我的意思是这种说法太荒谬了——我们曾经得到很多。"③ 而对于传统文化，他认为："我们不能自认为民族的过去是一首长长的、色彩明丽的田园诗，必须承认像其他民族的过去一样，我们有好的一面，也有不好的一面。"④ "激进主义和保守主义都是看待事情的简单方式……邪恶不总是邪恶，善良从另一方面也会被自私浸染。"⑤

　　阿契贝的包容辩证还在于他智慧地选择了殖民语言，这一点上述有论析，兹不赘述。阿契贝始终站在一个双重的视角来看待不同的文化。阿契贝的这一"中间"文化观是伊博人偏重二重性的文化传统、非洲万物有灵的宗教传统和东方天人合一的传统文明共同造成的。他从小生长在尼日利亚东南部的伊博族群中，伊博人视变化为传统，其灵动辩证的思维观深深烙印在作者身上。阿契贝成长于一个双重文化交织的家庭环

① Chinua Achebe, *The Education of a British-Protected Child: Essays*, New York: Alfred A. Knopf Press, 2009, pp. 5 –6.
② Bernth Lindfors ed., *Conversations with Chinua Achebe*, Starkville: University Press of Mississippi, 1997, p. 118.
③ Dennis Duerden ed., *African Writers Talking*, Oxford: Heinemann, 1979, p. 13.
④ 俞灏东、杨秀琴、刘清河：《现代非洲文学之父——钦努阿·阿契贝》，宁夏人民出版社，2012，第 18 页。
⑤ Rose Ure Mezu, *Chinua Achebe: The Man and His Works*, London: Adonis & Abbey Publishers Ltd., 2006, p. 229.

境中。父母都是虔诚的基督教徒，而他的叔叔以及周围的环境都赋予他一种非洲传统宗教的亲切感。阿契贝并没有因两种不同的宗教而产生分裂感，而是很好地将两种宗教情感结合在了一起。这种双重文化交织的生活情状阿契贝形象地比喻为处在"十字路口"，"十字路口有一种潜在的危险，危险是因为一个人可能陷入各种各样思想的纠缠中，但同时它可能是幸运的并带着福音般的先见之明回归人民"。这种文化距离感又使他获得了一份清醒的理性思考，因为"这个距离不会导致分离，而是会使双方结合，这就像退后一点的位置对于一个明智的观察者为了从容地、充分地欣赏一幅油画所占的位置一样"。① 传统的冶炼与家庭的熏陶共同铸就了一个包容而智慧的阿契贝，在他文本中所投射的就是这样一种文化观。

从地域和文化政治属性（第三世界）上，非洲文化传统无疑属于东方文明的一部分，而东方文明的多元性也蕴含着一种统一性。河流文明赋予的农耕性质和基于血缘关系的人际纽带构成东方社会的基础，马克思形象地将之称为"亚细亚生产方式"以及奠基其上的君主专制制度。因此，东方古代社会的经济、政治和社会的样态的一致性决定了在文化上的大体相似性即天人合一的宇宙观，思维方式的内倾化与直觉化，人际关系的伦理化和等级化，生活方式的克俭无争。② 这种统一的"东方精神"③ 表现在文学上则是：相互交流中的曲折而多元发展，整体风格的恬静自然，注重描绘主观真实，浓厚的宗教信仰，丰富的民间文学底蕴以及鲜明而悠久的民族特色。④ 非洲传统正是在统一的东方文化传统中凸显了自己的宗教信仰和人与自然的天人合一式的宁静与和谐。受"万物有灵"观的普遍影响，非洲人把自然和世界中的一切事物都当作可以接纳的属于最高神的恩赐，这类似于西方基督文化的神恩普照。"自然被看作是上帝的创造物，自然本身又是神灵，受到非洲黑人的崇拜。"⑤ 人们看

① Chinua Achebe, *The Education of a British-Protected Child: Essays*, New York: Alfred A. Knopf Press, 2009, pp. 34 - 35.
② 黎跃进：《东方文学史论》，昆仑出版社，2012，第10—11页。
③ 黎跃进把东方这些大体一致的文化特征概括为"东方精神"，它是"东方文学统一性的文化心理基础，即东方文学的文化潜质"。参见黎跃进《东方文学史论》，昆仑出版社，2012，第11页。
④ 参见何乃英《东方文学概论》（修订本），世界图书出版广东有限公司，2014，第44—77页；黎跃进：《东方文学史论》，昆仑出版社，2012，第11—16页。
⑤ 艾周昌、舒运国主编《非洲黑人文明》，福建教育出版社，2008，第200页。

到，阿契贝文本中所体现的一种中间思维其实就脱胎于这种包容而智慧的非洲传统与东方文明传统。

中间性哲思赋予阿契贝一种清晰客观的理性，避免了因历史伤害而产生的一种极端的民族主义情绪，陷入萨特所说的"一种反种族主义的种族主义"①的二元对立思维中。非洲人要做的不仅仅是回忆痛苦，更要"履行奉献之责，把谴责留在神灵的门槛上"。② "与两极对立的思维方式不同，中性思维方式立足于建设，强调事物对立双方的互养相成、共生共存，强调把握事物的平衡支点，做到不偏不倚、允执厥中。"③ 阿契贝正是将非洲本土文化与西方文化置于中间的视角，直面现实，分析不同文化的优缺点，充分展示了他充满活力的辩证文化观。阿契贝的"中间"思维和文化思想促进了对西方文明普遍性的质疑与对人性共通性的思考，有利于促进文化的和谐共生，对于提高东方文明的重要地位有着极大的借鉴意义。

四　结语

萨特曾说："如果文学不要求一切，它就毫无价值可言。"④ 奥威尔认为，一个作家"越是清醒地认识到自己的政治立场，你就越能够一方面积极地参加政治斗争，一方面保持自己审美和思想方面的独立性不受损害"。⑤ 由此可见，文学与政治息息相关，政治就是文学存在的一种方式，政治是内在于文学的。文学的政治性不等于政治，包含政治性的文学也可以表达独特的审美理想而蕴含审美性。对于非洲文学而言，文学与政治须臾不可分离，这一点尤其重要。

阿契贝关于文学的种族政治批评、语言政治批评和文化政治批评，

---

① 〔美〕伦纳德·S. 克莱因主编《20 世纪非洲文学》，李永彩译，北京语言学院出版社，1990，第 154 页。

② Chinua Achebe, *The Education of a British-Protected Child: Essays*, New York: Alfred A. Knopf Press, 2009, p. 164.

③ 邹广文：《中性思维、和谐社会与哲学的创新》，《清华大学学报》（哲学社会科学版）2005 年第 6 期，第 14 页。

④ 〔法〕让－保尔·萨特：《萨特自述》，黄忠晶等译，天津人民出版社，2008，第 169 页。

⑤ 〔英〕乔治·奥威尔：《政治与文学》，李存捧译，译林出版社，2011，第 415 页。

从种族、语言和文化视角批驳了西方的种族中心主义、语言中心主义和文化中心主义，简而言之，是对西方中心主义的质疑与批驳。其"中间"思维和文化思想启发了文化的和谐共生，有助于东西方文化之间的平等对话与交流互鉴。

【责任编辑】杨惠

非洲研究　2021 年第 1 卷（总第 17 卷）
第 194 - 207 页
SSAP © , 2021

阿玛杜·库鲁玛的文化身份认同

——以《人间的事，安拉也会出错》为例

余沛林

【内容提要】　文化身份认同是非洲当代作家文学创作的重要问题。科特迪瓦作家阿玛杜·库鲁玛在其文学创作过程中，不断融入自身对文化身份认同的批判性思考。在他创作生涯的最后一部小说《人间的事，安拉也会出错》中，尤其体现出一种复杂的文化身份认同。本文将从阿玛杜·库鲁玛对黑人精神运动的继承与批判入手，从文本出发，通过对阿玛杜·库鲁玛就非洲现实问题的批判与对非洲传统文化的继承弘扬两个方面进行分析，探究阿玛杜·库鲁玛在《人间的事，安拉也会出错》中体现的文化身份认同及其意义。

【关键词】　文化身份认同；黑人精神运动；阿玛杜·库鲁玛；人间的事，安拉也会出错

【作者简介】　余沛林，国际关系学院外语学院法语系硕士研究生，主要研究方向为法语文学（北京，100000）。

引　言

科特迪瓦作家阿玛杜·库鲁玛（Ahmadou Kourouma）被誉为"幻灭的作家"。1994 年，阿玛杜·库鲁玛受邀访问吉布提，了解到索马里童子军的悲惨遭遇。以此为灵感，他于 2000 年发表了小说《人间的事，安拉

也会出错》（*Allah n'est pas obligé*）。故事讲述了比拉西玛作为一个童子军在塞拉利昂和利比里亚的悲惨遭遇，该书出版后引起了社会的强烈反响，并一举摘得雷诺多文学奖。阿玛杜·库鲁玛青年时参加过法国的非洲军团，而后前往法国里昂求学并工作。其一生一直往返于科特迪瓦与法国两地，使其产生了复杂的文化身份认同。一方面，面对长期受法国殖民统治的非洲大陆，阿玛杜·库鲁玛对于当下非洲的文化产生了信任危机，而另一方面，作者也尝试通过对非洲本土文化的重新挖掘，以期重新建立专属于非洲文化的尊严。本文以《人间的事，安拉也会出错》为蓝本，结合阿玛杜·库鲁玛对黑人精神运动的继承与批判，厘清阿玛杜·库鲁玛的文化身份认同及其意义。

一　黑人精神运动的继承与批判

　　作家的文化身份构建与认同是非洲文学作品探讨的一大议题。尤其是在脱离宗主国的殖民统治之后，非洲文学中的文化身份认同出现了复杂化的趋势。一方面，非洲迎来了期盼已久的独立，成为非洲近代以来的一大令人喜悦的进步；而另一方面，面对独立后仍存在的错综复杂的社会问题以及脱离了长期殖民的社会运转轨迹，非洲大陆又陷入迷茫。复杂的社会环境致使作家对文化身份构建的讨论越发热烈。而阿玛杜·库鲁玛，作为科特迪瓦文学中极为重要的一位作家，在他的作品中，复杂的文化身份构建也尤为明显。

　　在探讨现当代非洲文学以及作家时，不能不提及黑人精神运动（Négritude）对他们的影响以及后续的批判。从词语的构成来看，"Négritude"来源于法语中的"nègre"。"Nègre"本义为"黑色的"，其出现最早可追溯到16世纪。在殖民时期，该词用来指代撒哈拉以南的原住民，这是一种对黑人群体带有强烈贬义的称呼。[①] 黑人精神运动的源头可追溯至20世纪初的美国黑人文艺复兴运动。当时美国已形成具有群体规模的黑人知识分子阶层，他们力图树立在美黑人的民族自尊心与自豪感，继承与弘扬非

---

① https://fr. wikipedia. org/wiki/N% C3% A8gre，Accessed 2020 – 03 – 15.

洲传统文化，并鼓励黑人群体积极参与美国社会生活。① 美国黑人文艺复
兴运动极大影响了世界其他地区的黑人群体，而法语地区的黑人精神运
动最早由在法留学的黑人大学生发起，主要先锋成员为艾梅·塞泽尔
（Aimé Césaire）、列奥波德·塞达尔·桑戈尔（Léopold Sédar Senghor）以
及雷昂·贡特朗·达马斯（Léon Gontran Damas），通过创办《黑人学生》
（L'Étudiant noir）杂志，反对针对黑人的种族歧视并歌颂黑人文化，以唤
醒黑人的自豪感与责任感。②

　　既然黑人精神运动强调对非洲价值的发掘与反思，那么在文学领域，
其突出特点就是对非洲传统书写价值的重新发掘，以展示黑人的光荣历
史和精神力量，维护"黑皮肤"的尊严。③ 在 20 世纪初期，非洲文学创
作在很大程度上受西方文学的影响，并通过对西方文学，尤其是宗主国
文学的模仿完成文学创作的过程。④ 而到了 20 世纪 30 年代，受黑人精神
运动影响，非洲作家逐渐抛弃了这种创作模式，开始将关注点转向非洲
文学传统。因此，许多作家整理了非洲长期以来的神话故事、口述历史
以及民间文学，以此为基础进行文学创作。在此期间，非洲文学不仅得
到了极大的发展，并且出现了许多以爱国、歌颂非洲传统、提升非洲自
我认同为主题的优秀作品。

　　但随着黑人精神运动的发展以及非洲社会形态的转变，黑人精神运
动逐渐显示出其弊端，并开始被部分非洲知识分子所批判甚至摒弃。20
世纪 60 年代，非洲大陆迎来独立后，非洲并没有实现如其期盼的发展，
社会矛盾仍然突出，甚至更为复杂多元。军阀割据、内战、贫困、对资
源高度依赖等情况仍然困扰着非洲大陆。在这种情况下，黑人精神运动
开始遭到了许多作家的质疑和批判，甚至逐渐丧失其活力以及影响力：
他们认为黑人精神运动带有极为强烈的自恋性，导致非洲人一味陶醉于
过去，阻碍了非洲人认清现实，实现自我发展的进程。诺贝尔文学奖得
主尼日利亚作家沃莱·索因卡曾公开批判黑人精神运动，他指责一些作

---

① 张宏明：《黑人传统精神运动产生的历史氛围——论美洲黑人运动、思潮对黑人传统精
　神运动的影响》，《西亚非洲》1994 年第 3 期，第 51 页。
② 施雪迎：《"黑人性"运动的文学思考》，《外国文学研究》2018 年第 1 期，第 80 页。
③ 黎跃进：《20 世纪"黑非洲"地区文学发展及其特征》，《黑龙江社会科学》2012 年第
　2 期，第 115 页。
④ 黎跃进：《20 世纪"黑非洲"地区文学发展及其特征》，《黑龙江社会科学》2012 年第
　2 期，第 114 页。

家仅满足于"向后看"，从古老的荒野中寻找遗忘的瑰宝，却不愿意向前看、向内看，没有真正进入当下，进入弊病重重的社会现实。[①] 因此，在矛盾重重的社会现实面前，黑人精神运动逐渐被作家抛弃，而新的文化身份构建也由此展开。20 世纪 60 年代后的作家，将目光更多投向非洲的现实当中，加入自己的思考，以期找到解决非洲问题的良药。

而阿玛杜·库鲁玛则属于批判性继承黑人精神运动的代表作家之一。阿玛杜·库鲁玛文化身份构建的复杂性则体现在其对黑人精神运动的态度始终具有双重性的特点。阿玛杜·库鲁玛将视角对准非洲社会当下种种问题，并对其进行思考与批判，体现出一种"向前看"的精神。之所以被称为"幻灭的作家"，是因为在阿玛杜·库鲁玛的作品中，部落战争、腐败、童子军等现实问题常常成为其作品的题材，作者本人也在作品中融入了尖锐的批判。正如阿玛杜·库鲁玛在《人间的事，安拉也会出错》出版后所言："对于非洲，一百年以前是奴役，五十年以前是殖民主义，二十五年以前，是冷战，现在呢，只是骚乱。"[②]

阿玛杜·库鲁玛对于非洲现实问题的尖锐批判，导致其在科特迪瓦乃至非洲备受冷落甚至排挤。其第一部作品《独立的太阳》最早被法国门槛出版社拒稿，而后被魁北克大学出版社赏识得以出版。其作品一经问世，便得到法国文学界的高度赞赏。随后的三部小说都得到了西方文学界的高度认可。阿玛杜·库鲁玛在青年时期前往里昂求学，学习精算专业，而后成为精算师，并娶了法国人为妻。由于其生活经历以及作品对当时非洲社会的批判，阿玛杜·库鲁玛遭到科特迪瓦独裁政权的威胁与警告，不得不流亡阿尔及利亚，直到 1994 年政局稳定后才回到科特迪瓦，但最终于里昂逝世。因此，从作品接受的角度看，阿玛杜·库鲁玛的作品长期在西方社会受到追捧，而在非洲文坛遇冷。[③]

面对来自科特迪瓦的质疑，阿玛杜·库鲁玛进行了反驳，并公开表达了其自身对于科特迪瓦的认同："我从来都将自己定义为一位科特迪瓦作家，这点毫无疑问。科特迪瓦文学也始终存在。我也始终认为我是一

---

① 汪琳：《非洲文学中的文化身份困惑与重构》，李安山主编《中国非洲研究评论（2016）总第六辑》，社会科学文献出版社，2018，第 97 页。

② 管筱明：《人间的事，安拉也会出错》，"译后记"，湖南文艺出版社，2011，第 240 页。

③ Florence Paravy, "Feu croisé sur l'afropessimisme（E. Dongala, A. Kourouma）", *Études littéraires africaines*, 2011, 32, p. 61.

个科特迪瓦人。"① 这种身份认同并没有因为长期留法，以及在作品中对非洲的现实问题进行批判而改变。并且，阿玛杜·库鲁玛也从一个作家的角度，表达了他对科特迪瓦文学的信心与认可。

　　而在文学创作方面，尽管对于非洲社会的问题做出了反思与批判，但阿玛杜·库鲁玛并没有完全否定黑人精神运动。正如上文所言，黑人精神运动的主旨是发掘非洲优秀传统及文化的价值，而在文学创作领域，黑人精神运动的影响则体现在对非洲文学传统形式的重新挖掘。在阿玛杜·库鲁玛的作品中，也时常能呈现非洲传统文学形式的复兴。从其第一部小说《独立的太阳》到最后一部《人间的事，安拉也会出错》，阿玛杜·库鲁玛始终借用非洲传统文学形式进行创作。最突出的手法即对传统口述以及本地方言马林凯语的运用。在阿玛杜·库鲁玛看来，传统口述以及马林凯语不仅体现了非洲人一直以来的思维方式，同时也能帮助他讲好非洲当下的故事，从而使其作品体现出高度的非洲特性。

　　综上，我们不难看出，阿玛杜·库鲁玛的文化身份认同首先建立于"是一名科特迪瓦人"的基础之上，同时对于科特迪瓦的现状进行批判与反思。因此其文化身份认同具有一定的批判性。阿玛杜·库鲁玛对科特迪瓦以及科特迪瓦文学持认可态度，复杂的经历以及来自非洲社会的质疑无法割裂他与科特迪瓦的种种联系。而对科特迪瓦的深切热爱以及对科特迪瓦文学，乃至非洲文学的强烈使命感，使其在文学作品中传递出对非洲社会现实高度的批判性。因此下文将从对非洲后殖民时代社会种种弊端的批判从而产生的文化身份认同危机，以及通过弘扬与复兴非洲传统文化从而重构文化身份认同两方面入手，对阿玛杜·库鲁玛的文化身份认同进行分析。

二　后殖民时代的文化身份认同危机

　　进入 20 世纪 60 年代，非洲大陆在迎来独立的同时，同样沉浸在迷茫失望的情绪当中，许多作家甚至在其作品中体现出一种非洲悲观主义

---

① Bernard Magnier, recueilli par Cheikh Dieng, "Yannick Le Bars et Éléonore Sens", Entretien avec Bernard Magnier, in *Notre Librairie*, n°87, *Littérature de Côte d'Ivoire*, *II*, p. 10

（afro-pessimisme）的情绪。① 阿玛杜·库鲁玛即身处该行列，其作品也将视角对准非洲独立后的种种社会问题，并且透露出悲观失望的情绪。不仅如此，长时间在法国的受教育与生活经历，使阿玛杜·库鲁玛重新审视自身民族文化。因此，当阿玛杜·库鲁玛将视角对准科特迪瓦乃至西非社会的种种矛盾时，同样也表达出其对独立后非洲社会的质疑与批判。这种审视使其作品流露出对自身文化认知的不确定性。在《人间的事，安拉也会出错》中，阿玛杜·库鲁玛通过批判马林凯传统文化中的糟粕以及当下利比里亚社会的战乱问题，表达出他的文化身份构建危机。

独立后的非洲，社会停滞不前既有外因又有内因。一方面，西方虽无法继续直接进行殖民统治，但开始采用更为隐蔽的政治、经济甚至军事手段来控制原殖民地，以达到继续攫取原料、资源以及市场的目的。② 而另一方面，非洲部分传统文化也在一定程度上阻碍了非洲社会的进步，使部分非洲人仍生活在愚昧、痛苦之中。在对自身文化进行审视时，阿玛杜·库鲁玛敏感地发现部分传统文化无法与当下社会发展相适应。因此在作品中，作者首先将批判指向马林凯的传统习俗——割礼：

> 事先谁也不知道在丛林哪处举行割礼。鸡叫头遍时，少女们就从各家屋子里走出来，一个接一个钻进灌木丛，悄无声息地行走。当她们来到举行割礼的场地时，太阳正好在地平线上升起。我们不需要待在割礼现场，就知道在哪儿，少女们身上有什么东西给切除了。因此，妈妈身上有什么东西给割掉了。可不幸的是，血没有止住。她的血就像暴雨过后的溪水，汨汨地流淌。③

主人公比拉西玛白描式的叙述平静且冷漠，好像是在叙述生活中一个平凡的场景。而正是这种不加任何修饰，且不带有任何感情判断的口述，与割礼的残忍血腥形成了一种极为强烈的对比。从一个不需要进行

---

① Habiba Jemmali-Fellah, "Les œuvres de Hélé BEJI, d'Ahmadou KOUROUMA et de Patrick CHAMOISEAU：Entre désaveu et ébranlement", Paris VIII, soutenue le 27 mars 2015, p. 347.
② 汪琳：《非洲文学中的文化身份困惑与重构》，李安山主编《中国非洲研究评论（2016）总第六辑》，社会科学文献出版社，2018，第98页。
③ 〔科特迪瓦〕阿玛杜·库鲁玛：《人间的事，安拉也会出错》，管筱明译，湖南文艺出版社，2011，第23页。

割礼的男孩的视角看，割礼的发生是平静的，甚至谈不上任何的仪式感，少女的恐惧与疼痛也无法从中体现。即使是在如此强烈的冲击下，比拉西玛的描述中也丝毫不见对割礼的批判。而作者正是借助于这种麻木，来凸显其对割礼这一传统的批判与思考。一方面，作者的批判来源于对非洲女性的同情，另一方面则体现在对非洲男性以及割礼本身的不人道进行讽刺。作者以小见大地传递了自身对于非洲传统习俗的思考与批判。

此外，封建迷信也成为阿玛杜·库鲁玛批判的对象。在作者看来，封建迷信不仅使非洲大陆长期笼罩在愚昧之下，甚至对人性造成了腐蚀。封建迷信顽固禁锢着非洲部落，使非洲与现代社会脱节，并且造成了人与人之间的疏离。例如比拉西玛的母亲因割礼感染，许久难以治愈，家人便找来巫婆施法，巫婆在作完法术后认为母亲是水牛精的"阿瓦塔"（在马林凯语中，"阿瓦塔"意为化身），因作恶太多导致自己吞噬自己，因此割礼后伤口久久未愈，而母亲也因此被认作全村最大的巫婆。致使母亲在生命的最后阶段没有人敢与之发生任何接触，包括亲生儿子比拉西玛，母亲最终在痛苦与孤独中等来死亡：

> 我仍然不拿正眼瞧妈妈，按非洲人的说法，肚子里，或者按法国人的说法，心里带着疑惑和犹豫。我怕妈妈哪天也吃了我的灵魂。你的灵魂被人吃了，就没法再活下去了，不是病死，就是出事送命。总之不得好死。外婆解释说妈妈是被安拉赐死的，是他让妈妈得了溃疡，又让她留了太多的眼泪而死。因为安拉在天上想干什么就干什么，人间的事儿他不必件件都不出错。[①]

一方面，作者通过对极为普遍的生活场景的描述，向读者介绍了当地人对巫术的敬畏。并且，对巫术的迷信体现出极为典型的拜物教特点，赋予自然物质超自然力量，并将人的命运与其结合。在阿玛杜·库鲁玛看来，深深植根于马林凯文化中的拜物教传统反映出当地人对自然力量的崇拜。而另一方面，作者也借对"阿瓦塔"的介绍以及比拉西玛的口述，向读者传达其自身对马林凯传统信仰的反思：这种宗教并未挽救处于不幸的人，反而将不幸的人推入更为不幸的深渊。这种过度的自然崇

---

① 〔科特迪瓦〕阿玛杜·库鲁玛：《人间的事，安拉也会出错》，管筱明译，湖南文艺出版社，2011，第30页。

拜给封建迷信的传播创造了条件，也给一些落后的陋习提供了滋生的温床。因此，从阿玛杜·库鲁玛的描述中读者不难看出，独立后非洲的持续衰败与落后的传统文化紧密相关，这种蒙昧无知不仅使非洲社会发展停滞不前，也使非洲人民长期与未知和恐惧共存。此外，通过作者对传统文化糟粕的批判，读者也可以看出，在后殖民时代，非洲大陆所面临的挑战不仅仅是独立后如何重建"新非洲"，破除落后文化同样是非洲人急需面对的问题。传统糟粕给非洲社会带来的危机同样加剧了阿玛杜·库鲁玛对于自身文化认同的危机感。

非洲独立后的迷茫不仅来源于落后传统文化对社会发展的阻碍，当下的社会构建同样遮蔽了独立后非洲本该迎来的曙光。随着非洲国家纷纷独立，非洲作家们失望地发现，非洲人治下的非洲并不像原本构想的那样美好。阿玛杜·库鲁玛的作品中，无不透露对非洲新生政权，甚至是对国家领导人的批判：非洲新生政权尝试通过国家层面的统治，甚至暴力行为来掩盖或美化仍存在于非洲大陆的奴隶制行径。[1] 在《人间的事，安拉也会出错》中，对童子军问题的批判构成了阿玛杜·库鲁玛对后殖民时代非洲大陆种种问题思考与批判的突破口。阿玛杜·库鲁玛借比拉西玛的视角，通过他的漫游旅程，逐步揭开独立后非洲大陆上的种种罪恶以及统治者对人民犯下的暴行。在作品中，作者运用反讽的手法，戏剧化地描绘了独裁者如何操纵民众选票，以达到独裁的目的：

> "没有手臂，就没法选举。"这是个浅显的道理：一个人没了手臂，就没法投票表决。因此，得砍掉大多数人、大多数塞拉利昂公民的手。抓住一个塞拉利昂人，先把他关起来，砍掉双手，再送到政府军占领区。刽子手对受刑者有两种处置办法。一为"短臂"，一为"长臂"。所谓"短臂"就是把受刑者的前臂齐手肘砍掉；所谓"长臂"就是齐手腕砍断。[2]

非洲独立后独裁统治的荒诞通过比拉西玛的叙述传递给读者。利比里亚军阀为夺取政权的行为已经突破了伦理与道德底线。非洲获得独立

---

[1] Habiba Jemmali-Fellah, "Les œuvres de Hélé BEJI, d'Ahmadou KOUROUMA et de Patrick CHAMOISEAU: Entre désaveu et ébranlement," Paris VIII, soutenue le 27 mars 2015, p. 42

[2] 〔科特迪瓦〕阿玛杜·库鲁玛：《人间的事，安拉也会出错》，管筱明译，湖南文艺出版社，2011，第182—183页。

后，多国政府军发动内战，为权力不惜残忍杀害民众。相较于西方殖民者在非洲大地上进行殖民掠夺，军阀混战下的非洲时时刻刻都有无辜百姓惨遭杀戮。人性的曙光并没有随独立一同到来，新的政权不过是继续延续西方殖民统治的残余继续对人民进行残害。正如尼日利亚作家沃莱·索因卡提出的"食人主义"：国家权力为了自身利益极度蔑视民众以及敌对党派生命，不惜大开杀戒，将非洲大陆化为血雨腥风之地。① 在《人间的事，安拉也会出错》中，阿玛杜·库鲁玛借比拉西玛之口，通过一系列对国家权力践踏人民的描写，将批判的矛头直指科特迪瓦前总统菲利克斯·乌弗埃-博瓦尼（Félix Houphouët-Boigny）。同时，通过对后殖民时期社会腐败、军阀混战以及暴政等问题的批判，阿玛杜·库鲁玛也表达了他对非洲人民的同情和对非洲社会的担忧。

通过《人间的事，安拉也会出错》，阿玛杜·库鲁玛揭露了传统文化糟粕以及殖民残余对非洲大陆的创伤，并且通过儿童的视角，给予读者极具冲击力的感官刺激，使读者与作者一同对非洲大陆存在的问题进行思考。此外，阿玛杜·库鲁玛也通过一系列针对非洲现实问题的批判，表达了其作为非洲人的文化身份认同危机。

三　本土视角下的非洲文化身份重构

面对独立后仍存在的落后传统和种种社会问题以及自身的文化身份认同危机，作者开始寻求其作为一名非洲人的文化身份重构。如同许多受黑人精神运动影响的非洲作家，阿玛杜·库鲁玛同样将目光转向了非洲古老的历史传统，以期通过对非洲传统文化价值的重塑，从而恢复非洲文化的尊严，并以此对抗长久以来欧洲殖民者建立的"欧洲至上主义"，提升非洲的话语权。在《人间的事，安拉也会出错》中，阿玛杜·库鲁玛将口述以及当地方言马林凯语植入作品中，利用非洲的传统文学创作手法，来讲述非洲当下的故事，不仅在一定程度上弘扬了非洲传统文化，也以此矫正了长期被扭曲的非洲文化以及非洲形象。

一方面，在《人间的事，安拉也会出错》中，阿玛杜·库鲁玛大量

---

① 宋志明：《权力和暴政的历史展演——索因卡"权力戏剧"评析》，《戏剧艺术》2020年第 2 期，第 75 页。

使用口述的叙述手法，用非洲传统的口述作为故事叙述框架，讲述比拉西玛作为一名童子军的所见所闻。口述文学作为一种古老的文学体裁，在非洲文学中占有极其重要的地位。传统口述具有本土性以及交互性的特点。相较于书面文字表达，一方面，非洲传统口述的主题集中于非洲当地的传说以及特有的风俗习惯；另一方面，口述促进了叙述者与听众之间的交互，因此这种叙事方式相比于文字表达有了更多的社交意义，使叙事者的表达更为直观且具象。

尽管故事的背景发生在当代，而非洲口述的题材更多是古老的神话以及故事。这体现出阿玛杜·库鲁玛对于非洲传统叙事手法的价值的回溯与挖掘。《人间的事，安拉也会出错》就是由童子军比拉西玛的口述而推进的。在作品开头，作者用长达五页的篇幅，让虚构人物比拉西玛用口述的方式进行"自我介绍"。在自我介绍的过程中，比拉西玛向读者交代了他的基本情况以及些许经历：他是个黑人，法语讲得不好，他后面的叙事会用到数量庞大的非洲土语马林凯语，因此要借用《黑非洲法语特殊用法词典》进行解释。他还参加过童子军甚至吸食过毒品……故事的叙事就是从比拉西玛对自身过往经历的口述开始的。而阿玛杜·库鲁玛的文化身份构建也从比拉西玛的口述中展开。作者立足于口述的形式，在作品中大量融入非洲传统习俗与文化，以此来展现其对非洲文化的见解与思考，也让非洲以外的读者更为直观地了解非洲的风俗文化。例如在作品开头，比拉西玛用口述的方式对自己的过往经历进行了简单介绍：

> 在到达利比里亚之前，我是个无所畏惧也无可指责的孩子。我四处流浪，遍地为床……在进学校之前，我是托格巴拉村的一个皮拉割落——据《黑非洲法语特殊用法词典》，"皮拉割落"意为没有受过割礼的儿童。我在沟里奔，田里跑，钻进荆棘丛赶老鼠，爬到矮树下打飞鸟……在这之前，我是个在妈妈房间里爬的小家伙。而在地上爬之前，我住在妈妈的肚子里。而在投胎之前，我也许在风中，也许在水中，也许是条蛇……①

在比拉西玛这段口述中，读者可以对比拉西玛最初的生活状态有所了

---

① 〔科特迪瓦〕阿玛杜·库鲁玛：《人间的事，安拉也会出错》，管筱明译，湖南文艺出版社，2011，第14页。

解，其口述不仅在形式上体现了非洲当地传统特色，且在内容上充满了非洲原始拜物教的意味。在比拉西玛看来，人与自然是一体的，人也是自然的一部分，在成为人之前，所有人都可能是大自然中的任何一种元素。这种充满原始的想象不仅带有专属于自然的浪漫色彩，同时也体现了非洲人对于自然的敬畏与亲密。并且，口述的大量使用同时也是对西方文学话语的一种消解。长期以来，书面表达被认为是西方文学的正统表达方式，而口头叙述则代表了非洲文学的传统。在历史的长河中，书面文学常常成为精英知识群体的表达和交流工具，而口述文学则成为权力体系中沉默的发声。① 因此在西方文学话语体系下，口述这种叙述形式长期处于弱势地位，自然而然以其为代表的非洲文学则被打上"落后""原始"的标签。而在《人间的事，安拉也会出错》中，口述成为整部作品逻辑联结的链条。持续出现的口述不断吸引读者的注意，使读者不仅关注到口述这一叙述形式，并随着比拉西玛的口述对其描述的非洲社会做出思考，口述这一非洲传统叙事方式也因此与当代文本产生了有机互动。

另一方面，除了借口述这一传统叙述方式为纽带串联叙事的推进，在此基础上，阿玛杜·库鲁玛在《人间的事，安拉也会出错》中，还以法语为基础，中间夹杂大量马林凯语，进行文学创作。殖民时代，殖民帝国主义实施文化宰制的一个重要特征就是语言的控制。通过将宗主国语言的"标准版本"移植入殖民地，从而对殖民的语言有意识地提升。而映射到殖民地文学方面，欧美批评家往往对那些能对"普遍的读者"（专指西方读者）言说的非洲作家大加赞赏，认为他们以欧洲语言进行的写作避免了非洲本土语言所带来的理解障碍。② 因此，阿玛杜·库鲁玛通过在文本中大量引入马林凯语，使宗主国语言与殖民地语言"平起平坐"地共存，在一定程度上实现对殖民话语的消解与颠覆。

马林凯语在作品中的大量使用，不仅是阿玛杜·库鲁玛对自身语言的一种赞许，而且更多体现了语意层面的文化认同。在作者看来，马林凯语是马林凯文化的载体，而作为这种语言的使用与传承者，马林凯语不仅在阿玛杜·库鲁玛的文化身份中留下难以磨灭的烙印，这种文化以及语言也在极大程度上滋养了他的文学创作。对于阿玛杜·库鲁玛来说，

---

① 段静：《口述、表演与叙事——非洲书面文学中的口头叙事研究》，《国外文学》2017 年第 1 期，第 44 页。

② 姚峰：《阿契贝的后殖民思想与非洲文学身份的重构》，《外国文学研究》2011 年第 3 期，第 121 页。

法语作为一种具有统治色彩的宗主国语言，无法对科特迪瓦社会作出具体且全面的反映，而是更多反映法国殖民者的意识形态及文化。用传统的马林凯语表现当地传统习俗以及当地人的生活风貌，更凸显了一种"非洲中心论"的思想。为了更好地原样反映科特迪瓦部落的风俗及生活习惯，又能减轻读者的理解障碍，在使用马林凯语时，阿玛杜·库鲁玛借比拉西玛的口述，辅以《黑非洲法语特殊用法词典》加以解释，以更好地展现马林凯语以及科特迪瓦部落原住民的生活状态。而马林凯语的使用在整部作品中主要涉及名词，一些专属于马林凯文化中的概念。例如"爱米"，专指女性割礼后缠在腰上的包扎布，"爱米"的原意就是包扎（阿玛杜·库鲁玛，2011：15）；"加纳里"既可以指药水，也可以指手工烧制的陶罐器皿（阿玛杜·库鲁玛，2011：16）；"呜呀－呜呀"则代表无业游民（阿玛杜·库鲁玛，2011：106）……不难看出，大量马林凯语中名词的堆砌构成了十分生动的马林凯人的生活风貌。并且这种堆砌使得整部作品中马林凯文化特有的事物形成了一个系统，更为真实地从侧面勾画了马林凯部落的文化特点。这种极具当地特色的事物成为一种符号化书写，不仅还原了阿玛杜·库鲁玛对其自身经历的记忆，并且成为他身份构建中重要的环节。这种高度本土化的事物成为专属于马林凯人的身份象征。

此外，马林凯语的使用不仅体现了作者对于自身文化的思考，同时也体现了作者对抗法语霸权的意图。从法国殖民者踏上非洲大陆以来，法国殖民当局大力推行同化政策，在殖民地大力推行法语教学，并排斥本土语言的流通与使用。法语不断挤占本土语言的生存空间，并将其边缘化，使民众在心理上产生了"法语高于本土语言"的认知。[①] 本土语言的生存状况日渐堪忧，且逐渐被殖民地民众所轻视。形成了"法语至上"的观念。而在《人间的事，安拉也会出错》中，以法语为基础，大量引入马林凯语的写作模式，使法语与马林凯语形成了一种对抗关系，阿玛杜·库鲁玛用非洲本质主义去对抗以法语为代表的欧洲中心主义，以期恢复非洲文化的"非洲性"。

例如在其作品中，依托比拉西玛的口述，阿玛杜·库鲁玛描绘了当地人对法语推崇以及对马林凯语的贬低：

---

① 张弛：《法国对塞内加尔同化政策研究》，博士学位论文，上海师范大学，2016，第27页。

　　我之所以是个小黑鬼，是因为我法语说的不好。就是这么回事。
一个人，哪怕是大人，甚至是老人，甚至是阿拉伯人、中国人、白人、
俄罗斯人，甚至是美国人，只要法语讲的不好，人家就说他讲的是小
黑鬼的话，他就成了小黑鬼。这，就是日常法语法律的规定……而
"非洲人的土话"，就是这样来形容这件事情没有价值。①

　　由此可见，在西非当地人的观念里，对法语的掌握程度直接和身份
地位相联系。在法国的殖民过程中，法语作为殖民工具的一种，不断侵
蚀本土语言的生存环境，以逐步确立法语以及法国文化在殖民地的至高
地位。因此，阿玛杜·库鲁玛借比拉西玛之口，讽刺了法国殖民当局对
非洲本土语言的打压以及对非洲本土文化的压制。对于阿玛杜·库鲁玛
而言，语言作为文化的载体，与文化共进退。语言的衰退是文化衰退的
前兆，因此，发掘本土语言的价值不仅是对法国殖民话语体系的消解，
更是对马林凯文化的拯救。

　　由此看来，在《人间的事，安拉也会出错》中，大量马林凯语的使
用体现了阿玛杜·库鲁玛高度的文化认同以及文化自省。马林凯语的使
用不仅很好地展示了马林凯人的生存状态以及思维习惯，作者也由此入
手，对马林凯传统文化进行了批判与反思。同时，马林凯语的使用不仅
体现了一种对自身文化自发的认同，同时也是对法语至上、欧洲中心论
的全然藐视。

　　综上，通过在作品中引入非洲传统口述以及马林凯语，阿玛杜·库
鲁玛不仅向读者展示了马林凯部落的生存状态以及思维习惯，并且以此
体现出作者对于马林凯文化的眷恋与认同。在此基础上，阿玛杜·库鲁
玛立足于非洲传统文化，重新审视与反思非洲的历史，重拾非洲文化的
尊严与自信，并对西方话语霸权进行了有力抵制。

结　语

　　本文从黑人精神运动的兴起到批判入手，分析了阿玛杜·库鲁玛在

---

① 〔科特迪瓦〕阿玛杜·库鲁玛：《人间的事，安拉也会出错》，管筱明译，湖南文艺出版
　社，2011，第10—11页。

《人间的事，安拉也会出错》中带有批判性的文化身份认同。一方面，独立后的非洲，传统文化的糟粕以及种种社会现实问题仍使非洲大陆处于迷茫与失望之中，作者也通过批判封建迷信和传统文化糟粕，以及揭露腐败、独裁等政治问题表达其文化身份认同危机。而另一方面，作者仍然希望通过对非洲优秀传统文化的发掘与继承，从而提升非洲文化价值，重塑非洲文化自信。阿玛杜·库鲁玛通过在作品中对非洲传统口述以及马林凯语的大量运用，不仅使读者更具象地了解了马林凯部落的文化，也提升了马林凯文化的自尊自信，同时也传达了对西方殖民话语的反抗。综上，阿玛杜·库鲁玛在《人间的事，安拉也会出错》中完成了在批判中继承非洲文化传统，在危机中重构文化身份认同的使命。

【责任编辑】宛程

非洲研究 2021 年第 1 卷（总第 17 卷）

第 208 - 225 页

SSAP ©, 2021

街头斯语：坦桑尼亚现代城市青年的话语实践

敖缦云　　阎自仪

【内容提要】坦桑尼亚独立后，政府极其重视语言问题，斯瓦希里语（下文简称"斯语"）的标准化及其推广被认为是增强国家凝聚力的关键手段之一。斯语的推广相当成功，很快成为坦桑尼亚人的通用语言。在政府一直强调标准斯语的使用的同时，坦桑尼亚的城市居民创造并发展出一种更加口语化的表达形式，即街头斯语。这种街头斯语早在 20 世纪 50 年代即受到学者关注，80 年代末于城市地区快速发展，其使用者多为城市青年。本文整理了笔者 2008—2016 年在坦桑尼亚田野调查的数据，通过比较之前具代表性的街头斯语字典，用大量实例归纳街头斯语的演进和特征，分析其创造者如何在现代社会中进行话语实践，并探讨这种实践与坦桑尼亚现代社会变迁之间的关系。笔者认为"街头斯语"含有特殊的社会文化属性，鲜活体现了其时代意涵，它的成熟期伴随着非洲经济自由化、政治民主化浪潮，而街头斯语作为青年人群的话语实践，在与标准斯语的碰撞和融合中发展。在进入新千年后，"街头斯语"的研究实际上成为世界学术斯语研究的一个位面，它的大部分词语依旧保持了可解读性，这种包容性和灵活性等也嵌入现代社会变迁之中。

【关键词】街头斯语；城市青年；社会变迁；话语实践；坦桑尼亚

【作者简介】敖缦云，中国传媒大学坦桑尼亚研究中心负责人、斯瓦希里语专业讲师，坦桑尼亚达累斯萨拉姆大学斯瓦希里语博士候选人，研究方向为斯瓦希里语语言文学、东部非洲研究；阎自仪，中国传媒大学外国语言文化学院 2019 级斯瓦希里语专业本科生，研究方向为斯瓦希里语语言文学、东部非洲研究（北京，100024）。

一　研究背景与问题

坦桑尼亚位于非洲东部，是东非人口最多的国家之一。其境内本土语言种类繁多，夏季语言研究所（SIL International）① 的调查认为坦桑尼亚约有 129 种语言。② 由于近代殖民统治和人口流动，一些非本土语言在坦桑尼亚境内也较活跃。尽管语言环境复杂，但坦桑尼亚实质上将斯瓦希里语（下文简称"斯语"）作为本国的国语和官方语言使用。③

"斯瓦希里"（Swahili）一词源于阿拉伯语，意为"海滨地区"。斯语开始使用的具体年份不详，目前在国内引用较多的是学者齐拉格丁的研究，他认为公元 1 世纪起，阿拉伯人和印度人便开始同东非沿海居民开展贸易活动，经过长期的交往、通婚和融合，最迟在 14 世纪其已在基里瓦王国的宫廷中使用。④ 它以班图语的基本词汇和语法框架为基础，混合了阿拉伯语、英语等语言。⑤ 作为一门应东非沿海贸易发展的需要而产生的商业用语，它随着贸易的扩展也逐渐传入内地。19 世纪末，德国殖民者占领东非，在其势力范围内的德属东非（Deutsch-Ostafrika）将斯语设立为用于管理当地人的通用语并大力推广。第一次世界大战后，当时已在东非建立殖民统治的战胜国英国把德属东非的大部分地区通过联合国托管地（East Africa Protectorate）的方式纳入版图，成立了东非地区语

---

① 夏季语言研究所为国际非营利科学组织，本部在美国达拉斯。

② Unknown, "Tanzania-Languages | Ethnologue", in David M. Eberhard, Gary F. Simons and Charles D. Fennig（eds.）, *Ethnologue: Languages of the World*, *Twenty-fourth Edition*（Dallas, Texas: SIL International, 2021）, Retrieved from https://www.ethnologue.com/country/tz/languages［Accessed: 30 May 2021］.

③ 现行坦桑尼亚宪法以斯瓦希里文为基础，虽然没有关于官方语言的表述，但根据历史传统和实际语用，斯语是实际意义上的主要官方语言，但英语也是官方语言之一。

④ 史哈布丁·齐拉格丁：《斯瓦希利语在东非各国的民族意识、团结和文化上的作用》，《语言学资料》1965 年第 4 期，第 2 页。

⑤ Jan Blommaert, *State Ideology and Language in Tanzania*, Edinburgh: Edinburgh University Press, 2014, p. 63.

言（斯瓦希里语）委员会①将斯语进一步规范化，推动其在大陆的发展。1961 年坦桑尼亚独立后，尼雷尔总统视教育为立国之本，将斯语定为国语，并在全国大力推广，以求推进扫盲教育和全民义务教育。为了进一步完善和规范斯语，坦桑尼亚政府设立了国家斯瓦希里语委员会（BAKI-TA）②，发展和维护标准斯语在学校教科书、文学著作、音乐文本及广播和电视节目中的使用。③ 这一语言政策已使斯语成为坦桑尼亚人的通用语言。

坦桑尼亚在国家层级制定普通话的规则并严厉施行，并不代表其他交流语言的消亡，实际上操着各类斯语方言和各部族语言的人群仍在非官方的领域和私人场合使用自己习惯的语言。并且随着城市化、全球化的加剧以及坦桑尼亚自身社会的发展，在城市街头出现了不同于标准语言的斯语，即街头斯语（Kiswahili cha Mtaani④）。20 世纪 80 年代末，坦桑尼亚经历了一系列的政治和经济政策调整，虽然农村人口向城市移民的比例在最初略有降低，但实际上街头斯语实践者的文化交流、碰撞和交融等互动更加频繁，经历了更为剧烈的词语更迭。但短时间内人口过多集中于大城市或新兴城区⑤，也导致大批人群因失业而陷入贫困甚至流落街头、违法犯罪，其中，年轻人受冲击最大。斯瓦希里流行文化研究者罗斯特－扬（Uta Reuster-Jahn）认为"城市化和全球化的发展在非洲催生了一个新的社会群体：城市的年轻人有一种在传统身份框架和西式的、大都会式的身份以外创造和建立自己（语言）身份的压力"。⑥

那么，街头斯语的话语实践有怎样的社会特征，其创造和发展彰显

---

① East Africa Inter-Territorial Language (Swahili) Committee.
② Baraza la Kiswahili la Taifa, "Kanuni za Sheria ya Baraza la Kiswahili la Taifa", Baraza la Kiswahili la Taifa, 2019, p. 5, https://www.bakita.go.tz/documents [Accessed: 7 May 2021].
③ Tanzania Jamhuri ya Muungano, "Sera ya Utamaduni", 1997, Retrieved from http://www.tz-online.org/ [Accessed: 7 May 2021].
④ 坦桑尼亚本地人彼此间谈及街头斯语时大多使用街头的语言"Lugha ya Mtaani"，而面对外国人谈及街头斯语时往往使用"Kiswahili cha Mtaani"，也有强调街区是复数的说法"Kiswahili cha Mitaani"。
⑤ 张家旗、陈爽、Damas W. Mapunda：《坦桑尼亚城市体系演变与空间分布特征》，《世界地理研究》2018 年第 1 期，第 25 页。
⑥ Uta Reuster-Jahn and Roland Kießling, "Lugha ya Mitaani in Tanzania: The Poetics and Sociology of a Young Urban Style of Speaking with a Dictionary Comprising 1100 Words and Phrases", *Swahili Forum*, Vol. 13, 2006, p. 79.

了怎样的社会文化属性和时代意涵？对此，笔者于 2008—2016 年在坦桑尼亚进行田野调查，通过大量实例和对比分析，归纳街头斯语的主要创造者和使用者特征，分析这一语言实践的包容性和变化性，进而探讨其与坦桑尼亚现代社会变迁之间的关系。

二　研究回顾

20 世纪 50 年代，随着街头斯语在坦桑尼亚民间的传播，国际学术界开始关注这一斯语变体语言，最初街头斯语是以"斯语俚语（Swahili Slang）""斯语口语（Colloquial Swahili）"等说法出现。到 20 世纪八九十年代，人们逐渐习惯使用"街头斯语"来表达这一非正式的变体语言。这些研究者主要是欧美和东非本土国家的学者，他们使用英语或斯语进行写作，且注重从社会语言学的角度阐述和分析街头斯语的社会意义。

20 世纪中叶，戈维尔（R. H. Gower）开始发表关于斯语新词语创造过程的文章。在 1952 年的《以英语为借词的斯瓦希里语》[①] 一文中，他明确指出俚语为斯语带来新发展。1958 年他又发表了《斯瓦希里语俚语》[②] 一文，指出斯语俚语是在城镇产生和发展的，且年轻人是俚语创造者中最多产的群体，他建议学者们关注并去记录斯语俚语丰富的表达。到 1987 年，波兰语言学家奥利（Rajmund Ohly）编纂了一本含有 1500 个术语和短语的《斯英俚语词典》[③]，并在序言里将这些斯语俚语称为"街头化表达（Usemi wa Mitaani）"。需要注意的是，这本俚语词典中的词语来自奥利从 20 世纪 50 年代至 80 年代初的实地调查，因街头斯语更新换代较快，部分词语在当代的街头斯语中已不再使用，但无论如何他的整合为街头斯之后的相关研究提供了有利条件。

1990 年，比利时社会语言学家布鲁马特（Jan Blommaert）在其所著文章《斯瓦希里语的标准化和多样化》中指出了受英语干扰的斯语变体

---

① R. H. Gower, "Swahili Borrowings from English", *Africa: Journal of the International African Institute*, Vol. 22, No. 2, 1952, pp. 154 – 157.

② R. H. Gower, "Swahili Slang", *Tanganyika Notes and Records*, Vol. 51, 1958, pp. 250 – 254.

③ Rajmund Ohly, *Swahili-English Slang Pocket-Dictionary*, Vienna: Afro-Pub, 1987.

语言的存在，并且"英语干扰非常常见……整合程度很高"。① 布鲁马特把这种变体语言叫作"街头斯语（Kiswahili cha Mitaani）"，并称这种语言是追求时尚的年轻人的行话。② 2004 年，达累斯萨拉姆大学的学者基霍尔（Yared Magori Kihore）第一次用斯语发表文章，研究街头斯语报纸语法问题。③ 他通过分析街头报纸的语句发现部分文字具有街头语法特色；由于报纸上的街头语句在国内的各大地区传播，他认为整合街头语法和词汇有利于后续深入研究街头斯语的文化背景和地理意义。

2006 年，当时在德国美因茨大学的罗斯特－扬与另一位德国语言学家基斯令（Roland Kießling）合作，以 2000—2006 年在坦桑尼亚进行的研究为基础，共同完成论文《坦桑尼亚的街头斯语》。该文主要从形式、功能、媒介、性别社会学等不同角度对街头斯语的现象进行研究。基斯令主要采用字典学和民族志的方法，编写了一本街头斯语的字典。罗斯特－扬（Uta Reuster-Jahn）则在此基础上，从社会学和文学两大角度详细介绍了街头斯语的发展历史及现状，并指出街头斯语可以归类为一种城市青年语言，它的兴起是城市化和全球化发展的结果，并且它在话语层面强化青年身份的同时，也在超越青年群体、成为城市身份的标志。④

从社会语言学角度对街头斯语开展的研究也很多见。比如 2013 年布鲁马特（Blommaert）出版了著作《坦桑尼亚的国家意识形态和语言》，他将街头斯语识别为一种城市语言，所使用术语为"城市斯语（Urban Swahili）"。在斯语与社会这一部分，他分析了坦桑尼亚的校园斯语（Campus Swahili），他观察发现，学者们与同事交流时使用校园斯语，而对于身份尚不清楚的人则使用标准斯语；他还发现，校园里知识分子使用的这种斯语形式也被电台所使用。但是，这位作者似乎有些歧视非洲语言，他认为，校园里的学者在进行混合英语词语的斯语交流时，"英语

① Jan Blommaert, "Standardization and Diversification in Kiswahili", *Kiswahili*, Vol. 57, 1990, pp. 22 – 32.

② Jan Blommaert, "Standardization and Diversification in Kiswahili", *Kiswahili*, Vol. 57, 1990, p. 24.

③ Yared M. Kihore, "Masuala ya Kisarufi katika Magazeti ya Mitaani ya Kiswahili-Tanzania", *Swahili Forum*, Vol. 11, 2004, pp. 112 – 117.

④ Uta Reuster-Jahn and Roland Kießling, "Lugha ya Mitaani in Tanzania: The Poetics and Sociology of a Young Urban Style of Speaking with a Dictionary Comprising 1100 Words and Phrases", *Swahili Forum*, Vol. 13, 2006, pp. 1 – 196.

元素在语音学意义上被斯语'污染'了"。① 2019 年，德国美因茨大学的纳森斯坦（Nico Nassenstein）和非洲学者宝·博瑟（Paulin Baraka Bose）合作，从语言形态学角度，分析斯语在坦桑尼亚、刚果（金）和肯尼亚三个国家的四座城市中青年俚语的不同语用，② 并对当地的青年语言实践结构进行分析和论证。他们发现四地的流行斯语（Popular Swahili）③ 都具有一些特定的形态句法特征，都是标准斯语的变体。这也较清楚地表明俚语现象在当代非洲斯语国家普遍存在，街头斯语或者说论文中"Lugha ya Mitaani"的说法是坦桑尼亚对于其本国的斯语变体的命名方式。

实际上，新千年后注意到街头斯语的学者很多，比如一些学者通过研究坦桑尼亚的邦戈音乐（Bongo Flava）来研究街头斯语。邦戈是坦桑尼亚经济政治中心达累斯萨拉姆的俚语名称，有时也指代坦桑尼亚。④ 邦戈音乐是一种发展于 20 世纪 90 年代的坦桑尼亚现代音乐流派，主要是美国嘻哈音乐和传统坦桑尼亚音乐风格交融的衍生物，歌词通常以斯语或斯语混合英语写成。这一题材的研究有奥地利维也纳大学的恩勒特（Birgit Englert）于 2003 年发表的《仍然隐藏的邦戈音乐：来自坦桑尼亚莫罗戈罗的地下嘻哈》⑤ 和 2008 年发表的《交织交错——坦桑尼亚青年文化中的主题和语言选择》⑥，美国威斯康星大学麦迪逊分校的汤普森（Katrina Daly Thompson）于 2010 年发表的《"我是马赛人"：以邦戈音乐解读种族戏仿》⑦，等等。

另外，还有少量研究关注街头斯语在具体传播媒介中的使用情况，

① "...be it that the English elements have been phonetically 'contaminated' by Swahili", See Jan Blommaert, *State Ideology and Language in Tanzania*, Edinburgh：Edinburgh University Press, 2014, p. 93.

② 四座城市为达累斯萨拉姆、戈马、卢本巴希、内罗毕。

③ Nico Nassenstein and Paulin Baraka Bose, "Morphological Features of Kiswahili Youth Language (s)：Evidence from Dar es Salaam, Goma, Lubumbashi and Nairobi", *Linguistics Vanguard*, Vol. 6, 2020, p. 10.

④ 沈玉宁编《新编斯汉词典》（在线版），http://siwaxili.com/，2014，最后访问日期：2021 年 7 月 26 日。

⑤ Birgit Englert, "Bongo Flava (Still) Hidden 'Underground' – Rap from Morogoro, Tanzania", *Wiener Zeitschrift für kritische Afrikastudien*, Vol. 5, No. 3, 2003, pp. 73 – 93.

⑥ Birgit Englert, "Kuchanganyachanganya-Topic and Language Choices in Tanzanian Youth Culture", *Journal of African Cultural Studies*, Vol. 20, No. 1, June 2008, pp. 45 – 55.

⑦ Katrina Daly Thompson, " 'I Am Maasai'：Interpreting Ethnic Parody in Bongo Flava", *Language in Society*, Vol. 39, No. 1, August 2010, pp. 493 – 520.

比如布鲁马特在其 2013 年出版的著作《坦桑尼亚的国家意识形态和语言》中提到广告会使用街头斯语以增强宣传效果。① 加纳大学的扎赫内 - 夸希（Josephine Dzahene-Quarshie）在其 2016 年的文章《全球趋势本土化出现在加纳和坦桑尼亚学生的短讯交流中》② 中提到青年学生用手机发短信时，倾向于使用简洁的、缩略的、非正式的斯语。

如前文所述，非洲斯语区的年轻人使用国别化的俚语是一种普遍现象，肯尼亚年轻人使用的 Sheng 语也有很长的研究历史。伦敦大学亚非学院的戈提奥拉（Chege Githiora）发表过一系列关于肯尼亚俚语"Sheng"的研究成果，其中以 2018 年的《Sheng——肯尼亚斯瓦希里语俚语的崛起》为其集大成之作。③ 内罗毕大学的伊雷贝姆万吉（Iribemwangi）也在多次参会演讲中总结道，当今的学术界已经不能再将肯尼亚的青年语言"Sheng"蔑视为一种年轻人和低端人口所使用的都市交集代码了。④ 在内罗毕大学做访问学者的中国学者沈玉宁曾直接用"Sheng"语创作诗歌，记录对内罗毕人生活的观察，但很遗憾尚未在学术期刊详细发表对该肯尼亚俚语的观点。⑤

总而言之，国内外学者对街头斯语的研究相对丰富，体现出如下四个特点。第一，以实地调查为基础。上述学者基本都有在东非特别是坦桑尼亚长期生活和工作的经历，其依据的分析资料也多基于由学者本人或联合其他学者实地调研所得的事实，而非武断的二手结论。第二，以社会语言学为支撑。由于街头斯语的产生和发展与其所在国坦桑尼亚的社会状况密切相关，所以此类研究倾向于与民族志等社会语言学研究领域相结合，力求服务于当前复杂的社会环境。第三，以双语或多语分析

---

① Jan Blommaert, *State Ideology and Language in Tanzania*, Edinburgh：Edinburgh University Press, 2014, p. 113.

② Josephine Dzahene-Quarshie, "Localizing Global Trends in SMS Texting Language in Ghana and Tanzania", *Swahili Forum*, Vol. 23, October 2016, pp. 1 – 20.

③ C. Githiora, *Sheng-Rise of a Kenyan Swahili Vernacular*, Suffolk：Boydell and Brewer, 2018.

④ P. I. Iribemwangi, "A River from Rivulets? A Study of Sheng Vis-à-vis Indigenous Kenyan Languages and Modern Technology", *Asian Journal of African Studies*, Vol. 49, 2020, pp. 27 – 46.

⑤ 在一首名为"Washikadau"（Stake Holder/利益相关者）的诗里，他打破斯语传统诗歌里以海滨地区传统为主导的音节、韵律，部分混合了内罗毕当地一些常见的基库尤语表达记录了自己对内罗毕居民生活的观察，上海外国语大学的肯尼亚斯语外教 Frederick Bosire 作评。见 Frederick Bosire, "Reading 'Washikadau（Patrons）'", Retrieved from http://yellingstone. info/? p = 1948, 2019 ［Accessed：20 June 2021］。

为背景。由于近年来街头斯语受到外来词汇的影响越发明显，所以多数学者会结合英语等非坦桑尼亚本土语言来分析街头斯语词汇的丰富和发展。第四，以个例分析为重点。街头斯语在不同的发展阶段具有不同的特点，且街头斯语词汇基本由学者与坦桑尼亚本地人的日常交流或深度访谈所得，具有一定特殊性，需要较长时间的背景分析、过程精炼。

三　斯语变体：源于城市化进程中的青年群体

伴随着德国和英国的殖民统治以及坦桑尼亚不断融入全世界工业生产体系，城市化进程以一种不可逆的方式持续发展，虽然坦桑尼亚独立初期户籍管理制度的严苛性和实施方式与殖民时期稍有不同，但城市化进程只体现在农村青年涌入城市的速度上，总体趋势并没有太大差异。从 1967 年至 1988 年，坦桑尼亚总体城市化率由 5.7% 增长至 17.8%。[①] 20 世纪 80 年代，随着坦桑尼亚乡村公有制的乌贾马（Ujamaa）运动式微，大量待业或失业的乡村青年在坦桑尼亚城市地区聚集，其中以达累斯萨拉姆为甚，1988 年该市人口已超百万。[②] 这一重大社会变迁为坦桑尼亚形成和发展出一门在非正式场合使用、极具口语化色彩的城市青年语言奠定了重要基础。这些话语虽然基本遵循标准斯语的语法框架，但为适应街头青年的表达需求，其语言内涵和构造方法都发生了较大的变化，因此人们将其称为街头斯语。

年轻人自发创造属于自己的语言变体，并非因为没有用于交流的语言基础。街头斯语能够得到发展，其最重要的前提是在这一历史的关键时期标准化的斯语已经成为当地普遍应用的官方通行语言。这得益于政府长期以来对斯语的重视和推广，除 20 世纪二三十年代殖民者的标准化政策外，早在 1962 年 10 月尼雷尔总统就正式将斯语定为坦桑尼亚的国语，此后政府又设立国家斯瓦希里语委员会，负责斯语标准化的相关事

① Hugh Wenban-Smith, "Population Growth, Internal Migration and Urbanisation in Tanzania, 1967 - 2012: A Census-based Regional Analysis", London, UK: International growth center International Growth Center, April 2014, pp. 3 - 8.

② National Bureau of Statistics Ministry of Planning, Economy and Empowerment of The United Republic of Tanzania, "Analytical Report", August 2006, p. 3, Retrieved from https://www.nbs. go. tz/nbs/takwimu/references/2002popcensus. pdf [Accessed: 8 July 2021].

宜。以标准斯语的语法框架为基础，街头斯语实际上是在对标准斯语和一些外来语词汇的改造中所形成的，虽然存在一些借用当地其他班图语语法的现象，但比例微乎其微。街头斯语涉及的内容非常广泛，囊括了衣食住行、身份地位、两性关系等多个方面，由于其创造者和使用者主要为失业的街头男性青年，其中因部分人从事某些犯罪活动①，使得犯罪行话也被吸收进其中。

从语言分类学上讲，街头斯语并非一门独立的语言，创造者基于自己所熟悉的社会领域的现有词语，先在小团体里发明一定的密码，再通过打破部分语言规范来完成每一个具体的交流场景。它是一门斯语的变体语言，经常以"年轻""新潮"的姿态出现，不断挑战特定时间段的斯语主体语料，在这种"挑战式沟通"语言实践中创造的词语，或为标准斯语所吸收或被遗忘在某个特定年代。甚至可以说，街头斯语伴随了标准斯语作为一门新兴语言的整个词汇扩展过程。在创造新词的过程中，街头斯语外来词语的来源往往与词语发明的时代息息相关，在笔者 2008 年开始的考察中，外来词语中有大量的英语词，但这并不意味着街头斯语就是由英语元素构成的，这可能和考察方法有关。直到 20 世纪 90 年代，在一些远离城市中心和大学校园之外的地区，街头斯语中也几乎没有英语词汇。②

街头斯语是一门具有能动性的语言。它从内容和形式上以诙谐和挑衅的手法表达了反抗传统与权威的态度，这也是城市青年语言（Urban Youth Language）的特征。③ 作为一门城市青年语言，它并非因不完全二语习得而产生，而是说话者有意识改造的产物。青年群体试图扭曲现有的语言规范，为拥有共同语言或相似背景经历的人寻找一种交流媒介，基斯令和马登·穆斯（Maarten Mous）也指出，这同时也将农村人、老一代人、上流阶层等排除在外，使得青年群体能够刻意保持与社会其他群

① Uta Reuster-Jahn and Roland Kießling, "Lugha ya Mitaani in Tanzania: The Poetics and Sociology of a Young Urban Style of Speaking with a Dictionary Comprising 1100 Words and Phrases", *Swahili Forum*, Vol. 13, 2006, p. 30.
② Uta Reuster-Jahn and Roland Kießling, "Lugha ya Mitaani in Tanzania: The Poetics and Sociology of a Young Urban Style of Speaking with a Dictionary Comprising 1100 Words and Phrases", *Swahili Forum*, Vol. 13, 2006, p. 3.
③ Roland Kießling and Maarten Mous, "Urban Youth Languages in Africa", *Anthropological Linguistics*, Vol. 46, No. 3, 2004, p. 325.

体的距离。① 在某种意义上来说，街头斯语是一种只在社会地位平等的人之间才被使用的语言，是某一年龄组认同的表征。虽然街头斯语不断被传播并在更大范围内获得认可和使用，但是在这些使用人群中，待业青年是街头斯语创造和表达的主力军，尤其是男性青年，坦桑尼亚人赋予了这类青年一个特殊的名字——"石头旁的青年"，斯语是"Vijana wa Vijiweni"。"Vijiweni"表示在较小的石头处，结合语境，指的是街边不太大但能坐几个人的石头附近，这种表达点明了待业青年会集的地点。当然，该术语不单指在街边石头上聚集的青年，同时也指在其他某些固定场所聚集的待业青年们。这些青年大多数为男性，年龄在15—35岁，失业或没有稳定工作和固定收入，无钱进行高端娱乐消遣活动，因此，他们只能通过闲聊打发漫长的时间，发泄旺盛的精力。

既往的研究告诉笔者，街头斯语在城市化过程中由发展核心区域即城市开始，向乡村地区扩散，其中坦桑尼亚沿海的达累斯萨拉姆是街头斯语产生和发展的主要城市。近50年来街头斯语的壮大，甚至更轻易地融入标准斯语，很大程度上是屡经调整的乌贾马运动无法满足社会发展需要而年轻人对更自由化社会的向往造成的。尤其是1985年尼雷尔卸任坦桑尼亚总统后，政治变革背景下的媒体自由化，坦桑尼亚1993年后开始允许进口电视②，同年政府也开始允许私人广播，这些都加剧了街头斯语对坦桑尼亚公共领域语言使用的影响。科技发展和政策调整为青年人提供了接触嘻哈音乐和国际说唱文化的硬性条件，而相对宽松的媒体环境也让年轻人更容易创作出抵抗传统文化规范、树立个体身份这样的软性可能性。尤其是邦戈音乐，它融合了本土音乐元素和外来音乐元素，被称为东非的嘻哈音乐，创作者往往会在歌词中加入街头斯语以增强吸引力。此外，街头小报和网络社区等媒介也广泛使用街头斯语，这使得街头斯语成为年轻一代的语言。

综上所述，街头斯语是标准斯语的变体语言，其更新发展速度更快，以不同历史时段的外来概念作为创造新词的源泉。它是一门城市青年语言，由特定的青年群体创造并使用，依托音乐等大众传播手段不断完成词语的经典化。虽然坦桑尼亚人很早就自发地创造出一些俚语和口语化

---

① Roland Kießling and Maarten Mous, "Urban Youth Languages in Africa", *Anthropological Linguistics*, Vol. 46, No. 3, 2004, pp. 312–313.

② 在此之前，坦桑尼亚政府禁止进口电视设备。

的词语，但它们以前受到更多的限制，仅限于非正式场合使用。从 20 世纪 80 年代末开始，大量街头词语被创造出来，其融入主流社会的速度更快，这种以坦桑尼亚社会发展变化为基础的变体语言，是坦桑尼亚现代社会的综合剪影，作为青年人群的话语实践嵌入宏大的社会变迁之中。

四 包容性与变化性：基于街头斯语词汇的比较分析

坦桑尼亚街头斯语的产生与其创作者的生活环境息息相关，最初的使用者通常是年轻人，在内容呈现上也侧重这一年龄层的社会生活，在逐渐发展为一门城市语言后，它传播到更多的群体，并吸引学者对街头斯语进行系统的收集整理。在这些词条收录性作品里，以上文提及的罗斯特－扬和基斯令编写的街头斯语字典（下文简称为"罗基字典"）为代表，他们的字典包括 1100 个单词及短语，为二人于 2000 年至 2006 年在坦桑尼亚收集所得。[①] 他们根据涉及领域将街头斯语分为人与社会关系（Human and social relations）、交流表达（Communication）、体态面貌（Body & Appearance）以及经济、金钱和职业（Economy，Money & Occupation）等 19 个类别[②]，这些类别囊括了坦桑尼亚人日常生活的各个方面，包括问候致意、衣食住行、娱乐活动、失业没钱的现状以及某些领域的专门指代等。笔者于 2008 年至 2013 年在坦桑尼亚田野调查时也收集了大量的街头斯语，并于 2013 年至 2016 年进行增删和校正，最终保留了 787 个街头斯语单词及短语。在笔者的数据库里，词汇分类与罗基字典基本吻合；但部分词语在使用过程中发生了拼写和含义的变化；新增并进一步拓展了原有分类。经过比对，笔者发现街头斯语在发音上具有一定的可变性，当地人使用时并不认为街头斯语只有一种标准，而是具有很强的包容性；同时，新的数据表明部分街头斯语词语经历不同时期后仍保持了相当高的稳定性，这也表明在进入新千年后，坦桑尼亚的社会变迁更趋向于包容

---

① Uta Reuster-Jahn and Roland Kießling，"Lugha ya Mitaani in Tanzania：The Poetics and Sociology of a Young Urban Style of Speaking with a Dictionary Comprising 1100 Words and Phrases"，*Swahili Forum*，Vol. 13，2006，p13.

② Uta Reuster-Jahn and Roland Kießling，"Lugha ya Mitaani in Tanzania：The Poetics and Sociology of a Young Urban Style of Speaking with a Dictionary Comprising 1100 Words and Phrases"，*Swahili Forum*，Vol. 13，2006，pp. 20 – 30.

年轻人的生活实践，不似 20 世纪 90 年代初可以观察到明显的社会剧变。

（一）形近意同

　　街头斯语注重口头传播的载体，注重在可预计语境中信息的传递，鉴于此，其对语法和发音的苛求较少，可以看到街头斯语中部分词语出现多种说法①，比如斯语中发音较为接近的"r"和"l"并不是完全独立的音韵学音位，一是两音更换导致意思变化的例子极少②，二是具体发音的选用与使用者的性别和部落族群也有相关性。③

　　坦桑尼亚说唱歌手朱鲁（Juru）演唱的说唱歌曲《Mburula》④ 就是笔者收录的"mburula/mbulula"（笨蛋）一词的来源。在歌曲里他描述了一类长得好看、喜欢自吹自擂的人——他们吹嘘自己会用社交软件，每天忙于读书考试或上班工作，穿进口自中国的时尚衣服，可实际上他们什么都不会、什么也不干，每天在街头闲逛。这首嘻哈音乐在坦桑尼亚流传甚广。后来相似的概念也出现在一则电视广告里，广告中老师先问一位同学一加一等于几，这位同学立刻给出了正确回答，可之后老师问一位名叫 Mbulula 的学生同样的问题，他却回答说是六。自此，当地人就用"mbulula"代指脑子有毛病的人。街头青年们也以"mburula"代称笨人、笨蛋。在一些社交媒体上，出现了"mburura"和"mbulura"两种拼写方式。虽然罗基字典中并没有收录这个词条，但是他们的字典和笔者的数据库里都有很多这样 r/l 混用的现象，比如"gwara/gwala"（五）、"mpoli/mpori"或"mpolipoli/mporipori"（乡下人/泥腿子）等。

　　另一种形近意同的情况，是由词语提供者自身使用习惯不同造成的，比如"kukandamia"和"kukandamiza"，这两个词在街头斯语里都指"把食物捏扁放进嘴里；进食"，罗基字典收录的是后一个，该词是标准斯语中"捏扁、压扁"的意思。"Kukandamia"是笔者信息提供者的说法，也是正确的。这个例子说明，在街头斯语的进化过程中，坦桑尼亚各部落

---

① 通常为两种，个别出现三种及以上的说法。

② 常用词里可能仅"kalamu"（笔）和"karamu"（庆祝活动）这一对最小对立组。

③ 标准斯语的 <r> 为颤音或者常说的大舌音［r］，部分坦桑人自身部族语言里没有［r］这个音时有些人会用［l］来代替这个音，另外部分年轻女性有在标准斯语出现 <r> 的单词上发［ɹ］音的现象。

④ Juru，"Mburula（Official Video）"，2012，Retrieved from https：//www. youtube. com/watch? v = IT5cWc7RcD4［Accessed：19 July 2021］.

族群在不同时期都对这个语言变体有过不同程度的改造，标准斯语里"kukandamiza"表示动词使动式的词素是 – iz – ，而在很多班图语里这个词素是 – i – ，这也是"kukandamia"这个词的来源。①

除此之外，部分词条的收录形式不同是由语境不同造成的，很多已经进入标准斯语的词语，就更难区分源头。比如罗基字典里收录的"asali wa moyo"一词，字面意思是"心的蜂蜜"，意指"亲爱的、甜心"或"男女朋友"，收录自邦戈音乐一首同名歌曲。这个词组里的连接小词 wa 说明这个名词词组的主名词是"有生命的"，在教学语法中被称为 WA 类名词（或 yu/wa 类名词），但这是一种象征手法，因为斯语中"蜂蜜"一词属于 N 类名词（或 i/zi 类名词），连接小词本为 ya，这也是笔者在考察时收录的词条。在多方询问后，笔者的信息提供者依然肯定"asali ya moyo"的写法，他们讲道，"男女朋友就像心中的蜂蜜般甜蜜，蜂蜜原本就是指日常可以食用的蜂蜜，所以可以使用 ya"。

最后，还有少量是拼写喜好问题。街头斯语是口语化的语言，通过记录的方式让它书面化的过程也受个体学者的偏好以及语言信息提供者本身受教育程度的影响，比如罗基字典里收录的"– nyea debe"（逮捕入狱）、"wa kuja"（乡巴佬）、"deiwaka"（临时工），笔者按照信息提供者的建议分别收录为"– nyeadebe"、"wakuja"和"dei waka"。

总而言之，这类形近意同的条目虽然在拼写和组合上存在细微差别，但意义相同，这些各自的偏好并不会导致出现交流障碍，其中不少词语在频繁地使用中已进入标准斯语，清晰地体现了街头斯语和标准斯语并非单纯的二元对立，而是互为补充的。

（二）形同意变

街头斯语是东非斯语区青年俚语的一部分，其发展不会脱离时间和地域的框架，有一些单词的意义随着使用者的认知和社会的发展而变化。笔者虽然不能逐个考察全部词语的历史变化过程，但是部分单词的使用差异是有迹可循的，这里笔者通过一些案例展示从语言角度记录下的非洲国家追寻现代化发展的过程。

有些单词意思的流变折射出社会发展过程中不同物料、食材的重要性

---

① 在标准斯语里只残留了极少有早先班图语线索的单词，比如"– tuma"（派出）和"– tumia"（使用）这一组对应的动词，感谢沈玉宁提供的坦桑尼亚其他班图语言的信息。

发生了改变，比如罗基字典中收录的"debe"为"船；汽车；迪斯科舞厅"，而在笔者的调查中其词义为"塑料；剪彩的绶带"。"Debe"一词本身的意思"一种盛物的器具"，这种词义的变化是因为在不同时代所默认使用的制造材质不同了。在罗基字典所记录的年代里，器具主要由金属（铝）制成，"Debe"便有了船和汽车之义，后来制造器具的材料更多为塑料，所以盛物的"debe"多指一种塑料缸。① 食物的名字往往能更加清晰地记录社会的变迁，以"zege"为例，在罗基字典中，这个词的意思是"玉米和豆子混在一起煮的坦桑常见饭肴"②，而十年后笔者在田野调查中发现"zege"指代的是"一种非洲流行食品，薯条鸡蛋饼（chips na may-ai）"。由于"zege"在标准斯语里的意思是"混凝土"，所以涉及食物的时候它其实是指一种"混合"的方式。笔者推测，在坦桑尼亚当地由于玉米和豆类混煮已成为一种传统菜式，一种叫"makande"（单数 kande）的表达也逐渐成为这种搭配的稳定叫法，而薯条鸡蛋饼这种现代的快餐菜式就采用了"zege"这个名字。简而言之，不同的时代有不同的食物新潮混搭方法。

有些单词意义变化不大，但是所表示概念的某些位面被强调出来，成为一种根植于原义的引申。比如"chokoraa"在罗基字典里给出的解释是"无家可归的孩子"③，该词源自动词词干"‐chokora"④，在斯语俚语中是"挖东西、翻东西"之义，其名词"chokora"用来指以翻垃圾为生的流浪儿。笔者观察到的情况是"‐chokoraa"新增了"顺手牵羊，小偷小摸"的意思。

但有些单词原意模糊，使得这种引申很难溯源，比如"‐chana"在标准斯语中指"梳理（头发）；把某物撕成一块块"，罗基字典中分别收

---

① "Debe"还有一些其他的引申含义，囿于篇幅不再赘言。

② "Maize and Beans Cooked Together, Common Dish in Tanzania", Uta Reuster-Jahn and Roland Kießling, "Lugha ya Mitaani in Tanzania: The Poetics and Sociology of a Young Urban Style of Speaking with a Dictionary Comprising 1100 Words and Phrases", *Swahili Forum*, Vol. 13, 2006, p. 105.

③ "Homeless Children", See Uta Reuster-Jahn and Roland Kießling, "Lugha ya Mitaani in Tanzania: The Poetics and Sociology of a Young Urban Style of Speaking with a Dictionary Comprising 1100 Words and Phrases", *Swahili Forum*, Vol. 13, 2006, p. 107.

④ 罗基字典的编者因为忠实呈现发音的原因将其拼成两个 a，在其他字典中也有"‐chokora""‐chokoa"的拼写方式。这种现象其实并不罕见，比如在标准斯语"kijana"（青年）在俚语表达里实际的发音是 kijanaa。

录了两个意思，一是"变胖"①，一是"在考试中表现优秀"②，他们认为第二个意思是"撕成一块块"的象征用法，对第一个意思的来源没有给出任何说明。笔者推测，在某种斯语方言或某些东非海岸附近的班图语言中"－chana"曾经有"扩展"、"生长"或"变胖"的意思。这一推测源于标准斯语中存在的提示性信息，比如带有使动词素的"（－）chanya"指"聚积"或"正的、非负的"，"－chanua"指"在狭窄的空间内变大"或"开花"。笔者收集到的"－chana"的意思为"说白了，打开天窗说亮话"③，与罗基字典收录的意思不同。另一个溯源很有难度的词是"mnoko"，罗基字典中收录的意思是"严厉拘谨的人；告密者"④，他们虽然不是很有把握，但给出的词源是"nokoa"（殖民经济中农场主的副手），在笔者收集到的资料里这个单词增加了"伪君子"⑤、"恶劣的人"⑥、"照章办事、随波逐流的人"⑦ 等含义，笔者认为他们给出的词源是正确的，但这个词条成熟过程中必然受到了坦桑尼亚独立早期流行文化的影响，通过独立后第一代剧作家易卜拉欣·侯赛因（Ebrahim Hussein）的名作《金吉克蒂勒》（Kinjeketile）中恶毒反派角色殖民庄园监工的名字"Bwana Kinoo"⑧ 就可以追溯到这个单词。

综上所述，形同意变的案例反映出街头斯语在各个时代有其特定的历史含义，它既能在词语核心含义的基础上根据社会发展需要进行调整，也能把词语原本的含义不断扩展延伸、推陈出新。

---

① "－nenepa"，"grow fat"，See Uta Reuster-Jahn and Roland Kießling，"Lugha ya Mitaani in Tanzania：The Poetics and Sociology of a Young Urban Style of Speaking with a Dictionary Comprising 1100 Words and Phrases"，*Swahili Forum*，Vol. 13，2006，p. 103.

② "－fanya vizuri katika mtihani"，"do well in exam"，See Uta Reuster-Jahn and Roland Kießling，"Lugha ya Mitaani in Tanzania：The Poetics and Sociology of a Young Urban Style of Speaking with a Dictionary Comprising 1100 Words and Phrases"，*Swahili Forum*，Vol. 13，2006，p. 103.

③ 例句：Ninakuchana jambo hili. 我跟你直说了吧。

④ "Someone Too Strict：Gossip"，See Uta Reuster-Jahn and Roland Kießling，"Lugha ya Mitaani in Tanzania：The Poetics and Sociology of a Young Urban Style of Speaking with a Dictionary Comprising 1100 Words and Phrases"，*Swahili Forum*，Vol. 13，2006，p. 154.

⑤ 例句：Mnoko hupendi kusema uwongo. 伪君子擅长说谎。

⑥ 例句：Yeye hufanya mambo mabaya，kweili ni mnoko. 他总干坏事，真是个恶人。

⑦ 例句：Ali ni mnoko，anapenda mtu kuamulia jambo. 阿里是个随波逐流的人，他喜欢别人替他做决定。

⑧ Ebrahim Hussein，*Kinjeketile*，Nairobi：Oxford University Press，1969，p. 1. 中文译本收录于蔡临详译《未开的玫瑰花》，上海译文出版社，1988。

（三）内借和外借

身处不同时代的研究者所能记录到的街头斯语是不同的，由于这种口头语言的传播实际上先在各种较小的领域发生，之后才传播开来，所以笔者增加了一些专门领域和词汇类别的细分。经过整理发现，在需要对外保密的领域和需要尽量对外公开的领域存在侧重点不同的内借和外借现象。

比如在旅游行业内人们就发明了一些暗语。向导带着游客在大草原游猎时，凭借他们多年追寻野生动物的经验，大致可以判断出何时何地野生动物较多或能看到捕猎、交配等特殊景象。他们互相配合，在观察到上述情况时立即通过对讲机用专门词语提醒对方，一来简单便捷，二来游客并不懂这些指代，等到野生动物突然映入眼帘时，游客们会非常惊喜，常会赞叹向导丰富的经验，进而也会因满意他们的服务而支付更多的小费。

这些专门的交际代码多使用与这些动物最相关的一些特征来"以偏概全"，如"wajuu"指花豹，"wachini"指猎豹，"sharubu"指狮子[1]：花豹经常在树上休息，也会将猎物叼到树上食用，避免狮子等野兽的抢夺，所以用"wajuu"（上面的动物）；猎豹通常在平坦的非洲大草原奔驰捕猎，所以用"wachini"（下面的、地表的动物）；狮子脸部长满了鬃毛，就像人类的胡须，所以用"sharubu"（胡须）。这些暗语的发明几乎不使用任何外语单词，因为其发明背景就是尽量避免让别人了解交流者所交换的信息。类似的现象在一些特殊领域也较为常见，比如在贩毒活动中，毒贩群体习惯用特定的行话来代替关键词以避免追查和泄密，由于获知的渠道较少，笔者目前对收集到的此类单词尚无法做到准确界定。

与这种大量内借的情况正相反的是那些与"现代性"概念关联较强的领域中的外借现象，比如与高等教育、正式的雇佣关系或现代社会的生活观相关的词语，近些年存在进入日常生活使用语言的倾向。英语作为殖民时期的重要语言，至今仍是坦桑尼亚事实意义上的"官方语言"[2] 之一，并被街头斯语广泛吸收和转化，但需要指出的是这一转化主要是通过音译实现的，比如街头斯语的"dhis taimu"来源于英语单词"this time"，

---

① 感谢沈玉宁提供的信息。
② 前文已经提及，坦桑尼亚并没有明文规定的官方语言。

且二者在意义上保持一致，均为"这次"的意思。① 这种形式在街头斯语中普遍存在，各类词性都有涉及，比如斯语中表示黑色的形容词"‒eu-si"，使用街头斯语的人说"blaki"②，斯语中表示写作业的"insha"（议论文），有些人用"atiko"代替。③ 这一现象的存在可能是因为说话人觉得英语更新潮，也可能是因为某个英语表达的含义在标准斯语里有多种对应，说话人认为直接借用英语的概念更为恰当，比如英语的"stick on/to"虽然是动词，但也会在街头斯语中被使用，音译为"‒stiki"④，这个词在标准斯语中意为"‒kazana"（坚持不懈地工作）／"‒shikilia"（坚持某事、努力保持在某个地方）。

　　无论是"以偏概全"的内借还是原封不动音译的外借，这些有意或无意发挥创造性的过程，在保持了相当高的包容性的同时，也在各个领域对街头斯语自身进行调整和更新。作为由使用者创造出来的群体内在联结，街头斯语也在自发地定义现代非洲社会青年文化的主体。笔者认为，保持定期追踪街头斯语语义的发展并将其与外部社会环境联系起来，可以提供观察坦桑尼亚社会发展趋势的独特视角。

五　结语

　　坦桑尼亚的街头斯语是一种复杂的语言现象，也是一种与坦桑尼亚社会变迁紧密相连的社会文化现象。俚语化、口语化的斯语早已萌芽，20 世纪 50 年代它的发展开始受到学界的关注。到 20 世纪 80 年代末，街头斯语作为一种城市化进程中的青年语言也开始获得高速发展，这与近四五十年全球化、非洲城市化进程的加快、坦桑尼亚社会变迁密不可分。从内容来看，街头斯语作为一种城市青年语言反映了坦桑尼亚的社会状况，包括政治、经济、文化的自由化，它在与标准斯语的碰撞和融合中发展。从形式来看，街头斯语在形近意同、形同意变以及内借和外借等方面体现了坦桑尼亚城市青年所进行的话语实践的时代特色和意涵。在

---

① 例句：Dhis taimu siwezi kuendelea na kazi hiyo. 这次我不能再继续做这个工作了。

② 例句：Ana shati blaki moja. 他有件黑衬衫。

③ 例句：Ameshasoma atiko zangu. 他已经看完我的文章了。

④ 例句：Lazima uache pombe, halafu stiki na shughuli za maisha! 你必须得戒酒，然后专注于生活！

进入新千年后，"街头斯语"的研究成为世界学术斯语研究的重要组成部分，近年来虽然街头斯语词在不同程度上发生了变化，但其中大部分词保持了连贯的可解读性，不同年龄层之间语言实践的包容性和多变性为我们观察东非斯语社会提供了独特又鲜活的视角。

【责任编辑】沈玉宁

非洲研究 2021 年第 1 卷（总第 17 卷）

第 226 - 236 页

SSAP© , 2021

21 世纪印度文化在南非的传播及其对中国的启示[*]

周海金

【内容提要】21 世纪以来，印度基于其日益增强的国力及大国战略，大力加强文化海外传播战略及软实力外交。南非是印度对非文化传播的重要窗口。近年来，印度以具有自身优势的电影、瑜伽、手工艺品等为传统文化载体，以文化中心为平台，利用侨民优势，开展各类文化活动，积极推动印度文化在南非的有效传播，并借此加强了其在整个非洲大陆的辐射力和影响力。相对西方文化和印度文化，中华文化在非传播的广度和深度急需加强。未来我们要基于自身文化的优势，整合并加强传统优秀文化在南非的传播，尤其要加强以中国共产党治国理政文化为核心的中国现代文化、先进文化在南非的影响力和感召力，并建立中南文化交流合作的有效平台和长效机制，努力推动中南学者、智库、影视传媒和体育文化等多领域的常态化合作。

【关键词】印度文化；南非；传播；启示

【作者简介】周海金，哲学博士，浙江师范大学非洲研究院副研究员，硕士生导师，主要研究领域为非洲文化、中非文化交流合作，浙江省"之江青年社科学者"，浙江省高校中青年学科带头人（金华，321004）。

---

* 本文系浙江省哲学社会科学规划课题"中华文化南非传播史研究"（项目编号：20NDJC067YB）、浙江省纪念建党100周年研究专项课题"中国共产党治国理政文化在非洲的传播及影响"的研究成果。

一　21 世纪印度文化海外传播的背景与实践

21 世纪以来，印度加强文化的海外传播战略与实践，注重国家的软实力建设，以期在国际社会构建良好的国家形象，扩大印度文化的国际影响力。究其原因，主要有以下几点。

第一，以文化海外传播战略助力印度大国战略的时机已较为成熟。成为世界大国一直是印度外交长期以来的最高战略目标，印度独立后首任总理尼赫鲁就明确表示："印度以它现在所处的地位，是不能在世界上扮演二等角色的，要么就做一个有声有色的大国，要么就销声匿迹。"①只是在独立后至 20 世纪 90 年代，鉴于国家经济基础薄弱、国际地位不高的处境，印度没有发展软实力的条件，大国梦也如海市蜃楼，就此搁置。21 世纪以来，随着经济、政治、科技和外交的不断进步，以及国际影响力的不断增强，印度已初步具备了成为世界大国的条件。为了实现长久以来跻身世界大国行列的国家战略，印度开始积极挖掘其丰富的文化资源和民族特色，并致力于推动文化的海外传播，以提升自己的文化软实力建设。

第二，以文化为核心的软实力建设是当今世界各国外交的趋势与重点。文化是一国软实力和综合国力的重要组成部分，是提升国家国际形象和影响力的主要途径。1990 年美国哈佛大学教授约瑟夫·奈（Joseph S. Nye）首次提出"软实力"的概念。在文章中，约瑟夫·奈将一国的综合国力分为硬实力和软实力，软实力主要包括"文化吸引力、政治价值观吸引力，以及塑造国际规则和决定政治议题的能力"。②约瑟夫·奈认为相对硬实力，软实力有两大优势，那就是成本更低、效果更好。软实力不似传统的军事干预和金元外交代价昂贵，但是却能收到更好的效果，因为威胁和利诱起到的作用只是暂时的，而作为软实力核心之文化的吸引却能促进人与人之间的心灵沟通、加深彼此间的交流互鉴，做到让人

---

① 〔印度〕尼赫鲁：《印度的发现》，齐文译，世界知识出版社，1956，第 57 页。转引自巢巍《文化向外交的跃变——印度瑜伽软外交之路初探》，《南京师范大学学报》2018 年第 3 期。

② Joseph S. Nye Jr. , "Public Diplomacy and Soft Power", *The Annals of the American Academy of Political and Social Science*, Vol. 616, 2008, p. 94.

心悦诚服。

　　长期以来印度凭借其"硬实力"在南亚傲视群雄，推行霸权主义，恃强凌弱，对尼泊尔、孟加拉国、斯里兰卡、不丹等周边小国动辄武力威胁，干涉其内政外交。尽管周边国家碍于军事力量悬殊，敢怒不敢言，但是也怨声载道，暗地里不买账。"即使多次对弱小邻国动用武力，周边关系依然龃龉不断并使印度长期囿于南亚圈内无法更好地施展大国抱负。"① 自约瑟夫·奈首次提出后，"软实力"概念备受追捧，很快成为风靡全球的重要理念，极大地影响了东西方各国的对外政策。在全球外交普遍向软实力回归的时代大背景下，加上自身经济实力的有限，印度开始调整策略，将软实力建设作为其21世纪外交的重要组成部分，并以文化海外传播为途径，扩大印度文化在国际社会的传播与影响。

　　第三，印度在文化海外传播方面优势显著。印度文化作为一种典型的区域文化，长期以来，其独特内涵与价值不仅为印度的国内发展与外交起到了精神支撑和时代引领作用，而且其外交思想和理念对国际关系理论构建贡献不菲。②

　　在欧美，近年来印度以电影、瑜伽为载体，大力推广印度文化的传播发展，扩大国际影响。全美瑜伽联盟（Yoga Alliance，Yoga Alliance USA）和欧洲瑜伽联盟（Yoga Alliance of Europe）是美国和欧洲最权威的瑜伽管理组织。美国的大卫·贝克汉姆（David Beckham）、贾斯汀·汀布莱克（Justin Timberlake）等名人歌星都热衷瑜伽练习。因为对瑜伽产生兴趣，进而想进一步了解、欣赏印度文化的欧美年轻人越来越多。在中国，印度文化外交攻势也日渐加强。印度驻华使馆每年都会在北京、上海、广州等一线城市组织印度电影展映，近年来《起跑线》《摔跤吧，爸爸》等印度电影也越来越多地走进中国三四线城市的各大影院，获得了一波又一波中国观众的好评。2015年，印度文化关系委员会与云南民族大学签署合作备忘录，共建云南民族大学中印瑜伽学院，这是全球第一个两国共建的瑜伽学院，也是中国第一个瑜伽方向的硕士学位点。在非洲，印度的对非文化传播在进入21世纪以来也呈加强态势，在整个非洲大陆的影响力也得到了很大的提升。印度在埃及、南非、毛里求斯、坦

---

① 任飞：《印度外交新态势：文化软实力的推进》，《南亚研究季刊》2009年第2期，第12页。

② 亢升、郝荣：《印度对非洲文化外交及对中国的启示》，《印度洋经济体研究》2016年第1期，第63页。

桑尼亚等国都设有印度文化中心，并且以这些平台，开展印度文化周、印度电影周、印度瑜伽培训、印度宗教等各种各样的文化活动，为非洲人了解印度、认知印度文化提供各种机会。而侨居非洲的数百万印度人更是为印度文化在非洲大陆的传播与发展起到了积极的助推作用。在2015 年举行的印非论坛峰会上，莫迪总理强调非洲 270 万海外印度商人为非洲发展做出贡献，是印非合作的桥梁。① 为了与非洲的印度裔进行更多的互动，印度还举办了非洲节等各类文化活动，以拉近非洲人民与印度的距离。② 作为非洲最发达的国家，南非不仅拥有丰富的自然资源，完善的金融、法律体系，以及完备的通信、交通、能源等基础设施，南非还是海外印度人最大的聚居地，印裔占南非总人口的 3%，达近 120 万人。③ 南非的德班（Durban）是南亚次大陆以外，印度裔数量最多的城市。因此在印度的对非文化传播战略中，南非具有其他非洲国家难以企及的重要地位。

二　21 世纪印度文化在南非传播的内容与策略

印度与南非的文化交流历史悠久、源远流长。基于印度洋提供的交通与便利，同为印度洋沿岸国家的南非和印度在古代就已经有了频繁的文化和贸易往来。再加上两国同属于英联邦国家，因此，在历史、语言和文化上有更多的认同。近代以来，双方在反帝反殖民斗争中相互鼓励、相互扶持，结下了深厚的革命友谊。印度著名的民族运动领袖甘地 19 世纪末来到南非，并在此生活和战斗了 21 年，与南非人民结下了深厚的感情。频繁的文化贸易往来与传统友谊为当代印南关系的发展奠定了坚实的基础。1993 年底，印南正式建交；1997 年曼德拉访印期间，两国发表《红堡宣言》，宣布建立战略合作伙伴关系。不到四年时间印南关系实现

---

① 徐国庆：《印度与非洲关系发展报告》，中国社会科学出版社，2019，第 65 页；《外媒：印度欲借印非高峰论坛追赶中国在非洲脚步》，https://www.sohu.com/a/45085832_116897，最后访问日期：2021 年 10 月 26 日。

② Joram Ndlovu and Vivian B. Ojong，"Understanding India-South Africa Tourism：The Impact of Food Tourism on the Sicio-Cultural and Economic Fabrics in Durban"，*African Journal of Hospitality，Tourism and Leisure*，Vol. 7，No. 1，2018，p. 3.

③ 徐国庆：《印度莫迪政府对非政策的调整》，《当代世界》2017 年第 2 期，第 49 页。

了从建交到建立战略伙伴关系的跨越。此后曼德拉在任期间，又先后四次访问印度。高层频繁的互访和两国关系的突飞猛进促进了包括文化在内的印南各领域交流合作的快速发展。

在印南建交前的 1993 年 5 月，印度就在南非成立文化中心，这是印度在南非成立的第一个官方机构。文化中心的建立积极有效地促进了双方文化艺术的交流，文化中心制定的文化计划、举办的各种文化活动推动了印度电影、印度传统文化艺术在南非的传播，并推动了印度文化界人士与艺术家对南非的访问与研究。2008 年，印度和南非签署了《2008—2010 年印度和南非文化艺术合作计划》，为双方的文化交流合作提供了制度保障。

除了政府间日益频繁的文化交流，印南民间文化交流也在悄然兴起。在技能培训、学术交流、旅游文化和人才引进方面，印度和南非的交流也日益活跃。印度是世界上最大的钻石切割与抛光中心，同时还是世界上最大的黄金消费国，每年消费的黄金达 800 吨，大约占全世界总消费额的 20%。而南非是世界上钻石和黄金的重要原产地，为了与之建立更为紧密的联系，印度每年都要给南非等①非洲原产地国家提供技术支持和技能培训，并希望建立合资企业，以期在黄金珠宝产业发展中共同受益。在旅游文化交流方面，1997 年，印度总理古杰拉尔访问南非时，双方签署了旅游协议，之后，两国前往对方国旅游的人数逐年上升，2002 年，到南非旅游的印度人达 34062 人次，到印度的南非人为 18238 人次，2005 年，分别增加到 36045 人次和 39234 人次。②从以上数据可以看出，三年间，印度赴南非的人数变化不大，而南非赴印度人数增加了 1 倍多，这与印度的旅游文化宣传与策略紧密相关。而自加入金砖国家后，南非将亚洲游客作为开拓重点，其中中国、印度又是重中之重。南非旅游部公布的数据显示，2011 年南非接待的来自中国和印度的游客数量大幅增长，

---

① 还有纳米比亚、加纳、博茨瓦纳。几十年来，南非一直是非洲黄金的主要生产国，但最新数据表明，自 2018 年来，加纳已取代南非，成为非洲最主要的黄金生产国（2018 年加纳生产黄金 480 万盎司，南非为 420 万盎司）。参见《加纳取代南非成为非洲最大的黄金生产国》，http://news. afrindex. com/zixun/article11880. html，最后访问日期：2019 年 11 月 5 日。

② "India-South Africa Relations", http://www. indiainsouthafrica. com/fact-file/india-south-afri-ca-re-lations. html，最后访问日期：2020 年 5 月 16 日。

其中中国游客增幅达 24%，印度游客增幅超过中国，达 26%。[①] 2011 年 9 月至 2012 年 1 月，共有 67039 人次印度游客赴南，与上一年同期相比增长了 29%。[②] 在人才交流引进方面，印度的 IT 及高科技产业世界闻名，拥有很多出色的 IT 技术人员、工程师和金融管理人才，而南非由于人才大量外流至欧美国家，国内高端人才紧缺，因而从印度引进了大量优秀的人才，以助力南非的教育、医疗、金融和现代化信息的发展。

印度还利用侨民将其在南非特有的人文优势发挥得淋漓尽致。近代印度人踏入南非始于 1861 年，当时进入南非的印度人大多是去德班甘蔗种植园做工的契约工人。19 世纪中后期，大量印度劳工涌入南非，双方间的经济和文化交流更为紧密。到 20 世纪 50 年代，南非印度人已达 30 多万，至 20 世纪末，更达 100 万之多，占当时南非总人口的 3%。[③] 南非印度人和印裔人口是印度文化传播的重要载体和印度文化产品的重要消费者，大部分印度人在南非都处于中上阶层，经过长期的发展，他们在南非的很多重要城市建立了印度人聚集的社区，建有大量的印度寺庙、印度餐厅。无论在什么地方，印度人都保持着鲜明的民族文化特征和宗教信仰，他们与印度文化有着一种天然的血缘联系。在南非德班的印度人社区中，浓厚的印度文化氛围丝毫不逊色于印度本土。而且早在 20 世纪初，南非印度人就设立了一些专注于文化社会交往的组织，如巴伊·帕玛兰德（Bhai Parmanand）教授 1906 年成立的印度人青年协会，就鼓励南非印度人学习印度的泰米尔语、参与印度宗教在南非的传播，并鼓励在南印度人回祖国参观，了解发扬自己的文化和思想。[④] 印度的大多数海外侨民固守印度的信仰和文化，据 2000 年南非的人口统计数据，印度教徒为 58.1 万人，大约占南非总人口的 1.35%。[⑤] 印度教作为印度文化传统的重要组成部分，影响着印度移民在南非日常生活的方方面面，印度教寺庙是南非印度教徒社会生活的活动中心，发挥着重要的社会功能。

[①] 马海亮：《南非旅游业逆境中前行》，《经济日报》2012 年 10 月 17 日，第 4 版。

[②] 《南非旅游部长：印度游客青睐南非旅游市场》，https://www.163.com/news/article/TP6COKPJ00014JB5.html. 最后访问日期：2021 年 10 月 25 日。

[③] 金樱：《南非的印度人社团》，《世界知识》1992 年第 4 期，第 25 页。

[④] 李安山：《论南非早期华人与印度移民之异同》，《华侨华人历史研究》2006 年第 3 期，第 29 页。

[⑤] Government Communication and Information Sgstem, *South Africa Yearbook 2000 – 2001*, Formest, Cape Jown, on Behalf of the Government Printer, Pretoria, p. 5.

这些寺庙举行的各类宗教活动和节日庆典，一方面达到了保持印度宗教和文化传承的目的；另一方面还向整个南非社会传播了印度宗教教育，促使了印度文化传统在南非的落地生根。①

印度还充分利用电影、瑜伽、手工艺等传统文化产业优势，将其作为印度对南文化外交的载体。印度电影有着一百多年的历史，电影是印度外交最早的文化载体，也是印度一张最耀眼的名片，展示了印度文化和印度民族的独特魅力。电影帝国宝莱坞（Bollywood）每年产出的电影数量和售出的电影票数量据全世界第一，不仅成为印度电影的代表，还成为印度文化的象征。1952 年出品的《流浪者》和 1979 年的《大篷车》等早期的宝莱坞影片不但对印度以及整个南亚次大陆有着重要的影响，而且对中东、非洲、东南亚的部分流行文化也影响深远。近年来，因为非洲国家当地印度人的支持以及宝莱坞电影自身质量的不断提升，印度电影票房在南非、尼日利亚、摩洛哥等非洲国家都大获成功。此外，印度制片人一直在世界范围内寻找新的外景拍摄地，以南非为代表的部分非洲国家近年来也成为宝莱坞电影制片人的新宠。印度电影当前的标志性人物阿米尔·汗在谈到非洲时说："非洲的风景、人民、传统和色彩都是世界奇迹。非洲就是个现成的明星。用宝莱坞的魅力方式来拍摄它，穿插进当地奇妙的歌舞，放置到与神奇野生环境并存的城市风景中，你手头就有了一部最好看的冒险浪漫片。"②

20 世纪 50 年代以来，瑜伽在世界范围内快速传播，80 年代，当瑜伽被普遍视为一种美体塑形、强身健体及修身养性之修炼方式后，其真正意义上的全球化普及得以实现。随着现代瑜伽的普及，通过修炼瑜伽而对印度文化产生兴趣的人越来越多，为印度瑜伽软外交的实施构建了肥沃的外部土壤。③ 莫迪总理上台后，印度瑜伽文化的传播进入了一个全新的阶段，一方面，2014 年莫迪政府成功推动了联合国将每年的 6 月 21 日设为世界瑜伽日，从而使瑜伽在国际社会获得了官方地位；另一方面，莫迪利用最高领导人的身份，在诸多高层互访和外交接待中谈及瑜伽文化、展示瑜伽表演，而印度驻各国使馆利用国际瑜伽日，从 2015 年开始

---

① 李安山：《论南非早期华人与印度移民之异同》，《华侨华人历史研究》2006 年第 3 期，第 30 页。

② 雪梅：《宝莱坞电影受欢迎》，《影视技术》2003 年第 4 期，第 49 页。

③ 巢巍：《文化向外交的跃变——印度瑜伽软外交之路初探》，《南京师范大学学报》2018 年第 3 期，第 74 页。

每年都会组织大规模的瑜伽修炼活动。在南非，除了越来越多的民众将瑜伽作为一种新兴的健身、修心运动外，南非还将瑜伽引入监狱，帮助服刑人员管理情绪、缓解压力，至 2016 年，南非全国共有 9 个惩教机构引入这一模式，有 250 多名囚犯在监狱里定期做瑜伽。南非司法和狱政部发言人玛内莉希·沃勒证实了瑜伽课程带给服刑人员的积极变化，称他们中的很多人不再那么具有攻击性，身体健康状况也出现了改善。① 此外，印度还在南非通过对其传统舞蹈、文学、戏剧、体育、宗教以及独具特色的食品和服饰等重要文化产品的开发及文化展示扩大印度的影响，提升印度的文化软实力。

三　印度文化在南非的传播对中国的启示

21 世纪以来，印度的崛起已成为不容忽视的事实，国家实力显著增强，经贸、外交、安全等领域也都显现出强劲的发展态势。在"大国战略"的驱使下，近年来，印度一直试图与中国展开竞争，其中一个重要的区域就是非洲。自 2008 年首届印非峰会召开以来，印度致力打造"升级版"印非峰会，以彰显非洲在印度外交战略中的重要地位，同时借此奋起直追中国在非洲的影响力。②

受自身经济实力制约，2014 年 5 月，莫迪新政府将国家"软实力"建设纳入印度外交战略的重头戏。2014 年 6 月，印度文化部正式出台了"季风计划"，该计划以深受印度文化影响的环印度洋地区以及该地区国家间悠久的贸易往来史为依托，旨在加强印度与其他 39 个环印度洋国家之间的历史文化交流与合作。③ 在 2015 年召开的第三届印非峰会上，莫迪总理表示，印度对非洲的兴趣会继续集中于人力资源、制度建设、基础设施、清洁能源、农业、医疗、教育和技能培训等领域。同为印度洋沿岸国家，南非是印度"季风计划"的重要对象国，也是印度由此扩大其在整个南部非洲文化和战略影响的重要通道。随着中国在非洲影响的

---

① 《南非服刑人员练瑜伽"减压"》，《文摘报》2016 年 12 月 10 日，第 3 版。
② 白联磊：《印非峰会"升级版"的战略考量》，《瞭望》2015 年第 44 期，第 54 页。
③ 王媛：《"季风计划"：印度对"一带一路"在文化外交领域的围堵》，《公共外交季刊》2017 年第 4 期，第 11—12 页。

日益扩大，以及西方媒体对"中国威胁论"的渲染，印度急于在非洲大陆与中国抗衡，但印度自身经济实力的不足使其难以在"硬实力"上与中国形成对抗，于是转而以"软实力"文化的优势来弱化中国在非洲国家业已形成的强大影响力与向心力。

文化海外传播战略终究也是要服务国家整体外交的。印度在南非，乃至在整个非洲实施的以文化软实力为特色的战略确实取得了不容小觑的政治、经济效应。从前两次印非峰会每次仅有不到 20 个非洲国家领导人参加，到第三次印非峰会中 54 个非洲国家元首和政府首脑齐聚，印度正通过系列行动日益得到非洲国家的认可并被寄予厚望，同时，其自身的在非政治、经济利益诉求也逐步得以实现。进入 21 世纪，印南高层互访频繁，政治磋商与合作机制不断建立，双边经贸交流合作机制化日益完善，战略合作关系不断深入。在政治、经贸、安全、科技、医疗、文化、教育等领域开展了全方位、多领域的合作，并成立了印度 – 南非商业联盟、两国企业界代表组成的 CEO 论坛等合作组织和新的合作委员会。①

尽管印度当前在南非，以及在非洲的综合实力与影响力还不如中国，但是印非合作机制中重文化、重软实力建设的特点对未来中非合作的不断完善有着重要的借鉴意义。印度与南非同属英联邦国家，在语言、宗教、法律体系方面相似，这种文化上的同质性使得双方更容易产生一种同心力、亲和力和吸引力，更能理解和包容对方的观念和行为方式，更容易沟通与交流。这种文化上的相亲使得在南非以及在其他非洲国家，印度人不但不会受到黑人兄弟的歧视，反而经常获得超国民待遇。在非洲很多国家，印度人开始涉足政府、商业、文化、医疗等各个领域。在整个非洲，印度人大多是有钱人，他们的收入远超本地黑人，甚至高于南非白人。在南非，自 1994 年曼德拉执政后，印度人在南非的政治地位攀至高点，在其执政期间，多位印度裔南非人成为南非高管，如甘地的孙女埃拉·甘地曾任职南非国会议员、民弗雷纳·金瓦拉曾任职南非国会议长。②

而中非文化由于各自生成的地理条件和社会背景不同，内容和形式

---

① 邓红英：《略论印度与南非战略伙伴关系的发展》，《南亚研究季刊》2009 年第 2 期，第 26 页。

② 鑫一元：《印度在非洲的影响力为何这么大》，http://www.360doc.com/content/20/0710/14/43995321_923370450.shtml，最后访问日期：2020 年 7 月 10 日。

上本身就存在较大差异，异质文明之间天然的排他性，加上语言、宗教、习俗等文化形式的不同，双方在交流和心灵沟通上存在一定障碍。① 近年来中非关系中出现的问题与不和谐很多与此相关。尽管加强中非间文化的交流与合作一直被倡导，但是相对政治、经济合作，文化间的交流合作还严重滞后。在英、美、法、印等国纷纷加强对非文化传播与文化外交的同时，中国对非文化影响力不足正日益成为影响双方关系进一步发展的因素。比起西方文化、印度文化和伊斯兰文化在非洲的影响，我们还有很大的差距。尤其是西方文化，在非洲的影响已经根深蒂固，其影响范围之广泛、程度之深远都非我们在短期内能迎头赶上的。文化和软实力的相对滞后与中国当今在非洲政治、经济的影响力是极为不相匹配的，并且会影响中非关系进一步深化发展。

新时代中国的对非文化传播，是弘扬中华文明国际感召力，提升中国道路和发展经验感召力和凝聚力的重要途径；更是在错综复杂的综合国力竞争中，配合中国走向世界舞台中心的客观需要。当前及今后一段时期中国对南非乃至整个非洲文化传播的重点主要有以下方面。

首先是整合并加强中国优秀传统文化在南非乃至整个非洲的传播。中南传统文化在思想内涵和核心价值观方面有着共通之处，都内含着契合当今时代和社会倡导的集体主义协作精神、环境保护意识，并注重人与人之间的温情，这种深层次的思想、文化和价值的传播与交流能真正拉近双方心灵的距离，使彼此能真正做到了解、认同，并借鉴。

其次是加强以中国共产党治国理政文化为核心的中国现代文化、先进文化在南非乃至整个非洲的传播。中国共产党始终坚持以人民为中心，为人民谋福祉，为民族谋复兴，坚持走中国特色社会主义道路，坚持改革开放，致力于消除贫困、实现共同发展，创造了世界经济发展奇迹。不仅为实现中国梦和推进中国特色大国外交提供了基本方略和准则，为世界和平发展与繁荣贡献了中国智慧和中国方案，为非洲国家等广大发展中国家实现自主可持续发展树立了典范，带来了新的希望，提供了新的选择。在中非开展的治国理政研讨活动中，南非和其他非洲国家的政要多次提出，中国的成功发展经验为广大发展中国家，特别是南非和非

---

① 周海金、刘鸿武：《论文化的互通性与差异性对中非关系的影响》，《浙江社会科学》2011 年第 6 期，第 43—46 页。

洲国家探索符合自身国情发展道路提供了理论借鉴和新的选择。① 诚如南非前驻华大使贝基·兰加说的："中国的发展经验对南非和其他广大发展中国家都是非常有益的启示，中国的成功也使南非增强了战胜困难的信心。"②

最后，要建立中南文化交流合作的有效平台和长效机制，努力推动中南学者、智库、影视传媒和体育文化等多领域的常态化合作。此外，中华文化海外传播应结合受众国特点，相关活动设计应与当地华人华侨紧密结合。在制定对南非乃至整个非洲的文化传播战略时，既要认真考虑南非与其他非洲国家的文化共性，更要充分考虑南非的差异性，如此方能形成正确判断，减少失误和偏颇。

总而言之，随着中国经济持续的高速增长，近年来西方敌对势力极力渲染"中国威胁论"，以"资源掠夺""语言渗透""文化侵略"这些莫须有的罪名离间中国与非洲以及外部世界的关系，破坏中国文化的对外传播。在此背景下，我们要不断总结经验、巩固成绩、吸取教训、取长补短，积极探索中国对非文化传播的新路径，锐意创新，开创中国对非文化传播的新局面，以期中华文化为非洲社会发展，为世界人民的和平相处、文明互鉴做出更多更大的贡献。

【责任编辑】王严

---

① 戚易斌:《非洲国家政党代表：人类命运共同体理念为建设美好世界指明方向》，http://www.cssn.cn/hqxx/gjgch/201911/t20191105_5027392.shtml，最后访问日期：2021 年 9 月 15 日。

② 《关注中国——41 位驻华官员谈中国共产党》，红旗出版社，2011，第 242 页。

中非合作

非洲研究　2021 年第 1 卷（总第 17 卷）

第 239 - 252 页

SSAP ©，2021

"一带一路" 倡议视阈下的中非卫生健康合作：
成就、机遇与挑战

郭　佳

【内容提要】非洲是共建"一带一路"的重要参与方，中非合作在共建"一带一路"中占有重要地位。作为持续时间最长、派出人员最多、影响力最大的援助项目，中非卫生健康合作是其中的亮点。半个多世纪来，中非卫生健康合作不断创新和发展，取得了丰硕成果，同时也面临诸多机遇与挑战。推动中非卫生健康合作转型升级，打造中非"卫生健康共同体"，不仅关乎中国和非洲的卫生安全，对于维护全球公共卫生安全，构建人类卫生健康共同体也具有重要意义。

【关键词】"一带一路"倡议；卫生健康；中非关系

【作者简介】郭佳，中国社会科学院西亚非洲研究所（中国非洲研究院）助理研究员（北京，100000）。

作为中非传统友好合作项目，中非卫生健康合作借助"一带一路"倡议和中非论坛的契机步入"快车道"，投入规模迅速增长，援助与合作的内容更加丰富，参与主体更为多元，合作方式更为多样。但同时，近年来全球公共卫生安全面临多种威胁，公共卫生问题愈加复杂和突出；互联网、人工智能等技术在为社会发展及人类生活带来划时代变革的同时，也改变着医疗问诊的方式；"一带一路"倡议推动下医疗企业和产品"走出去"的意愿增强。在此背景下，中非卫生健康合作也面临机遇与挑战。打造中非"卫生健康共同体"，共建"健康丝绸之路"，不仅关乎中国和非洲的卫生安全，也和全球卫生安全紧密相连，将中非卫生健康合作做深做实、创新中非卫生健康合作模式具有重要的理论意义与现实意义。

一 中非卫生健康合作取得的成就

中非卫生健康合作并不是"一带一路"倡议实施以来的新生事物，而是有着悠久的历史。事实上，早在 600 多年前郑和下西洋之时，中医药文化就通过古丝绸之路传播到非洲东海岸。当代中非卫生健康合作始于1963 年，迄今已走过近 60 年的历程，形成了包括医疗队派遣、医疗物资及基础设施援助、卫生人员交流与培训、卫生体系建设等多元主体参与、多种形式并举、临床医疗与公共卫生相结合的模式，在传承传统友谊型援助的基础上，更加注重合作的灵活性、针对性和实效性。

（一）形成了对口援助模式的医疗队派遣机制

当代中非卫生健康合作起步于向非洲派遣援非医疗队。20 世纪 60 年代初，阿尔及利亚经过长期的反法武装斗争赢得独立，随即便面临法籍医生全部撤走、全民缺医少药的困境，因此向全世界求救。在此背景下，中国第一个做出回应，宣布向阿尔及利亚派遣医疗队。1963 年 3 月中旬，由湖北、上海、天津等地 13 名医务人员组成的医疗队在北京饭店受到周恩来总理的接见，4 月 6 日踏上了赴北非的行程，由此开启了中非医疗卫生合作的序幕，并在随后逐渐演进为国内的每一个省、自治区或直辖市对口至少一个非洲国家，向对口受援国派驻医疗队的模式。绝大多数医生由三级医院（医院等级划分中最高级别的医院）派遣，通常以内科、外科、妇科、儿科、眼科、口腔科等临床科室为主，西医与中医兼具，几乎全部具有中高级职称，每届医疗队任期两年（近年来一些国家的医疗队任期缩短为半年至一年半不等）。截至 2019 年底，已先后向非洲 47个国家派遣过医疗队员 2.1 万人次，救治患者约 2.2 亿人次，并为非洲培训了数以万计的医护人员，[①] 其间除受援国自身原因而撤离以外，援外医疗工作从未中断，而且一旦条件允许，受援国需要，便立即复派。

---

① 根据笔者于 2019 年 12 月同国家卫健委国际合作司非洲处座谈的资料整理。

（二）打造了多维度的中非卫生健康合作新亮点

近年来，中非卫生健康合作不断探索新思路，在传统医疗队派遣的基础上，充实和丰富合作内容，创新合作形式，打造了一批具有品牌影响力的项目和行动，成为中非卫生健康合作的新亮点。

其一，"光明行""爱心行"等短期巡诊活动。截至 2019 年底，为非洲人民实施免费白内障手术的"光明行"项目已在 27 个非洲国家得以落实，包括津巴布韦、马拉维、赞比亚、莫桑比克、埃塞俄比亚、塞拉利昂、苏丹、吉布提、科摩罗、博茨瓦纳、加纳、厄立特里亚、刚果（布）、布隆迪、摩洛哥、喀麦隆、多哥、毛里塔尼亚、塞内加尔、纳米比亚、冈比亚、马达加斯加、布基纳法索、几内亚比绍、中非、乍得、马里。它直接惠及普通百姓，使上万名白内障患者重见光明，成为名副其实的"民心工程"与品牌项目。还有 2015 年启动的"爱心行"项目，即心脏病手术义诊活动，已在加纳、坦桑尼亚、尼日尔开展，创下了多个"非洲纪录"。[①]

其二，妇幼保健等领域的专项援助。2015 年中非合作论坛约堡峰会后，中国进一步加大了对非洲薄弱且急需领域的专项援助力度，特别是在妇幼保健方面。目前，已和佛得角、津巴布韦等 6 国共同开展了妇幼健康示范项目，加强妇幼健康机构的基本设施设备建设、人员能力建设和学科建设；[②] 在非洲多国进行了义诊咨询和疑难病例会诊等医疗活动。同时，通过在中国举办各种形式的妇幼健康培训班加强中非在该领域的合作与交流，培养既具有理论素养又具备实践能力的专业人员，变"输血"为"造血"，切实推动非洲妇幼卫生事业的发展。

（三）开展了对口医院合作

随着经济社会的发展，非洲的卫生需求也在发生变化。为使援助更具针对性与有效性，中非卫生健康合作做出了与时俱进的调整，从受援国当地卫生事业发展的实际要求出发，开展了重点专科领域的对口医院合作。截至 2019 年 12 月，中国已与 18 个非洲国家和地区建立了对口医院，在心血管、重症医学、神经外科、创伤学、腔镜等当地尚属空白的

---

① 根据笔者于 2019 年 12 月同国家卫健委国际合作司非洲处座谈的资料整理。
② 崔丽：《深化中非卫生健康合作》，《中国投资》2018 年第 16 期，第 40 页。

高层次专业技术领域进行合作。通过医护培训、临床技术指导和科研合作，扶持受援国重点学科建设，提高其诊疗服务水平，加强当地以人才、技术、管理为核心的能力建设，打造一支"带不走的医疗队"。

例如北京同仁医院与几内亚中几友好医院合作的重症医学中心，提出以重症医学发展带动其他学科发展的思路，致力于将该中心打造成几内亚乃至整个西非地区重症医学领域的典范。该中心建立了几内亚第一间重症监护病房，通过技术和管理培训，使几方医护人员熟练使用和管理心电监护仪、除颤仪、心电图机等设备，提高了对重症患者的诊疗、护理、监测及救治水平。同时，支持和帮助该中心几内亚医务人员来华学习深造，提升临床和管理能力，培养了一批专业技术能力突出的非洲医务人员。

广东省人民医院（广东省心血管研究所）专家团队与加纳库马西教学医院合作成立的心血管病治疗中心，不仅实现了该国在冠脉介入、植入心脏起搏器等心脏病治疗上零的突破，还开创性地在当地开展心血管病流行病学调查，从源头上更好地研究和防治加纳人的心血管病。[1]

类似的对口医院合作还有天津眼科医院与刚果（布）中刚友好医院合作的眼科中心、郑州大学第一附属医院与赞比亚利维·姆瓦纳瓦萨医院合作的腔镜中心、湖南湘雅医院与津巴布韦帕里雷尼亚塔瓦医院合作的泌尿系统疾病治疗中心等。

（四）加强了传染病防控及公共卫生能力建设

中国在疟疾、血吸虫病、艾滋病、结核等疾病防控领域一直同非洲进行合作。2007 年开始与科摩罗政府合作开展的"青蒿素复方快速控制疟疾项目"，从非洲国家实际出发，通过群防群治、全民服药、主动干预、力求治标治本的"中国方案"，使科摩罗全国疟疾发病率下降超过99%，并实现了疟疾病例的"零死亡";[2] 中国专家还帮科摩罗建立起疟疾防控和监测体系，并为该国培养了大批基层抗疟人才。这种抗击疟疾

---

① 根据笔者于 2019 年 12 月同国家卫健委国际合作司非洲处座谈的资料整理。

② 吕强、万宇:《中国防治疟疾方案助力科摩罗等非洲国家消除疟疾》，2019 年 10 月 29 日，https://wap.peopleapp.com/article/4740640/4625961，最后访问日期：2021 年 5 月 27 日。

的方式还被运用到了圣多美和普林西比、马拉维、多哥等国。[①] 2017 年正式启动的桑给巴尔血吸虫病防控试点项目，将血吸虫病人群感染率从之前最高的 8.92%，下降至 0.64%。[②] 在艾滋病防控方面，中国与非洲各国及有关国际组织和专业机构一道，通过社会动员、公益宣传、防控人才培训、资金援助等多种方式积极开展合作，共同推进艾滋病防控，并着力帮助受艾滋病影响的妇女和儿童。

近年来，非洲地区新发、再发传染病和突发公共卫生事件不断出现，中国都第一时间向有关国家提供紧急医疗救助和公共卫生国际应急援助。2014 年西非暴发的埃博拉疫情中，中国向疫区先后提供了 5 轮总价值约 7.5 亿元人民币的紧急援助，建设了首个生物安全防护三级实验室（P3 实验室），并组织派遣了 30 余批公共卫生、临床医疗和实验室检测专家组，超过 1000 人次赴疫情国，开展大规模公共卫生培训，加强当地的疫情防控能力。[③] 2016 年以来，中国专家分别赴马达加斯加、安哥拉、刚果（金）、乌干达等国，帮助防控鼠疫、黄热病、埃博拉等疫情，有效遏制了各类疫情蔓延。

二　中非卫生健康合作面临的机遇

非洲是世界上卫生状况最为落后的地区之一，疾病负担重，至今尚未建立起一个体系健全、响应及时、运转有效的公共卫生防控体系和医疗服务体系。近年来，非洲国家不断推动卫生体系改革，通过在非盟《2063 年议程》框架下加强合作，扩大卫生健康领域的财政支出，确保资金的合理利用，特别是重点解决公共卫生、全民覆盖等薄弱环节的问题，力图实现卫生服务的公平与效率。非洲的卫生改革恰逢"一带一路"倡议与"健康中国 2030"纲要启动，中非卫生健康合作面临前所未有的机

---

① 吕强、万宇：《中国防治疟疾方案助力科摩罗等非洲国家消除疟疾》，2019 年 10 月 29 日，https://wap.peopleapp.com/article/4740640/4625961，最后访问日期：2021 年 5 月 27 日。

② 施亮：《第五批中国援桑给巴尔专家组开展血吸虫病防治工作》，2019 年 4 月 18 日，http://share.gmw.cn/topics/2019-04/18/content_32773293.htm，最后访问日期：2021 年 5 月 10 日。

③ 数据来源于 2014 年 12 月 26 日，由北京大学非洲研究中心举办的"博雅非洲论坛"上，时任中国外交部非洲司司长林松添所作《中国抗击埃博拉举措》的演讲。

遇。展望未来，双方应当把卫生健康领域的交流与合作不断推向深入，增进理解和共识，超越差异与分歧，在公共卫生、信息化建设、联合研究、医疗产业发展等方面互相分享、共促发展，构建卫生健康领域中非命运共同体。

（一）公共卫生领域的合作尚有很大空间

公共卫生是关系到一国或一个地区人民健康的公共事业，包括对重大疾病尤其是传染病的预防、监控和治疗，对食品、药品、公共环境卫生的监督管制，以及相关的卫生宣传、健康教育、免疫接种等，其核心是公共卫生体系即疾病预防控制体系的建立。为此，非洲在《2063 年议程》中将公共卫生体系建设放在卫生领域的重要位置，提出了"完全遏制埃博拉等传染病和热带病、大幅减少非传染性疾病发病率、将非洲人民的人均寿命提升至 75 岁以上"的发展目标。①

而中国从 2003 年"非典"之后，公共卫生事业经历了近 20 年的发展，其间有效应对了 H7N9 禽流感、中东呼吸综合征、埃博拉等突发急性传染病疫情，对突发公共卫生事件的应急处理能力得到全面加强，新冠肺炎疫情之下中国的公共卫生防控体系经受住了考验，同时这场疫情也凸显了加强国际公共卫生合作的重要性。

传染病没有国界，帮助非洲就是在帮助我们自己。因此，中非卫生健康合作从临床层面转向公共卫生合作层面，不仅是大势所趋，也是中非卫生合作向纵深发展的必然要求，符合中非双方的利益与需要。

（二）互联网医疗领域的合作有待拓展

非洲国家医疗基础设施落后，医护资源匮乏，卫生体系运转效率低下，疾病预防和治疗工作面临巨大压力。基于这样的现状，互联网医疗在非洲大有可为。互联网医疗是指以互联网为载体和技术手段的医疗信息管理、在线疾病咨询、电子处方、远程会诊及远程治疗和康复等多种形式的健康医疗服务。一方面，它可以在短时期内快速强化非洲的卫生体系，实现卫生体系建设的弯道超车，解决医患供需之间的矛盾，使偏

---

① 商务部新闻办公室：《中非合作论坛约翰内斯堡峰会暨第六届部长级会议"十大合作计划"经贸领域内容解读》，2015 年 12 月 11 日，http://www.mofcom.gov.cn/article/ae/ai/201512/20151201208518.shtml，最后访问日期：2021 年 5 月 15 日。

远地区的穷人也能有机会看得上最好的医生，提高医疗服务的覆盖率和可及性，提高诊疗效率；另一方面，非洲很多国家都有明确的数字化战略，包括在卫生领域，手机在非洲的广泛应用和移动及无线网络的快速发展为互联网医疗提供了条件，新冠肺炎疫情也推动了在线科技、人工智能等新技术的加快运用。近些年来中国互联网医疗发展迅速，形成了一定体系，也积累了一些经验，但与非洲的医疗合作还主要是在实体层面，未来可以向信息化层面拓展。

（三）卫生健康领域的教育合作、联合研究是未来发展的方向

俗话说，授人以鱼不如授人以渔，要想从源头上完善非洲的卫生健康服务体系，解决其医护资源匮乏的现状，就要加强非洲医疗卫生教育能力的建设，设立更多的医学院，培养更多的人才，在任何时候，医疗专业人才都是医疗体系的核心要素。因此，由纯粹的医疗援助向医疗援助和医学教育合作相结合的方向转变，是未来中非卫生健康合作发展的方向。可以让中国的医疗卫生教育机构和非洲的医疗卫生教育机构，如医学院、职业教育学院等进行合作共建，大力培养非洲用得上、留得住的各个门类、各个层次的人才，把中国培养不同级别医生的经验，在非洲落地。

此外，加强卫生健康领域的联合研究也势在必行，包括慢性疾病和传染性疾病。疾病无国界，通过跨国籍、跨学科的科研攻关取得基础研究的突破，并助力临床医疗将是惠及全球的事情。特别是近几年来的埃博拉疫情、新冠肺炎疫情等突发公共卫生事件让人们认识到，全球化时代任何一个国家都不可能独善其身，维护全球公共卫生安全是人类共同的愿望，也是一种共同的责任。因此有必要促进中非包括传统医药在内的有关学术、科研机构开展对口交流与合作，建立中非医疗卫生领域联合研究实验室，这种科研合作具有极强的现实价值。

（四）医疗产业发展前景看好

非洲是中国医药产品出口增长最快的市场之一，也是中国本土制剂出口的第一大市场。中非医药贸易额从 2009 年的 10.86 亿美元增至 2018 年的 24.39 亿美元，十年间增长了 1 倍以上，[①] 中国的许多医疗产品"高

---

① 杨海霞：《如何更好推进中非医药合作——专访中国医药保健品进出口商会会长周惠》，《中国投资》2019 年第 14 期，第 40 页。

质量、低成本"，在非洲很受欢迎。近年来，随着共建"一带一路"的推进，中国大力支持健康产业"走出去"，赴非开展药品本地化生产的步伐加快。目前，中国制药企业已经在苏丹、埃塞俄比亚、马里、南非等非洲国家建厂或设立销售点，把中国医药行业工业化的经验传播到非洲，帮助非洲人提高本地化生产能力，促进医药产品的可及性和可负担性。2019 年，习近平主席对中医药工作做出重要指示，提出推动中医药事业和产业高质量发展，推动中医药走向世界，为解决全球健康问题贡献更多的中国智慧、中国方案。[①] 传统医药产业"走出去"迎来前所未有的机遇。与此同时，一些非洲国家与中国加强在医药领域合作的意愿强烈，拟开展包括医药工业园在内的医药合资合作项目，可以说中非医药产业合作前景广阔。

三　中非卫生健康合作存在的挑战

目前，中非卫生健康合作已形成多层次、宽领域、全方位的工作格局，在提高受援国人民健康水平，配合我国整体外交工作方面发挥了不可替代的作用。"一带一路"倡议为中非合作带来难得的发展机遇，但同时，也面临一些问题与挑战，主要表现为以下几点。

（一）援非医务人员选派困难

医务人员是对外医疗援助的主体，然而医务人员选派困难却成为目前困扰中国援非医疗队的一大难题。出现这种情况，既有客观原因的影响，也有主观因素的作用。其一，援非医疗队工资待遇失去了以往的吸引力。十几年前援非医疗队员的工资收入总和相当于其在国内收入的 5 倍左右，而现在基本上差别不大，在有些非洲国家的收入甚至不如国内。其二，目前援非医疗队执行的是"层级任务"摊派式的人员选拔，由国家卫健委统筹安排，各个对口支援的省、市、自治区卫健委具体执行，将任务下发到相关医院。然而，在医疗卫生体制改革后，医院多呈现商业化、市场化倾

---

① 《习近平对中医药工作作出重要指示》，2019 年 10 月 25 日，新华网，http://www.xinhu-anet.com/politics/leaders/2019 - 10/25/c_1125151959.htm，最后访问日期：2021 年 5 月 12 日。

向，与计划经济时代医院投资及运行补偿费用由国家包办不同，在政府减少投入的情况下，医院要自寻补偿办法。加之现在的医院普遍规模较大，业务精的专业技术人员相对短缺，考虑到执行援非任务对医院造成的技术力量的缺损，院方往往不愿派出技术骨干。其三，医务人员个人工作、生活的现实考虑或顾虑。外派医疗队员一般要在受援国工作一年至两年，其间，不仅科研、教学以及个人业务水平的提升会受到影响，回国后，在竞聘上岗、职称评定等方面也都处于劣势。

（二）援非医疗队的专业优势、援助效率难以释放

在一些受援国，医疗队员没有在当地薄弱的、高技术含量的领域发挥作用，反而是将大量时间、精力用于基础性的临床工作中，成为受援国人力资源的补充，使得援助效果大打折扣，造成这一现象的原因主要有三点。其一，医疗队目标、定位不明确。中国医生是以专家的身份进行援助，仅处理疑难杂症，还是进行一般的临床诊疗？如果这一目标、定位不明确，医疗队员就很容易流于日常诊疗，重复处理本地医务人员就可以胜任的一般性的疾病，仅仅缓解了当地医务人员人手的不足，并没有使医疗队与受援国医院的医疗资源形成优势互补的有效匹配。其二，受援国医疗条件落后。非洲国家缺少最基本的诊疗设备，手术设备更是缺乏。受制于落后的医疗条件，很多诊疗和手术开展不了，中国医生有技术而无法施展。其三，中非之间语言、文化存在差异。语言文化差异，容易造成双方医务人员之间沟通理解的困难，甚至造成误解，一定程度上也影响了医疗队的援助效率以及专业优势的发挥。

（三）部分援助项目效果欠佳

医疗药械和基础设施援助是中非卫生健康合作的重要组成部分，一些援助项目效果欠佳影响了中非卫生合作的好感度和影响力，主要表现在以下几个方面。其一，药械援助缺乏精细化管理。例如说明书没有翻译成受援国语言，或没有注明副作用和禁忌；援助的药品名录长期不变，不能根据受援国疾病谱的变化进行及时调整；有些药品交付使用时已临近保质期等。其二，前期缺乏实地调研。例如不熟悉当地药品准入制度，将非准入药纳入援助范畴；不考虑国别差异，援建"一刀切"式的抗疟中心等。其三，有些地方在援助中带有对非洲贫穷落后的偏见。例如投放一些中低端，甚至当地可能已经淘汰的药品和器械到受援国，造成劳

而无功还浪费物资的结果。其四，项目不具有可持续性。主要表现在由
于当地医院缺乏使用和管理规范，也没有后续养护的支持，援助物资的
寿命和使用效率大打折扣，还有一些医疗设备因缺乏配套而无法使用。

（四）中国医药产品进入非洲主流医药市场仍存在障碍

　　尽管以"一带一路"倡议为契机，中国医药产业在努力拓展非洲市
场，但迄今为止中国仍然不是非洲医药市场的主要进口来源国，除了少
数青蒿素类抗疟药品之外，大部分中国产药品进入非洲主流医药市场仍
存在障碍。首先是技术性门槛。通过世界卫生组织的预认证是中国产药
品进入非洲主流医药市场的先决条件，由于中国制药行业技术研发在国
际上还未达到领先水平，药品生产和管理尚未与国际全面接轨，且对国
际组织采购相关程序与法规缺乏充分了解，因此能通过世卫组织预认证
的中国产药品种类数量偏少。截至 2021 年 5 月，在全球 587 个通过制剂
预认证的产品中，中国产品有 44 个，[1] 在获得预认证的 153 种原料药中，
中国产品有 56 种。[2] 其次是文化差异。出于历史原因，非洲国家医药行
业大多沿袭英国、法国等欧洲标准，这就给中国制药企业在非洲的注册、
认证、准入等造成一定困难。即便进入了非洲市场，由于非洲消费者深
受欧美精英文化影响，更熟知和习惯使用欧美医药产品，而中非之间因
语言、文化、习俗不同，药品在包装、剂型、剂量等方面有所差异，如
果前期没有深入调研，没有对进入非洲市场的药品进行针对性的改进，
那么就会影响中国产药品在非洲市场的接受度。

四　中非卫生健康合作的思考与建议

　　当前，新冠肺炎疫情在全球蔓延，对全球公共卫生安全构成严重威

---

① World Health Organization Essential Medicines and Health Products: Prequalification of Medi-
cines, "Medicines/Finished Pharmaceutical Products List", https://extranet. who. int/pqweb/
medicines/prequalified-lists/finished-pharmaceutical-products, 最后访问日期：2021 年 5 月
17 日。

② World Health Organization Essential Medicines and Health Products: Prequalification of Medi-
cines, "WHO List of Prequalified Active Pharmaceutical Ingredients (APIs)", https://extra-
net. who. int/pqweb/medicines/active-pharmaceutical-ingredients, 最后访问日期：2021 年 5
月 17 日。

胁，给"一带一路"倡议顺利推进增加了障碍，但疫情也为高质量推动"健康丝绸之路"建设提供了契机。同非洲国家加强抗疫合作，有助于巩固双方卫生健康合作成果，并从存在的问题和薄弱环节中找到切入点，不断反思与创新，进行相应调整，推动实现更加互惠和有实效的合作。为此，提出如下建议。

（一）提高援非医疗队医务人员的待遇，加大各种优惠政策的保障、落实力度

在强调大局观和奉献精神的同时，援非医疗队也要正视医务人员的利益诉求。例如，在医疗队的待遇方面（包括薪金待遇、休假制度、家属随任等），应根据所在国的实际情况给予相关扶持政策。医务人员在国外的薪金待遇相对于他们在国内的整体收入，要有一定比例的提升。鼓励具有较高医务水平的医务工作者积极参加援非医疗队，同时加强政策保障力度，在职称晋升、岗位聘用等方面给予有援非医疗经历的人员以倾斜，并确保各级人事部门落实政策。

（二）建立全套中方标准的医院，提高援助效率

鉴于目前援非医疗队多安插在受援国本地医院中，管理体制、医疗设备、语言、文化等方面的差异，影响了医疗队的专业优势和援助效率，建议在有条件的非洲国家建立中方医院，由中方有关部门主导和管理，按照中方的标准建设，以中方医生为主体，配备中方的医疗设备，定位为接收疑难杂症和会诊型医院，普通疾病仍分诊到非洲本地医院。从而减少合作过程中不必要的磨合与消耗，充分发挥中方医生的优势，解决受援国无法解决的技术上的难题，特别是填补受援国医疗领域的空白，提高援非医疗队效用，提升中国援非医疗队的影响力。在没有条件建立中方医院的地方可以先在非洲本地医院中建立"中方病房"或"中方手术室"，作为中国模式的试点。

（三）加强中非公共卫生领域的合作

公共卫生安全是人类面临的共同挑战，中非需从短板处着手，加强双方在公共卫生领域的合作。首先，加强非洲公共卫生体系建设和人才培养。通过参与非洲疾控中心建设，支持非盟及各个非洲国家建立健全重大疫情防控体制机制、公共卫生应急管理体系；邀请非洲公共卫生人

员来华进修，并派遣中国专家赴非洲国家开展工作，培训当地专业人员；在疟疾、血吸虫病等传染病防控，以及妇幼保健等方面帮助非洲国家提高应对能力。其次，推动中非之间临床医疗和公共卫生合作的整合。公共卫生重在通过预防、检测、宣教等方式促进公共健康，因此除了技术输出以外，还应通过中国医疗队开展健康促进、健康教育，在医院里增设传染病、慢性非传染病防控知识讲座，进行传染病防控演练。最后，加强对重大传染病和新发传染病的联合研究。在非洲的几大区域、几个重点国家建立集医、研、防为一体的中非传染病联合研究基地，通过多学科、跨部门、跨地区、跨国家的有效合作，开展药物和疫苗的联合研发，建立中非防疫合作体系。

（四）助力非洲互联网医疗技术和服务的革新

政府、行业商会应加强合作，为中非互联网医疗产业合作搭建平台，企业也应积极参与中非卫生健康合作交流，为带动中国医疗科技企业走向非洲进行前期规划，针对非洲医疗卫生困境提供适宜的产品、技术和服务，通过移动医疗、远程医疗等方式将诊断、治疗等线下行为移到线上，下沉优质医疗资源，以更低的时间和金钱成本让患者接受服务，有效提升非洲基层医疗水平。例如国内的好大夫、微医、丁香医生等互联网医疗平台经过多年运作已经积累了较为丰富的经验，它们通过手机App在移动终端进行网上诊疗活动，特别是在新冠肺炎疫情期间，这些医疗平台纷纷推出了在线义诊、线上购药等服务，缓解了实体医疗机构医疗资源不足的压力，又及时满足了人们"不能出门、但要看病"的需求。这些企业可以将这种利用科技力量推动优质医疗资源均衡配置的实践经验介绍给非洲，在互联网医院、远程诊断、网上药房、疾病筛查、医疗急救、健康教育等方面助力非洲数字化技术和服务的革新。

（五）卫生援助项目要具有针对性、实用性及可持续性

随着非洲国家经济实力和医疗水平的提高，它们对医疗卫生合作的需求也在发生变化，需要更高层次的医疗合作，因此中国对非洲的卫生援助项目也应做出与时俱进的调整，要与受援国的实际需求、社会发展水平相吻合。非洲国家众多，国情各异，要在考虑受援国实际需要的基础上，实行差异化的国别政策，针对受援国的不同情况制定相应的援助计划，切忌整齐划一的"批发式"或"拍脑门式"的援助。药械的援助

并非一定求全，而是要有针对性或选择性，将符合受援国疾病谱、受民众欢迎的药械作为重点，援助的器械必须是经过实践检验证明是成熟的、经得住考验的。基础设施的建设要在深入调研的基础上，设计出最契合当地实际的方案，以实用性、匹配性为主要考量标准。并且，医疗设备、基础设施的设计和建设上，一定要属地化，按照当地标准或国际标准进行援助，要为设备、设施在当地的后续维护使用提供便利。

（六）多方合作增强中国药企国际竞争力

为促进中国医药企业走进非洲，需要多方合作，形成合力，共促发展。一是形成中国政府、非洲政府、非政府组织、行业商会、制药企业等各方相互协作、有效沟通的机制。政府在企业药品研发、生产、出口等方面需给予必要的政策支持，在金融、税收方面加强保障和优惠力度；商会和非洲各国经商处应加强与非洲相关卫生和药监部门的合作，获取所在国药政最新动向以及对非医药投资指南，积极推动药品、医疗器械监管和注册的双边互认机制；加强与非洲民间机构、非政府组织的合作，共同推动中国药企加强海外推介、参与公益项目，以此进行市场推广，提升国际认同度。二是加强医药企业的企业间合作。中国药企在开拓非洲市场方面也有一些成功的先例，如桂林南药、华方科泰等，有的取得了多项药品的世卫组织预认证，有的已在非洲多国注册，并建立了自己的营销网络。行业商会应积极搭建平台，帮助不熟悉非洲市场的企业与这些有经验企业取得联系，在建立专业的国际药政团队、了解国际招投标和注册流程、实行差异化的市场营销策略、树立产品品牌形象等方面交流经验、互助互利。

结　语

健康是可持续发展的核心与动力。作为共建"一带一路"的重要组成部分，卫生健康领域的交流与合作，有利于带动相关国家卫生事业的发展，深化地区间友谊，推动经济发展，对建设更加紧密的命运共同体起着重要作用。

中非卫生健康合作已走过了半个多世纪的风雨历程，双方本着合作共赢、造福中非人民的宗旨，在卫生健康领域取得了丰硕成果。新冠肺炎疫情的蔓延使得各国都不同程度地暴露了疫情防控的一些短板，这说明任何国家和地区都难以仅凭一己之力维护公共卫生安全，团结合作是实现卫生发展最有效的武器。在国际地缘政治格局加速演进、国际政治体系深度变革的背景下，中非卫生健康合作不断拓展，持续创新，通过技术与人才交流共同提升非洲临床医疗水平，提高卫生服务的可及性，建设有应变能力的公共卫生体系。同时，中国与非洲国家密切在世界卫生组织等多边机构中的合作，提升发展中国家在全球卫生健康领域的影响力和话语权，推动国际卫生资源朝着更加公正合理的方向发展，共同应对新形势下的全球卫生挑战。

某种程度上说，全球卫生安全能否实现，最终取决于医疗系统最薄弱的地区。因此，中非卫生健康合作不仅有利于各自发展，也有利于构建人类卫生健康共同体，有利于维护全球公共卫生安全，对实现联合国 2030 年可持续发展目标和世界繁荣稳定具有重要意义。

【责任编辑】 胡洋

非洲研究 2021 年第 1 卷 （总第 17 卷）

第 253－267 页

SSAP ©，2021

非洲地理研究与中非合作关系的知识支撑[*]

刘鸿武 邓荣秀

【内容提要】 地理学是一门经国济世之学，在中国有古老的传统。非洲地域广袤，资源丰富，是地理学的沃土，对当代非洲发展也至关重要。凭借着广阔的研究范围，地理学能够为破解非洲的发展难题提供全方位的智力支持，并为非洲研究的一体化与系统化贡献力量。中国在该领域的研究可追溯至汉朝，但系统性研究在新中国成立后才逐渐开展。国内对非洲地理的研究从最初对自然地理知识的介绍，逐步过渡到研究非洲人文地理范畴，并加大了对非洲农业、矿产、油气资源、城市化和旅游业等领域的研究。不过，对非洲地理的研究也面临着研究的关注度偏低、缺少中国特色与过于关注现实问题等不足。未来，在“非洲情怀、中国特色、全球视野”的原则指导下，加强深入非洲的实地研究应成为中国非洲地理研究的突破口，也可为中国地理学的视野拓展与学科变革带来新契机。

【关键词】 非洲地理；自然地理；人文地理；经济地理；中非合作

【作者简介】 刘鸿武，教育部长江学者特聘教授，浙江师范大学非洲研究院院长、博士生导师（金华，321004）；邓荣秀，西安邮电大学马克思主义学院副教授（西安，710121）。

---

* 本文系浙江省高校重大人文社科项目“未来十年大国在非博弈与中国非洲学的建构使命”（项目编号：2012GH00）阶段性研究成果，本文还受云南大学“边疆治理与地缘政治”学科特区研究生项目资助。

自中国开始"睁眼看世界"以来，为了实现中华民族的伟大复兴，西方国家长期成为中国学界关注的重点对象。20 世纪 70 年代末实行改革开放以来，随着国家发展与外交战略的重大变化，国内学界开始以更加平衡和多元的态度审视人类文明的整体结构，加之中非关系的迅速发展，非洲在中国学界中的重要性陡然上升。非洲研究成为新时期中国学术界的一片"新边疆"。①

目前中国的非洲研究（或者说"非洲学"）基本上可被理解为区域国别研究的一个分支。从"领域学"的角度看，它又与国际政治学、国际关系学或国际经济学关系最为密切。近年来，民族学、人类学、历史学等学科对非洲的关注度也日益提升。不过，在目前中国的非洲研究中，地理学仍处于较为边缘的地位，且与欧美学界以地理测绘为先导的研究路径存在着根本不同。以此为背景，本文在论述地理学在非洲研究中独特作用的基础上，梳理中国学界在非洲地理研究中的已有成绩和不足，并对中国学者今后在该领域的研究方向提出一些思考。

一　地理学在非洲研究中的独特作用

非洲大陆对发展的迫切需求决定了非洲研究应是一个以解决发展问题为导向的研究领域。在这种情况下，地理学凭借着其特殊的关注对象与广阔的研究范围，在非洲研究中占据了不可替代的重要地位。

（一）非洲研究的总体特征

非洲之所以能够在学术研究中被看成一块相对独立的地区，是因为其在自然环境与社会发展上均存在着一些泛大陆与泛区域的共同属性。这使我们可以从宏观角度对这一地区的自然、地理、历史、社会与文化等诸多问题进行整体把握。同时，非洲的发展轨迹也印证了这一观点。非洲学者及其政治领袖一直强调要关注非洲各地区民众之间"悠久的历史、社会与民族纽带"。② 从民族独立时期的"泛非主义运动"（Pan-Afri-

---

① 刘鸿武：《非洲研究：中国学术的"新边疆"》，《光明日报》2009 年 11 月 9 日，第 8 版。

② 阿马杜 - 马赫塔尔·姆博：《序言》，J. 基 - 泽博主编《非洲通史（第一卷）编史方法及非洲史前史》，计建民等译，中国对外翻译出版公司，1984，第 XXIII 页。

canism movement），到独立后"非洲统一组织"（Organization of African U-nity，OAU）的建立及其向"非洲联盟"（African Union，AU）的转型升级，再到 2019 年非洲自由贸易区（African Continental Free Trade Area，AfCFTA）的成立均可看成非洲内部统一性的实际表现。

在非洲国家众多共同的属性中，最为突出的是其对发展的迫切需求。虽然非洲国家自独立以来在经济与社会发展上取得了世人所公认的成就，但非洲至今仍是一个几乎完全由发展中国家组成的大陆，其面临的各类政治经济问题基本上都可归结为发展问题。[①] 据统计，全世界约 75% 的最不发达国家集中于非洲大陆。在 2011—2013 年，也曾有约 25% 的非洲民众面临着饥饿和营养不良的威胁。[②] 即使是诸如尼日利亚等经济发展态势较好的国家，也普遍存在经济发展严重依靠初级产品出口等问题，普通民众的生活质量难以随着经济发展而同步提升。

同时，非洲在政治领域的欠发达状态也十分明显。虽然非洲历史上曾发展出一些古代王国或部落酋长国，但西方殖民者的到来中断了该地区的独立政治发展进程，使得从部落社会直接过渡到现代国家成为非洲很多国家独立进程的共同特征。这为非洲国家在诸如民族整合、国家政治制度建设、形成相对统一的语言文字与宗教信仰等方面均面临着巨大的挑战。这种情况明显降低了非洲国家政府的治理能力，并成为该地区政府腐败低效、地区武装冲突频发的重要诱因。

在这种情况下，作为对现实关切的学术回应，破解非洲的发展难题也成为当代非洲研究的主要议题；而"非洲学"则应运成为一门以发展为核心理念、以发展为核心宗旨的相对统一学科，以便对非洲大陆面临的共同问题进行整体把握。[③] 这也成为非洲研究不同于其他地区研究的重要特征。

总体而言，目前非洲研究的路径主要有两条。其中第一条侧重于从学理的角度审视非洲的文明发展进程，我们可将之称为"非洲文明研究"。该研究路径虽与非洲当代发展问题的联系较为间接，但也起到了不可替代的指导作用。自独立以来，非洲的社会精英便意识到，国家虽然

---

① 刘鸿武：《"非洲学"的演进形态及其中国路径》，《国际政治研究》2016 年第 6 期，第 56 页。

② *MDG Report 2015：Assessing Progress in Africa toward the Millennium Development Goals*，United Nations Economic Commission for Africa，2015，pp. xiii – xiv.

③ 刘鸿武：《非洲研究的"中国学派"：如何可能》，《西亚非洲》2016 年第 5 期，第 23 页。

从形式上获得了解放，但其在政治、经济、文化等领域仍严重依赖于西方国家。为了能够实现"第二次解放"，非洲国家需要从自己的文明进程中汲取养分，利用非洲智慧解决非洲问题。第二条路径则致力于直面当代非洲国家面临的各类发展问题，旨在为之提供现实的解决方案。我们可将这一路径称为"非洲现实问题研究"。[①] 由此可见，上述两个路径是非洲研究的一体两面。前者为背景与基础，后者则为实践与运用。两者共同助力于对非洲发展问题的探索。

（二）地理学在非洲研究中的特殊作用

在非洲研究中，地理学因其覆盖面广以及特殊的研究对象而具有不可替代的特殊作用。该学科涵盖范围十分广泛，以至于目前学界尚未对其学科体系的界定达成一致。其中一种较为具有代表性的观点认为，除了地理信息学这类方法论层面的学科分支，总体而言可被分为以下三个范畴。自然地理学一直是非洲地理学研究的重要组成，对非洲国家拥有的自然资源种类、储量、开发潜力等问题进行细致分析，能够为破解非洲发展问题提供重要的"硬件"支持。作为地理学的人文社科分支，人文地理学则主要关注的是非洲发展的"软件"层面。一方面，通过文化地理学、民族地理学等分支，对非洲广泛存在的各类社会现象、特征、社会集团分布和差异进行分析，助力于非洲国家的民族整合，并从本土文化中寻找破解当今非洲发展问题的钥匙。另一方面，通过政治地理学等分支，人文地理学可为解决困扰很多非洲国家的中央–地方权力分配问题提供智力支持；而地缘政治学则可助力非洲国家之间及其与外部国家的国际合作。相比之下，经济地理学则关注非洲发展中的软硬件交互问题，即如何利用自身的地理位置与自然资源实现经济的可持续发展。

除了可为非洲发展问题提供全方位智力支持外，地理学凭借着广阔的研究范围还可为整个非洲研究的一体化与系统化贡献力量。非洲研究作为一种"地域学"，带有明显的跨学科特征。[②] 由于各学科间在研究关注点、内在逻辑等方面均存在着明显差异，非洲研究很容易演进为一个庞杂的议题群。学者往往只能在其学科范式内探讨非洲问题的某一侧面，最终导致研究的碎片化。为了使非洲研究呈现出"既见树木也见森林"

① 刘鸿武：《非洲学发凡：实践与思考六十问》，人民出版社，2019，第3页。
② 刘鸿武：《非洲学发凡：实践与思考六十问》，人民出版社，2019，第19页。

的良好态势，除了依靠学者增强自身的跨学科研究视野，也可以将部分具有跨学科色彩的学科作为基础，建设沟通各学科的纽带。在非洲研究中，虽然诸如人类学、社会学等部分学科带有跨学科色彩，但像地理学这样能够横跨自然科学与人文社会科学的学科并不多见，而这也奠定了地理学在整合非洲研究中不可替代的特殊地位。

二　中国非洲地理研究的发展历程

中国学者很早便意识到了地理学在非洲研究中的特殊地位。虽然总体上看地理学在非洲研究中仍处于较为边缘的位置，但经过长时间积淀，中国学者仍在该领域取得了大量学术成果。总体而言，截至 20 世纪末中国非洲地理研究的发展历程可分为以下三个阶段。

（一）新中国成立前中国的非洲地理研究

中国对非洲地理的了知，可以追溯到漫长的历史过往，一般认为，《史记》《魏略·西戎传》《后汉书·西域传》中出现的"黎轩"一词，是指古代埃及亚历山大城，[1] 唐代杜环所著的《经行记》，也有一些关于中国早期对非洲历史地理的确切文字记载。

随着中国与外界交往的增多，中国对非洲的了解也越加丰富。宋代《诸蕃志》等著作出现了对非洲多个地区地理环境、物产的零散性记载。而在元代朱思本于 1311—1320 年绘制的地图中已经出现了非洲大陆三角形的基本轮廓。由于明朝郑和下西洋以及与东非沿岸地区贸易的开展，中国开始与非洲建立起较为频繁的直接联系，在《武备志》《星槎胜览》《瀛涯胜览》《西洋番国志》等相关文献中均出现了对非洲更为详尽的记载。[2]

进入明清时期尤其是晚清以后，中央政府实施的闭关政策限制了中国与非洲的直接往来，中非之间的官方往来基本上中断，但民间交往依然一直以不同的方式得以保持。鸦片战争时期，中国人开始认真地了解

---

① 中国社会科学院西亚非洲研究所编著《非洲概况》，世界知识出版社，1981，第 322—323 页。

② 中国社会科学院西亚非洲研究所编著《非洲概况》，世界知识出版社，1981，第 328—335 页。

世界。林则徐组织人员，以英国人慕瑞（Hugh Murray）编著的《世界地理大全》为基础，编译而成的介绍世界地理的著名的《四洲志》，一些内容涉及非洲的国家、城市和民族。徐继畬的《瀛寰志略》也依托西方材料，对非洲的地理位置、山脉河流、气候、物产风俗、人种肤色、历史沿革等进行了基本介绍。[①] 冯承钧先生则从 1934 年开始翻译伯希和（Paul Pelliot）、费瑯（G. Fernand）等法国汉学家发表在《通报》和《亚洲学报》等学术刊物上的有关著述。[②]

（二）新中国成立后至改革开放初期中国非洲地理研究的复兴（1949—1980 年）

新中国成立后，中国的非洲地理研究开始复兴。1955 年召开的万隆会议开启了新中国与非洲国家的外交关系，加上非洲民族独立运动的高涨，中国把非洲看作自己外交上的重要支撑。1961 年毛泽东在同加纳总统恩克鲁玛（Kwame Nkrumah）会谈时提出"应该搞个非洲研究所，研究非洲的历史、地理、社会经济情况"。[③] 中联部于 1961 年成立了亚非研究所，[④] 了解非洲独立国家的基本情况是该所的主要研究内容，而地理是其中的重要一环。

整体而言，这一时期国内的非洲地理研究还算不上是严格意义上的学术研究，多是对非洲大陆地理环境资料进行收集和整理，并在此基础上对非洲的地理知识进行纯描述。[⑤] 为周恩来总理次年出访非洲做准备，1962 年世界知识出版社出版了《非洲手册 概况部分》。该书对非洲的自然、历史和社会经济发展情况进行概括。《非洲手册》丛书还计划出版非洲列国志系列，并于 1964 年完成了突尼斯、刚果（布）和加蓬三国的非洲列国志，对三国的地理情况进行了详细介绍。[⑥] 同时，南京大学还于

①　徐继畬：《瀛寰志略》，上海书店出版社，2001。
②　《西域南海史地考证译丛续编》，冯承钧译，商务印书馆，1934。
③　中华人民共和国外交部中共中央文献研究室编著《毛泽东外交文选》，中央文献出版社，1994，第 465 页。
④　1964 年分设为西亚非洲所和东南亚研究所。
⑤　这些国家包括几内亚、安哥拉、加纳、马里、埃塞俄比亚、坦桑尼亚、赞比亚、阿尔及利亚、肯尼亚、南非、纳米比亚、刚果（金）、埃塞俄比亚、科特迪瓦、乌干达、摩洛哥、毛里塔尼亚、莫桑比克、尼日利亚、喀麦隆。
⑥　世界知识出版社编著《非洲手册 概况部分》，世界知识出版社，1962；袁辉：《刚果（布）加蓬》，世界知识出版社，1964；朱牧流：《突尼斯》，世界知识出版社，1965。

1964 年成立了国内首个立足于地理学科发展起来的非洲研究机构——非洲研究所的前身南京大学非洲经济地理研究室，并先后出版了《非洲经济地理参考资料》等内部刊物。[①]

然而，由于"文化大革命"的开展，中国的非洲地理研究基本陷入停顿。这一时期没有一部相关学术著作问世，原计划于 1966 年完成的 16 本非洲列国志未能按时出版，所撰写完成的书稿也几乎全部散佚。随着"文化大革命"的结束，国内的非洲地理研究开始回归正轨。西亚非洲所 1977 年被中联部批准恢复，并于次年 4 月开始全面恢复工作。[②] 1977—1979 年国内翻译并出版了多部非洲地理的研究著作。虽然有少量对西方著作的翻译，但主要以翻译苏联和非洲本土学者的研究成果为主。值得注意的是，这一时期的相关研究带有鲜明的时代特点。对于苏联学者的研究成果，国内学界认为其未能采用马克思列宁主义的观点和方法论对非洲相关问题进行正确分析，且更多的是站在修正主义立场上；对于部分西方以及非洲本土学者的研究成果，国内学界则认为其带有明显的资产阶级思想，如对"地理环境决定论"和"马尔萨斯人口论"的宣扬。[③]

（三）改革开放后至 20 世纪末非洲地理研究的快速发展（1980—2000 年）

随着党的十一届三中全会的召开，国内对教学和科研的要求不再是

---

① 南京大学非洲经济地理研究室主编的《非洲经济地理参考资料》于 1964 年 11 月 20 日创刊第 1 期，每期登载 4—5 篇论文；从第 3 期开始改名为《非洲地理资料》一直到第 23 期，从第 24 期起更名为《非洲地理》。由于"文化大革命"的开展，非洲地理的教学与科研中断了 8 年，直到 1973 年 12 月才又重新恢复。从 1964 年到 1984 年，《非洲地理资料》共办了 27 期。参见甄峰、尹俊《建设以非洲地理研究为特色的非洲学——南京大学非洲地理研究成果回顾与展望》，《人文地理》2012 年第 3 期，第 136—140 页。

② 引自时任中国社会科学院西亚非洲研究所副所长张宏明教授在 2007 年日本贸易振兴机构亚洲经济研究所参加"成长的非洲——日本和中国的视角"学术会议时所作的报告，题为《非洲研究在中国》。

③ 德普瓦、雷纳尔：《西北非洲地理》，西安外国语学院法语教研组翻译组译，陕西人民出版社，1979；莫伊谢耶娃：《南非共和国经济地理概况》，开封师范学院地理系译，河南人民出版社，1977；谢尔盖耶娃：《索马里地理》，南京大学地理系非洲地理组译，江苏人民出版社，1977；А. Б. 高农、Г. Н. 乌脱金：《摩洛哥：自然地理和经济地理概要》，西北大学地理系翻译组译，陕西人民出版社，1977；卡迪尔·阿里：《阿尔及利亚地理：自然人文经济》，唐裕生等译，商务印书馆，1978；兰丁：《毛里求斯地理》，南京大学地理系非洲地理组译，江苏人民出版社，1978。

以阶级斗争为纲，而是一切从实际出发。这使得相关研究领域的意识形态色彩明显淡化，对有关非洲外文地理图书的翻译也不再加入意识形态的批判。这一时期较为重要的译著为皮埃尔·古鲁（Pierre Gourou）的《非洲（上、下册）》。该书作者在实地考察和广泛阅读资料的基础上，对非洲自然环境与人类活动之间的相互作用与关系进行阐释，在一定程度上揭示了非洲社会发展滞后的根源。[①]

同时，随着改革开放的顺利推进与非洲国家民族解放运动的基本完成，中非关系也由发展政治利益为主转为政治、经济利益并重。此外，随着中国自身现代化建设的发展，深感自身资金的不足，于是就从单纯给非洲国家提供经济援助转为以互利为基础的经济技术合作。[②] 这些均对中国非洲地理研究的方向产生了巨大影响。

西亚非洲研究所正式划归中国社会科学院后，1981 年就出版了《非洲概况》一书。该书是对 1962 年版《非洲手册 概况部分》的扩充。其篇幅扩充了一倍，在地理部分除了介绍原有的地理环境知识外，还增加了对非洲整体经济地理的详细研究，包括对非洲重点自然资源的分布情况与产量，以及非洲种类繁多的动植物资源的介绍。[③]

以《非洲概况》为开端，国内对非洲地理的研究开始出现快速发展势头。其主要有以下两个特征。其一，对非洲地理研究的广度有所提升，其中还不乏对非洲专业地理的研究。例如曾尊固等编著的《非洲农业地理》在汇总非洲农业总体发展条件的同时，还分地区对非洲农业发展的条件、特点及其所遇到的问题进行系统性论述。[④] 同时，这一时期也出现了对非洲石油地理的研究。例如张同铸等编著的《非洲石油地理》以非洲的油气资源为主，剖析非洲石油化工业的发展阶段及其特点，也对非洲主要产油国的概况进行说明。[⑤]

其二，随着中非经贸合作的日益密切，对非洲地理研究的深度也随

---

① 〔法〕皮埃尔·古鲁：《非洲（上、下册）》，蔡宗夏、刘伉、明世乾等译，商务印书馆，1984。

② 徐济明：《中国的国家利益与对非政策》，《西亚非洲》2000 年第 1 期。

③ 中国社会科学院西亚非洲研究所编《非洲概况》，世界知识出版社，1981。

④ 曾尊固等编著《非洲农业地理》，商务印书馆，1984；谈世中、邱伟钜、杨德贞：《前进中的非洲农业》，农业出版社，1982。

⑤ 张同铸等编著《非洲石油地理》，科学出版社，1991；应维华、潘校华编译《非洲苏尔特盆地和尼日尔三角洲盆地》，石油工业出版社，1998。

之增加。研究主题不再局限于对非洲地理概况的介绍，还对所反映出的深层次问题进行分析。其中，苏世荣等编著的《非洲自然地理》一书利用自然地理学的基本理论来阐释非洲自然地理的特征及其规律，比较全面、系统且有重点地反映出非洲自然地理的面貌。①

自1993年中国把非洲作为市场多元化的重要地区之一后，国内学者开始对非洲的农业问题进行重点分析。如吴能远、陈宗德和曾尊固等人的研究，为了解非洲农业发展现状、问题及解决方案提供了详尽说明。②出于加大中非农业合作开发力度的需要，国内一批研究人员撰写了一套《非洲农业开发投资指南丛书》，以满足国内开发非洲农业的需要。这一丛书在详细阐释非洲农业的发展历程、农业资源的开发利用基础上，还分析非洲农业体系、粮食安全保障、商品粮基地的建设等面临的挑战。③

三　中国非洲地理研究的发展现状

2000年中非合作论坛成立伊始，中非合作的深度和广度逐渐加深，呈现出政治与经济并举的态势。中国与非洲经济合作的关注点由自然资源逐步扩展到基础设施、产业园、旅游等领域。与之相应，对非洲地理研究的范畴也逐渐由第一产业向第二、第三产业迈进。具体而言，这一时期对非洲地理研究呈现出主线突出、多元发展的特点。

第一，随着中非经贸合作范围的扩大，国内非洲地理研究的关注领域也得以扩展。在继续关注非洲农业资源开发问题的同时，也将矿产、油气资源作为重点研究领域。其中，《非洲土地资源与粮食安全》主要关

---

① 苏世荣等编著《非洲自然地理》，商务印书馆，1983。
② 参见朱美荣《从经济地理角度看非洲农业发展战略问题》，《江西师范大学学报》（自然科学版）1985年第1期；吴能远、朱美荣：《非洲农业经济发展战略探讨》，《西亚非洲》1985年第2期；陈宗德：《非洲农业发展面临的问题》，《西亚非洲》1986年第3期；曾尊固：《试论非洲农业发展战略》，《西亚非洲》1988年第3期；郧文檗：《中非合作开发农业的战略选择》，《中国软科学》1998年第12期。
③ 陆庭恩主编《非洲农业发展简史》，中国财政经济出版社，2000；文云朝主编《非洲农业资源开发利用》，中国财政经济出版社，2000；何秀荣等主编《非洲农产品市场和贸易》，中国财政经济出版社，2000；陈宗德、姚桂梅等主编《非洲各国农业概况1》，中国财政经济出版社，2000；陈宗德等主编《非洲各国农业概况2》，中国财政经济出版社，2000。

注了非洲土地资源的开发活动。该著作将非洲的土地分为农用地和其他类型，认为该地区存在农业用地增加、草地减少的趋势。① 《非洲渔业资源及其开发战略研究》一书则着重关注了非洲渔业资源的开发情况，同时还分析了开展中非渔业资源合作的可能性。②

与此同时，自 21 世纪以来，随着前往非洲投资并进行相关资源勘探和开发的中资企业日益增多，对非洲矿产、油气等资源的分布和开发现状的了解显得尤为重要。《当代非洲工矿业》与《当代非洲资源与环境》等著作重点研究了非洲资源与环境开发历史、矿产资源的储量和投资环境，并在总结中非工矿业合作历史与现状的基础上，分析其合作前景。③ 同时，朱伟林、裴振洪、叶护平等学者对非洲油气资源的研究则迎合了中资企业在非洲主要产油区进行投资的需要，对非洲油气的地质条件和储量等进行系统分析，在指出中非油气资源合作存在问题的同时，提出解决措施。④

第二，随着非洲基础设施水平的提升与城市化进程的推进，国内学界也开始关注非洲国家的城市与交通发展问题。例如甄峰等学者和杨永春梳理了非洲城市化的历程、影响因素、动力机制、空间格局以及其支撑体系等内容，并结合中国城市化建设的经验，为非洲城市化发展中所遇到的问题提供相应的解决方案。⑤ 后者还提出非洲国家城市的发展与空间结构具有极强的历史连续性和路径依赖性，因人口增长、矿产资源的开发以及制造业和服务业的发展，非洲的城市空间模式也向现代社会的区域城市化发展，并出现了连片带状、放射状等结构模式。⑥

对于非洲的交通问题，《非洲城市交通发展战略与规划》对其发展模式进行总结，阐释了当代非洲城市交通的发展历程、特征以及未来的发展方向，并以拉各斯等为代表的城市为例，分析非洲国家城市交通的规

---

① 黄贤金等编著《非洲土地资源与粮食安全》，南京大学出版社，2014。
② 张振克、任则沛编著《非洲渔业资源及其开发战略研究》，南京大学出版社，2014。
③ 朱华友等：《当代非洲工矿业》，浙江人民出版社，2013；叶玮、朱丽东等：《当代非洲资源与环境》，浙江人民出版社，2013；宋国明主编《非洲矿业投资指南》，地质出版社，2004。
④ 朱伟林等：《非洲含油气盆地》，科学出版社，2013；裴振洪：《非洲区域油气地质特征及勘探前景》，《天然气工业》2004 年第 1 期；叶护平、高练、卢武强：《非洲石油生产与贸易的地理特征》，《世界地理研究》2007 年第 3 期。
⑤ 甄峰、席广亮、魏宗财等编著《非洲城市化建设》，东南大学出版社，2016。
⑥ 杨永春编著《非洲城市的发展与空间结构》，东南大学出版社，2016。

划管理模式、面临的问题。① 而《当代非洲交通》则系统梳理了非洲交通发展的历程，以及当代非洲的公路、水路、铁路和航空等各类交通的发展概况及其特点。②《非洲港口经济与城市发展》一书则以港口为关注点，系统梳理了非洲各港口的自然条件、发展特征等，还以各区域的大港为例，介绍其自然条件、港口设施与布局等，着重关注了非洲大陆与外界的沟通问题。③

第三，国内学者还对非洲旅游资源的空间分布、客源地等进行了研究。有学者指出，荒漠化与大气、水源和固体废弃物污染，已经严重威胁到非洲生物的多样性，并进而阻碍了非洲的可持续发展。④ 在这种情况下，对环境较为友好且有助于创造大量就业岗位的旅游业便成为非洲国家发展的重点经济部门。《当代非洲旅游》一书将非洲的旅游区分为两个旅游核心和一条旅游带，即以埃及为核心的北非历史遗迹文化旅游区和以南非、赞比亚为核心的南部非洲阳光地带旅游片区是非洲的旅游核心区，连接两个核心区的是以肯尼亚、坦桑尼亚和津巴布韦以及沿海岛国为代表的东部非洲旅游带。相比之下，广大的非洲大陆腹地，特别是西非和中非地区，由于信息闭塞、基础设施薄弱和开发时间较晚，旅游业的发展相对缓慢。⑤ 骆高远、刘红梅、王颖等学者指出，赴非旅游的游客来源地长期以来都是欧洲和北美占主导，近年来亚太地区赴非旅游的游客数量也在迅速增加。不过由于非洲交通体系不健全，尚未形成较为完整的交通运输网络，信息不畅、卫生条件差和政局不稳等都限制了非洲旅游业的发展。⑥

这一时期，该领域值得关注的还有姜忠尽主编的《现代非洲人文地

① 曹小曙等编著《非洲城市交通发展战略与规划》，东南大学出版社，2015。
② 罗福建、黄新民等：《当代非洲交通》，世界知识出版社，2010。
③ 甄峰等编著《非洲港口经济与城市发展》，南京大学出版社，2014。
④ 包茂宏：《非洲的环境危机和可持续发展》，《北京大学学报》（哲学社会科学版）2001年第3期。
⑤ 骆高远：《当代非洲旅游》，世界知识出版社，2010。
⑥ 骆高远：《非洲旅游保障体系规划研究》，《世界地理研究》2012年第3期；骆高远、刘旭：《非洲旅游客源市场发展探析》，《西亚非洲》2011年第1期；刘红梅：《非洲旅游业的发展及存在的问题》，《西亚非洲》2009年第8期；骆高远、陆林：《中非旅游合作的现状和未来》，《地理科学》2009年第2期；王颖：《南非负责任旅游的兴起及其意义》，《世界地理研究》2008年第1期；陶颖、刘鸿武：《坦桑尼亚旅游业发展状况分析》，《西亚非洲》2007年第8期。

理（上下册）》。该书以近 150 万字的篇幅，对非洲自然地理环境基础和政治地理的演变、非洲人口分布与迁移、资源开发与产业布局、交通运输与通信等问题进行了详细探讨，是国内第一部现代非洲人文地理著作。[①]

四　中国非洲地理研究面临的问题与发展方向

综上所述，中国学界对非洲地理问题的研究是一个长期性过程。其研究关注点一直追随中非交流的主题。经过多个阶段的发展，中国非洲地理研究的深度与广度均有大幅提升，研究重点已经由最初的了解非洲自然环境的基本特点，发展到如今深刻探讨非洲的农业、资源环境、交通运输、城市化以及区域地理的发展等问题。不过，作为一个新中国成立后才开始得到快速发展的学科，中国的非洲地理研究仍有着诸多不足。

（一）　中国非洲地理研究中的主要问题

虽然地理学对非洲研究有着不可替代的重要作用，但中国学界对非洲地理研究的关注度依然偏低。如果说非洲研究是中国学界"新边疆"的话，那么非洲地理研究更是属于这块"新边疆"的边缘地带。缺少中国特色是该领域研究的另一个主要问题。当然，这一现象的出现有一定的客观环境。一方面，非洲地理研究作为一个在新中国成立后逐渐复兴，改革开放后才得到快速发展的学科，其在研究水平上不可避免地与西方国家存在着显著差距。在研究中大量借鉴西方的研究成果也情有可原。另一方面，地理学的涵盖范围十分广泛。其中自然地理学主要研究的是自然环境的特征与结构等客观问题，在这些领域过分强调中国特色也是没有必要的。

不过，人文地理应该是一个中国学者能够发出独特声音的领域。西方国家虽然在该领域有着很深的学术积淀，但殖民历史使其在学术研究中存在着有意贬低非洲社会发展成就的倾向，以便赋予其殖民统治与当代干涉行动合法性。独立以来，非洲本土学者虽然在努力改变这种偏见，但由于他们中又有相当比例的人员存在西方教育背景，难以彻底摆脱西方中心主义的影响。在这种情况下，中国学者的研究理应成为剖析非洲

---

① 姜忠尽主编《现代非洲人文地理（上、下册）》，南京大学出版社，2014。

问题的重要参照。不过从如今的形势看，中国学界还远未做到这一点。目前中国非洲人文地理研究主要集中在经济和政治领域，且尚未形成较为完整的研究体系。[①]

此外，过于关注现实问题也是中国非洲地理研究需要注意的缺陷。中国的非洲地理研究从总体上应该分为三个层次，其中第一个层次是关于非洲的一般知识，如非洲自然环境、历史文化、风土人情等；第二个层次是为中非合作与交流服务，如关于非洲政治、经济、社会等领域的专门理论与政策研究；第三个层次则是在纯粹科学层面上的非洲研究，具有普遍性与学理性。[②]

从目前的态势看，中国学界的关注点主要集中于第二层次。其中又以对非洲自然资源的研究最为突出，大量研究成果均以非洲农业、矿产或油气资源为关注对象。助力中非经贸合作是这类研究的主要目的。学以致用固然是知识分子重要的历史使命，但过于偏重这种功能导向型的研究并不利于中国非洲研究的健康发展。中国的非洲研究尚处于起步阶段，仍有相当的学术盲点。相比之下，西方的非洲研究体系已经较为成熟，甚至在部分热点领域已经发展出了诸如"埃塞学"（Ethiopia Studies）、"班图学"（Bantu Studies）与"斯瓦西里研究"（Swahili Studies）等学科分支。[③] 在对非洲很多社会问题都缺少深层了解的情况下，中国学界直接涉足非洲的自然资源开发领域不一定会取得良好成效。例如，中国企业在加纳的采金活动就因未能充分履行社会责任而引起了当地民众的强烈不满。[④] 这类案例不仅未能促进中非合作的发展，反而成为西方国家炮制"中国威胁论"以及"新殖民主义"的借口。

（二）中国非洲地理研究的发展方向

综上所述，中国非洲地理研究目前仍有着很大的发展空间。笔者认为，提升该领域研究质量的关键在于中国学者需要深入非洲，而不是仅停留在书本上进行文字推演或概念演绎。地理学的研究对象决定了其必

---

① 安宁、梁邦兴、朱竑：《"走出去"的地理学——从人文地理学视角看中非合作研究》，《地理科学进展》2018 年第 11 期，第 1527 页。

② 刘鸿武：《非洲学发凡：实践与思考六十问》，人民出版社，2019，第 41 页。

③ 刘鸿武、暴明莹：《蔚蓝色的非洲：东非斯瓦西里文化研究》，云南大学出版社，2008，第 5—8 页。

④ 王涛：《非洲的中国非法劳工问题》，《国际关系研究》2014 年第 1 期，第 107—108 页。

然是一门既需要博览群书，也需要身体力行的学科。仅以中国地理研究为例，自古以来中国的地理研究者便有着"由史出论，史地结合"的治学传统。早在 2000 多年前，《诗经》中便以"十五国风"的形式对周朝15 个诸侯国的民风民情进行了文学性描述。[①]

时至今日，随着信息技术的高速发展，遥感探测手段的大规模应用与各类数据库的建立极大地方便了地理研究工作的开展，但实地调研仍具有不可替代的重要作用。这一点在研究对象难以得到精确量化的人文地理领域尤为突出。通过对非洲的长期实地研究，笔者发现由谚语、神话、仪式等世代传承下来的本土传统符号系统所组成的非洲自我表述，与由近代以来外部世界关于非洲的学者著述、媒体报道、游记描述知识系统所构成的他者表述存在着极大不同。[②] 学界目前对这套自我表述仍缺乏足够认识，我们只有通过"一线体验、一流资料、一流人脉"方能深入了解非洲大陆的区情、国情、社情与民情，进而尽可能全面把握这套非洲社会原生的生存与发展策略，加深对非洲的了解。

除了深入非洲进行实地考察，掌握非洲一线的准确情况外，中国非洲地理研究还需要学术思想层面的指引，笔者将其总结为"非洲情怀、中国特色、全球视野"这三层次。其中，"非洲情怀"指的是相关学者需要对非洲抱有一份温情与敬意、坚持与守望。在非洲地理研究处于研究边缘的情况下，学者唯有怀着对非洲的深切热爱，方能在这一相对边缘的研究领域有所坚持，才会愿意深入非洲大陆，做长期而艰苦的田野调查与实地研究。所谓"中国特色"是要将中华文明的深厚土壤作为认识与分析各类非洲问题的基础。在了解非洲自然与社会环境的基础上，也要理解和掌握中国文明的个性和学术传统。

所谓"全球视野"指的是要站在全人类的角度审视与理解非洲。其一，我们虽反对西方中心主义，但也应意识到西方的研究同样属于人类知识共同体的一部分，要尊重其以往百年所创造的大量学术成果，并对其加以必要的借鉴。其二，我们也应意识到，如今非洲面临的各类发展、安全或环境问题都有着深刻的全球传导和扩散效应。这种全球化特征使得仅依靠非洲、中国或西方角度均不足以认识与解决非洲问题。其三，

---

① 刘鸿武：《从中国边疆到非洲大陆：跨文化区域研究行与思》，世界知识出版社，2017，第 52 页。

② 马燕坤、刘鸿武：《自我表述与他者表述整合的非洲图景——兼论非洲研究的视角与方法》，《西亚非洲》2009 年第 9 期，第 15—19 页。

从长远角度看非洲地理研究的根本目的不仅仅是了解、复兴并进一步发展非洲文明，而是增益整个人类的思想体系，最终促成古老的中华文明、原生的非洲文明以及现代的西方文明间的交流与融合。[①] 这同样要求研究者在关注非洲的同时，也加强对世界其他主要文明的了解。

【责任编辑】 杨惠

---

① 刘鸿武：《在国际学术平台与思想高地上建构国家话语权——再论建构有特色之"中国非洲学"的特殊时代意义》，《西亚非洲》2010 年第 5 期，第 20 页。

非洲研究 2021年第1卷（总第17卷）

第 268－277 页

SSAP © , 2021

"一带一路"与非洲大陆自贸区高质量发展的思考

肖　瑾　徐　薇　李雪冬　张巧文

【内容提要】中非合作论坛成立二十年来成果显著，中非合作的内容从经贸合作为主拓展为政治、经济、文化上全方位的深入合作，中非关系也从新型战略伙伴关系升级为全面战略伙伴关系，中非各领域的务实合作更为深化。新冠肺炎疫情对共建"一带一路"与非洲大陆自贸区发展带来新的挑战与机遇。疫情背景下，中非合作要加强与"一带一路"倡议、"金砖国家"等国际合作机制的协调，创新企业运营模式，跨越发展瓶颈，增强政策支持，推进产业结构转型，加强中非智库合作，助力实现中非务实合作互利共赢，共建更加紧密的中非命运共同体。

【关键词】"一带一路"倡议；非洲大陆自贸区；新冠肺炎疫情；中非智库论坛

【作者简介】肖瑾，博士，浙江师范大学非洲研究院非洲安全与发展研究中心秘书长；徐薇，博士，浙江师范大学非洲研究院副院长、研究员；李雪冬，博士，浙江师范大学非洲研究院东非区域国别研究中心副主任；张巧文，博士，浙江师范大学中非国际商学院讲师（金华，321004）。

中非合作论坛已走过二十个年头，中非合作在中非合作论坛的推动下硕果累累，二十年间，中非合作论坛机制不断完善与升级，中非合作的深度与广度也在持续拓展。在新一届中非合作论坛来临之际，全球遭遇新冠肺炎疫情冲击，对中非合作与发展带来了新的挑战，如何应对疫情带来的新挑战并进一步推动中非合作高质量发展已成为学界关注的热点。本文从中非合作论坛二十年回顾、中非合作面临的新机遇与挑战、推动共建"一带一路"与非洲大陆自贸区建设高质量发展三方面对中非合作新的态势与对策进行梳理与分析。

一　中非合作论坛二十年回顾

当前，经济全球化遭遇逆流，世界经济持续低迷，单边主义和霸凌行径阴云不散，但中非合作依然持续推进，这源自双方始终不渝的坚守。中非合作的全方位蓬勃发展有力促进了中非共同发展，中非合作论坛已成为国际对非合作和南南合作的一面旗帜。[①]

中非合作论坛的稳步推进离不开万隆精神这一基石，万隆会议以尊重一切国家主权平等为核心的原则体现了构建国际经济新秩序和多极的国际体系。非盟《2063年议程》与非洲大陆自贸区建设正在实践亚非团结和万隆精神，中非合作论坛和"一带一路"倡议正在引领亚非国家一步步地实现发展目标。中非合作论坛成立二十年来，中非双方已制定了七个三年行动计划，当前实施的是《中非合作论坛—北京行动计划（2019—2021年）》。中非合作论坛在开展中非农业合作、深化中非医疗卫生合作、促进中非贸易平衡发展、扩大中非投融资合作、实施形式多样的中非人文交流、提升中非和平与安全合作等方面取得了显著成就。

正如莫桑比克前总统若阿金·阿尔贝托·希萨诺在中非智库论坛第九届会议开幕式上所说，中非合作论坛是第一个中非集体对话的重要平台，使我们的友谊和团结达到了新的维度。二十年来，中非合作的内容从经贸合作为主拓展为政治、经济、文化上全方位的深入合作，中非关系也从新型战略伙伴关系升级为全面战略伙伴关系，中非各领域的务实合作更为深化，将"一带一路"倡议与非盟《2063年议程》和非洲各国发展战略紧密结合，把中非关系进一步发展成为更为密切的中非命运共同体。经过中非合作论坛二十年的推进，中非合作已经走上了高峰。

中非合作论坛推动中非智库交流与合作不断深入。2012年，中非合

作论坛第五届部长级会议的成果文件中增加了中非智库合作的计划，中非智库合作开始成为中非合作论坛的重要内容，这一届的中非论坛肯定了 2011 年中非合作论坛第八届高官会期间在中国杭州召开的首届"中非合作论坛——智库论坛"，认为智库论坛开创了中非学术界开展互动交流的新模式，决定推动中非智库论坛机制化建设，促进中非学术界建立长期而稳定的合作关系。① 当中国和非洲在与外部世界形成更为复杂深刻的互动关系结构时，中非双方需要实现更紧密的观念与文化、思想与知识的互动交流，中非智库交流将为促进中非文明复兴、加强中非发展合作提供源头动力。当前，"中非智库论坛"已成为中非学术界、思想界、智库界对话交流、共同推进落实中非全面合作、维护发展中国家权益的思想智慧与知识产品的重要平台。在新一届中非合作论坛到来之际，全球新冠肺炎疫情仍在肆虐。中国在第一时间向非洲国家提供医疗物资援助、技术援助与抗疫经验分享，帮助建立非洲疾控中心，中非合作论坛成为中非抗疫合作重要的制度保障。

二 中非合作面临的新挑战与新机遇

推进共建"一带一路"与非洲大陆自贸区建设是建设中非命运共同体的重要内容。非洲大陆自贸区已于 2021 年 1 月 1 日正式启动，截至目前，非盟 55 个成员国中已有 34 个国家批准了该协定。非洲大陆自贸区的主要目标是建立一个商品和服务市场，促进人员流动，促进工业化，促进可持续和包容性的社会经济增长。全球疫情不仅给中非合作带来了新的挑战也带来了新的机遇，理解疫情带来的新挑战和新机遇是推进共建"一带一路"与非洲大陆自贸区建设的前提。

新冠肺炎疫情对非洲经济、社会及政治方面的造成的影响巨大。根据联合国发布的《新冠肺炎疫情对非洲的影响》的报告，疫情对非洲主要造成三波冲击。第一波经济影响包括经济增长放缓、贸易逆差扩大、就业及民生受冲击、财富缩水、卫生相关支出增长；社会影响包括因病死亡、民生支出缩减、弱势群体受冲击更严重、社会服务事业受阻；政治影响包括疫情应对政治化。第二波经济影响包括国内供应链断裂、经

① 中非智库论坛第九届会议，主题发言，https://www.sohu.com/a/430306162_617730。

济活动停摆、非正式经济活动增加；社会影响包括贫困群体扩大、社会不满加剧、社会服务事业停摆；政治影响包括信任缺失、执法行动政治化。第三波经济影响包括经济衰退、债务危机、金融灾难；社会影响包括社会不平等加剧、人类发展水平下降、弱势群体成为牺牲品、社会动荡；政治影响包括政治动荡、政治暴力。①

新冠肺炎疫情对共建"一带一路"与非洲大陆自贸区建设带来了多重挑战。非洲国家自主性及其能力严重不足，缺乏非常强大的领导型国家，需要依赖外部力量，而世界经济体系固化、非洲国家经济基础薄弱致使联合效益有限，国际经济体系不合理使得非洲将继续被边缘化。② 西方国家殖民统治的历史导致非洲经济单一；非洲国家资金短缺，各国经济发展非常不平衡；非洲国家货币种类繁多所导致的域内贸易成本巨大，增加了一体化的难度。③

新冠肺炎疫情也为共建"一带一路"与非洲大陆自贸区建设提供了新的机遇，新冠肺炎疫情虽然使得非洲大陆自贸区的实施日期被推迟，但也为非洲国家重新分配资源、完善框架协议争取了时间，使得非洲国家在未来可以更好地应对公共卫生、气候变化和外部经济振荡的冲击。④

此外，非洲大陆自贸区的建设为非洲各国利用各自资源禀赋的特长和非洲国家之间的贸易发展提供了新的机遇。非洲大陆自由贸易区的建设有利于非洲国家利用地缘优势、人员往来和物流相对近距离、语言文化相近、生活习惯类似等优势来发展自己。非洲国家通过相互取消商品贸易中的关税和数量的限制，可以推动商品在成员国之间自由流动。在国际分工的发展和对诸多合作平台的搭建的背景下，非洲大陆自由贸易区的建设将为非洲各国利用现行的国际分工的特点、自主选择合作伙伴来发展各国的优势产业，赢得跨越式的发展机会。非洲大陆自贸区的建

---

① "Policy Brief: Impact of COVID – 19 in Africa", https://data. worldbank. org/indicator/SH. MED. PHYS. ZS? end = 2015&locations = ZG&start = 1994.
② 2020 年 11 月 6 日中国国际问题研究院马汉智在中非智库论坛第九届会议第二分论坛的发言。
③ 2020 年 11 月 6 日中国非洲研究院姚桂梅在中非智库论坛第九届会议第二分论坛的发言。
④ 2020 年 11 月 6 日中国非洲研究院姚桂梅在中非智库论坛第九届会议第二分论坛的发言。

设给中非合作发展提供了新的契机。① "互联互通" 是非洲大陆发展的关键，也是目前非洲发展的短板。非洲大陆自贸区的启动以及共建 "一带一路" 的推进为非洲国家 "互联互通" 提供了更多可能，也有助于密切中非经贸关系。非洲大陆自贸区的建设为推动中非跨境电商发展提供了战略机遇，有助于解决非洲区域内物流不畅、资金融通壁垒深、数字化贸易体系差、供应链条断裂等难题。非洲大陆自由贸易区的建设与 "一带一路" 倡议的顺利对接，有助于实现中非共同发展的目标，增进中国与亚非拉国家共同把 "一带一路" 建设成和平之路、繁荣之路、开放之路、创新之路、文明之路的决心和信心。因此，抓住当前合作发展的机遇，对非洲国家和中国都至关重要。②

三　推动共建 "一带一路" 与非洲大陆自贸区建设高质量发展

为推动共建 "一带一路" 与非洲大陆自贸区建设高质量发展，本文从 "一带一路" 倡议制度建设、产业政策、经验分享、企业主体性四方面提出对策。

（一）在制度上推进 "一带一路" 倡议与各项国际倡议协调机制建设

目前在非洲实施了多项国际倡议和次区域组织一体化发展计划，如何建立 "一带一路" 倡议与各项国际倡议之间的协调机制，推进非洲大陆一体化和次区域组织一体化建设的协调发展已成为日益重要的问题。疫情正在改变全球供应链的未来，增强中非合作论坛、金砖国家、"一带一路" 倡议等之间的协调机制有助于在危机之中保证中非经济以及全球供应链运作的连续性。

以 "一带一路" 倡议与金砖国家、中非合作论坛的合作为例，可以尝试推进 "一带一路" 倡议与各项国际倡议协调机制的建设。这三个不同的协议之间的目标具有一致性，都在政治、经济、社会、安全方面设定了相似的目标。因此不能够将非金砖国家或者是非 "一带一路" 共建

---

① 2020 年 11 月 6 日中国人民大学国际关系学院刘青建在中非智库论坛第九届会议第二分论坛的发言。
② 2020 年 11 月 6 日塞内加尔《太阳报》记者阿马杜·迪奥普在中非智库论坛第九届会议第二分论坛的发言。

国家排除在非洲大陆自贸区建设之外,金砖国家和"一带一路"倡议必须结合到非洲大陆自贸区的发展当中。虽然没有一个能够覆盖一切的倡议,但区域一体化建设有助于减少跨国间的矛盾,让各国合作更加便利。在此基础上,有两种模式值得尝试。第一个模式是把"一带一路"倡议、金砖国家以及中非合作论坛结合到一个系统中。在这一系统中,不同的倡议之间拥有各自不同的目标,且相互能够进行更多的协调,从而促进所有目标的实现。第二个模式是在"一带一路"倡议内把其他的倡议内容结合到其中,在未来有望形成具体的协调机制。①

各项协议之间的协调机制建成后,有助于有效推进跨区域的发展。与此同时,非洲国家必须要保证自身能参与到一系列倡议的制订当中,增强话语权。非洲国家必须团结起来,因地制宜制定基础设施建设和人才建设的政策。各项协议协调机制的构建过程中,中国是非洲国家必不可少的伙伴,"一带一路"倡议可以成为协调机制搭建的框架。②

推动非洲次区域组织一体化发展,可以为构建"一带一路"倡议与各项倡议的协调机制在非洲大陆自贸区建设的过程中奠定坚实的基础。以东非共同体为例,该组织的成员国目前存在工业化水平低、基础设施不足且网络化水平低、非关税壁垒等问题。提高东共体一体化建设水平,需要高质量的中非合作。中国应在"一带一路"倡议的指引下,以促进东非共同体一体化发展为出发点,利用自身优势、结合东非共同体的需要,实现双方相关政策的有效对接,这也应成为进一步深化中非合作的新思路。③

(二)在政策上加强国家对中非产业合作的支持

非洲大陆自贸的建设面临多重挑战,需要强有力的政策支持来推进中非产业合作,加速非洲国家产业结构升级。

首先,中国应当抓住疫情出现后非洲国家大力推行经济改革和结构调整的窗口期,以投资促贸易,把非洲的资源优势和中国的资金技术优

① 2020年11月6日南非社会发展研究院达利尔·斯瓦内普尔在中非智库论坛第九届会议第二分论坛的发言。
② 2020年11月6日南非非洲研究院维约·姆吉巴在中非智库论坛第九届会议第二分论坛的发言。
③ 2020年11月6日浙江师范大学非洲研究院东非区域国别研究中心李雪冬在中非智库论坛第九届会议第二分论坛的发言。

势结合起来，增强非洲国家间的贸易水平。中国政府和企业应继续支持非洲大陆的基础设施建设。一方面要继续帮助非洲国家建设铁路、公路、电网、港口等传统的基础设施项目，另一方面要重视开拓数字经济、智慧城市、5G 等领域的合作。中国应该注重非洲国家事关民生福祉的工程，完善对非物流通道，扩大对非进口，提升国内消费者对非洲产品的认可度。① 未来非洲大陆自贸区建设可从如下方面着手：基础设施建设和农业板块；农业工业化，教育改善，劳动力技能再培训以及数字和电子服务创新等领域；医疗卫生领域。②

其次，需要更长远地看待非洲大陆自贸区建设，以更加开放和包容的态度迎接自贸区，即使在短期有损失，实际上长期是有利于各国经济发展的，自贸区的长远发展足以抵消损失，成员国之间需要取消关税税目；应该明确地分阶段地最大限度减少非关税壁垒，同时要采取一些行动，要协调自贸区对不同国家和部门产生的不同影响；非洲各国应该制定政策鼓励结构转型，减少对大宗商品的依赖；非盟还应采取措施，在新冠肺炎疫情下积极推动非洲大陆自贸区的发展。③

最后，要注意中非合作领域的开拓创新，这既是新时代对于中非产业合作的新要求，也是未来中非产业合作的方向。推进中非产业发展合作创新之路可从以下三方面努力。一是通过新能源、新技术与财政金融新工具相结合，支持非洲基础设施建设，合力共建产业园区，实现产业均衡发展。二是通过新媒体、新平台与中非科技人文交流的结合，扩大非洲人民通用知识存量，增强技术吸收能力，提升企业自身能力。三是通过新模式、新动力与区域产业要素禀赋相结合，促进非洲本土产业的多元发展，使之主动参与国际分工，合力打造世界品牌。④

（三）在实践上借鉴中国发展经验

中国过去 70 多年的发展历程为发展中国家在经济发展、减贫等领域

---

① 2020 年 11 月 6 日中国非洲研究院南非研究中心姚桂梅在中非智库论坛第九届会议第二分论坛的发言。

② 2020 年 11 月 6 日浙江师范大学非洲研究院南非分院刘钊轶在中非智库论坛第九届会议第二分论坛的发言。

③ 2020 年 11 月 6 日上海对外经贸大学国际发展合作研究院黄梅波在中非智库论坛第九届会议第二分论坛的发言。

④ 2020 年 11 月 6 日浙江师范大学中非国际商学院林云在中非智库论坛第九届会议第二分论坛的发言。

提供了可以学习的平行经验，中国抗击新冠肺炎疫情的成效有利于中国经验在非洲国家的认可与推广，借鉴中国发展经验越来越成为非洲国家实现发展与互利共赢目标的共识。

疫情虽然对非洲大陆造成了严重的影响，但非洲各国通过学习中国及东南亚国家的抗疫经验有效地抗击了疫情，为各国社会经济的恢复做了准备。在疫情冲击下，中国的经济正在进入双循环模式，一方面中国正在提倡国内消费拉动经济，另一方面也在进行产业升级和产业转移，对"一带一路"共建国家增加投资，这不仅对非洲国家是机遇，对中国也是机遇。到 2050 年，非洲大陆的人口将达到 20 亿，将成为极具吸引力的市场。共建"一带一路"有助于帮助非洲国家实现《2063 年议程》中的目标。共建"一带一路"可以为非洲国家带来可见的好处，可以增强区域内的贸易和制造业能力。非洲大陆自贸区的建设需要对基础设施的大量投入，需要中国和非洲国家的积极合作。①

中非合作已经成为非洲消除贫困、寻求可持续发展的一个非常务实的工具。在与贫困作斗争方面，中国是全球的标杆。中非合作，对于非洲来说是一个走出贫困的机会。以布基纳法索为例，与中国合作为布基纳法索的发展以及消除贫困开辟了良好的前景。中国对布基纳法索的援助集中在农业、卫生、职业培训、教育、人力资源开发、基础设施等方面，此外还有人道主义援助、安全等领域。中国通过举办培训班帮助解决布基纳法索的失业问题，中国的企业雇用了很多布基纳法索的年轻人。布基纳法索也采取了非常有利的法律政策鼓励中国企业在布投资开厂。由此可见，非洲国家与中国的合作并不是抽象的，而是非常实际的，它将对非洲国家的发展产生积极的影响，并使得所有的非洲国家都具备和贫困作斗争的必要能力。在中非合作中应坚持"授人以渔"这一非常重要的原则。非洲国家需要的是发展的经验和技术，而不仅仅是物资。② 技能获取对于非洲大陆自贸区建设意义重大，在"一带一路"倡议的框架下，中国和非洲能够更多地参与到国际工业化进程中，双方可以互相支持技术的发展与成果的转化。因此，非洲国家要抓住机会，更好地推进

---

① 2020 年 11 月 6 日南非全球对话研究所执行所长菲拉内·姆特姆布在中非智库论坛第九届会议第二分论坛的发言。
② 2020 年 11 月 6 日布基纳法索 Tinganews 卡波雷·杰罗姆在中非智库论坛第九届会议第二分论坛的发言。

非洲大陆自贸区建设，在经济发展过程中学习中国经验，关注劳动力技能的提升，关注创新和技术的应用与发展。①

（四） 在主体上要发挥企业创新优势

企业在中非合作中扮演着不可替代的角色，是中非经贸合作的创新主体。尽管新冠肺炎疫情对在非洲的中资企业造成了重大的影响，但非洲大陆仍然具有广阔的发展前景，因而创新企业运营模式对于在非企业发挥自身主体性、突破发展瓶颈至关重要。

以中国在非洲企业为例，要坚持继续在非洲开展业务，因为非洲大陆是全球最有希望的大陆，是未来发展的最大空间，同时也是中国多年耕耘和非洲人民共同建设的平台。企业要立足于非洲的真实需求，要认识到非洲发展的不平衡，疫情所带来的新挑战，已经从简单的贸易、基础设施建设、技术更新转化到了农业安全、粮食安全和疫情控制以及健康的维护方面，因而企业要跟智库相结合，研究产业模式。中资企业在非洲开发项目、开展贸易以及自贸区建设等都出现了新的模式，中国该如何应对和提升，要有系统深入的研究。新形势下非洲的发展对于中非的友谊和合作而言，仍然存在巨大的机遇，如何克服当前的困难，不同的国家要采取不同的政策和方法。②

在中非跨境电商的发展上，企业需要创新而为，一是要加强构建"线上＋线下"的服务联通体系，企业在快速布局非洲本土化、垂直化的跨境电商平台的同时，加强电商物流、金融结算、海外仓储等服务体系的建设。二是要加快布局"基地＋展贸＋营销"跨境电商供应链体系，强化非洲青年在跨境电商中的核心作用。三是要加紧建设"独立＋直播＋社群"一体的营销体系，布局非洲的独立私域平台和网站，发动指导非洲青年人开展视频直播营销、社群营销，打通非洲跨境电商消费端的通路。③

---

① 2020 年 11 月 6 日浙江师范大学非洲研究院尼日利亚研究中心迈克尔·伊西祖勒恩在中非智库论坛第九届会议第二分论坛的发言。
② 2020 年 11 月 6 日中地海外集团有限公司纪为民在中非智库论坛第九届会议第二分论坛的发言。
③ 2020 年 11 月 6 日浙江工商大学赵浩兴在中非智库论坛第九届会议第二分论坛的发言。

四 结语

新冠肺炎疫情虽然给共建"一带一路"与非洲大陆自贸区建设带来了巨大的挑战，但中非合作并不会因为疫情的冲击而中断。经过二十年的发展，中非合作论坛不仅巩固了中非合作基础，还将中非合作与中非关系提升到了前所未有的高度和密切程度。中非智库论坛将继续为中非合作提供及时的支持，为非洲国家实现可持续发展目标与《2063议程》而不断前进。作为中非学术机构和智库共建共享思想交流平台、宣示原创知识话语体系的一种特殊的努力，中非智库论坛自2011年创建以来，历届会议设置的主题与议题、使用的概念与话语、讨论的重点与热点，均是中非双方的学术机构或智库通过协商而定，都围绕着中非双方关心的核心问题而展开，进而逐渐"生成"自己独立的话语形态、理论面向、知识体系。推进中非思想文化交流是一项系统工程，关键在于助力中非全方位的发展合作，提供引领性的知识形态与思想动力，需要中非学者聚焦现实，做好基础研究和战略研究，① 为中非关系可持续发展提供不竭的智力支持。

【责任编辑】王珩

---

① 2020年11月6日教育部长江学者特聘教授、浙江师范大学非洲研究院院长刘鸿武在中非智库论坛上的主旨演讲。

非洲研究　2021年第1卷（总第17卷）
第 278－294 页
SSAP ©，2021

"一带一路"倡议下中肯文化融合的可持续性

〔肯〕奥凯时·克里斯多福·奥杜尔 著

赵晓临　符　裕　顾欣怡 译

【内容提要】无论是考察中非文化融合中各自主流文化特征为何，还是考察国家文化差别对两国经济合作的影响，都尚未引起足够重视。本文探讨中国和肯尼亚两国国家文化对"一带一路"倡议的可持续发展的影响，希望引发文化融合理论内的学科讨论。在众多文化维度理论中，霍夫斯泰德文化维度模型（Hofstede's Cultural Dimensions Theory）虽暂缺肯尼亚境内"全球化程度""宗教""是否有长期规划""自身放纵程度"的资料，但仍是较为合适的模型。文化融合的现状是中国和肯尼亚两国文化在"权力距离"和"不确定性规避"方面差异很大，但在"集体主义/个人主义"和"社会男性化程度"方面很相似，两国文化上的关联方式最可能给"一带一路"倡议的可持续推进带来困扰。但鉴于在新冠肺炎疫情期间中国给予肯尼亚的支持，如若可以在中国境内建立与在肯孔子学院相当的肯尼亚文化中心，将有助于"一带一路"倡议的可持续推进并增进两国更深层次的文化融合。

【关键词】文化；多样性；交流；融合；"一带一路"倡议

【作者简介】奥凯时·克里斯多福·奥杜尔（Okech Christopher Oduor），英国利物浦大学经济管理硕士，肯尼亚莫伊大学执行教务长。

【译者简介】赵晓临，博士，教授，东华大学外语学院院长，肯尼亚莫伊大学孔子学院首任院长；符裕、顾欣怡，东华大学外语学院硕士研究生（上海，201620）。

一 引言

大量研究表明文化对经济发展具有重大影响，但多元文化融合过程中源发文化的主流特征以及国家文化差异如何影响两国经济合作并没有引起足够重视。简单来说，有些学者认为文化相似性对相关国家的经济发展有积极影响[①]，有折中观点认为文化对经济发展存在的影响确实微乎其微，[②] 另有学派则坚持文化差异与经济发展并无相关性[③]。

虽然文化如何影响经济发展众说纷纭，但都对国别研究提出了三个研究方向：首先，研讨理解中肯文化的重要性；其次，探究两国文化如何影响"一带一路"倡议的可持续性；最后，对衡量中肯文化差异标准提出优化的建议。

本文分析中国和肯尼亚的文化特征，以确定两国主流文化特征及其对"一带一路"倡议可持续性的影响。本文将阐释中肯主流文化的融合与分歧，探讨主流文化对巩固两国可持续合作的影响。

首先，"民心相亲"政策是研究文化差异如何影响"一带一路"倡议的基础，提升两国人民之间的友好关系也是"一带一路"倡议的目标之一。其次，文化差异已获中肯两国高度重视，其研究价值也在学界为霍夫斯泰德等所证实。[④] 文化纽带关系可以带来发展动力这一观点被广泛认

---

① Et al. expr.：S. Li et al.，"The Cultural Dividend：A Hidden Source of Economic Growth in E-merging Countries"，*Cross Cultural And Strategic Management*，24（4），2017，pp. 590 – 616；Y. Y. Kim，"Ideology，Identity and Intercultural Communication：An Analysis of Diffe-ring Academic Conceptions of Cultural Identity"，*Journal of Intercultural Communication Re-search*，36（3），2007，pp. 237 – 253；T. Narozhna，"The Role of Culture in International Development Aid：Implications for Theory and Practice"，*Canadian Foreign Policy Journal*，11（3），2004，pp. 81 – 97.

② F. Zhao，"Impact of National Culture on E-Government Development：A Global Study"，*Inter-net Research*，21（3），2011，pp. 362 – 380.

③ S. H. Park and G. R. Ungson，"The Effect of National Culture Organizational Complementarily and Economic Motivation on Joint Venture Dissolution"，*The Academy of Management Journal*，40（2），1997，pp. 279 – 307.

④ G. Hofstede，"National Cultures in Four Dimensions：A Research-Based Theory of Cultural Differences among Nations"，*International Studies of Management and Organizations*，13（1），1983，pp. 46 – 74.

可，并且认识到文化差异存在有利于不同民族之间相互理解，从而促进两国和睦相处。[①]

在此背景下，"一带一路"倡议作为加强中肯两国文化联系的一次机遇，对于推进中肯两国的经济发展将有长足的影响。综上所述，虽然个人性情、人生观和意识形态等文化因素超越了理性的经济因素，但是对于"一带一路"倡议可持续性而言，文化因素是推动经济发展的关键。本文旨在探讨主流文化特征与"一带一路"倡议的可持续发展之间的关系，采用文化维度理论对比中国与肯尼亚的国家文化，以确定中肯文化对比研究的最佳方法，也希望能够引发一些文化融合理论内的学科讨论。

二 文化与发展

帕斯卡隆认为，文化对于发展的影响尚不明确，需要学术和相关专业人士更细致地研究。[②] 因为文化与发展涉及诸如社会学和经济学等不同学科领域，这类研究天然的跨学科属性使其长期面临多方面挑战。

我们认为文化通常被理解为是近乎静态的，因为文化长期以来都在社会中体现为某一种规范、习俗及信仰。而核心为经济的发展观则是趋于动态的，动力由需求和供给所决定。如果把文化和经济发展放在一起同时考量，文化意识更可能被视为经济发展的一种催化剂，而不仅仅是对其的补充。[③] 部分学者认为两国文化差异越大其经济合作失败的可能性就越大[④]，有些学者则持相反看法[⑤]，所以文化差异性或相似性是否影响

① S. Shahriaret al. , "Institutions of The Belt and Road Initiative: A Systematic Literature Review", *Journal of Law, Policy and Globalization*, 77 (1), 2018, pp. 1 – 13.

② P. Pascallon, "The Cultural Dimension of Development", *Intereconomics*, 21, 1986, pp. 38 – 45.

③ J. Granatoet al. , "The Effect of Cultural Values on Economic Development: Theory, Hypotheses, and Some Empirical Tests", *American Journal of Political Science*, 40 (3), 1996, pp. 607 – 631.

④ J. Li and S. Guisinger, "Comparative Business Failures of Foreign-Controlled Firms in The United States", *Journal of International Business Studies*, 22 (1), 1991, pp. 209 – 224.

⑤ S. H. Park and G. R. Ungson, "The Effect of National Culture Organizational Complementarily and Economic Motivation on Joint Venture Dissolution", *The Academy of Management Journal*, 40 (2), 1997, pp. 279 – 307.

两者进行国际贸易一直存在争议。

将文化维度引入经济发展很大程度上源于联合国教科文组织在 1994 年时对文化的界定。在该定义里，文化被描述为一个社会或社会群体所特有的精神、物质、智力和情感特征的综合体。文化赋予特定国家的人民一个基本身份，使其与周遭的环境产生联系和互动。联合国教科文组织的这一说法阐释了什么是文化、文化的内涵是什么，并着重说明了文化的作用和范畴。联合国教科文组织进一步补充了文化与发展的关系，将发展定义为实现更加令人满意的智力、情感、道德和精神存在的过程。[①]

上述表述虽然重申了文化与发展之间的密切联系[②]，但并未将文化作为影响经济发展的一个重要因素。对此而言，虽仍有争论文化与发展到底是否存在互补关系[③]，但大多观点认为这种关系确实存在，但对其受全球化影响的程度存疑。

三 "一带一路"倡议与肯尼亚的现实

在"一带一路"倡议的支持下，中国和肯尼亚建立了长期双边经济合作关系。"一带一路"倡议具有全球化视野，是一个由中国倡议、规模宏大的经济合作，惠及全球 63% 的人口。[④] 它也是一次大规模经济转型，

① UNESCO, "The Power of Culture for Development", 1994, Retrieved from http://www. lacult. unesco. org/lacult_en/docc/The _ Power _ of _ Culture _ Development. pdf [Accessed: May 29, 2021].

② T. Narozhna, "The Role of Culture in International Development Aid: Implications for Theory and Practice", *Canadian Foreign Policy Journal*, 11 (3), 2004, pp. 81 - 97; Y. Y. Kim, "Ideology, Identity and Intercultural Communication: An Analysis of Differing Academic Conceptions of Cultural Identity", *Journal of Intercultural Communication Research*, 36 (3), 2007, pp. 237 - 253.

③ M. F. Guillén, "Is Globalization Civilizing, Destructive or Feeble? A Critique of Five Key Debates in the Social Science Literature", *Annual Review of Sociology*, 27 (1), 2001, pp. 237 - 260; M. Herkenrath et al., "Convergence and Divergence in The Contemporary World System: An Introduction", *International Journal of Comparative Sociology*, 46 (5), 2005, pp. 363 - 382.

④ M. S. Farooq et al., "Kenya and The 21st Century Maritime Silk Road", *China Quarterly of International Strategic Studies*, 4 (3), 2018, pp. 401 - 418.

其影响堪比"发现"美洲和好望角。肯尼亚和其他大多数非洲国家都参与了基础设施建设方面的合作。

众所周知，肯尼亚受外国列强的影响，历经了多次社会转型。这些转型影响非常深刻，甚至是这个地理区域被划出来称为肯尼亚也是外部势力占领的结果。最初是阿拉伯人和欧洲人在肯尼亚土地上进行贸易活动，最终这些活动导致了一系列政治运作和侵略行为。肯尼亚的早期贸易始于奴隶买卖、象牙交易，以及为工业化的欧洲提供原材料的经济活动。这一历史背景迫使肯尼亚长期与外国人打交道，肯尼亚人也因此掌握了与外国机构合作并从中获利的门道。由于20世纪八九十年代后世界银行和国际货币基金组织通过结构调整方案（Structural Adjustment Program）减少了对肯投资，肯尼亚的基础设施建设成了"真空地带"。[①] 而"一带一路"倡议秉持"双赢"理念也更适合肯尼亚，因为肯尼亚人清醒地认识到什么是国家利益，国家发展的根本在于基础设施建设。

四 中肯文化融合

1415年，明朝航海家郑和率领船队远渡太平洋来到肯尼亚海滨城镇马林迪[②]，开启了中肯文化邂逅之门。肯尼亚沿岸村庄曾出土了唐朝瓷器，证实在15世纪的肯尼亚，曾一度活跃着一批涉华商人。之后过了83年，欧洲人瓦斯科·达·伽马（Vasco da Gama）才于1498年到达肯尼亚沿海地区，所以说在有文历史里最早和东非打交道的是中国。与欧洲人不同的是，中国人对殖民并不感兴趣，而是与当地人打成一片、赠送礼物。这是早期文化交往、和谐共处的标志。然而肯尼亚官方史料中仅有1990年之后的中肯文化交往，缺乏15世纪以前的相关记载。在众多肯尼亚人和东非人看来，那个时代的中国对肯尼亚沿海地区并无太多兴趣。

1963年12月12日，肯尼亚从英国殖民统治下宣布独立，其后不到

---

① W. K. Subbo, "An Overview of Structural Adjustment Programme in Kenya", *Discovery and Innovation Journal* (African Academy of Sciences), 19 (4), 2007, pp. 12 – 15.

② Embassy of China in Kenya, "Make a Model for Building The Community of Shared Future", 2018, Retrieved from http://ke.china-embassy.org/eng/zfgx/t1589335.htm [Accessed: May 29, 2021].

两天，中国就成为第 4 个在肯尼亚设立大使馆的国家，自此两国一直保持着融洽的外交关系。[①] 1990 年，布雷顿森林体系、世界银行和国际货币基金组织声称肯尼亚政府压制民主而撤回了对肯尼亚的资金支持[②]，此时中国并没有因为肯尼亚政府转型而改变中肯合作伙伴关系，两国贸易量自此反而开始激增。当时中国对肯尼亚的政策可谓是雪中送炭。

自 1990 年以来，中肯两国之间的经济文化往来日益增多，两国外交关系逐步增强。"一带一路"倡议的提出和肯尼亚孔子学院的成立见证了中肯合作的繁荣（内罗毕大学孔子学院成立于 2005 年，是肯尼亚第一所孔子学院，也是非洲大陆第一所孔子学院）。如今，肯尼亚的 4 所顶尖公立大学均已开办了孔子学院，在肯教授中国语言和文化。

文化交流是理解一个国家的社会经济和政治发展方向的重要组成部分。克里斯蒂安森等秉持同样观点：两国的文化交流将不同文化背景的人聚集在一起，放下对于彼此的刻板印象，去感知近在咫尺、真实存在的对方（又称"他者"）。[③] 中肯文化始于和谐、热情与平等的交流，这些特质也将帮助两国提升双边社会经济交流的可持续性。西方国家与肯尼亚往来的出发点则与之不同，它们没有把肯尼亚视为平等的合作伙伴，因此也无法与肯尼亚建立长期可持续的社会经济关系。如今，这个合作空间已由中国填补。譬如，当新冠肺炎席卷全球，危及生命的关键时刻，中资企业为肯尼亚提供了大量的预防和检测设备以解燃眉之急。[④] 与中资企业的慈善义举形成鲜明对照的是，英国科学家公开宣称要在肯尼亚测试 COVID‑19 新冠疫苗，此言虽未得到有关部门证实，却已引发肯尼亚

① Embassy of China in Kenya, "Make a Model for Building The Community of Shared Future", 2018, Retrieved from http://ke. china-embassy. org/eng/zfgx/t1589335. htm [Accessed: May 29, 2021].

② S. Brown and R. Raddatz, "Dire Consequences or Empty Threats? Western Pressure for Peace, Justice and Democracy in Kenya", *Journal of Eastern African Studies*, 8 (1), 2014, pp. 43 - 62.

③ L. B. Christiansen et al., "Organised Cultural Encounters: Interculturality and Transformative Practices", *Journal of Intercultural Studies*, 38 (6), 2017, pp. 599 - 605.

④ H. Kimuyu and Daily Nation, "Jack Ma Offers Coronavirus Goodies to Kenya, Other Countries", Daily Nation, March 17 2020, Retrieved from https://www. nation. co. ke/news/africa/Jack-Ma-offers-coronavirus-goodies-Kenya-Africa/1066 - 5494256 - o10b6vz/index. html [Accessed: May 29, 2021].

人的民族情绪。① 无独有偶，法国科学家也提出要在西非进行新冠疫苗测试。② 世界卫生组织总干事抨击此类建议为彻头彻尾的种族主义言论。这种公众情绪的迸发彰显了全球公民在对待此类问题上态度的契合。

国际贸易和文化融合在全球化进程中蓬勃发展。全球化的到来加速了人类文明进程中人的迁居，以及人的思想的变化。③ 这一趋势促使文化融合研究更为细致入微，包括文化分歧与文化融合，以及它们对人的经济视野和人与人之间的经济合作的影响。然而，迄今为止，大量研究仍集中在企业文化领域以及如何促进其可持续性方面④，少有研究关注社会文化。

虽然对中肯文化研究较少，但文化是构建人类社会不可或缺的一部分⑤，它反映社会交流、政治经济互动，因此具有重要作用。许多学者认为，文化积极影响经济发展，倾向于认为两者互相补充。⑥ 对肯尼亚学者来说，虽然儒、道、佛在中国都很盛行，但最具影响力的还是儒教。有文献记载了中国文化 71 种具体的价值理想⑦，总的来说过于零碎，如果不进行整合的话甚至会让人误解，在儒家思想下可以将其凝练为仁、义、礼、智、信五种美德。

---

① H. Kimuyu and Nairobi News, "Govt Rejects UK Scientists' Bid to Test COVID – 19 Vaccine in Kenya", Nairobi News, April 24, 2020, Retrieved from https://nairobinews. nation. co. ke/editors-picks/govt-rejects-uk-scientists-bid-to-test-covid – 19 – vaccine-in-kenya［Accessed：May 29, 2021］.

② R. Rosman and Aljazeera, "Racism Row as French Doctors Suggest Virus Vaccine Test in Africa", Aljazeera, April 4, 2020, Retrieved from https://www. aljazeera. com/news/2020/04/04/racism-row-as-french-doctors-suggest-virus-vaccine-test-in-africa/［Accessed：May 29, 2021］.

③ M. S. Asimor, "Al-khwarazni's Historical Cultural Synthesis", *Iranian Studies*, 21 (1), 1988, pp. 10 – 13.

④ P. D. Reynolds, "Organizational Culture as Related to Industry, Position, and Performance：A Preliminary Report", *Journal of Management Studies*, 23 (3), 1986, pp. 334 – 345; H. J. Yazici, "The Role of Project Management Maturity and Organizational Culture in Perceived Performance", *Project Management Journal*, 40 (3), 2009, pp. 14 – 33.

⑤ J. H. Stanfield, "The Ethnocentric Basis of Social Science Knowledge Production", *Review of Research in Education*, 12 (1), 1985, pp. 387 – 415.

⑥ J. Granato et al., "The Effect of Cultural Values on Economic Development：Theory, Hypotheses, and Some Empirical Tests", *American Journal of Political Science*, 40 (3), 1996, pp. 607 – 631.

⑦ Y. Fan, "A Classification of Chinese Culture", *Cross Culture Management*, 7 (2), 2000, pp. 3 – 10.

从文化边界角度看，肯尼亚多年来处在非洲文化、中东文化和东亚文化交会的十字路口。与中国多民族情况一样，肯尼亚拥有大约44个部落的文化规范和习俗，同样需要合成为主流文化后，才能与中国文化相比较。对中国和肯尼亚而言，本身都各自形成了主流文化，这告诉我们一个国家即使各民族文化背景不同，但主流文化的规范和价值观也将人们彼此联系。肯尼亚有4所公立大学设立了孔子学院①：内罗毕大学孔子学院（2005年）、肯雅塔大学孔子学院（2010年），埃格顿大学孔子学院（2013年）和莫伊大学孔子学院（2015年）。这些大学在肯尼亚教授汉语和中国文化，为探究中肯文化融合提供了切实可行的方法。在中国，肯尼亚国语②和主流文化在包括北京外国语大学、中国传媒大学、天津外国语大学和上海外国语大学至少4所大学里长期教授，然而许多肯尼亚学者并不知道这一事实，很可能中国以外的许多人也不了解。

五　"一带一路"倡议与"可持续发展"的概念

"一带一路"倡议于2013年提出，名字的一部分源自古代贸易中的"丝绸之路"，旨在通过基础建设进一步促进中国与他国的经济伙伴关系。③"一带一路"倡议秉持主体与客体和谐共存的文化理念④，提出伊始就以此文化框架作为实施倡议的重要基础。此外，虽然"一带一路"倡议在国际贸易范围内推进，但是毫无疑问地将成为连接各大洲文化各异的国家的重要桥梁。国家之间的贸易往来不可能独立于文化之外，据此，"一带一路"倡议下各国之间的贸易往来必然与国家文化紧密相连，彼此交融。

---

① Confucius Institute at Moi University，"Introduction of Confucius Institute at Moi University（CI-MU）"，2018，Retrieved from https：//cimu. mu. ac. ke/index. php/14 – about – us？ start = 5 [Accessed：May 29，2021].

② 根据肯尼亚宪法（2010年）第二章第七条第1—2款，斯瓦希里语为肯尼亚的国语（National Language），斯瓦希里语和英语为肯尼亚的官方语言（Official Language）。——译者注

③ H. Chan，"The Belt and Road Initiative-The New Silk Road：A Research Agenda"，*Journal of Contemporary East Asia Studies*，7（2），2019，pp. 104 – 123.

④ M. Asif and Y. B. Ling，"Belt and Road Initiative：A Spirit of Chinese Cultural Thought"，*International Journal of Business and Management*，13（12），2018，pp. 9 – 17.

作为中国与其他国家间的一种双赢合作模式，"一带一路"倡议已经得到世界各国的广泛认可，肯尼亚就是其中之一。在建立合作伙伴关系问题上，西方大国利用安全和稳定问题对其他国家附加条件；相反，中国通过"一带一路"倡议聚焦经济发展，拓展了与 60 多个国家的经济合作关系。事实证明，国家的安全与稳定源于基础建设与经济改革。中国宣布的"双赢方案"将经济发展与外交相融合，消除了其他相关国家的猜疑，也因此赢得了高度评价。

由于本文考察的是该倡议的可持续性，所以不得不提"可持续发展"的概念在非洲的被接受情况。最初是 1987 年联合国报告也就是布伦特兰报告提出的"可持续发展"这一概念。当时的愿景是满足当代需要的同时，不能以牺牲后代的发展可能来满足他们所需作为代价。报告进一步归纳了发展的多个维度，以"三个 P"为要点，即地球（Planet）、人（People）与益处（Profit）。

在保留了可持续发展确实由多方因素影响这一观念不变的情况下，"一带一路"倡议实际上是将项目能成功实施的基本规则进行了更精确地重新阐述——我们甚至可以说是重新定义了"可持续发展"的指导思想。沙赫黎亚等重申，"一带一路"倡议以政策沟通、设施联通、贸易畅通、资金融通和民心相通为目标，携手打造潜在成功合作伙伴的全球关系网。①

政策沟通重在控制和管理，即控制和管理与其他各系统之间的相互关系。21 世纪全球化带来了外交变革，这一变革导致全球单一市场经济的出现，并且带来了此前几个世纪都前所未有的国际开放贸易。设施联通需要考虑地理特征的多样性，要求成熟的信息技术作为联通框架加以支持。贸易畅通聚焦提供经济发展动力的开放市场。资金融通是一切经济建设活动的基础，由中国金融机构或者中国主导的具有适当调整机制的金融机构（如亚洲基础设施投资银行）为所需基础设施建设提供资金。金融机构与资金所需国在建设中实现共赢，即金融机构获得投资机会，而资金所需国完成其需要的基础设施建设。民心相通强调人力资源是实施"一带一路"倡议的重要组成部分，有助于促进合作研究和技术交流。

①　S. Shahriar et al.，"Institutions of The Belt and Road Initiative：A Systematic Literature Review"，*Journal of Law，Policy and Globalization*，77（1），2018，pp. 1 – 13.

　　简言之，"一带一路"倡议的目标包括政策沟通、贸易畅通、设施联通、资金融通和民心相通。其中民心相通这一目标的纳入并不令人意外，因为该目标将文化交流视为影响当前国际团结和塑造未来国家友谊的重要因素——这正是"一带一路"倡议的核心所在。在"一带一路"倡议提出的"民心相通"目标下，孔子学院相继在肯尼亚成立，说明中肯两国虽然文化取向不同，但是只要彼此理解对方的生活方式，同样可以携手发展。

　　通过孔子学院，肯尼亚的年轻人可以在本国学习汉语和中国文化。同样，在中国的大学里，中国的年轻人也可以学习斯瓦希里语和肯尼亚文化。"一带一路"倡议的可持续推进需要肯尼亚当地人理解中国的文化和道德体系，也需要中国对肯尼亚和非洲不断加深认识，肯尼亚公立大学孔子学院的建成就是上述目标达成的有力佐证。

六　文化维度的衡量

　　衡量多个国家的主流文化特征的主要目的在于确定不同国家之间的文化距离，即衡量文化相同或相异的程度，就是将文化特征转化为可测量和评价的定量模型。①

　　文化指数测算的是文化距离的得分数，该数值可定量描绘出一个国家与另一个国家的文化差异程度。② 中肯两国人民的文化距离得分反映了两国相互理解的程度，亦可用于衡量"一带一路"倡议实施的顺利程度。如果文化指数测算时双方在各个方面都相差极大，那么无论是国民间的交往还是国家层次的项目合作，都会有不小的难度。除此之外，中肯两国与"一带一路"倡议相关的文化维度体现了两国人民对"一带一路"

---

①　Et al. expr.：G. Hofstede, "National Cultures in Four Dimensions：A Research-Based Theory of Cultural Differences among Nations", *International Studies of Management and Organizations*, 13 (1), 1983, pp. 46 - 74；O. Shenkar, "Culture Distance Revisited：Towards a More Rigorous Conceptualization and Measurement of Cultural Differences", *Journal of International Business Studies*, 32 (3), 2001, pp. 519 - 535；R. J. House et al., *Culture, Leadership and Organizations：The GLOBE Study of 62 Societies*, Thousand Oaks, CA：Sage, 2004.

②　T. Clark and D. S. Pugh, "Foreign Country Priorities in The Internationalization Process：A Measure and an Exploratory Test on British Firms", *International Business Review*, 10 (3), 2001, pp. 285 - 303.

倡议的实施、高质量的基础设施建设、投资回报以及未来牢固的双边关系的向往。

文化维度指数现已广泛应用，该指数包括霍夫斯泰德维度①，豪斯等的全球领导力与组织行为效力（GLOBE，Global Leadership and Organizational Behaviour Effectiveness）②，施瓦兹维度③，以及英格尔豪特维度④。

霍夫斯泰德模型包括以下六个文化维度：（a）权力距离，指社会中的个体的人之间权力关系是否不平等；（b）个人主义/集体主义，指人们的生活对社会的依赖程度；（c）社会男性化程度，即认为社会是由竞争和希望有所成就的心态所驱动，并进一步发展为"胜者通吃"理念；（d）不确定性规避，指社会成员对未知威胁的感知程度；（e）长期规划观，指社会在应对当前和未来的挑战时与过去保持某种联系的程度；（f）自身放纵，指人们试图克制自身欲望和冲动的程度。⑤ 霍夫斯泰德维度曾因使用过时的数据而遭受非议。⑥ 但本文认为，文化特征是社会在长时期内保持的规则和习惯，因此 20 世纪 80 年代早期使用的数据很可能与整个 21 世纪都有所关联。

后续发展的 GLOBE 模型补充了霍夫斯泰德模型，它采纳了霍夫斯泰德提出的六个文化维度，并将维度增加到 18 个。⑦ 迄今为止，GLOBE 维

① G. Hofstede, "National Cultures in Four Dimensions: A Research-Based Theory of Cultural Differences Among Nations", *International Studies of Management and Organizations*, 13 (1), 1983.

② R. J. House et al., *Culture, Leadership and Organizations: The GLOBE Study of 62 Societies*, Thousand Oaks, CA: Sage, 2004.

③ S. Schwartz, "A Theory of Cultural Value Orientations: Explication and Applications", *Comparative Sociology*, 5 (2 - 3), 2006, pp. 137 - 180.

④ K. S. Beugelsdijk and C. Welzel, "Dimensions and Dynamics of National Culture: Synthesizing Hofstede with Inglehart", *Journal of Cross Cultural Psychology*, 49 (10), 2018, pp. 1469 - 1505.

⑤ G. Hofstede, "National Cultures in Four Dimensions: A Research-Based Theory of Cultural Differences among Nations", *International Studies of Management and Organizations*, 13 (1), 1983.

⑥ R. J. House et al., *Culture, Leadership and Organizations: The GLOBE Study of 62 Societies*, Thousand Oaks, CA: Sage, 2004.

⑦ G. Hofstede, "What Did Globe Really Measure? Researchers' Minds Versus Respondents' minds", *Journal of International Business Studies*, 37 (6), 2006, pp. 882 - 896; Tataand S. Prasad, "National Cultural Values Sustainability Beliefs and Organizational Initiatives", *Cross Cultural Management*, 22 (2), 2015, pp. 278 - 296.

度在领导力和组织方面的观点尚未被广泛引用，但其社会立场与明科夫和布拉戈耶夫存在分歧，这两位学者批评南非的数据里文化维度分别包括白人和黑人两组不同的数据。① 也如费舍尔所言，GLOBE 维度忽视了个人价值观和规则之间的差异。② 此模型也很难用于有 44 个不同文化部落的肯尼亚。再者，GLOBE 维度未曾收集肯尼亚的数据，而是将其归于非洲国家群。③ 因此，GLOBE 模型并不适用于中肯文化研究。

本文经过慎重选择，最终采用更适合中肯文化对比的霍夫斯泰德的初始模型。我们也参考了其他学者所采用的研究方法对霍夫斯泰德模型的某些缺陷的批评，如施瓦兹模型④，以及英格尔豪特的世界价值观调查模型。⑤

为便于对比研究，也因为有学者曾基于霍夫斯泰德模型开发了相应软件并对包括中国、肯尼亚在内的几个国家的文化进行过对比并建立过数据库⑥，所以本文采用其中的特征值（Traits Value），并在此基础上做了一些自己的阐释（如表 1 所示）。

---

① M. Minkov and V. Blagoev, "What Do Project Globe Cultural Dimensions Reflect? An Empirical Perspective", *Asia Pacific Business Review*, 18（1）, 2012, pp. 27 – 43.

② R. Fischer, "Where Is Culture in Cross-Cultural Research? An Outline of A Multilevel Research Process for Measuring Culture as A Shared Meaning System", *International Journal of Cross Cultural Management*, 9（1）, 2009, pp. 25 – 49.

③ R. J. House et al., *Culture, Leadership and Organizations: The GLOBE Study of 62 Societies*, Thousand Oaks, CA: Sage, 2004.

④ S. Schwartz, "A Theory of Cultural Value Orientations: Explication and Applications", *Comparative Sociology*, 5（2 – 3）, 2006, pp. 137 – 180.

⑤ 施瓦兹（2006）提出了 7 个文化维度，对霍夫斯泰德模型固有的缺陷进行了补充修正，新增加的维度包括知识性和自主性，包容性更强；虽然施瓦兹模型对理论有所完善，但它否定大规模全球化，因此不适合研究"一带一路"倡议相关问题；英格尔豪特考虑到了文化动态因素，从而弥补了霍夫斯泰德模型中的弱点。但与本文关注问题不同的是，其文化维度以社会学和政治学为牢固基础 [M. Minkov and V. Blagoev, "What Do Project Globe Cultural Dimensions Reflect? An Empirical Perspective", *Asia Pacific Business Review*, 18（1）, 2012, pp. 27 – 43; K. S. Beugelsdijk and C. Welzel, "Dimensions and Dynamics of National Culture: Synthesizing Hofstede with Inglehart", *Journal of Cross Cultural Psychology*, 49（10）, 2018, pp. 1469 – 1505]。

⑥ Hofstede Insights, "Country Comparison-China Kenya-Hofstede Insights", https://www.hofstede-insights.com/country-comparison/china, kenya/ [Accessed: May 29, 2021].

表 1　霍夫斯泰德六维度模型与中肯主流文化

	权力距离	个人主义/集体主义	社会男性化程度	不确定性规避	长期规划观	自身放纵
中国	分数：80 特征：1. 不平等程度较轻； 2. 个人受官方权威影响	分数：20 特征：1. 个人代表集体行事； 2. 家庭优先	分数：66 特征：1. 以成功为导向； 2. 牺牲家庭满足工作	分数：30 特征：1. 中庸； 2. 具有适应能力和创业精神	分数：87 特征：1. 不同情况下真理取向不同； 2. 坚持不懈以取得成果	分数：24 特征：1. 克制； 2. 悲观
肯尼亚	分数：70 特征：1. 等级社会； 2. 上下级关系	分数：25 特征：1. 有长期的家庭责任感； 2. 个人服从集体	分数：60 特征：1. 共同价值观类似； 2. 赢者通吃	分数：50 特征：在此维度中无明确取向	分数：— 特征：在此维度无分数	分数：— 特征：在此维度无分数
差值	分数：10 相对显著	分数：5 近似	分数：6 近似	分数：20 显著性差异	分数：87 高度显著	分数：24 显著

资料来源：模型来自 G. Hofstede, "National Cultures in Four Dimensions: A Research-Based Theory of Cultural Differences Among Nations", *International Studies of Management and Organizations*, 13 (1), 1983, 相关评价源于本文作者。

最后需要再次提及的是，肯尼亚文化特征在霍夫斯泰德维度上缺少"长期规划观"和"自身放纵"维度的数据。① 霍夫斯泰德的六维文化特征模型是在 1983 年发展起来的，也就是距今近 40 年前，而当时全球化对文化转型的影响甚微，不太可能得出国家文化维度的准确数据。因此，现在务必要认识到全球化进程对文化交流的影响重大，并且需要验证霍夫斯泰德模型是否能在不同的年代都能有效诠释文化现象。

七　肯尼亚学者对霍夫斯泰德模型和"一带一路"倡议的看法

尽管有人认为文化的某些方面无法用霍夫斯泰德模型进行测量或比较，而国家之间的差异也正在减小，但该模型仍被广泛接受并应用。② 文化维度对贸易惯例、管理风格、产品和服务有较大的引导作用，这对许多企业的生存而言至关重要。研究肯尼亚的学者曾试图打破惯常的统一的民族文化研究方式，转而去研究各个部落的文化，从而找到不同以往的切入点或提出更精细化地运用霍夫斯泰德原始模型的可能性。③ 然而，我们认为只有国家层面的研究才能够更好地审视文化价值，至少可以丰富当下的研究成果。以费施那、贝塔和穆莱迪三人的研究为例，他们采用霍夫斯泰德模型，研究在肯尼亚特色的"哈朗贝（Harambee）"公众募捐背景下肯尼亚民族文化和企业家精神之间的联系。④

① B. L. Galperin et al. , "Attributes of Leadership Effectiveness in East Africa", *Insight from the Lead Project*, 17（1）, 2017, pp. 15 – 18.

② Cole and P. Kelly, *Management Theory and Practice*（7th Ed. ）, Cengage Learning EMEA, UK, 2011; Kiambi and M. Nadler, "Public Relations in Kenya: An Exploration of Models and Cultural Influences", *Public Relations Review*, 38（3）, 2012, pp. 505 – 507; Rarick et al. , "An Investigation of Ugandan Cultural Values and Implications for Managerial Behaviour", *Global Journal of Management and Business Research Administration*, 13（9）, 2013, pp. 1 – 9.

③ H. M. Bwisa and J. M. Ndolo, "Culture as a Factor in Entrepreneurship Development: A Case Study of the Kamba Culture of Kenya", *International Journal of Business Management*, 1（1）, 2011, pp. 20 – 29; C. Ketter and M. Arfsten, "Cultural Value Dimensions and Ethnicity within Kenya", *International Business Research*, 8（12）, 2015, pp. 69 – 79.

④ N. Vershina, W. Beta and W. Murethi, "How Does National Culture Enable or Constrain Entrepreneurship? Exploring the Role of Harambee in Kenya", *Journal of Small Business and Enterprises Development*, 25（4）, 2018, pp. 687 – 704.

　　为弥补霍夫斯泰德模型在使用原有数据时出现的不足之处，我们采访了来自肯尼亚不同地区①都曾与中国人有往来联系的 10 位当地人。我们向他们展示了表 1 中的内容，并就霍夫斯泰德模型的有效性和他们对中肯文化交流的总体印象进行了提问。具体问题如下。

　　1. 中国人给你印象最深刻的特征是什么？请将他们与肯尼亚人进行比较。

　　2. "一带一路"倡议对中肯两国经济和文化有何影响？其可持续性如何？

　　3. 开放边境贸易和人员流动对文化交流起着重要作用，你如何评估其对中肯关系的重要性？

　　大多数受访者（7/10）表示，霍夫斯泰德模型大体上代表了中国人和肯尼亚人的文化维度。一位受访者指出，该模型所使用的参数更适用于商业领域，而忽略了宗教信仰等因素。两名受访者对肯尼亚人的"长期规划观"和"自身放纵"的数据缺失问题表示疑惑，认为肯尼亚人具有和中国人相同的特征。

　　肯尼亚受访者强调的中国人的特征有：a）忠于权威，b）群体感强，c）少有宗教信仰，d）勤奋，e）企业家精神，f）不太关心细节。肯尼亚人对权威的忠诚程度比中国人略低，而中国人的"群体感"和"勤奋程度"与肯尼亚人相比相差极大。

　　相对于经济前景而言，"一带一路"倡议被视为肯尼亚基础设施发展复苏的巨大机遇，也预示着肯尼亚需要背负巨额债务，债务量将根据肯尼亚的经济表现由中国与肯尼亚重新进行友好协商来确定。因此，"一带一路"倡议的可持续性更多地取决于双方政治社会层面的理解与尽责。对于开放边境贸易和人员流动这一倡议，许多受访者强调，要限制中国公民涌入肯尼亚，并坚持要对肯尼亚境内的当地企业进行合理保护。相较而言，他们不太重视在中国工作和生活的肯尼亚人，基本上都认为中国不是一个像美国或英国那样吸引移民的国家。

---

　　①　受访者来自 8 个地区（2010 年之前的宪法将其称为"省"），即大裂谷、尼安萨、中部、东北部、东部、西部、内罗毕和沿海地区。鉴于内罗毕地区和沿海地区为大城市，人口多，故将受访者分别增加到两人。

　　最后，我们在研究这份问卷的过程中也发现"一带一路"倡议目标实际上也对文化维度的不同领域有很精确的指导，比如霍夫斯泰德文化维度理论里说的"权力距离"，实际上"一带一路"倡议中的政策沟通正是可以在这个维度给出的实践性意见。我们也发现正好是目前文化维度中缺少肯尼亚数据的部分"不确定性规避"、"长期规划观"和"自身放纵"三个方面，使"一带一路"倡议在肯尼亚的实施将可能面临挑战。

表 2　文化维度与"一带一路"倡议目标的融合

霍夫斯泰德	"一带一路"倡议	中国	肯尼亚	分析
权力距离 个人在社会中并不平等	政策沟通 外交转型	1. 不平等程度较轻； 2. 个人受官方权威影响	1. 等级社会； 2. 上下级关系	"一带一路"倡议实施的控制因素
个人主义/集体主义 相互依赖程度	贸易畅通 关税较低的自由贸易	1. 个人代表集体行事； 2. 家庭优先	1. 有长期的家庭责任感； 2. 个人服从集体	有利于中国"一带一路"倡议实施
社会男性化程度 竞争，成就驱动，胜者为王	设施联通 信息技术支持的连接框架	1. 以成功为导向； 2. 牺牲家庭满足工作	1. 共同价值观类似； 2. 赢者通吃	有利于中国"一带一路"倡议实施
不确定性规避 文化成员受到模棱两可或未知情况威胁的程度	资金融通 资源需求	1. 中庸； 2. 具有适应能力和创业精神	在此维度中无明确取向	缺少肯尼亚相关数据
长期规划观 社会在处理当前和未来的挑战时须与过去保持某种联系的程度	民心相通 强调人力资源是"一带一路"倡议中的重要部分	1. 不同情况下真理取向不同； 2. 坚持不懈以取得成果	在此维度无分数	缺少肯尼亚相关数据
自身放纵 人们试图控制自己的欲望和冲动的程度	民心相通 强调人力资源是"一带一路"倡议中的重要部分	1. 克制； 2. 悲观	在此维度无分数	缺少肯尼亚相关数据

　　资料来源：G. Hofstede, "National Cultures in Four Dimensions: A Research-Based Theory of Cultural Differences among Nations", *International Studies of Management and Organizations*, 13 (1), 1983; S. Shahriar et al., "Institutions of The Belt and Road Initiative: A Systematic Literature Review", *Journal of Law, Policy and Globalization*, 77 (1), 2018。

八 结论

文化在人类交往中极为重要，随着全球化的发展其重要性日趋提升。多种文化的融合十分关键，如今中国对外开放，加大与肯尼亚的经济贸易往来，已经建立起紧密的经济伙伴关系，肯尼亚原来没有的基础设施逐步建成。因此，中肯两国的合作关系需要遵从"一带一路"倡议，定期对合作项目进行调整并加以落实。

本次研究采取的霍夫斯泰德模型虽然在各文化指数模型中脱颖而出，但其仍存在"全球化"及"宗教"参数缺失问题。而现有维度里，肯尼亚的数据缺少"长期规划观"和"自身放纵"维度这两点，数据没有更新。

研究发现，中国文化和肯尼亚文化在"权力距离"和"不确定性规避"方面存在很强的差异性，而在"集体主义/个人主义"和"社会男性化程度"方面非常相似，因而"一带一路"倡议在主基调上可以持续发展，但是也会面临很多不确定性的风险。在肯尼亚方面，受访者如果针对是否有"长期规划观"和"自身放纵"程度到底为何提供更加确切的数据或说明，研究结果也许会稍有不同；在中国方面，由于其人口规模庞大并且存在多层次双边及多边人员接触，这些数据对中国综合文化形象的叙述也需要经常更新。本文建议未来中肯双方可合作开展更深入的文化融合研究。

中国在肯尼亚4所公立大学设立了孔子学院，向肯尼亚青年推广中国语言和文化，两国在文化融合过程中呈现不对称状态，中国在交往中的优势地位非常明显。鉴于此，本文特别建议选派肯尼亚教师赴中国大学实施类似孔子学院的文化交流项目，项目可由肯尼亚政府提供制度化的支持，抑或得到中国政府的协助。当前，肆虐全球的新冠肺炎疫情很可能对世界经济造成极大冲击，而中国大力支持肯尼亚抗击疫情，有望极大促进肯尼亚的社会经济转型，中肯两国的关系可能将因此变得更加紧密。

【责任编辑】沈玉宁

Contents

Evolution and Development of African Socialism
after the Cold War

Zhao Yating / 3

Abstract: African socialism is a nationalist trend of thought, and it is also a development path and social system chosen by independent African countries. After the Cold War, the socialist movement in Africa fell into a low ebb. Over the past 30 years, the number of African countries claiming to pursue socialism has gradually decreased, so far, only Tanzania left. However, there are still some new changes in the socialist movement in Africa. In general, the left-wing socialist parties in Africa have made considerable progresses, and democratic socialism still has a broad market. As the participating party, the South African Communist Party has made active explorations in theory and practice. There are many reasons can explain the African socialism has been hit and has been at a low ebb for a long time. Such as socialism is labelled in Africa, African countries choose and abandon the socialist system because of pragmatic considerations, national leaders have a huge influence on the practice of socialism, and Africa has its own characteristics that make it vulnerable to external environmental influences, etc. Although socialism in Africa is still in a low ebb, the current international changes in problems of the Western capitalist system and the neoliberal trend of thought, and the superiority of the socialism with Chinese characteristics has become increasingly prominent. The above changes may provide new vision and new opportunities for the future development of African socialism.

Keywords: African Socialism; Democratization Movement; International Change

Peacekeeping Cooperation between United Nations and African
Union: Achievement, Experience and Problems

Hu Erjie / 20

Abstract: In the Post-Cold War era, the role and influence of UN
peacekeeping missions have increased consistently, and the demand of Africa for
peacekeeping is particularly strong. Since the beginning of the 21st century, UN
and AU have increasingly valued peacekeeping cooperation with each other,
gradually developed peacekeeping partnership, and formed diversified coopera-
tion models, institutions and measures in practice. The two bodies have accu-
mulated several successful experiences in existing peacekeeping cooperation,
such as close collaboration at the highest level, complementary advantages in
undertaking peacekeeping tasks, and strengthening AU's independent peace-
keeping capacity, etc. Although UN-AU peacekeeping cooperation has made
great achievements, there are also some problems, such as competition for
dominance, financing disputes, and internal wrestling of African regional ar-
rangements. Looking to the future, UN and AU will continue to deepen their
peacekeeping cooperation, while AU's independent peacekeeping capacity
building facing both opportunities and challenges. As the most important wit-
ness, participant and promoter of UN-AU cooperation, China is expected to
play a more prominent role in the peace cause of Africa in the future.

Keywords: United Nations; African Union; Peacekeeping Cooperation

The ICC's Arrest Warrant for Omar Al-Bashir: Execution Diffi-
culties and Uncertainties

Jiang Hengkun, Ji Huaxi / 40

Abstract: On March 4, 2009 and July 12, 2010, the International
Criminal Court issued two arrest warrants for Omar Hassan Ahmad Al-Bashir,
then president of Sudan, for five crimes against humanity, two for war crimes
and three for genocide. This is the first time that ICC issued arrest warrants to
the incumbent head of state since its establishment in July 2002. However, due

to the ICC itself has no executive power, Al-Bashir is the current president of Sudan, and the non-cooperation of some ICC members, the arrest warrant has not been implemented. In April 2019, Al-Bashir's regime collapsed in the continuous wave of public protest, which made the execution of the arrest warrant for Al-Bashir a turning point. At present, all parties in Sudan have no intention or ability to prevent the ICC from prosecuting Al-Bashir's "crimes". In order to meet the demands of the people, promote the domestic peace process and ease the external pressure, the transitional government of Sudan is likely to transfer Al-Bashir, which has been the target of public criticism, to the ICC for trial.

Keywords: International Criminal Court; Warrant of Arrest for Al-Bashir; Sudan; Darfur

Research on the Relationship between Ethiopia and Eritrea in the Perspective of Ethiopian Ethnic Politics

Wang Yiming / 52

Abstract: As a multi-ethnic country, the ethnic policies in Ethiopia can be concluded into three different stages, which are the single nationality policy pursued by the Abyssinia Empire, the ethnic autonomy policy pursued by the Mengistu Military Government and the ethnic federalism & regional autonomy policy since the establishment of the Transitional Government of Ethiopia, according to the disparities in the ruling ideas held by the ethnic groups in power. With the progress and transformation of the ethnic policies, the ethnic politics in Ethiopia burgeons rapidly in which the ethnic identity surpasses the national identity. In this context, it is obvious that the change of its diplomatic relation towards Eritrea is the reflection of its transition in regional political balancing based on the ethnic political competition decided by the Ethiopia government. As a unified multi-ethnic country, Ethiopia's national security focus has shifted from keeping the territorial integrity to stabilizing the domestic politics. Under the ethnic federalism & regional autonomy policy, the intensified political demands of the ethnic groups in Ethiopia has played a fundamental role in the normalization of the relationship between Ethiopia and Eritrea.

Keywords：Ethnic Politics；Relation between Ethiopia and Eritrea；Ethnic Policy

A Study on Agricultural Development Activities in British African Colonies after the First World War

Huang Jinkuan / 71

Abstract：After the first world war, Britain began to gradually pay attention to the economic value of African colonies. In order to create more employment opportunities, promote economic development and consolidate the colonial empire, the British government began to transform colonial policy for development. Among these, the agricultural development was one of the important content of developing African colonies. Driven by the British government and the private, commodity agriculture was expanding rapidly in African colonies, a large number of white immigrants flocked to Africa to engage in agricultural activities. However, in this process, a large amount of high-quality land was occupied by immigrants, agricultural products developed towards single-product economy, land issues and agricultural structure issues were gradually taking shape. Agricultural development under colonial rule has caused many problems, the root of these problems must be found from colonialism itself.

Keywords：Colonialism；Agricultural Development；African Colonies

The Socio-Economic Effects of the Development of Nigeria's Tin Mines under British Colonial Rule

Zhao Xian / 83

Abstract：The commercial development of mineral resources in most African countries is closely connected with western colonialism, and Nigeria is no exception. After Nigeria became a British colony, British companies began commercial development of tin ores on Jos Plateau in Nigeria. During the period of colonial development, Nigeria had the largest number of workers employed in the development of tin mines in West Africa. It has also attracted a large a-mount of western capital investment. At its peak, Nigeria produced a fifth of the world's tin ore. This paper intends to analyze the economic, social and environ-mental impacts of the development of tin mining in Nigeria during the British colonial period.

Keywords: British Colonial Rule; Nigeria; Tin Mining

The Status Quo and Policies of the Employment Issues of Sene-gal Youths

Cui Can / 101

Abstract: The rate of youth's employment is an important criterion when observing a country's social development. As calculated by the ILO, the unem-ployment rate in Africa is rather high. Being one of the most stable, developed and populated country in Africa, Senegal is faced with such an important is-sue. The case of Senegal is especially typical and representative for the conti-nent. According to our analyses, four distinguishing characteristics could be ob-served: a lack of balance in the job market (in terms of location, age and gen-der), the lack of capacity to create jobs in the country, the insufficient job see-king platforms as well as the underemployment phenomena. In the attempt to address such problems, the Senegalese government has carried out numerous policies including establishing designated facilities, creating foundations for the youth, reinforcing the international cooperation and paying a special attention to the female population. While these policies have achieved a certain amount of success, numerous challenges await.

Keywords: Senegal; Youth Employment; Underemployment; Informal Employment

Language Attitudeand Language Planning：Emerging Trends in Kenya Since 2010

Ayub Mukhwana and P. I. Iribemwangi / 115

Abstract：Kenya is a multilingual country with the spoken languages placed between 40 and 70 depending on the parameters of classification. Being a multilingual country，it is thus imperative that these languages be planned for effective use. In Chapter 2，Article 7 of her Constitution promulgated in August 2010，Kenya identified Kiswahili as the first official language and English as the second official language. Kiswahili was also given the extra role of a National Language. Other ethnic languages were recognized as well as braille and Sign Language. In this paper，we explore the major factors that have contributed to Kenya's language planning after attaining her political independence and the hindrances therein as well as discuss the future of Kenya's language planning. In terms of methodology，the study site was the University of Nairobi. Data was collected through questionnaires and structured interviews. The subjects for the research comprised 28 respondents of whom 24 were indigenous Kenyans by virtue of being born and raised in Kenya and 4 were foreigners. The research was guided by the Decision Theory meaning that the paper discusses decision-making about languages or language varieties in Kenya. In discussion，the paper has explored the place of Kiswahili，English，mother tongues，Kenyan Sign Language as well as Chinese and other foreign languages used in Kenya. In terms of findings，language planning in Kenya is hampered by several factors differently. These factors include education，language attitude，financial and human resources as well as language politics.

Keywords：Language Attitude；Language Planning；Multilanguage；English；Kiswahili

An Analysis on American Charity Foundation's Cooperative Aid
to Higher Education in Africa
—A Case Study on Partnership for Higher Education in Africa

Ou Yufang , Hu Yuyu / 137

Abstract: The Partnership for Higher Education in Africa (PHEA) is a
cooperative organization for higher education assistance to Africa established by
seven American charitable foundations. Its ten-year assistance to African higher
education shows the unequal status between donors and recipients and the char-
acteristics of geopolitical investment strategy. PHEA has improved the infrastruc-
ture, governance level, talent training, gender equality, policy support and
enrollment rate of African universities to a certain extent, but it also shows defi-
ciencies in aid cooperation, such as fuzzy objectives, poor communication,
lack of evaluation systems and exit mechanisms, and limited scope of coopera-
tion. Similar aid cooperation organizations should set clear cooperation goals,
expand the scope of cooperative organizations, as well as build a cooperative aid
evaluation system and partner exit mechanism to enhance aid effectiveness.

Keywords: African Higher Education Aid; American Charity Founda-
tions; Partnership for Higher Education in Africa

The Development of Higher Education in Nigeria: Effects,
Challenges and Countermeasures

Chen Jialei , Liu Hongwu / 155

Abstract: Higher education is a significant force to promote the economic
and social development of a country or a region. Since modern times, The
higher education in African countries, represented by Nigeria, has gradually
changed from dependence on the West to independence, which has played an
important role in promoting modern countries' development. Based on historical
reasons and existing factors, Nigeria is now facing lots of problems like develop-
mental differences among different areas, excessive government intervention,

serious brain drain, diseases, terrorism threat and etc.. Therefore, Nigerian government should further strengthen the sense of independence, increase the number and the scale of colleges and universities, improve discipline and specialty constructions, and perfect the interscholastic and international cooperation system in education, so as to improve the quality of the whole nation, promote the construction of a unified multi-ethnic country, and further encourage the cultural development and knowledge renaissance in local region, and then ensure the coordinated and sustainable development of education and society.

Keywords: Nigeria; Higher Education; Education Policy

Discussion of Achebe's Political Criticism and Cultural Thought

Qin Pengju / 175

Abstract: Literature is closely related to politics, which is a way of literary existence. Literature and politics belong to ideology, but literature takes "aesthetic dimension" to counter the falsehood and cruelty of ideology. For African literature, the political nature of literature can not be separated for a moment, which is determined by its history and reality. This paper analyzes Achebe's racial political criticism, language political criticism and cultural political criticism about literature, and refutes the western ethnocentrism, language centrism and cultural centrism from the perspectives of race, language and culture. Achebe's "Middle" cultural thought inspired the harmonious symbiosis of culture and contributed to the equal dialogue and exchange between East and West cultures.

Keywords: Achebe; Political Criticism; Middle Culture

Cultural Identity of Ahmadou Kourouma—Illustrated by the Example of *Allah n'est pas obligé*

Yu Peilin / 194

Abstract: Cultural identity constitutes an important issue in the literary creation of African contemporary writers. The Ivorian writer Ahmadou Kourouma constantly integrates his critical thinking about cultural identity into the literary creation. His last novel *Allah n'est pas obligé*, especially shows a complex cultural identity. Through the heritage and the criticism of Ahmadou Kourouma of the Négritude, based on the text, author hopes to learn about the Ahamadou Kourouma's cultural identity and its significance by means of the analysis of the criticism of Ahmadou Kourouma of the problems in the African society and the heritage of the traditional African culture.

Keywords: Cultural Identity; Négritude; Ahmadou Kourouma; *Allah n'est pas obligé*

Kiswahili Cha Mtaani (Street Swahili): The Discourse Practice of Urban Youth in Modern Tanzania

Ao Manyun, Yan Ziyi / 208

Abstract: Since independence, the Tanzanian government has attached great importance to the standardization and promotion of the Swahili language as one of the key instruments in building national cohesion. This policy has successfully made Swahili the means of communication in Tanzania. However, despite the state's continued emphasis on language standardization, urban Tanzanians have created and developed a more colloquial form of expression, namely the *Kiswahili cha Mtaani* (Street Swahili). As early as the 1950s, *Kiswahili cha Mtaani* (Street Swahili) attracted the attention of scholars. In the late 1980s, it developed rapidly in urban areas, and most of its users were urban youth. This article collates the data of the author's field survey in Tanzania from 2008 to 2016. By comparing the previous representative Street Swahili dictionary, this article summarizes the evolution and characteristics of *Kiswahili cha Mtaani* (Street Swahili) with a large number of examples, analyzes how its creators practiced discourse in the context of modern society, and discusses the relationship between this discourse practice and modern social change in Tanzania. We found that *Kiswahili cha Mtaani* (Street Swahili) embodies social and cultural attributes, as well as its contemporary significance. Its rapid growth was amplified amidst the waves of political liberalization and economic reform within the country. While the importance of discourse practice of the youth established a bastion within the Swahili Studies in the new millennium, most of the *Kiswahili cha Mtaani* (Street Swahili) vocabulary remain decipherable thanks to the mutual inclusiveness of Street Swahili and its standard langue. This unique inclusiveness, together with the vital usage of *Kiswahili cha Mtaani* in different places, are all embedded into the changes of modern society.

Keywords: *Kiswahili cha Mtaani*; Urban Youth; Social Change; Discourse Practice; Tanzania

The Spread of Indian Culture in South Africa since the 21st Century and Its Enlightenment to China

Zhou Haijin / 226

Abstract: Since the 21st century, India has made great efforts to strengthen cultural overseas communication strategy and soft power diplomacy based on its increasing national strength and great power strategy. As the most developed country of Africa, South Africa is an important window in India's strategy of cultural communication and diplomacy to Africa. In recent years, India takes the traditional culture with its own advantages, such as movies, yoga, handicrafts as the carrier, and takes advantage of the diaspora advantage and celebrity effect to actively promote the spread of Indian culture in South Africa, and takes South Africa as the base to strengthen its radiation power and influence on the whole African continent. Compared with western culture and Indian culture, the Chinese culture in Africa need to be strengthened. In the future, we should integrate and strengthen the dissemination of traditional and excellent culture in South Africa based on our own cultural advantages; In particular, we should strengthen the influence and appeal of Chinese modern culture, advanced culture and socialist culture with the CPC's governance culture as the core in South Africa; And establish effective platforms and long-term mechanism for cultural exchanges and cooperation between China and South Africa, and strive to promote the normalization of cooperation in many fields such as scholars, think tanks, film and television media, and sports culture.

China-Africa Health Cooperation under the "Belt and Road" Initiative: Achievements, Opportunities and Challenges

Abstract: Africa is an important partner of China's "Belt and Road" initiative, and China-Africa cooperation plays an important role in the "Belt and Road" initiative. As an aid project with the longest duration, the largest number of dispatched personnel, and the greatest influence, China-Africa health cooperation is the highlight. For more than half a century, China-Africa health cooperation has been constantly innovating and developing, and has achieved fruitful results. At the same time, it is also facing many opportunities and challenges. It is necessary to promote the transformation and upgrading of China-Africa health cooperation, and to build a China-Africa "Community of Common Health". It is important for public health security in China and Africa, and also significant for maintaining global public health security and for building a global community of common health.

Geographical Research in Africa and Knowledge Support for China-Africa Cooperation

Abstract: Geography is a science of managing the state and the world, and it has an ancient tradition in China. Africa, with its vast territory and abundant resources, is the fertile land of geography and is also crucial to the development of contemporary Africa. With its vast research scope, geography can provide comprehensive intellectual support for solving Africa's development problems and contribute to the integration and systematization of African studies. China's research in this field can be traced back to the Han Dynasty, but systematic research was gradually carried out after the founding of the People's Republic of China. The study of African geography in China has gradually shifted from the introduction of physical geography to the study of cultural geography. It has strengthened research on agriculture, mineral, oil and gas resources, urbanization and the tourism industry, and obtained a series of achievements. However, the study of African geography is also faced with some shortcomings, such as low attention, lack of Chinese characteristics and too much attention to practical problems. In the future, under the guidance of the principle of "African emotion, Chinese characteristic and global vision", strengthening field research in Africa should be the breakthrough point of China's African geography research, and also bring new opportunities for the vision expansion and discipline reform of China's geography.

Keywords: African Geography; Physical Geography; Cultural Geography; Economic Geography; China-Africa Cooperation

Promoting High-quality Development of Belt and Road Initiatives and the Construction of African Continental Free Trade Area

Xiao Jin, Xu Wei, Li Xuedong and Zhang Qiaowen / 268

Abstract: Forum on China-Africa Cooperation has made great contributions to China-Africa cooperation over the last 20 years. China-Africa cooperation has expanded comprehensively, including politics, economy, culture and etc.. China-Africa relations have also been upgraded from a new type of strategic partnership to a comprehensive strategic partnership, and the practical cooperation between China and Africa in various fields has been deepened. While COVID-19 has brought great challenges and opportunities to Chin-Africa cooperation. In order to strengthen the high-quality development of BRI and the construction of the African Continental Free Trade Area, promoting cooperation between think tanks, building a coherent institution of BRI, BRICS and other international cooperation mechanism, innovating operational modality for enterprises, accelerating the industrial structural transformation are needed.

Keywords: Belt and Road Initiatives; The African Continental Free Trade

Area; COVID −19; China-Africa Think Tanks Forum

China-Kenya Cultural Synthesis: A Perspective of Sustainability of Belt and Road Initiative

Okech Christopher Oduor / 278

Abstract: Synthesizing cultures to determine dominant traits and their comparison between countries on impact of joint economic venture has elicited less interest. The Paper aimed to trigger theoretical discourse on cultural synthesis comparing China and Kenya relating dominant cultural traits to sustainability of Belt and Road Initiative. Among other cultural dimension measurements, Hofstede's model was considered more favourable lest globalization, religion, long term orientation and indulgence cultural parameters that were missing on the Kenyan context. Resultant cultural synthesis depicts that Chinese and Kenyan cultures are diverse in power distance and uncertainty avoidance but similar under individualism, masculinity hence the cultural link to sustainability of BRI is problematic, however this would be unlocked by ongoing China support to Kenya in mitigating COVID −19 pandemic and setting up of a Kenya culture centre in China with the similar style of the Confucius institutes in Kenya.

Keywords: Culture; Diversity; Exchange; Synthesis; "Belt and Road" Initiative

本刊宗旨与投稿体例

　　《非洲研究》创刊于2010年，由浙江师范大学非洲研究院主办，是刊发非洲研究成果、探讨非洲问题的综合性学术刊物。本刊2015年入编中国知网、中国学术期刊网络出版总库辑刊，2021年入选中文社会科学引文索引（CSSCI）来源集刊、《中国学术期刊影响因子年报》统计源期刊。

　　本刊秉持浙江师范大学非洲研究院"非洲情怀、中国特色、全球视野"之治学精神，坚持"求真创新、平等对话、沟通交流"之办刊方针，致力于搭建开放的非洲学术交流平台，致力于打造独具非洲特色的人文社会科学期刊，汇粹学术思想与观念之精华，努力推动中国非洲研究事业的进步。本刊设有"政治与国际关系""经济与发展""社会文化与教育""中非合作"等固定栏目以及"非洲研究书评""海外来稿"等特色栏目。我们热忱欢迎国内外不同学科领域的学者从各自学科的角度对非洲问题进行研究，并踊跃向本刊投稿、交流观点。《非洲研究》编辑部将严格按照学术规范流程进行稿件审核，择优录用，作者投稿时应将稿件电子版发送至：fzyjbjb2016@126.com。

一　稿件基本要求

　　1. 来稿应注重学术规范，严禁剽窃、抄袭，反对一稿多投。

　　2. 来稿正文字数控制在13000字以内。

　　3. 来稿应包含以下信息：中英文标题、内容提要、关键词；作者简介、正文、脚注。中文简介不少于200字，英文简介不少于150字；关键词3—5个；作者简介包含姓名、单位、主要研究领域、通信地址、电话和电子邮件地址，如为外籍学者需注明国别。

　　4. 本刊采用脚注形式，用"①②③"等符号标注，每页重新编号。

　　5. 如有基金项目，请注明基金项目名称、编号。

二　引文注释规范

　　1. 期刊：作者，篇名，期刊名，年月，期数，页码。如：

纪宝成：《当前高等教育发展中的五大困境》，《中国高教研究》2013年第 5 期，第 6 页。

Joas Wagemakers，"A Purist Jihadi-Salafi：The Ideology of Abu Muhammad al-Maqdisi"，*British Journal of Middle Eastern Studies*，August 2009，36（2），p. 281.

2. 著作文献：作者，书名，出版社，年月，页码。如：

刘鸿武：《尼日利亚建国百年史（1914—2014）》，浙江人民出版社，2014，第 163 页。

C. A. 贝利：《现代世界的诞生》，于展、何美兰译，商务印书馆，2013。

Stig Jarle Hansen，*Al-Shabaab in Somalia—The History and Ideology of a Militant Islamist Group*，2005 – 2012，London：Hurst & Company，2013，p. 9.

3. 纸质报纸：作者，文章名称，报纸名称，年月，所在版面。如：

杨晔：《第二届中非民间论坛在苏州闭幕》，《人民日报》2012 年 7 月 12 日，第 3 版。

Rick Atkinson and Gary Lee，"Soviet Army Coming apart at the Seams"，*Washington Post*，November 18，1990.

4. 文集析出文献：作者，文章名，文集编者，文集名，出版社，出版时间，页码。如：

杜威·佛克马：《走向新世界主义》，载王宁、薛晓源编《全球化与后殖民批评》，中央编译出版社，1999，第 247 – 266 页。

R. S. Schfield，"The Impact of Scarcity and Plenty on Population Change in England"，in R. I. Rotberg and T. K. Rabb，eds. ，*Hunger and History：The Impact of Changing Food Production and Consumption Pattern on Society*，Cambridge，Mass：Cambridge University Press，1983，p. 79.

5. 学位论文：作者，论文名称，所在院校、年份，页码。如：

方明东：《罗隆基政治思想研究（1913—1949）》，博士学位论文，北京师范大学历史系，2000，第 67 页。

Lidwien Kapteijns，*African Historiography Written by Africans*，*1955 – 1973：The Nigerian Case*，PhD diss. ，University of Amsterdam，1977，p. 35.

6. 研究报告：作者，报告名称，出版社，出版日期，页码，如：

世界银行，《2012 年世界发展报告——性别平等与发展》，清华大学出版社，2012，第 25 页。

Rob Wise，"Al-Shabaab"，Center for Strategic International Studies，July

2011， p. 3， http：∥csis. org/files/publication/110715 _ Wise _ AlShabaab _
AQAM％20Futures％20Case％20Study_WEB. pdf.

　　7. 网络资源：作者，文章名，网络名称，时间，网址，上网时
间。如：

中华人民共和国外交部，《外交部副部长翟隽在第七届"蓝厅论坛"上
的讲话》，中华人民共和国外交部，2012 年 7 月 12 日，http：∥www. mfa.
gov. cn/chn/gxh/tyb/zyxw/t950390. htm ，最后访问日期：2015 年 12 月 25 日。

Tomi Oladipo， "Al-Shabab Wants IS to Back off in East Africa"，BBC News，
November 24，2015，http：∥www. bbc. co. uk/news/world-africa-34868114. Access-
ed 2015 － 12 －25.

《非洲研究》编辑部
2018 年 6 月

图书在版编目（CIP）数据

非洲研究 . 2021 年 . 第 1 卷：总第 17 卷 / 刘鸿武，
李鹏涛主编 . -- 北京：社会科学文献出版社，2021.12
ISBN 978 - 7 - 5201 - 9567 - 6

Ⅰ.①非… Ⅱ.①刘… ②李… Ⅲ.①非洲 - 研究 -
丛刊 Ⅳ.①D74 - 55

中国版本图书馆 CIP 数据核字（2021）第 274313 号

非洲研究 2021 年第 1 卷（总第 17 卷）

主　　办 / 浙江师范大学非洲研究院
主　　编 / 刘鸿武　李鹏涛

出 版 人 / 王利民
责任编辑 / 宋浩敏
责任印制 / 王京美

出　　版 / 社会科学文献出版社 · 国别区域分社（010）59367078
　　　　　　地址：北京市北三环中路甲 29 号院华龙大厦　邮编：100029
　　　　　　网址：www. ssap. com. cn
发　　行 / 市场营销中心（010）59367081　59367083
印　　装 / 三河市龙林印务有限公司

规　　格 / 开 本：787mm × 1092mm　1/16
　　　　　　印 张：19.75　字 数：327 千字
版　　次 / 2021 年 12 月第 1 版　2021 年 12 月第 1 次印刷
书　　号 / ISBN 978 - 7 - 5201 - 9567 - 6
定　　价 / 98.00 元